제2판

한국선비지성사

한국인의 문화적 DNA

한 영 우

● 서울대학교 문리과대학 사학과 졸업, 동 대학원 박사
● 서울대학교 한국문화연구소장 / 한국사연구회장
  국사편찬위원회 위원 / 서울대학교 규장각관장
  서울대학교 인문대학장/ 한림대학교 특임교수
  문화재위원회 사적분과위원장 / 이화여대 이화학술원 원장
● 현재 서울대학교 명예교수, 서울특별시사 편찬위원

제2판 **한국선비지성사** 한국인의 문화적 DNA
———————————————————————————
초판 제1쇄 발행 2010. 2. 8.
2판 제2쇄 발행 2017. 5. 22.

지은이   한 영 우
펴낸이   김 경 희
펴낸곳   (주) 지식산업사
         본사 ● 10881, 경기도 파주시 광인사길 53(문발동)
          전화 (031) 955-4226~7 팩스 (031) 955-4228
         서울사무소 ● 03044, 서울시 종로구 자하문로6길 18-7
          전화 (02) 734-1978, 1958 팩스 (02) 720-7200
         한글문패 지식산업사
         영문문패 www.jisik.co.kr
         전자우편 jsp@jisik.co.kr
         등록번호 1-363
         등록날짜 1969. 5. 8.

책값은 뒤표지에 있습니다.

ⓒ 한영우, 2010
ISBN 978-89-423-1129-3 94910
ISBN 978-89-423-0057-0(세트)
———————————————————————————
이 책을 읽고 저자에게 문의하고자 하는 이는
지식산업사 전자우편으로 연락바랍니다.

제2판

한영우

한국선비지성사

한국인의 문화적 DNA

머리말

역사의 흐름은 마치 강물의 흐름과 비슷하다. 윗물은 빠르게 흐르고, 아랫물의 흐름은 매우 느리다. 지류에서 들어오는 새 물은 윗물과 합쳐지는데, 이것이 아랫물과 합쳐지려면 상당한 시간이 필요하다. 하지만 느리고 빠른 차이는 있어도, 모든 물은 바다를 향해 흐르며, 결코 산으로 역류하지는 않는다.

원초적 문화와 외래문화의 관계도 이와 비슷하다. 더 진화된 외래문화가 들어오면 먼저 상위계층과 만나 새로운 문화가 건설된다. 이것이 기층사회로 퍼지는 데는 상당한 시일이 필요하다. 하지만 기층문화를 완전하게 바꾸지는 못한다. 그래서 윗문화와 아랫문화는 빛깔이 조금 다르다. 이런 원리는 또 다른 새로운 문화가 들어왔을 경우에도 마찬가지다.

윗문화는 '변화'와 '진화'를 주도하고, 원초성을 지닌 아랫문화는 '정체성(正體性)'과 '지속성'을 지켜준다. 색깔이 다른 두 문화는 서로 보완하면서, 주체성을 지닌 문화의 진화가 나타난다.

한국의 정신문화, 그리고 이를 바탕으로 형성된 학술과 풍속, 그리고 예술의 역사는 위에 말한 이치에 따라 진화·발전해 왔으며, 지금도 그 이치에 따라 서양문화와 전통문화가 끊임없이 상호보완하면서 진화하고 있다. 서양문화가 윗물을 형성하고 있다면, 전통문화가 아랫물을 형성하고 있다. 그런데 전통문화 속에는 가장 원초적인 무속과, 그 다음에 들어온 불교와, 또 그 다음에 들어온 유교문화가 혼재되어 있는데, 이것들도 자세히 보면, 약간의 중층성(重層性)을 나타내고 있다.

윗문화와 아랫문화의 교류는 자연스럽게 이루어지기도 하지만, 지도층이 의식적으로 두 문화를 조화하려고 할 때, 이를 일러 '법고창신'(法古創新)이라고 한다. 실제로 우리 조상들은 외래문화를 받아들일 때 언제나 '법고창신'의 정신을 발휘해 왔다. 그래서 '주체성'을 잃지 않으면서 문화의 '진화'를 거듭해 왔다. 이것이 바로 우리 조상들이 지닌 '지혜'이기도 했다.

그런데 문제는 오늘의 우리다. 근대 이후 서양문화가 수용되면서 문화의 진화는 엄청나게 빨라 급물살을 타고 있는 형국이다. 이에 따라 전통문화는 마치 이국적인 모습으로 생소하게 느껴지고, 그 흔적은 시간이 갈수록 지워지고 있다.

최근에 한국의 국가 브랜드를 조사한 결과가 보도되었다. 과학, 기술 분야가 가장 높은 점수를 받고, 이를 바탕으로 한 경제 브랜드가 높은 자리에 있다고 한다. 그런데 가장 낮은 점수를 얻은 것이 전통문화로 알려지고 있다. 이 결과는 충분히 예상된 일이지만, 우리가 전통문화를 얼마나 소홀하게 다루어왔는지를 극명하게 말해준다.

전통문화의 중요성은 단순히 국가 브랜드를 높이는 데만 있는 것은 아니다. 그것은 바로 '법고창신'의 생존법칙을 우리가 잊고 있다는 점에서 심각한 사태가 아닐 수 없다. 이런 추세가 계속된다면, 머지않아 생존능력을 상실하는 위기가 올지도 모른다.

내가 한국사를 공부하면서 가장 눈여겨 본 것은 저 옛날 한국인의 무서운 생존능력이 어디에 있었는가를 찾는 일이었다. 그동안 논문이나 책으로 발표해온 글들은 한결같이 이런 문제의식을 담아 왔다. 그런데 이제는 내가 해온 모든 작업을 하나의 도가니에 넣어 녹이고 식혀서 하나의 틀을 짜야 할 시점에 와 있는 것 같다.

나는 이 작업을 선비지성, 선비문화라는 틀에 담고자 한다. 그 틀 속에서 정체성을 찾아보고, 그 틀 속에서 진화의 모습을 찾고자 한다. 나는 한국인의 정체성을 '체질'로 보고자 한다. 다른 말로, 문화적 DNA로 불러도 좋을 것이다. 분명히 우리에게는 고유한 '체질'이 있다고 생각한다. 이를 발견하여 역사를 해석하는 틀로 삼고, 나아가 그 체질을 21세기의 세계화 시대에 유용한 생존능력으로 어떻게 계승·발전시킬 것인가를 고민해 보고 싶다.

모든 일에는 계기가 있다. 달리는 말도 채찍을 들면 더 힘차게 달린다. 나에게 채찍을 보태주시는 분들이 주변에 많은 것은 나의 크나큰 행운이다. 학교를 공식적으로 떠난 지 7년째로 접어드는 데도 아직도 기대를 가지고 도와주시는 분들에게 진심으로 고마운 마음을 떨칠 수가 없다. 이번 이 작업은 특히 연구비를 지원해준 이화여대의 배려가 큰 힘이 되었다. 순수학문을 사랑하시는 이화학당 윤후정 이사장님, 지성사의 중요성을 강조하시는 이배용 총장님께 고마운 마음을 전하고 싶다.

끝으로, 이 글을 몇 차례 읽어주고 격려와 조언을 아끼지 않은 지식산업사 김경희 사장의 뜨거운 관심과 우정에도 고마움을 전하고 싶다. 아울러 필자의 성화 같은 독촉을 참아내면서 예쁘게 책을 꾸며주신 편집부 여러분에게도 감사를 드린다.

2010년 1월
이화여대 학술원 연구실에서

차 례

서 설

1

자연환경과 문화체질

《서유기》(西遊記)를 보면, 손오공이 부처님의 손바닥에서 벗어나려고 근두운을 타고 10만 8천 리를 날아 도망쳤으나, 나중에 내려앉고 보니 다시 부처님 손바닥 위였다. 이 이야기는 부처의 가르침이 얼마나 크고 넓은가를 암시하는 것이지만, 이를 역사의 손바닥으로 비유해도 좋을 것이다.

사람들은 수천 년 전의 역사를 나와는 상관없는 먼 옛날이야기로 흘리는 듯하다. 최첨단 문명의 이기(利器)를 즐기고, 지구가 좁다고 느끼면서 살아가고 있는데, 저 옛날 우리 조상이 나와 무슨 상관이 있을 것인가. 이미 한국이라는 좁은 울타리를 멀리 벗어난 21세기 세계인이 되지 않았는가.

그렇다. 21세기를 살아가고 있는 한국인은 이미 저 옛날 한국인과는 많이 다르다. 조선시대 사람과도 다르고, 고려시대 사람과는 더 다르고, 삼국시대나 고조선의 사람과는 더더욱 다르다. 오늘의 한국인은 이미 역사의 손바닥에서 10만 8천 리를 날아간 듯하다. 많은 사람들이 그렇게 믿고 있다. 그런데 정말 역사의 손바닥에서 벗어났을까?

과연 우리는 환골탈태한 신인류인가? 아마 그렇게 믿고 있는 바로 그 사람도 '체질'은 한국인일 것이다. 체질은 그렇게 쉽게 바뀌는 것이 아니기 때문이다. 다만, 그것을 자각하지 못하고 있을 뿐이다.

같은 한국인이라도 교육수준에 따라 문화, 체질적으로 다른 점이 많을 것이다. 보통 사람들은 대체로 한국적으로 사고하고 행동한다. 그 반면, 고급 지식인들은 사고는 서구식으로 하면서 행동은 한국식으로 하는 경우를 종종 본다. 가령, 언어생활에서는 누구나 한국적으로 행동한다. 집에 갈 때 '내 집으로 간다'고 말하는 사람은 거의 없다. '우리 집으로 간다'고 말하는 것이 일반적이다. '내 나라'라고 말하는 사람은 거의 없다. '우리나라'로 부른다. 그러나 영어로 말할 때는 '우리 집'과 '우리나라'는 거의 쓰지 않는다. 이것이 개인주의를 존중하는 서구적 사고와 공동체를 존중하는 한국적 사고의 차이다.

'우리'라는 말 속에는 공동체정신이 배어 있다. 말만 그런 것이 아니라 행동도 그러하다. 한국인처럼 '우리'라는 공동체에 묶여 사는 사람도 드물 것이다. 공적이든 사적이든 크고 작은 '동아리'가 거미줄처럼 얽혀 있기 때문이다. '동아리'를 나쁘게 말할 때는 '패거리'로 부르지만, '동아리'가 없는 한국인이 있을까? 이것이 바로 한국인의 체질이다. 역사가 물려준 문화적 DNA이다.

한국인만이 독특한 체질을 가진 것은 아니다. 교통과 통신의 비약적 발달이 지구를 하나의 '지구촌'으로 만들고 있음에도 불구하고, 왜 지구인들의 삶은 공간에 따라 사는 모습이 천차만별인가? 의식주의 생활풍습도 같지 않고, 인성(人性)도 지역에 따라 많이 다르다. 추운 지방과 햇볕이 적은 지역의 사람들은 표정이 대체로 밝지 않다. 웃음이 적은 대신 신중하고 참을성이 많다. 덥고 햇볕이 많은 지역의 사람들은 표정이 밝고 낙천적이나 참을성이 적고 게으른 편이다. 사막이나 큰 산악 지역에서 사는 사람들은 자연을 즐기기보다는 무서운 경외의 대상으로 본다. 자연과의 싸움에서 이겨야 살 수 있기 때문이다.

스포츠 분야를 보아도 지역적 특성이 보인다. 한국의 양궁 선수들이 올림픽에서 두각을 나타내는 것도 활쏘기의 원조인 우리의 전통과 관련이 있을 것이다. 요즘 일본의 스모를 보면, 몽골 출신 선수들이 뛰어난 성과를 올리고 있다. 스키는 알프스 지역 사람들이 잘하고, 장거리 스케이팅은 운하가 많은 네덜란드 사람들이 잘한다. 높은 산을 오르는 능력은 네팔 사람이 뛰어나다.

앞에서 《서유기》 이야기를 꺼냈지만, 인도에 가서 불법을 얻어 진리를 깨치려 했던 삼장법사 일행은 사실 인도에 도착하기도 전에 타클라마칸 사막을 건너가면서 진리를 다 깨쳤다. 온갖 악귀와 싸우는 장면은 그야말로 사막에서 생존이 얼마나 어려운 것인가를 말해준다. 그래서 타클라마칸은 '죽음의 사막'이라는 뜻이란다. 중국 신장성 투르판에 있는 화염산을 보면 왜 삼장법사 일행이 불귀신과 사투를 벌였는지를 알 수 있다. 섭씨 70도에 이르는 더위 속에서 산다는 것이 사투가 아니고 무엇인가?

과학이 아무리 발달해도 사람은 자연환경의 제약에서 벗어나기 어렵다. 그런데 자연환경이 그렇게 쉽게 바뀌는 것인가? 물론 '10년이면 강산이 변한다'는 말이 있기는 하다. 하지만 사막이 옥토로 변한 일이 있으며, 히말라야가 평야로 바뀐 일이 있는가? 수만 년이 지나도 대자연의 변화는 극히 미미하다.

여기서 자연환경이 인성이나 문화에 큰 영향을 주고, 이렇게 형성된 체질이 쉽게 바뀌지 않는다는 사실을 인정할 수밖에 없다. 우리 조상들도 한국의 자연환경이 중국과 다르다는 것을 인식하고, 따라서 한국인의 인성과 풍속이 중국인과 다르니, 우리 인성에 맞는 문화를 가져야 한다는 정책을 펴 왔다. 그래서 한국의 민족문화가 살아남게 된 것이다.

물론, 자연환경을 초월하는 보편적 문화가 없는 것은 아니다. 지리적 결정론에 빠질 필요는 없다. 그래서 문화의 교류가 가능하고, 교류를 통한 융합과 변화가 나타난다. 이것이 인류문화를 진화시키는 데 크게 공헌한 것도 사실이다. 하지만 체질의 차이에 따른 특성은 결코 사라지지 않는다. 오늘날 지구촌 시대에도 지역문화의 특성이 여전히 존재하는 이유일 것이다. 이러한 지역적 특성을 무시하고 무리하게 등질성을 강요하면 문명 간 마찰이 일어나고 평화를 깨트리는 사태가 올 수 있는 것이다.

2

역사의 장기지속성

    20세기 초에 프랑스 역사학계에서는 아날학파(Annales school)가 나타났다. 역사의 '전체사'와 '구조사'를 중요시하고, '장기지속'(long duration)을 주목하자는 것이다. 이들은 변화무쌍하고 지속성이 부족한 정치사보다는 지속성이 강한 풍속이나 자연환경 등을 더 주목했다. 역사의 표피보다는 심층을 들여다보자는 것이다.

    그동안 역사학은 시간성을 존중하고, 시간의 변화에 따른 사회적, 문화적 변화를 인과적 시각에서 탐구하는 데 힘을 쏟았다. 그래서 노예제니, 봉건제니, 귀족제니, 자본제니, 근대화니 하는 용어와 개념에 매달리고, 인류 역사의 진화과정에 대해 경탄을 보내고 있었던 것이다. 실제, 역사의 진화는 숨김없는 사실이며, 그것은 동서양이 다르지 않다. 그러나 그 변화는 주로 기술의 변화와 진화요, 정치, 경제, 사회적 변화일 뿐이다. 아날학파는 이러한 표피적 변화와 발전 뒤에 숨겨진 변하지 않는 문화의 저류를 함께 이해하자는 것이다.

    그런데 우리 역사학계에서는 역사의 진화 속에서도 변하지 않는 장기지속이 있음은 크게 주목하지 않았다. 아마 변화와 개혁을 필요로 하는 시대 풍조와도 관련이 있을 것이다. 동서문명이 충돌한 20세기 격동기를 살아오고, 치열한 무한경쟁 속에서 살아남으려면 변화와 개혁이 중요함은 두말할 나위도 없다. 하지만 변하지 않는 체질의 강인한 지속성을 인식하는 것도 변화 못지않게 중요할 것이다. 왜냐하면 그 체질 속에 정체성(正體性)이 녹아 있고, 정체성을 알아야 자신에게 맞는 변화를 정확하게 가늠할 수 있기 때문이다.

민족성이나 국민성에도 항성(恒性)이 있고 변성(變性)이 있다는 말은 전부터 있어 왔다. 한국인의 국민성에도 항성과 변성은 없을 수 없다. 일제시대에 일부 지식인들이 한국인의 국민성에 나태함, 비타협성, 사회성 부족 등의 나쁜 점이 많다고 지적하고 이를 바꿔야 근대화가 가능하다고 주장한 일이 있었다. 이광수의 〈민족개조론〉이 이 범주에 속한다. 그러나 그가 찾은 국민성은 잘못된 것이다. 암울한 일제시대에 의기소침하여 형성된 일시적 습관을 과대포장한 것이다. 이제는 올바른 국민성을 찾을 때가 되었다.

오늘날 한국인은 서양의 민주주의, 자유주의, 시장경제를 받아들여 세계와 경쟁하고 있으며, 그것이 전 인류가 공유하고 있는 보편적 가치라는 것에 별로 의문을 갖지 않는다. 왜냐하면 세계 대부분의 나라들이 그런 체제와 가치관을 가지고 살고 있기 때문이다.

그런데 그 보편적 가치가 세계 곳곳에서 충돌을 일으키고 있으며, 국내에서도 갈등과 혼란이 반복되고 있는 것을 아울러 주목할 필요가 있다. 중동에서는 이슬람 문명과 기독교 문명이 충돌하고, 인도는 힌두교의 영향이 막강하여 삶의 가치를 종교가 지배하고 있는 듯하다.

중국은 자본주의도 아니고 고전적 공산주의도 아닌 중국식 모델을 따르고 있다. 주요 생산수단은 국유로 하고 경영과 소자본은 사유와 시장경제에 맡기는 모습은 전통적 경제 질서의 틀에서 크게 벗어난 것이 아닌 듯하다. 하지만 중국은 거대한 몸집에 견주어 문화적으로는 소수민족 통합과 사회 통합에 필요한 뚜렷한 지표를 찾지 못하고 있다. 중국과 같은 거대한 국가라면 실용정책만으로 국가를 운영하는 것은 내부 통합과 아울러 국제사회에서 지도적 구실을 하는 데 지장을 초래할 수도 있을지 모른다. 중국은 세계 각국과 조화롭게 살 수 있는 새로운 가치 체계를 시급히 만들 필요가 있다. 이것이 중국이 풀어야 할 과제일 것이다.

이웃 일본은 분명히 자유민주주의, 자본주의 국가이다. 그런데 제2차 세계대전 이후 여당과 야당의 정권 교체가 거의 없다시피 하고 자민당 집권이 근 60년간 지속되었다. 최근 민주당 정권이 들어섰지만 보수 정권의 성격은 자민당과 크게 다르지 않은 것 같다. 보수 세력의 정치세습제가 오래 지속되는 이런 현상은 다른 민주주의 국가에서는 좀처럼 찾기 힘들다. 일본은 역사적으로 과거제도와 같은 출세의 사다리가 없어서 일반 평민은 인생의 꿈을 자신의 생업에 쏟아 세계 최고의 물건을 만드는 데 승부를 걸었다. 그래서 대를 이어 가업을 계승하는 전통이 발달하고, 이런 장인정신이 산업화와 일본 미학의 발달에 긍정적으로 기여한 것이 사실이다. 하지만 사회적 역동성이 상대적으로 부족한 것이 오늘날 일본의 경제를 침체에 빠뜨리는 이유인지도 모른다.

또 전후 독일은 과거의 과오를 솔직하게 반성하면서 털어버리고 나가는데, 일본은 태평양 전쟁과 한국 강점을 정당화하는 데 집착하는 것도 특이하다. 이런 모습은 '대화혼'(大和魂)을 강조하고 신도(神

道)와 불교를 복합적으로 신봉하는 일본의 국수적 종교 전통이나 무사 사회의 체질과 떼어서 생각하기 어려울 것 같다. 일본은 이런 전통을 어떻게 계승하면서 어떻게 극복할 것인가를 고민할 필요가 있을 것이다.

이제 눈을 한국으로 돌려보자. 우리는 헌법상으로는 자유민주주의와 자본주의 국가이다. 하지만 우리의 정치·경제·사회·문화·풍속은 서양이나 이웃 일본과도 다른 점이 적지 않고, 북한과도 같지 않은 점이 있다. 한국은 남한 지방의 오랜 역사적 전통을 바탕으로 자본주의와 자유민주주의를 수용한 까닭이다. 현대 한국의 특징을 추려보면 대강 다음과 같다.

첫째, 한국은 백제와 신라의 지역 경쟁이 아직도 청산되지 못한 나라이다. 지금의 정당들이 지역성을 강하게 띠고 있는 것은 부인할 수 없는 사실이다. 멀리는 신라에 의한 무력통일의 후유증이 삼국 유민들의 일체감을 높이는 데 장애가 된 것이고, 가까이는 광복 후 특정 지역의 오랜 권력 장악이 지역 통합을 어렵게 만든 것이다.

남북 관계가 잘 풀리지 않는 이유도 역사적 유산과 관련이 있다. 서북 지방 사람들이 조선 후기에 정치적으로 포섭되지 못하여 남쪽 양반사회를 차가운 시선으로 바라보고, 반대로 6·25 전쟁을 거치면서 형성된 남한 주민의 반북 정서가 북한을 차갑게 보면서 심리적 일체감을 제약하게 된 것이다.

여기서 민족 간의 무력에 의한 정복이나 특정 지역, 특정 계층의 정치적 소외가 사회통합에 얼마나 악영향을 미치는가를 심각하게 반성할 필요가 있다. 이것이 오늘날 경제대국으로 도약한 대한민국이 풀어야 할 중대한 역사적 숙제의 하나이다.

둘째, 한국은 권력이동과 사회이동이 매우 격심한 나라이다. 역대 대통령의 출신을 보더라도 정치문화의 중심지가 아닌 상대적으로 소외되고 낙후된 지역에서 어렵게 성장한 입지전적인 인사들이 대부분이다. 사회지도층을 보더라도 사정은 비슷하다. "개천에서 용이 난다"는 말은 아마 한국사회에 가장 잘 들어맞을 것이다.

이런 현상은 일제시대와 6·25 전쟁을 거치면서 양반사회가 무너진 데 이유가 있기도 하지만, 거슬러 올라가 보아도 사정은 비슷하다. 역대 왕조의 시조를 보면 적통(嫡統)이나 명가(名家) 출신이 거의 없다. 대부분 방계나 변방에서 일어난 용들이다. 단군도 환인의 서자(庶子)이고, 주몽도 적통이 아니고, 온조도 그렇다. 박혁거세도 출자(出自)를 알 수 없고, 왕건도 변방의 무역 상인으로서 중국인과 피가 섞인 집안이다. 이성계도 여진족 및 몽골족과 뒤섞여 살던 변방인으로서 명문 후예는 아니다.

한국인이 출세하는 방법은 예부터 교육과 시험을 통한 신분상승이 큰 변수로 작용했다. 고대에는 무예가 뛰어난 인물이 지도자로 부상했지만, 과거제도가 도입된 고려시대 이후는 공부 잘하는 사람이 출세하는 시대가 되었다. 이른바 양반·명문을 자랑하는 집안도 없지 않으나, 속을 들여다보면 끊임없는 부침을 통해서 이어져 왔을 뿐이다. 아무리 명가라 해도 공부하지 않으면 벼슬이 끊어지고, 학문이 없으면 존경을 받지 못하기 때문이다. 한국인의 존경을 많이 받는 위인들일수록 크게 내세울 만한 조상이 없는 경우가 많다. 사회이동이 활발하다보니 지속적인 혈통적 보수가 적고, 사회적 역동성이 강하다.

셋째, 한국인은 앞에서 말한 것처럼 강인한 집단주의와 공동체로

움직이고 있다. 혈연집단, 지역집단, 이념집단, 학연집단, 이해집단, 취미집단 등 무수한 집단이 거미줄처럼 얽혀 있다. 그래서 한국처럼 '동아리'나 '패거리'가 많은 나라도 없고, 여기서 오는 경쟁력과 역동성이 지닌 장점도 무시할 수 없다. 조선시대 붕당정치도 '동아리' 정치의 일종으로서 국론 분열의 원인을 제공하기도 했지만, 그것이 몰고 온 정치적 역동성이 정책 경쟁과 정치의 민주화를 촉진시킨 점도 무시할 수 없다. 하지만 작은 동아리 사이의 경쟁이 지나치면 큰 공동체를 무너뜨려 공멸의 비극을 초래할 수도 있다는 것이 한국사회가 지닌 최대의 약점이다.

물론, 한국의 동아리 문화는 특히 국난을 당했을 경우에 작은 '동아리'들이 큰 공동체로 뭉쳐서 무서운 단결력을 보이기도 했다. 삼국시대나 고려, 조선시대, 그리고 일제시대에 외세에 대한 저항의 주체로 나선 것은 민병대(民兵隊)였다. 그것이 고대에는 낭도(郎徒)였고, 조선시대는 의병(義兵)이었고, 일제시대의 항일무장세력도 따지고 보면 민병대 전통의 유산으로 볼 수 있다. 10여 년 전 외환위기를 극복할 때에는 거국적인 금 모으기가 세상을 놀라게 했고, 월드컵 대회 때에는 전 국민이 응원단이 되어 힘을 실어주기도 했다.

어차피 한국인은 '동아리'를 떠나 살 수 없다. 큰 공동체로 뭉치면 국가 발전의 역동성으로 작용하고, 작은 공동체로 뭉치면 경쟁력을 높이기도 하고, 때로는 사회혼란의 원심력으로 작용했다. 공동체 문화는 병도 주고 약도 주는 두 얼굴을 가지고 있다고 할 수 있다. 그러므로 공동체 문화를 없애는 것보다는 이를 대승적 협동체로 키우는 노력이 필요할 것이다.

넷째, 한국처럼 대학교수가 정치나 행정, 또는 언론, 사회활동에 적극적으로 참여하는 나라도 드물 것이다. 이 때문에 새로운 정책이 개발되고, 현실을 비판하고 여론을 주도하는 데 기여하는 점도 없지 않다. 이것 역시 선비-학자들이 정치를 이끌어 온 오랜 전통의 유산으로 볼 수 있다. 하지만 대학교수의 현실 참여가 지나치면, 학문이 시들고, 학문이 시들면 고급 지성은 언제나 외국에서 빌려오는 악순환에서 벗어나지 못할 것이다. 지금 우리나라에는 큰 석학이 나올 때도 되었건만, 경제계에서 거목이 나오는 것에 견주어 학계의 거목이 빈약한 것은 매우 안타까운 일이다. 이는 학계와 정관계를 무시로 드나드는 현실 참여 교수들이 너무 많은 데서 연유한다.

다섯째, 한국의 경제는 시장경제를 바탕으로 오늘의 눈부신 성취를 가져왔지만, 그 배경에는 높은 교육열을 통한 양질의 인력과 무서운 성취욕과 근면성이 뒷받침하고 있다. 이 역시 '공부해야 출세한다'는 한국인의 오랜 교육지상주의 전통과 성취욕의 대물림이라 할 수 있다. 공부-성취욕-근면성은 한국인의 천성적 국민성이다. '빨리빨리' 문화도 여기서 생겨난 것이다.

하지만 '나도 남 못지않게 출세할 수 있다'는 강력한 성취동기가 국가 발전에 긍정적인 영향을 주는 것도 사실이지만, 자기의 분수를 헤아리지 못하는 지나친 성취욕구가 오히려 자신을 파멸로 이끌고, 잘된 사람을 시기하는 정서를 키우고 있다는 점은 크게 반성해야 할 것이다. 우리 사회에 만연하고 있는 각종 범죄는 대개 지나친 성취욕구에서 비롯된 점이 많다는 것을 유념할 필요가 있다. 자신의 평범한 일상생활을 즐기고, 거기에서 삶의 보람을 찾고자 하는 마음도 필요할 것이다.

그런데 지금 한국사회에는 이러한 전통이 물려준 유산만 있는 것이 아니라, 일제가 물려준 나쁜 전통도 남아 있다. 사실, 남북 분단의 근본적인 원인은 일본의 한국강점이 제공했고, 관존민비의 존속도 일제 지배의 유산이다. 정치와 관련이 없는 행사에도 정치인이나 고급 관료가 참여하여 주인 행세를 하는 것은 한국에서만 볼 수 있는 기현상이다. 공적, 사적 기관을 가리지 아니하고 기관장이 지나치게 넓은 방을 차지하고 있는 것도 특이한 모습이다. 조선시대에 영의정이나 판서의 방이 따로 있었다는 말은 들어본 적이 없고, 서양에서도 기관장이 큰 방을 차지하고 있는 경우는 거의 없다. 이는 총독부 체제가 만든 정복자의 권위주의적이고 반민주적인 전통이다.

요컨대, 한국은 앞에서 지적한 한국적 특성을 가진 자유민주주의 국가이다. 그러니 한국은 서구와도 다르고, 일본과도 다르고, 중국과도 다르고, 북한과도 다른 특성이 있다. 그리고 그 특성은 반드시 나쁜 것도 아니고 좋은 것도 아니다. 물론 일제가 물려준 유산은 시급히 청산되어야 한다. 중요한 것은 그 특성이 지닌 장점을 살리면서 그 약점을 극복하는 길일 것이다.

3

천·지·인과 모든 인간이
하나가 되는 전통적 가치

위에서 지금 한국사회에 남아 있는 전통에 대해 말했지만, 그것은 전통의 일부에 지나지 않으며, 좋은 점도 있고 나쁜 점도 있다. 그런데 근래 100여 년의 서구화 과정에서 전통문화가 무너지고 파괴된 것도 적지 않다. 특히 전통문화의 자랑스러운 핵심이랄 수 있는 홍익정신(弘益精神), 공익정신(公益精神), 생명존중사상이 무너진 것은 매우 아쉽다. 이제 전통문화의 체질을 심층적으로 알아보고, 좋은 전통을 재발견하려는 노력이 필요한 시점이다.

서구의 자유민주주의는 기본적으로 개인주의와 분석적, 수학적 세계관을 바탕으로 형성된 것이다. 사물을 나누고, 또 나누어 보는 것이 서양인의 세계관이고, 이것이 서양과학과 서양철학의 뿌리일 것이다. 여기서 수많은, 그리고 크고 작은 개체가 포착되고, 그것이 지닌 개성과 차이점이 존중된다. 이런 전통이 사회적으로는 개체와 개인의 독립성을 북돋아 주고, 기술적인 진보를 가져온 원동력일 것이다.

하지만 이는 지나친 개인주의를 부추겨 사회공동체를 해체시키고, 인정이 메마르고 삭막하여 고독한 인간을 만들 수 있는 위험성이 있다.

한국의 전통문화는 서양과는 매우 다르다. 사물을 분석적, 수학적으로 보기보다는 통합적, 공동체적 실체로 본다. 개체의 차이와 갈등보다는 공통적 요소를 발견하여 이를 상생적 관계로 인식한다. 이를 철학적으로 표현하면 '1+1=1'이 되기도 하고, '1+1=3'이 되기도 한다. 다시 말해 모든 것이 합쳐져 하나로 통합되고, 그 하나가 시너지 효과를 발휘하여 3이 될 수도 있고, 100이 될 수도 있다. 즉 '포용적 조화의 철학'(comprehensive harmony)이라고 할 수 있다. 요즘 언어로 표현하면 디지털이 아니라 아날로그적 세계관인 것이다.

전통시대에는 무속이든, 불교든, 유교든 모든 가르침이 상생공동체 철학이었다. 크게는 천지인(天地人)이 모두 생명체로서 상생(相生)하는 공동체를 이루고 있다고 보는 것이 우리의 오랜 전통이었다. 그리고 작게는 인간사회도 상생공동체로, 상부상조하는 행동양식이 요구된다.

우주공동체 신앙의 뿌리는 이미 '단군신화'에 명료하게 나타난다. '단군신화'에는 다음과 같은 중요한 메시지가 담겨 있다.

첫째, 천·지·인 합일(天地人合一)사상이다. 이것이 '셋'[三]에 대한 숭상으로 나타난다. '三'이라는 글자 자체가 천지인을 표현한 것이다. 우주와 인간사회를 주재하는 신(神)이 셋이다. 하늘의 신[天神]인 환인(桓因), 땅의 신[地神]인 환웅(桓雄), 사람의 신[人神]인 단군(檀君)이 바로 그것이다. 이것이 삼신(三神)인데, 합치면 하나다. 즉 삼신일체(三神一體)다. 그래서 우리는 삼신을 단수로 취급하여 '삼신할머니'로 부른다. 삼신신앙은 우리의 풍속 가운데 깊이 뿌리박고 내려왔다.

'단군신화'에는 '셋'에 대한 언어가 수없이 나온다. 환웅이 내려온 곳이 삼위태백(三危太白)이고, 환웅이 데리고 온 무리가 3천 명이며, 환웅이 데리고 온 귀신이 풍백(風伯), 우사(雨師), 운사(雲師) 등 셋이다. 또 곰은 삼칠일간 햇볕을 보지 않고 있다가 여자로 환생했다. 여기서도 21일을 삼칠일(三七日)로 표현했다. 환웅은 또 환인으로부터 천부인(天符印) 3개를 가지고 내려왔다.

셋에 대한 숭상은 바로 천지인 즉 우주가 하나의 공동체라는 마음을 담은 것이다. 이를 숫자로 표시하면 '1+1+1=1'이다. 그런데 셋에 대한 숭상은 '단군신화'에만 나타나는 것이 아니다. 고조선도 셋, 삼한도 셋, 삼국도 셋, 신라의 왕족도 셋[三姓], 조선시대 정승도 셋[三政丞]이다. 모두가 셋이라는 숫자에 맞추어 인위적으로 만든 개념들이다. 씨름 같은 운동경기에서도 '삼세판'으로 승부를 가린다.

천지인 합일사상은 곧 우주공동체 정신으로서, 우리의 모든 문화에 반영되어 있다. 종교·철학·윤리·건축·그림·춤·음악·풍속 등 모든 분야가 그러하다. 종교에서 가장 중요한 것이 사생관(死生觀)이라 할 때, 한국인은 죽음에 대한 관념이 남다르다. 모두가 하늘에서 태어나 하늘로 '돌아갔을' 뿐이다. 영혼불멸신앙이다. 또 천지인이 하나가 되는 종교의식이 무교(巫敎)이고, 그 의식을 통해 발현되는 감정을 '신바람', '신명', 또는 '흥'이라고 불렀다. 신바람, 신명, 흥은 한국인의 생명을 재충전시키는 활력소이기도 했다.

윤리적으로 보면, '나'와 '네'가 합쳐져서 '우리'가 탄생한다. '내'가 있기 때문에 '네'가 있는 것이고, '네'가 있기 때문에 '내'가 있다. 요즘 언어로 말하면 '네 안에 내가 있고, 내 안에 네가 있다'는 말과도 통한다. 그러므로 독립되고 고립된 나와 너는 없고, '우리' 속에 통합된 나와 네가 존재한다. 바로 이런 정서가 일상생활에서 이웃을 사랑하고, 친구 사이에 신의를 지키고, 가족 사이의 우애와 사랑을 부추기고, 노인을 공경하고, 부모에게 효도하는 미풍을 가져왔다고 보인다. 삼강오륜의 전통적 윤리 가운데 남존여비는 당연히 극복되어야 하겠지만, 오륜(五倫)에 담긴 장점은 살릴 필요가 있을 것이다.

한국인은 전통적으로 정(情)이 많다. '정'은 곧 '나눔'의 마음이다. '나눔'을 통해 '평등'을 높이고, 평등을 통해 남을 '포용'한다. 그래서 정이 많은 사람은 나눔과 포용력이 있고, 그런 마음을 우리는 '순박하다'고 표현한다. 정이 넘치는 사회는 고독하지 않고 삭막하지 않다.

오늘날 외국인들이 이른바 '한류 드라마'나 한국의 풍습에서 놀라는 것이 있다고 한다. 부모에 대한 효와 노인 존중, 가족사랑, 이웃사랑, 친구 간의 우정 등이다. 아직은 노인이 살기 좋은 나라이고, 비교적 따뜻한 가정이 많은 나라이다. 그래서 외국인들이 한국의 가정을 부러워하고, 한국의 노인들을 부러워한다. 하지만 한국인의 시각에서는 옛날에 견주어 '정'이 점점 사라지고, 가정불화가 많고, '신의'가 무너졌다고 개탄하는 이들이 많다. 그래서 사는 것이 외롭고, 외로움을 이기지 못해 스스로 생애를 마감하는 경우도 없지 않다. 이런 사회는 결코 행복한 사회가 아닐 것이다.

이제 한국의 예술에 대해 생각해 보기로 하자. 한국의 건축이나 춤·노래·미술·악기 등은 천지인이 하나되는 모습과 몸짓을 표현한다. 초가집이나 무덤의 구조는 천지를 상징하는 원(圓; 둥근 하늘)과 방(方; 네모진 땅)으로 구성되어 있다. 기와집의 지붕은 새가 날개를 펴고 하늘로 올라가는 몸짓과 같다. 그래서 용마루 양 끝에 새 꼬리(치미)나 새 주둥이를 얹어 놓았다.

춤은 두 팔을 날개처럼 흔들면서 하늘로 올라가는 몸짓이다. 무릎을 오므렸다가 펴는 '오금질'도 새가 날 때의 몸짓과 같다. 그래서 어깨춤이 특징이다. 우리나라 범종(梵鐘)은 하늘을 향해 음관(파이프)을 달고, 땅을 향해서 음통(音筒)을 만들어 천지인의 소리를 함께 담을 수 있도록 설계되어 있다. 이런 모습은 한국의 종만이 가진 특징이고, 그 결과 음색이 매우 신비스럽고 편안하다.

우리나라의 민요는 물소리·바람소리·새소리 등 대자연의 소리와 함께 어울리는 노래이고, 산수화는 아름다운 대자연 속에 인간을 그려 넣어 자연과 인간이 하나가 되는 모습을 그린다. 이것이 대자연만을 그리는 서양의 풍경화와 다르다. 고구려의 '세발 까마귀'(삼족오)는 태양 속에서도 살고, 지상에서도 사는 새로서 천지인을 매개하는 새다. 그래서 발을 세 개로 그린다. 또한 까마귀가 울면 사람이 하늘로 돌아간다는 관념이 생겼다.

일찍이 한국미술사를 전공한 일본인 학자 야나기 무네요시(柳宗悅; 1889~1961)는 한국 미술의 특징을 곡선(曲線)에서 찾았는데 이는 맞는 말이다. 그런데 그 곡선이 고난과 슬픔에 가득 찬 한국역사에서 배태되었다는 주장은 터무니없는 말이다. 곡선은 둥근 하늘을 사랑한 데서 생겨난 것으로 보는 것이 옳다. 스페인의 유명한 현대 건축가 가우디(Gaudi; 1852~1926)가 직선은 인간의 선(線)이고, 곡선은 신(神)의 선, 즉 대자연의 선이라고 하면서 곡선을 건축에 도입한 것은 잘 알려진 사실이다. 그래서 그가 설계한 바르셀로나의 성(聖) 가족 성당이나 구엘 공원은 유네스코 문화유산으로 지정될 만큼 세계인의 주목을 받고 있다. 그런데 왜 한국인이 사랑한 곡선은 고통과 슬픔의 상징인가.

단군신화에는 '홍익인간'(弘益人間)이라는 공동체 윤리가 보인다.

'인간을 골고루 이롭게 한다'는 뜻이다. '홍익'의 목표는 생명·질병·곡식·형벌·선악을 비롯하여 360가지의 일에서 인간을 돕는다는 마음이다. 그러니까 인간생활에서 가장 필요한 것을 도와준다는 것이다. 이 정신은 국가 운영에서 공익(公益)정신으로 진화했으며, 공익정신에서 민심(民心)을 존중하는 민본사상(民本思想), 애민사상, 치열한 교육열, 우수한 기록문화로 뿌리를 내렸다. 공익정신은 선비정신의 핵심이기도 하다.

오늘날 한국은 좌우이념 사이의 대립이 너무 지나치다. 그러나 좌든 우든 특정계층을 위주로 하는 정치이념은 '홍익'정신에 위배된다. '홍익'이념은 그런 점에서 이념 대립을 극복할 대안이 될 수도 있을 것이다. 좌와 우를 따지는 것처럼 비생산적인 싸움도 없을 것이다. 물론, 이해집단 사이의 갈등은 없을 수 없다. 하지만 홍익과 공익정신을 존중한다면 갈등은 살인과 폭력을 수반하는 전투적인 모습을 들어낼 필요가 없을 것이다.

단군신화의 세 번째 메시지는 천손의식(天孫意識) 곧 민족의식이다. 우리는 하늘에서 태어났으므로 중국인의 피를 받지 않았다는 것이다. 이 혈연공동체 정신은 외세의 침략을 받을 때 국민을 단결시키는 정신적 기둥이 되었다. 몽고의 침략을 받을 때, 왜란과 호란을 겪었을 때, 일제의 침략을 받을 때 단군숭배가 고조된 이유가 여기에 있었다.

하지만 혈연공동체 의식은 국제관계가 안정되거나 국제적 문화교류가 활발한 시대에는 약해지는 것이 역사의 흐름이었고, 이런 시대의 단일민족의식은 오히려 부정적인 기능을 수행했다. 요즘처럼 국제화가 진전되고 다문화가정이 늘고 있는 시대에 지나친 단일민족의식은 긍정적 의미만을 갖기 어렵다.

단군신화의 네 번째 정신은 신선사상(神仙思想)과 낙천성이다. 단군은 죽지 않고 산신(山神)이 되었다고 함이 그것이다. 또 단군이 태백산(백두산) 꼭대기에 있는 연못에서 하늘로 돌아가셨다는 전설도 있다. 그래서 그 연못을 조천지(朝天池) 또는 천지(天池)로 부르게 되었다. 고주몽도 19년간 고구려를 다스리다가 대동강가의 어느 바위에서 기린을 타고 하늘로 돌아갔는데, 그 바위를 조천석(朝天石)이라 불렀다. 박혁거세도 육신은 땅에 떨어져 오릉(五陵)이 되었고 혼(魂)은 승천(昇天)했다고 한다.

사람이 죽지 않고 하늘로 돌아가고, 하늘과 인간이 하나라는 믿음이 곧 낙천성(樂天性)이다. 낙천성에서 우러나오는 행동이 춤·노래·미소·해학·신명(神命)·신바람·흥이다. 그래서 한국 문화의 본질에는 낙천성과 자연주의가 담겨 있다. 한국 문화의 특징이 '한'(恨)에 있다는 주장은 설득력이 없다. 한국인의 낙천성은 체질에 잠재된 역동성으로서 이를 어떻게 긍정적으로 활용하느냐가 중요하다. 다만, 그 낙천성이 지나치면 품위를 잃고, 공해(公害)를 가져올 위험성이 있다는 것을 경계할 필요가 있다.

이상 단군신화에 담긴 우주관은 한국인의 원초적 사상·종교·윤리를 담은 민족정서의 뿌리라고 할 수 있으며, 이것이 문화적 유전인자로 전승되면서 오늘의 한국인의 핏속에 흐르고 있다고 믿는다. 하지만 그것이 지닌 장점과 동시에 도가 지나치면 단점으로 작용할 수도 있다는 것을 유념할 필요가 있을 것이다.

4

선비문화의 진화과정

한국인의 전통적 공동체 정신은 '선비정신' 또는 '선비문화'로 부르는 것이 좋다. 여기서 '선비'라 함은 한국사를 이끌어온 지성인을 가리키는 언어다. 그 시작은 고대로 거슬러 올라간다. 왜냐하면 '선비'는 고조선 때부터 내려온 고유 언어이기 때문이다. 다만, 한자로 표기하다보니 '선비'가 '선인'(仙人) 또는 '선인'(先人)으로 기록되었으므로 '선비'와 '선인'이 다른 것으로 오해하고 있을 뿐이다.

앞에서 '선비정신'의 뿌리에 해당하는 '단군신화'를 소개했는데, '단군신화'의 선비정신은 시대가 내려가면서 단계적으로 진화하여 근대에 이르렀다고 본다. 이 책은 바로 선비정신의 시대별 진화과정을 정리한 것이다.

'선비'는 원래 고대의 무교(巫敎)에서 출발한 것이다. 《삼국사기》에는 '평양이 선인(仙人) 단군왕검의 집[宅]'이라고 하여 '단군왕검'을 '선인'(仙人)으로 불렀다. 그러므로 단군은 우리나라 최초의 '선비'인 셈이다. 단군시대에 불교나 유교가 있었을 리 없으므로 '선비'는 곧 무교의 제사장이자 군장(君長)일 터이다. 따라서 단군은 선비요, 무당이요, 임금인 셈이다.

선비의 제사는 곧 하늘에 제사[祭天]하는 것이었다. 강화도 마니산의 참성단(塹城壇)은 단군이 제천한 곳으로 알려지고 있다. 왜 단군은 하늘에 제사를 지냈는가? 단군은 하느님의 후손으로 태어났기 때문에 하늘이 곧 부모가 된다. 그러므로 제천은 부모에 대한 제사에 다름 아니며, 제천이 곧 부모에 대한 효(孝)이다. 그래서 제천보본(祭天報本)이라는 말이 생겨났다. 단군뿐 아니라 삼국시대의 임금들도 제천행사를 통해서 부모에 대한 보답을 행하였으니, 그것이 고구려의 동맹(東盟)이요, 부여의 영고(迎鼓)요, 예(濊)의 무천(舞天)이요, 삼한의 소도(蘇塗)이다. 신라와 고려는 팔관회(八關會)를 통해서 제천을 행했으며, 조선은 환구단(圜丘壇)이나 남단(南壇)을 통해서 제천했다. 한국인의 '효'는 유교에서 시작된 것이 아니다.

동이족(東夷族)의 일파인 기자족(箕子族)이 조선으로 와서 선비문화는 한 단계 더 진화된 문명을 건설했다. 모든 이들에게 땅을 똑같이 나누어 주는 정전제(井田制)를 실시하고, 팔조교(八條敎)의 도덕을 폈기 때문이다. 그리고 평양에 버드나무를 심어 인성(人性)을 버드나무처럼 부드럽고 강하게 만들었다고 전한다. 그래서 공자(孔子)가 고조선을 '군자국'(君子國)이라 부르고, 고조선으로 이민오고 싶어 했다는 이야기가 《논어》(論語) 자한편(子罕編)에 보이는 것이다. 공자는 고조선의 선비문화를 '군자문화'로 보았고, '선비'를 '군자'로 불렀다.

삼국시대에 이르러 '선비'는 국가에서 양성한 종교적이고 무사적인 청소년집단으로 진화했다. 그것이 고구려의 선인(仙人, 先人)이고, 신라의 국선(國仙)·선랑(仙郎)·화랑(花郎)·풍류도(風流徒)·풍월도(風月徒)이다. 백제도 비슷한 공동체가 있었을 것이다. 이들은 하늘과 부처를 동시에 공경하면서 국가를 위해 봉사하고, 부모에게 효도했으며, 친구 사이에 신의(信義)를 지키고, 생명을 사랑하고, 전쟁에서는 죽기를 각오하고 싸우는 종교집단이요 전사집단이었다. 그들의 계율은 바로 단군신화의 선비정신 곧 홍익정신을 계승한 것이다.

삼국시대는 불교와 유교를 받아들였으므로, '홍익인간'의 선비정신은 자연히 불교나 유교의 가르침과 융합되었다. 그리고 그 선비정신이 삼국을 큰 국가공동체로 발전시키고, 수나라·당나라의 침략을 물리친 정신적 바탕이 되었다. 당나라가 신라를 '동방예의지국'(東方禮義之國)으로 부른 이유도 여기에 있었다. 이제 '군자국'이 '동방예의지국'으로 진화한 것이지만, 그 뜻은 비슷하다.

고려시대에도 선비정신은 그대로 이어졌으며, 종교적 무사집단도 그대로 존속했다. 다만, 한층 세련된 유교문화가 정치를 이끄는 지도 이념으로 자리 잡고, 시험으로 등용된 문관(文官)의 지위가 올라가면서 종교적, 무사적 공동체는 권력구조의 하부조직으로 밀려났을 뿐이다. 그것이 '재가화상'(在家和尙), '향도'(香徒) 또는 '사장'(社長; 두레)으로 불리기도 했다. 이들은 평상시 종교인, 국역 노동자 및 무사의 성격을 띤 상부상조의 공동체였으나, 유사시에는 목숨을 걸고 나라를 위해 싸우는 용맹한 전사들이기도 했다. 송나라 사신 서긍(徐兢)은 이들의 실체를 보고 《고려도경》(高麗圖經)에 그들의 생활상을 자세하게 소개했다.

하지만 국가의 지도층이었던 문관이나 승려들도 체질적으로 선비였으므로, 그 선비정신이 유교 및 불교와 융합하여 국가정책으로 발현되었다고 본다. 태조의 〈훈요십조〉(訓要十條)에 선비정신이 담겨있으며, 국가적 축제였던 팔관회(八關會)도 옛날의 제천행사에 담긴 선비정신이 그대로 계승되었다. 고구려 고토수복운동(다물)도 선비정신의 발현이었다. 강감찬(姜邯贊)이나 서희(徐熙), 강조(康兆), 김윤후(金允候), 삼별초 무사 같은 인물이나 무리들은 전형적인 선비정신을 가지고 있었다.

고려가 강력한 국가공동체를 만들고 거란 및 여진족, 몽골족 등과 싸워 나라를 지킨 원동력은 선비정신과 선비공동체에서 나왔던 것이며, 송나라가 감히 고려를 조공국(朝貢國)으로 부르지 못하고, 소화(小華)로 우대하면서 고려 사신을 국신사(國信使)로 부른 이유도 여기에 있었다.

조선왕조에 들어와 선비정신은 세련된 성리학과 융합하여 한 단계 또 진화했다. 이제 선비는 주로 문사(文士)를 가리키는 말로 바뀌었다. 그래서 선비라고 하면 유학자를 떠올리는 시대가 되었다. 그러나 넓게 보면, 유학자만이 선비가 아니라, 무인(武人)도 선비요, 민간사회에도 선비공동체의 유제가 그대로 남아 풍속으로 뿌리를 내렸다. 그것들은 '향도'(香徒)와 '사장'(社長)으로서, 이들은 이를테면 민간선비 단체로 볼 수 있다.

조선 초기에는 향도가 계(契)를 조직하여 종교공동체인 동시에 민간의 장례식을 치러주는 장례공동체로서 기능했고, 사장(두레)은 종교공동체 또는 오락공동체로 기능하여 정부에서는 미풍양속의 하나로 인식했다. 이들의 놀이문화는 군사무예(軍士武藝)와 다름 없었으니, 이들이 유사시에 의병(義兵)으로 나가서 싸울 수 있는 능력이 여기서 생겨난 것이다. 말하자면 고려시대의 재가화상과 이들은 동질적인 집단이었다.

그러나 성리학을 존중하는 사림정치가 뿌리내리면서 종교적 행위는 점점 억압을 받기 시작했다. 이들은 남녀노소와 계급을 초월하여 몰려다니면서 음주와 춤과 노래를 즐기고, 부처와 우상을 숭배하고 있었기 때문에 신분질서를 문란시키고 음사(淫祀)를 조장한다는 이유에서 비판을 받았던 것이다.

하지만 국가와 양반의 억제에도 아랑곳하지 않고, 재야 선비조직은 강인한 생명력을 지니면서 유지되었는데, 종교행사는 차츰 퇴색하고, 향도는 '상두꾼'으로 불리면서 주로 장례공동체로, '사장'은 '두레패'로 불리면서 주로 농촌 오락공동체로서 대중의 사랑을 받았다. 그리고 '상두꾼'과 '두레패'는 차츰 직업공동체로 변신하여 돈을 받고 노동력이나 오락을 제공하는 집단으로 기능하면서 근대사회와 만나게 되었다.

한편, 재야 민간 공동체 조직을 비판한 성리학자들조차도 공동체적 체질은 그들과 다름이 없었다. 그래서 신분질서를 존중하는 향촌 공동체 조직으로 '향약'(鄕約)을 만들고, 정치공동체로서 '붕당'(朋黨)을 조직하고, 백성과 나라와 생명체를 사랑하는 민본정치(民本政治)를 추구했다. 그리고 왜란과 같은 큰 국난을 맞이해서는 백성과 함께 의병(義兵)을 조직하여 구국운동의 선봉으로 나서기도 했다.

조선 후기에는 민본사상이 한 단계 더 진화하여 민국정치(民國政治)를 추구하고, 평등주의를 추구하는 대동사회(大同社會)를 지향하기도 했으며, 작은 정치공동체인 붕당을 더 큰 공동체로 묶어세우기 위해 정치, 경제, 사상의 '탕평'(蕩平)을 추구했다. 정치적 탕평이 붕당연합으로 나타나고, 경제적 탕평이 균역법(均役法)과 대동법(大同法)으로 나타나고, 사상적 탕평이 실학(實學)과 북학(北學)으로 나타났다. 이를 통해 백성을 위한 선비정신은 한층 심화되었다.

19세기 후반의 개화사상(開化思想)은 전통적인 선비정신과 서양의 근대문명이 융합된 새로운 형태의 선비문화로 진화했다. 그것이 '동도서기'(東道西器)요, '구본신참'(舊本新參)의 개화정책이다. 이는 정치·종교·철학·윤리는 우리 것을 지키고, 기술문명은 서양 것을 받아들인다는 정책이었다. 우리가 야만으로 살아오지 않은 이상 그런 정책은 지극히 당연한 것이다. 우리는 한동안 이런 정책을 수구반동으로 보았으나, 이는 서양문명 지상주의에 빠진 해석일 뿐이다.

　비록 '동도서기'와 '구본신참'의 새로운 선비정신이 나라를 지키는 데 실패했다 하더라도, 그 정신을 가볍게 보아서는 안 될 것이다. 어차피 제국주의 시대는 군사력과 경제력을 바탕으로 한 힘의 논리로 승패가 결정되는 것이지 문화 가치로 좌우되는 것이 아니었다. 따라서 제국주의를 막아내지 못한 힘의 열세를 인정하고 반성하는 것은 좋지만, 그렇다고 우리가 전적으로 잘못 살아온 것으로 자책함은 올바른 역사의식이 아닐 터이다. 약육강식을 정당화하면 우리도 제국주의자가 될 수밖에 없을 것이다.

　일제시대에 들어가서도 선비정신은 더욱 진화되었다. 그것은 독립운동으로 표출되고, 3·1운동의 정신적 바탕이 되었고, 대한민국 임시정부의 건국강령으로 반영되었다. '홍익인간'은 좌우합작운동에서, 무정부주의운동에서, 신민족주의운동에서, 1948년 대한민국 정부의 건국이념에서도 그대로 반영되었음은 누구나 알고 있는 사실이다. 우리는 서구의 자유민주주의를 전통적 선비정신과 접목시켜 대한민국을 탄생시켰음을 잊어서는 안 될 것이다.

5

미래의 과제

지금 우리는 세계 10대 경제대국에 올라섰고, 이른바 '한강의 기적'을 일구어냈다. 그러나 역사에 기적이란 없다. 외국인의 눈으로 볼 때에는 '기적'일는지 몰라도 우리의 눈으로 보면 결코 기적이 아니다. 치열한 교육열, 성취욕, 근면성, 민주화에 대한 열망, 민족주체성이 가져온 당연한 결과일 뿐이다. 그리고 그것은 수천 년 쌓아온 한국인의 문화적 유전인자 곧 선비 체질에서 우러나온 것이다. 밖에서 받아들인 서구문화의 도움이 컸던 것도 사실이지만, 내적으로 축적된 역량이 없었다면 어떻게 서구문화를 소화할 수 있었겠는가?

그런데 우리는 아직도 전통문화와 서구문화를 지혜롭게 융합하는 단계에 이르지 못했음을 반성할 필요가 있다. 우리 조상들이 추구해 온 '동도서기', '구본신참', '법고창신'의 지혜를 제대로 이어가지 못하고 있다. 특히 고급 지식을 창조하는 학문세계가 그렇다.

지금 대중문화나 기술 분야 등에서는 자연스럽게 동서문화의 융합이 나타나고 있다. 예를 들면, 양옥에 온돌을 넣고, 퓨전 음식이 등장하고, 판소리와 오페라가 합쳐져 판페라가 나타나고 있으며, 약국에서는 한약과 양약을 동시에 팔고, 서양의학과 한의학(韓醫學)을 접목시키는 노력, 서양화와 동양화의 경계를 무너뜨리는 경향 등이 그것이다. 여기에 국제결혼이 성행하면서 다문화가정이 급속도로 증가하고 있는데, 이는 혈통의 융합을 넘어서서 한국문화와 국제문화의 대융합을 예고하는 것이다.

그런데 학계에서는 동서 학문 사이의 대화가 마치 물과 기름처럼 겉돌고 있다. 서구학문의 개념으로 바라보면 전통은 모두가 비정상적으로 보이기 쉽다. 서양은 정상이고 전통은 비정상이라는 시각에서는 융합이 이루어지기 어렵다. 동서문명 사이의 차이와 그 고유한 가치를 인정해야 융합이 가능할 것이나, 그런 분위기가 진전되는 것 같지 않다. 요즘 학제 간의 통섭을 주장하는 경향도 있으나, 이는 주로 서양 학문 간의 장벽을 헐자는 수준에서 그치고 있는 듯하다.

학문의 현실이 이렇다 보니 국가정책이 한국인의 표준 정서에 접목되지 못하는 것을 자주 접하게 되고, 국가의 정체성도 분명치 않다. 바로 이것이 대한민국의 상부구조를 취약하게 만드는 결정적 원인이 되고 있다. 특히 경제성장에 걸맞은 정치, 사회, 문화가 따르지 못하고 있는 이유가 여기에 있다고 생각된다.

우리의 정치문화는 서구적 자유민주주의의 외피는 웬만큼 갖추고 있으나, 이를 운영하는 문화적 인프라가 턱없이 낙후되어 있다. 기록문화나 토론문화, 언론활동, 권력 안배, 사회통합 장치 등은 왕조시대보다 낙후되어 있다는 것이 필자의 판단이다. 돈에 따라 좌우되는 선거문화도 정치를 타락시키는 요인의 하나다.

위에서 말한 문제들을 한 마디로 요약하면, 공익(公益)을 추구하는 공동체 정신의 빈곤이다. 지금 한국에는 작은 공동체, 작은 '동아리'와 '패거리'는 헤아릴 수 없이 많으나, 대개는 사익(私益)을 추구하는 공동체들이다. 이것이 서로 부딪치면서 정치갈등, 노사갈등, 사회갈등을 필요 이상으로 증폭시키고 있다. 그것은 이미 선의의 경쟁 차원을 넘어서고 있다.

우리에게 필요한 것은, 작은 공동체의 난립이 아니라 만민(萬民)을 포용하는 큰 공동체의 출현이다. 오늘의 정치이념은 큰 공동체를 만드는 데 한계를 보이고 있다. 강자를 더욱 강자로 만들고 경쟁력이 약한 약자를 소외시키거나, 약자를 보호한다고 하면서 결과적으로는 강자와 약자를 모두 약자로 만들고 있다. 이미 지난 100여 년 동안 그 실험을 통해 장단점이 모두 드러났다. 그러므로 만민의 행복을 함께 추구하고 만민을 통합하는 홍익(弘益)과 공익(公益)의 큰 공동체가 지금처럼 필요한 때가 없다. 홍익과 공익은 좌우이념의 갈등을 높은 차원으로 극복하는 대안이 될 수도 있을 것이다.

무엇보다 대자연을 생물(生物)과 무생물(無生物)로 구분하는 양분법이 극복되어야 할 것이고, 개체를 지나치게 존중하는 '나' 중심의 세계관이 극복되어야 할 것이다. 그런 사고가 지속되는 한, 생태와 환경의 파괴와 공동체의 파괴는 피할 길이 없을 것이다.

요즘 그린 성장, 생태 존중, 사회보장제도 등이 강조되고 있는 것은 당연한 일이지만, 이를 뒷받침하는 철학은 아직 없는 듯하다. 그런 점에서 천지인이 하나의 생명공동체라는 전통적 우주관은 새로운 의미로 다가온다. 정(情)이 넘치고, 따뜻함이 배어 있는 그런 공동체가 그립다. 네 안에 내가 있고, 내 안에 네가 있는 그런 공동체가 필요할 것이다.

지금 한국의 고민은 단순히 한국만이 아니라 전 세계적인 고민이다. 그런 점에서 세계라는 국제사회의 운명도 멀리 내다보는 안목을 가질 필요가 있다. 한국은 이제 서양의 뒤를 쫓아서 사는 시대는 지났다. 우리가 세계사를 주도하는 하나의 중심의 자리에 올라서고 있다는 것을 염두에 두고, 20세기와는 다른 신문명을 창조한다는 각오도 필요할 것이다.

역사의 중심축이 아시아로 바뀌고 있는 세계사의 전환기라는 것도 많은 것을 암시한다. 약육강식으로 유지되던 평화의 시대는 지났다. 팍스 로마나도, 팍스 아메리카나도 지나가고 있다. 전 지구적인 상생공동체가 와야 비로소 평화가 정착된다는 점에서 아시아 시대의 의미를 찾아야 할 것이다.

지금 우리는 저 옛날 '군자국'이나 '동방예의지국'의 칭송을 듣고 있을까. 우리의 경제규모에 맞는 문화대국의 옷을 입고 있을까. 어쩌면 한국인은 '천박한 졸부'나 '경제적 동물'로 비치고 있는 것은 아닌가. '상생'보다는 '상극'(相克)을 일삼는 살벌한 사회를 보이고 있는 것은 아닌가. 그래서 선비문화와의 진솔한 대화가 필요한 것이 아닌가 한다.

제**1**장
자연환경과
선비문화

자연환경과 선비문화

한국 전통문화는 중국 및 일본과 더불어 동아시아적 보편성을 지니고 있음은 말할 나위도 없다. 그 보편성은 구체적으로 무교·불교·도교·유교와 연결되어 있음도 잘 아는 사실이다. 그러나 자세히 들여다보면, 한국 전통문화는 보편성과 더불어 한국적 특수성도 지니고 있다. 이는 자연환경의 차이에서 오는 토착화의 결과일 수도 있고, 전통문화의 원초적 뿌리가 다른 데서 오는 현상일 수도 있다. 그 차이를 '체질적 차이'로 불러도 좋고, '문화적 유전인자'의 차이 즉 '문화적 DNA'의 차이로 보아도 좋을 것이다.

한국문화는 중국의 한족(漢族)과 언어 및 선사문화의 뿌리가 다른 중국 동북지방과 한반도를 포괄하는 말발굽형의 동방문화권(東方文化圈)을 바탕으로 전개되어 왔다. 황해(黃海)와 발해(渤海)는 동방문화권을 하나로 묶어주는 내해(內海)와 같은 교통로가 되었다. 이 지역은 지리적 조건과 기후 조건도 중원(中原)과는 다른 점이 많다. 우선 지리적으로는 높지 않은 푸른 산악과 하천이 많아 농경과 주거에 적합하고, 공기가 쾌적하여 아침 해가 뚜렷하게 떠오르고, 태풍이나 홍수, 지진 등 자연재이가 적은 편이다. 여기에 사계절이 비교적 뚜렷하여 계절에 따른 의식주 문화가 다양하다. 계절마다 옷이 다르고, 먹는 것이 다르고, 주거환경이 바뀐다.

한반도와 이를 둘러싼 동방문화권의 자연적 특성은 그 지역에 사는 사람들의 인성(人性)에 큰 영향을 주었다. 우리 선조들은 이 점을 일찍부터 깨닫고, 중국과 다른 '별개의 천지'에 살고 있다고 말하고, 중국과 풍토(風土)가 다름을 강조하며, 그 자연환경의 영향을 받아 한국인의 품성이 착하다고 스스로 평가한 이유가 여기에 있을 것이다.

그러면, 자연환경이 끼친 영향은 구체적으로 어떤 것인가? 그 답은 이렇다. 무엇보다 자연친화적이고 낙천적인 인성이 길러지고, 태양과 밝음을 숭배하는 신앙이 발달했다. 그 연장선상에서 천지인(天地人)을 하나로 묶어 생명공동체로 바라보면서, 이 생명공동체의 힘에서 활력을 북돋우는 '신명'(神命)과 '신바람'과 '흥'(興)을 얻고, 이로써 재앙을 물리치려는 무교(巫敎)가 발달했다. 무교의 제천(祭天)은 천지인을 하나로 묶어주는 공동체적 제사의식이었다. 또 산수(山水)의 배합이 잘된 지역을 명당(明堂)으로 간주하는 풍수지리(風水地理)도 발달했다.

또 천지인의 생명공동체 속에 담겨 있는 생명의 근원은 무엇인가? 그것이 음양오행(陰陽五行)사상이다. 음양과 오행은 생명을 탄생시키고 성장, 발전시키는 원리로서, 이를 통해 우주자연의 질서를 해석하고, 그에 적응하려는 심성(心性)을 가지려고 노력했다.

그러면, 이웃 나라는 어떤가? 중국 문화의 중심지인 중원(中原)은 동방문화권과는 자연환경이 다르다. 서쪽과 북쪽에는 넓은 사막과 초원이 전개되고, 남방에는 고온다습한 기후에 기이한 산천과 소택지(沼澤地)가 많다. 고비 사막과 '죽음의 사막'으로 불리는 타클라마칸 사막은 인간을 따뜻하게 품어 안는 상생(相生)의 자연이 아니라 죽음을 가져다주는 재앙의 자연일 뿐이었다. 오죽했으면, 《서유기》(西遊記)에서 삼장법사(三藏法師) 일행이 인도에 가서 불법(佛法)을 얻기도 전에 이 사막을 넘으면서 득도(得道)를 했을까?

사막은 또한 봄철에 모래바람을 동쪽으로 보내 황사(黃砂)를 일으키고, 황토를 황하에 쏟아 황하 하류에 높은 하상(河床)을 쌓아 올려 홍수 피해를 크게 준다. 그래서 중국은 예부터 황하를 잘 다스리는 인물이 성인(聖人)이었다. 요순(堯舜)이 바로 그런 임금이었다.

하지만 중원은 동서남북으로 열려 있는 지리적 개방성으로 인하여 다종다양한 이질적인 종족과 동서문명이 모여들어 새로운 문명이 탄생하는 용광로와 같은 기능을 맡았다. 이것이 중국문명을 선진으로 이끈 힘이 된 것이다.

중국 사상지도의 지역적 편차는 그 지역의 자연환경 및 생활양식의 반영이라고도 볼 수 있다. 중국 지성사의 중핵을 이루는 사상은 생활환경이 좋은 황하 하류와 양자강 하류에서 생성되었다. 황하 하류 지역에서는 공동체를 강조하는 유가(儒家)와 상업을 선호하고 권력의 강제성을 강조하는 법가(法家), 그리고 천지인 합일을 강조하는 음양가(陰陽家) 등이 나타나고, 황하 남쪽 지역에서는 노장(老莊)의 도가(道家)가 나타났으며, 도가사상과 기이하고 아름다운 산천의 영감을 받아 문학과 예술이 화려하게 꽃피었다. 남방의 도가사상은 고온다습하고 풍광이 아름다운 아열대적 자연환경과 무관하다고 보기 어렵다. 자연물산이 풍부하고 고온다습한 기후에서 사는 사람들이 무위자연(無爲自然)을 선호하는 것은 자연스런 일이다.

한편, 일본 열도의 경우를 살펴보자. 일본은 섬나라이지만 남북이 매우 길게 뻗어 북방은 홋카이도(北海道)와 사할린을 통해 황막하고 추운 시베리아와 연결되었으나 문명적으로는 큰 영향을 받지 못했다. 한편, 남방은 현해탄을 끼고 한반도와 서로 마주보고 있어서 한반도 남부 지역과 하나의 생활권을 이루고 살았다. 한반도의 문명은 대마도를 징검다리로 하여 규슈(九州)로 유입되고, 다시 세도(瀨戶) 내해를 건너 평야가 넓은 간사이(關西) 지방의 오사카(大板), 교토(京都), 나라(奈良) 지방으로 흘러들어가서 도쿄(東京)를 향해 북상하는 형태로 전파되었다. 16세기 중엽 이후로 진행된 서양과의 직접 교류도 규슈를 문호로 하여 북상하는 형태를 이루기는 마찬가지였다.

물론, 한반도 문명이 직접 동해안을 건너 일본 서부 지역으로 흘러들어가기도 했지만, 이 지역은 높은 산악이 많아 일본 문명의 중심권을 이루지는 못했다. 일본의 남방을 통해 들어간 한반도와 대륙문명은 더 이상 흘러나갈 곳을 찾지 못했다. 동쪽으로 전개된 넓은 바다는 망망한 태평양뿐이었다. 그래서 웅덩이에 모인 물처럼 고이고 고여 일본적 자연환경과 어울려 독자적 일본문화 체질을 형성했다.

일본은 칼날처럼 길게 뻗은 열도의 지리적 특징과 규슈, 시코쿠(四國), 혼슈(本州), 그리고 홋카이도로 이루어진 지리적 분할성이 권력의 중앙집권을 어렵게 만들었으며, 고대에 형성된 무사권력의 위력이 강인하게 지속되면서 문사정치의 철학인 유교와 과거제도의 토착화를 어렵게 만들었다. 바로 이것이 중국이나 우리나라와 근본적으로 다른 점이다.

그러면, 왜 일본은 그토록 무사권력이 오래 지속되었을까? 매우 어려운 물음이지만, 한반도의 이주민들이 집단적으로 일본에 이주한 것은 고대에서 끝나고, 한반도에서 유교문명이 꽃핀 이후에는 거의 집단적 이주가 없었다는 것도 하나의 원인으로 보아야 할 것이다. 그런데 고대의 이주민들은 대부분 무사들이었다. 문사정치가 정착된 통일신라 이후에는 한일관계가 극도로 냉각되고, 문사들의 이주도 거의 없었다. 백제와 가야계 이주민들이 지배층을 형성한 일본인의 시각에서 보면 신라에 의한 삼국통일은 반가운 일은 아니었을 것이다.

한편, 지진이나 태풍, 그리고 화산 폭발 등 자연재난도 일본은 한반도에 비해 한층 규모가 크고 빈번했다. 이런 환경에서 생존을 유지하려면 지역 단위의 권력집중이 필요했을 것이다. 아마 이런 요인들이 복합되어 지방분권적 무사권력이 유효했을지도 모른다.

중국은 한대(漢代)부터 유교문화권을 이룩하고, 한국은 삼국시대부터 유교문명이 불교문명 및 무교문명과 혼재하면서 정치에 영향을 미치고 있었으나, 일본에 유입된 유교문명은 정치철학으로서가 아니라 무사들이나 승려들의 문학적 도구로 활용되는 데 멈추었다. 문사정치의 이상을 담은 유교가 무사정치의 정치철학이 되기는 어려웠을 것이다. 그리하여 일본의 지도이념은 불교 및 무교(巫敎)에서 파생된 신도(神道)의 종교적 정서에 크게 의존하면서 근대에 와서 서구의 기술문화를 받아들여 근대화를 이루었다. 일본이 역사적으로 과거제도(科擧制度)에 의한 관료충원제도가 없었던 이유가 여기에 있다.

서구인의 시각에서 보면, 동아시아 세계에서 가장 친근한 것은 일본문화이다. 여기에는 두 가지 이유가 있다. 첫째, 무사들이 지배하는 지방분권적 정치체제가 중세 유럽의 기사(騎士)들이 지배하던 봉건체제와 닮은 점이 많았다. 10세기 가마쿠라 막부(謙倉幕府)에서

17세기 초의 에도 막부(江戶幕府) 즉 도쿠가와 막부(德川幕府)를 거쳐 1868년의 메이지 유신(明治維新)에 이르는 1천 년간의 막부체제는 바로 그것이다.

둘째, 15세기 말기 지리상의 발견으로 인도 항로를 개척한 포르투갈 등 서양 여러 나라는 16세기 중엽 이후로 규슈의 나가사키(長崎)를 거점으로 일본과 활발하게 교류했기 때문에 서양인의 입장에서는 서양에 대한 우월감을 가지고 방어적 자세를 취했던 중국이나 조선에 비하면 친근감을 높이는 요인이 되었다.

하지만 서양 중세의 봉건체제나 일본의 막부체제와 같은 무사정치의 전통을 일찍이 청산하여 고급스런 문치(文治)를 세우고 과거제도를 바탕으로 사회이동을 촉진시키고, 평민의 신분상승을 제도화했던 중국이나 한국은 비록 서구인의 시각에서는 다소 낯설고 불편하게 보였을는지는 몰라도 서양보다 훨씬 앞서서 민주적 전통과 합리적 관료정치의 전통을 세운 것은 분명하다.

시험에 의한 사회이동이 불가능했던 일본 중세의 평민들은 자신의 꿈과 이상을 수공업이나 상업, 그리고 농업 등 생업에 쏟았다. 그래서 물건을 천하제일로 만드는 장인정신(匠人精神)이 발달했다는 보고가 이미 왜란 때 일본으로 끌려갔던 강항(姜沆)이 쓴 《간양록》(看羊錄)이나 통신사(通信使)의 수많은 기행문에 보이고 있다. 일본의 보통 사람들은 직업을 세습하면서 전문성을 높여갔다. 수백 년에 걸쳐 우동장사를 가업(家業)으로 하는 일본인들이 그래서 생겨난 것이다. 장인정신은 오직 장인(匠人)들에게만 이어져 갔던 우리와는 대조적이다. 이런 장인정신은 일본의 산업화에 유리한 조건을 만들어준 것도 사실이다.

조선통신사 일행을 환영하는 에도(지금의 도쿄) 서민들. 1747년(영조 22)에 일본 화가가 그린 것이다. 고베 시립박물관 소장. 멀리 하얀 후지산이 보이는 에도의 아사쿠사 거리에 모여든 군중들 가운데, 아기에게 젖을 먹이는 여인, 술사발을 들고 있는 남성들이 보여 축제 분위기가 가득하다.

통신사 행렬을 자개로 조각한 도장주머니(위). 통신사를 따라간 조선인 소년
이 말 위에서 글을 써주고 있다. 일본 지식인들은 통신사의 글을 받는 것이
평생의 소원이었다(아래).

한편, 영의정의 꿈을 안고 유교교육에 전념했던 왕조시대 한국인들의 인생철학도 산업화와 근대화에 부정적인 영향을 준 것만은 아니었다. 장인정신이 부족한 대신 문사철정경사(文史哲政經社)와 자연과학, 그리고 시서화(詩書畵) 등 예술까지 포괄하여 폭넓은 교양인을 만들고자 하는 유학교육은 지식의 지평을 넓게 열어줌으로써 상상력을 풍부하게 만들고, 무엇보다도 출세하려면 공부해야 한다는 무서운 교육열을 낳았다. 바로 이것이 근대화와 산업화에 긍정적으로 작용한 것이다. 광복 후 대한민국이 급속한 산업화와 근대화에 성공한 비결은 여기에 있다고 볼 수 있다.

한국의 유교문화는 삼국시대부터 유교 경전이 수입되면서 본격적으로 전개되었지만, 그 기원은 고조선시대로 소급될 수 있다. 이미 기자(箕子)가 조선에 와서, 주(周)나라 무왕(武王)에게 전달했다는 《홍범》(洪範)을 바탕으로 시서예악(詩書禮樂)과 팔조교(八條敎), 그리고 정전제(井田制)를 실시했다는 전설이 있다. 기자가 조선에 왔다는 것을 부정하는 견해도 있지만, 근대 이전의 한국인들 가운데는 기자동래설을 의심한 사람이 없었다. 이는 공자가 창안한 유교보다 시대가 한층 위로 올라가지만, 유교적 정서의 모태가 되었다고 볼 수 있다. 16세기의 저명한 성리학자 율곡 이이(李珥)는 우리나라 왕도사상(王道思想)의 뿌리가 기자에서 시작되었다고 주장했는데,[1] 이는 기자가 한국유학사의 발전에 얼마나 큰 영향을 주었는지를 잘 보여준다.

그뿐 아니다. 기자 이전에는 단군조선의 홍익인간(弘益人間) 이념

---

[1] 한영우, 1981, 《조선전기사학사연구》, 서울대 출판부, 260쪽 참고.

이 있었다. 이는 '단군신화'에 보이는 바로서, 유교의 인정(仁政)이나 민본사상(民本思想) 또는 공익이념(公益理念)의 뿌리에 해당한다고도 볼 수 있다. 그리고 이런 정서가 국가건설의 초기부터 나타난 것은 기본적으로 자연환경에 적응하면서 자연스럽게 형성된 원초적 우주관과 인생관이라고도 볼 수 있다. 필자는 이런 정서를 '선비정신'으로 부르고자 한다.

'선비정신'은 그 속에 '선비'라는 주체가 있음을 전제로 한다. '선비'는 고조선의 정치 지도층인 동시에 정신적 지도층이기도 하다. '선비정신'은 다른 말로 한다면 고조선의 종교인 무교(巫敎)와 연결되어 있다. 무(巫)는 종교적 지도자인 동시에 정치적 지도자였으며, 당시의 표현으로는 바로 '선비'였다. 무(巫)라는 표현은 고대인이 사용한 용어는 아니었음을 유념할 필요가 있다.

그러면, '선비'의 어원과 '선비정신', 그리고 선비정신이 풀어낸 '선비문화'란 무엇인가? 이제 이 문제를 차례로 검토해 보기로 한다.

제 2 장
선비의 어원과 선비정신의 여러 호칭

선비의 어원과 선비정신의 여러 호칭

'선비'는 순수한 우리말이다. 그러나 한자를 사용하던 고대인들은 이를 우리 문자로 표현하지 못하고 한자를 빌려 표현했다. 그것도 우리 자신이 먼저 기록한 것이 아니고 중국인이 먼저 기록했다. 그것이 선인(仙人) 또는 선인(先人)이다. 선인(仙人)은 신선(神仙)을 가리키기도 하고, 산에 사는 사람 즉 산인(山人)을 의미하기도 한다. 후한의 허신(許愼)이 지은 《설문해자》(說文解字)에는 선(仙)이란 산(山)과 인(人)이 합쳐진 글자라고 했다. 우리나라에 산이 많아 '산사람'이라는 표현이 나온 것으로 보인다.

다음에 선인(先人)은 고구려의 관등(官等) 가운데 나오는 이름이기도 하다. 그런데 기록에 따라 선인(先人)을 선인(仙人)으로도 기록하여 둘이 서로 같은 뜻임을 보여주고 있다. 《삼국지》(三國志)와 《당서》(唐書), 그리고 《한원》(翰苑)에서는 선인(先人)으로 기록하고, 《주서》(周書)와 《수서》(隋書)에서는 선인(仙人)으로 기록했다. 이렇게 차이가 나타나는 것은 '선비'라는 고구려 고유의 관등을 중국인의 관점에서 음역(音譯)하면서 생긴 혼란으로 볼 수 있다.

'선비'를 가장 원음(原音)에 가깝게 표현한 것은 선비족(鮮卑族)일는 지도 모른다. 선비족은 선비산(鮮卑山)에 살아 그렇게 부르게 되었다. 이들은 중국 동북 지방 즉 요서 지방에 살던 종족으로서 4세기 무렵에 는 고구려를 침범하여 갈등을 일으키기도 했지만, 그보다 앞서 고구 려 태조왕은 재위 69년(121)에 선비족 8천 명과 연합하여 요동 지방을 공격한 일도 있어 고구려와는 긴밀한 관계를 유지하던 종족이었다.

또, 선비족이 살던 요서 지역은 바로 고조선의 영역과도 겹치는 곳임을 유념할 필요가 있다. 그들이 자신들을 '선비'로 부른 것은 고 조선 '선비'의 영향을 받은 결과일지도 모른다. 선비족이나 고조선 족이나 다같이 동이족의 한 갈래로서 북몽골족에 속하기는 마찬가 지이므로 언어상으로나 풍속상으로 서로 공통점이 많았다.

《삼국지》(三國志) 위지(魏志)를 보면, 선비는 동호족(東胡族)의 한 갈래로서 언어와 풍습이 오환(烏丸)과 같다고 되어 있다. 그런데 오 환의 풍속은 온돌을 사용하고, 사람이 죽으면 춤과 노래로 보내고, 천지일월성신(天地日月星辰)에 대한 제사를 행하고, 태양 가운데 까 마귀가 있다고 믿으며, 동쪽을 숭상한다고 한다. 오환이라는 이름도 까마귀와 둥근 태양을 표현하는 말이다.

선비와 오환의 풍속은 우리나라 고대의 풍속과 너무나 똑같다. 따 라서 선비와 오환은 거주 지역이나 종족상으로 우리 민족과 거의 일 치한다고 볼 수 있으므로 고조선과 고구려의 '선비'라는 호칭도 여 기서 유래했을 가능성이 매우 크다.

어쨌든 중국인들이 고구려의 관등에 보이는 '선비'를 한자로 표기 하면서 선인(先人) 또는 선인(仙人)으로 적은 것인데, 그 가운데 선 인(仙人)은 곧 신선(神仙)으로서, 불로장수를 추구하는 중국의 노장사상(老莊思想)이나 도교(道敎)와 비슷한 점을 발견했기 때문일 것이다. 중국의 신선은 분명히 노장사상이나 도교와 관련이 깊다.

그러나 우리나라의 신선사상(神仙思想)은 중국의 노장사상이나 도교와는 원래 무관하다. 시간적으로 보더라도 앞선다. 전통적으로 한국인들은 신선(神仙) 또는 선인(仙人)의 뿌리를 단군(檀君)에서 찾았다. 이미 김부식(金富軾) 등이 지은 《삼국사기》(三國史記)에서 "平壤者 本仙人王儉之宅也"라는 구절이 보인다.[2] 풀이하면, "평양은 본래 선인(仙人) 왕검(王儉)이 살던 집(땅)"이라는 뜻이다. 여기서 왕검은 단군왕검을 가리킴은 두말할 필요가 없다. 그러니 단군은 우리나라 최초의 선인(仙人) 즉 '선비'가 되는 셈이다.

고려 충렬왕 때 일연(一然)이 편찬한 《삼국유사》(三國遺事)의 '단군신화'에도 단군은 1908년을 살다가 아사달(阿斯達)에 들어가 산신(山神)이 되었다고 했다. 그러니까 단군은 우리나라 최초의 산신이다. 산신이 곧 선인(仙人)이라고 한다면, 《삼국사기》와 《삼국유사》의 기록은 서로 일치한다.

단군을 우리나라 최초의 '선비' 즉 '선인'(仙人)으로 보는 관점은 조선시대에도 그대로 이어졌다. 17세기의 홍만종(洪萬宗; 1643~1725)이 지은 《해동이적》(海東異蹟, 1666)은 우리나라 역대 40명에 달하는 신선의 전기를 모은 신선열전(神仙列傳)이다. 그런데 이 책에서 최초의 신선은 단군으로 적었다. 홍만종은 중국의 도교(道敎)와 우리나라의 도교는 뿌리가 전혀 다르다는 것을 강조하면서 해동 도교의 뿌리를 단군에서 찾았던 것이다.

---

2 《三國史記》 권17 高句麗本紀 東川王條.

중국 도교나 해동 도교나 불로장수의 신선이 되려는 목표는 비슷하지만, 중국은 단약(丹藥)을 먹어 신선이 되는 것과 달리, 해동 도교는 산수(山水)의 기(氣)를 호흡함으로써 신선이 되기를 추구하는 것이 다르다고 홍만종은 말했다.[3] 그러니까 한국 도교는 단전호흡(丹田呼吸)에 역점을 두는 수련 도교(修鍊道敎)라는 뜻이다. 또한 홍만종은 해동 도교가 중국 도교와 이렇게 다른 이유는 우리나라의 아름다운 자연환경에서 배태된 것으로 보았다. 이런 지적은 자연환경과 사상의 상호관계를 예리하고 정확하게 짚어낸 명언이다.

그러면 '선비'의 마음 곧 '선비정신'은 뭐라고 불렸는가? 오늘날은 이를 무속(巫俗)으로 간단히 이해하고 있지만, 역사적으로 보면 여러 가지 칭호가 있었다. 고대에는 '선교'(仙敎)라는 칭호가 주로 쓰였다. 그래서 유(儒), 불(佛), 선(仙)이라는 말이 생겨난 것이다. 신라시대에 《선사》(仙史)라는 책이 있었던 것으로 알려지고 있는데, 이는 선랑(仙郞) 즉 선비의 역사인 동시에 '선교'의 역사라는 뜻으로 보인다. 이 밖에 낭도(郞道), 화랑도(花郞道), 풍류도(風流道), 풍월도(風月道) 또는 도교(道敎)로 부르기도 했다.

'풍류도'는 최치원(崔致遠)이 지은 〈난랑비서〉(鸞郞碑序)에 "나라에 현묘(玄妙)한 도(道)가 있는데 풍류(風流)라고 한다"고 한 데서 그 근거를 찾을 수 있다. 이 경우 '풍류'는 '풍류를 즐긴다'는 뜻으로도 볼 수 있지만, 단군의 아들 부루(夫婁)가 만든 도(道)라는 뜻으로도 볼 수 있다. 풍류와 부루는 서로 음이 비슷하기 때문이다. 화랑도라는 말은 낭도(郞徒)들이 머리에 꽃을 달고 다녔기 때문에 붙여진 이름이다.

---

3 한영우, 1991, 〈17세기 후반~18세기 초 홍만종의 회통사상과 역사의식〉, 《한국문화》 12집, 서울대 한국문화연구소 참고.

조선시대 이후로는 '신교'(神敎)[4]라는 칭호가 널리 쓰였다. 신(神)을 숭배하는 종교라는 뜻이다. 18세기 중엽의 이종휘(李種徽)는 환웅(桓雄)이 "以神設敎"했다고 썼다. 즉 신(神)으로써 교(敎)를 만들었다는 뜻이다. 그래서 이를 신교(神敎)로 불러 한국 고유의 민족종교로 보았다.[5] 다시 말해 환웅이 시행한 홍익인간이 바로 '신교'의 내용이라는 것이다. 한편, 일제시대 민족주의 역사가인 신채호(申采浩)는 선비정신을 '낭가사상'(郎家思想)으로 부르기도 하고, '선교'(仙敎)로 부르기도 하고 '신수두교'라고도 불렀다. 그는 낭가사상을 자주성이 강한 한국 고유의 국수적 민족종교로 보고, 고려시대에 낭가사상을 계승한 묘청(妙淸) 일파가 사대주의적인 유학세력인 김부식(金富軾) 일파에 패배하면서 우리나라에는 민족 자주정신이 무너지기 시작했다고까지 극론했다. 유교를 사대주의(事大主義)로 본 신채호의 해석은 너무 지나친 것으로 문제가 많다. 하지만 낭가사상의 실체를 찾아낸 그의 공로는 인정하지 않을 수 없다.

그러나 일제시대의 다른 학자들은 선비정신을 무속(巫俗)으로 보기도 하고, 샤머니즘으로 보기도 하고, '불함문화'(弗咸文化)로 보기도 하고, 도교(道敎)로 보기도 하는 등 다양한 해석이 나왔다. 최남선(崔南善)은 샤머니즘 또는 '불함문화'로 불렀고, 이능화(李能和)는 《한국도교사》에서 선비정신을 다루었다. 그는 《신사지》(神事志)라는 또 다른 책을 편찬하여 무교의 역사를 정리하기도 했다. 최남선이 말한 '불함문화'란 '밝음' 즉 태양을 숭상하는 종교를 말한다.

---

4 한영우, 1989, 《조선후기사학사연구》, 일지사 및 한영우, 1994, 《한국민족주의 역사학》, 일조각 참고.
5 이종휘, 《동사》(東史) 신사지(神事志) 참고.

한편, 선비정신을 근대적인 종교로 승화시킨 것이 1909년에 이기 (李沂), 나철(羅喆), 오기호(吳基鎬) 등이 중창한 단군교(檀君敎)이며, 이것이 일제시대 대종교(大倧敎)로 이름을 바꾸어 지금까지 내려오고 있다. 대종교는 항일운동에 앞장선 민족주의 종교였음은 잘 알려진 사실이다.

제3장

중국인이 본
선비문화:
군자의 나라,
동방예의지국

1

《설문해자》의 동이(東夷)의 뜻

'선비정신'은 종교의 형태로 나타났지만, 여기에 그치지 않고 고대 한국인의 생활양식 전반에 걸쳐 큰 영향을 주었다. 그러면 한국 선비문화의 성격을 알아보기 전에 중국인의 눈에 비친 한국의 선비문화에 대해 먼저 알아보기로 한다.

중국인들은 일찍부터 우리를 동이족(東夷族)으로 불렀고, 동이족의 풍속에 대해 기록한 자료들이 많다. 그들이 기록한 풍속은 우리 눈으로 보면 한국 고대의 선비문화를 의미한다고 할 수 있다. 이를 연대순으로 알아보면 다음과 같다.

중국인들은 상고시대부터 주변 민족을 그들의 생각에 따라 별칭으로 부르는 것을 좋아했다. 북방족을 북적(北狄), 남방족을 남만(南蠻), 서방족을 서융(西戎), 동방족을 동이(東夷)로 부른 것이 그것이다. 그 뜻을 풀이하면, 북적은 짐승 이름이고, 남만은 벌레 이름이다. 이는 매우 경멸적인 뜻이 들어 있다. 서융은 무기, 또는 수레를 가리킨다. 이는 서방족이 수레나 무기를 잘 다룬 것에서 유래했을 것이다.

그러면 동이는 무엇인가. 앞서 말했듯이 후한시대 허신(許慎)은

활을 쏘며 사냥하는 고구려 무사(중국 지안현 무용총 벽화)

한자의 원뜻을 풀이하는 사전, 《설문해자》(說文解字)를 만들었다. 이 책을 보면, 이(夷)는 대(大)와 궁(弓)을 합친 글자라고 한다. 그러니까 '큰 활' 또는 '큰 활을 가진 사람', 또는 '활을 잘 쏘는 사람'의 뜻이다. 실제로 동이족이 활을 잘 만들고 잘 쏘았음은 역사적으로 증명된다. 고구려 고분 벽화에도 말타고 활을 쏘면서 사냥하는 모습이 그려져 있지만, 조선을 건국한 이성계도 신궁(神弓)으로 이름이 높았다. 화살 한 개로 여러 마리 새를 한꺼번에 떨어뜨렸다는 전설도 있다. 일본인들은 칼을 잘 쓰고, 중국인들은 창을 잘 다루며, 조선인은 활을 잘 다룬다는 것은 예부터 잘 알려진 일이다.

전설을 따르면, 산동성의 동이족 가운데 예(羿)라는 신통한 궁수(弓

태양까마귀를 쏘는 예(중국 산동성 곡부 무씨사당 벽화)

手)가 있었는데, 곡식을 타 죽게 하는 열 마리의 태양까마귀를 활로 쏘아 아홉 마리를 죽이고 온갖 요괴를 물리쳐 백성을 편안하게 했다고 한다. 그는 죽은 뒤에 신(神)으로 추앙되고, 그의 공적을 벽화로 그려놓은 것이 공자의 고향인 산동성 곡부(曲阜)의 무씨사당(武氏祠堂)에 지금도 남아 있다.

주(周)나라 초기에 황하 남쪽의 회수(淮水) 유역에 36국을 거느린 서(徐)라는 동이족(東夷族)의 나라가 있었다. 그런데 서나라의 임금 언왕(偃王)은 뛰어난 활 솜씨를 가졌다고 한다.

동이족의 뛰어난 활 솜씨를 전하는 이야기는 무수히 많다. 그러니 중국인들이 동방족을 가리켜 동이(東夷)라고 부른 것은 자연스런

고구려 해뚫음무늬 금동장식품. 한가운데에 있는 둥근 태양 속에 세발 까마귀가 보인다.

일이었다. 중요한 것은, 동이라는 호칭에는 경멸의 뜻이 없다는 것
이다. 훗날 중국인들은 한자의 뜻을 바꾸어 이(夷)라는 글자를 '오
랑캐'로 풀이했는데, 이는 원래의 뜻과는 전혀 다른 것이다. 하지만
'오랑캐'라는 말도 여진족의 한 부류를 가리키는 것이므로 경멸의
뜻을 가진 것만도 아니다.

2

공자가 본 동이 문화: 군자의 나라

유교의 창시자인 공자는 한국인을 포함한 동방족을 어떻게 보았을까? 공자의 생각을 가장 단적으로 보여주는 자료가 《논어》(論語) 자한편(子罕篇)에 보인다. 그 기록은 다음과 같다.

> 子曰 道不行 乘桴浮于海 欲居九夷之國 或曰 陋如之何 子曰 君子居之 何陋之有

공자(孔子)는 기원전 5세기 노(魯)나라 곡부(曲阜) 사람이다. 곡부는 지금 산동성(山東省)의 성도인 제남시(齊南市) 남쪽에 있다. 이곳은 화하족(華夏族)과 동이족이 뒤섞여 살고 있었는데, 공자는 자신의 도(道)를 실현하려고 여러 나라를 찾아다니면서 자신을 관리로 써주기를 갈망했으나, 누구도 그를 알아주지 않았다. 이에 실망한 공자는 자신을 알아주는 구이(九夷)의 나라로 이주하고 싶어했다. 그래서 "뗏목을 타고 바다로 가서 '구이'의 나라에 가서 살고 싶다"고 말했다. 이 소리를 들은 제자는 "그곳이 누추하면 어떻게 합니까?" 하고 걱정했다. 이에 공자는 "그곳에 군자(君子)가 살고 있는데 어찌 누추함이 있겠는가"라고 대답했다는 것이다.

위 구절에 대해 일부 학자들은 다른 해석을 내리기도 한다. 즉 "君子居之 何陋之有"를 "내가 군자인데 누추한들 무슨 걱정이 있겠는가"로 풀이하는 것이다. 그러나 이런 해석은 매우 부자연스럽다. 공자가 자신을 가리켜 '군자'로 불렀다는 것이 우선 부자연스럽다. "君子居之"는 "군자가 그곳에 살고 있다"로 해석하는 것이 가장 자연스럽기 때문이다.

그러면, 공자가 가고 싶어했던 구이(九夷)는 어디를 말하는 것인가? 이에 대해《후한서》(後漢書) 지리지(地理志)에서는 '구이'가 곧 조선(朝鮮)이라고 해석했다. 이때부터 조선은 '군자국'(君子國)이라는 칭호를 얻게 된 것이다. 사실 공자가 살았던 산동 지방의 노(魯)나라와 고조선은 거리가 그리 멀지 않았다. 아마 이 무렵의 고조선은 요서 지방이 중심지였던 것으로 보이므로 더욱 거리상 가까운 곳이었다.

공자는 이 밖에도 동이족의 상례(喪禮)가 높은 것에 탄복하고, 중국이 잃어버린 예(禮)를 동이족으로부터 배워야 한다는 말을 여러 곳에서 한 바 있다. 맹자(孟子)도 부모의 거상(居喪)을 성실하게 치른 동이족의 대련(大連)과 소련(小連)을 효자(孝子)의 상징으로 내세우기도 했다.

3

《산해경》·《신이경》·《동이전》에
보이는 선비문화

한대(漢代)에 편찬된 여러 서적에도 동이족의 풍속을 칭송하는 기록이 많다. 예컨대 한대 지리서인 《산해경》(山海經)에는 "동방에 군자의 나라[君子之國]가 있고, 불사지민(不死之民)이 있다"고 했으며, 동방삭(東方朔)이 지은 《신이경》(神異經)에는 한층 구체적으로 동이족의 풍속이 소개되어 있는데, 그 내용은 이렇다.

恒恭坐而不相犯 相譽而不相毀 見人有患 投死救之 曰君子國

이를 번역하면, "항상 공손하게 앉아서 서로 다투지 아니하고, 서로 존경하여 헐뜯지 아니하고, 다른 사람의 어려운 일을 보면 죽음을 무릅쓰고 구해준다. 이름하여 군자국(君子國)이라 한다"가 된다.

이 밖에 《후한서》(後漢書) 동이전(東夷傳)에는 "仁而好生……天性柔順 易以道御 至有君子不死之國焉"이라는 글이 보인다. 이를 번역하면 "착하여 생명을 사랑하고, 타고난 성품이 유순하며, 쉽게 도(道)를 가지고 다스릴 수 있다. 군자불사지국(君子不死之國)이라는 말도 갖기에 이르렀다"는 것이다.

한편《한서》,《후한서》,《삼국지》동이전에는 부여, 고구려, 동예의 풍속을 전하고 있는데, 가을에 지내는 제천행사(祭天行事)가 매우 성대하여 전 국민이 춤과 노래를 즐긴다고 쓰고, 고구려에서는 동맹(東盟), 부여에서는 영고(迎鼓), 동예에서는 무천(舞天)이라 불렀다고 했다. 제천행사는 바로 선비문화를 바탕으로 한 종교행사를 말하는 것이다.

그 밖의 중국 측 기록에서 고조선 문화를 설명한 것으로 기자(箕子)의 치적이 있다. 그 기록을 따르면, 은(殷)나라가 주(周)나라에 망하자 은나라 귀족인 기자가 추종자들을 데리고 망명해와 조선의 왕이 되어 팔조교(八條敎)를 가르치고, 이상적인 토지제도인 정전제(井田制)를 실시하고, 시서예악(詩書禮樂)을 가르쳤다고 한다. 또 기자는 고조선의 수도인 평양의 대동강가에 버드나무를 심어 조선 사람들을 유순하게 만들었다는 전설이 내려오고 있으며, 그래서 평양을 일명 '유경'(柳京)이라고도 불렀다.

기자가 실시했다고 전해지는 정전(井田)의 유지(遺址)가 평양 교외에 그대로 남아 있다고 믿어 조선 중기의 한백겸(韓百謙)은 이곳을 측량하고 연구하여 〈기전도설〉(箕田圖說) 및 〈기자정전고〉(箕子井田考)를 발표한 바도 있다. 정전제는 조선시대에도 토지제도의 이상형으로 받아들여져 전제개혁 사상의 모범이 되기도 했다.[6]

기자의 '팔조교'와 관련된 것으로 보이는 고조선의 법금(法禁)이 전하고 있는데, 이는 살인자(殺人者)와 상해자(傷害者), 그리고 절도자

---

6 한백겸은 평양 교외의 정전제 유지를 답사하고 실측한 결과 기자가 실시한 정전제는 100무를 단위로 하는 주(周)나라식 정전제가 아니라 70무를 단위로 하는 은(殷)나라식 정전제였다고 주장했다.

기자(한씨족보 소재)

(竊盜者)를 엄하게 처벌한다는 내용으로 되어 있다. 부여의 법금도 이와 매우 비슷하다. 이러한 법은 고조선 사람들이 생명을 아끼고, 서로 싸우지 않고, 서로 존경하는 풍습을 가진 '군자(君子)의 나라'라고 말한 앞의 여러 기록들과 내용이 일치함을 볼 수 있다.

기자가 과연 조선으로 왔느냐는 지금 학계에서 논란이 되고 있지만,[7] 근대 이전의 한국인들은 기자가 조선에 온 것을 아무도 의심하지 않았을 뿐 아니라, 기자는 조선을 문명국으로 만든 현인(賢人)으로 간주하여, 삼국시대, 고려, 조선왕조를 통해 한결같이 단군과 더불어 국가적 제사와 존경의 대상이 되었다.[8]

참고로, 은나라는 본래 화하족(華夏族)이 아닌 동이족(東夷族)이 세운 국가라는 것이 고고학계의 연구 결과이므로,[9] 기자의 문명은 기본적으로 단군문화와 동일한 동이문화의 범주에 넣을 수 있다.

이상 여러 기록들을 종합해보면, 그 내용은 거의 하나로 모아진

---

7 기원전 12세기에 은나라가 망했는데, 바로 이때 기자가 조선으로 왔는지는 알 수 없지만, 적어도 기자를 조상으로 받드는 무리들이 조선으로 이동해온 것은 부정할 수 없다. 고구려에서도 기자를 제사했다는 기록이 《삼국사기》에 보인다.

8 고려~조선시대에 평양에는 단군 사당(檀君祠堂)과 기자 사당(箕子祠堂)이 있어 국가에서 정기적으로 제사를 지냈는데, 단군 사당을 숭령전(崇靈殿), 기자 사당을 숭인전(崇仁殿)으로 불렀다. 필자는 《조선전기사회사상연구》(지식산업사, 1983)에 고려~조선시대의 기자 숭배를 설명한 바 있다.

9 은나라 사람이 동이족이라는 것은 일찍이 중국 학자 부사년(傅斯年)이 〈夷夏東西說〉에서 주장한 바 있으며, 고고학적으로도 중국 요서 지방에 기자조선이 있었음이 증명되고 있다.

다. 즉 성품이 착하고 생명을 사랑하여 함부로 죽이지 않고, 남의 어려움을 도와주는 공동체 정신이 강하고, 죽지 않는다는 믿음이 있고, 하늘에 대한 제사[祭天]가 매우 성대하고, 춤과 노래를 좋아하는 낙천성이 있다는 것이다. 그리고 이러한 문화를 총칭하여 '군자의 나라'로 부르고 있다. 여기서 군자(君子)라는 말은 최상의 칭찬임은 말할 것도 없으며, 공자(孔子)가 군자의 나라로 이민가고 싶어했던 것이 우연이 아니었음을 말해준다.

한편, 중국 당송시대(唐宋時代) 이후로는 우리나라를 '동방예의지국'(東方禮義之國)으로 불렀음이 여러 기록에서 확인된다. '군자국'이 한 단계 진화하여 '동방예의지국'이 된 것이다. 여기서 예의(禮義)라는 말은 단순히 좁은 의미의 예절을 말하는 것이 아니라, 문화 전반의 선진성을 표현하는 용어임을 유념할 필요가 있다. 그래서 중국에서는 우리나라에서 간 사신들을 외국 사신 가운데 가장 윗자리에 배치하는 것이 관행으로 내려왔다. 고려시대에는 고려 사신을 조공사(朝貢使)로 부르지 않고 국신사(國信使)로 불렀는데, 그만큼 송나라는 고려를 문화국가로 보았던 것이다.

요컨대, 고대 중국인이 고조선 등 우리 고대문명을 군자의 풍속으로 이해하고 당송시대 이후로는 '예의지국'으로 이해했는데, 우리의 언어로 말한다면 그것은 '선비문화의 나라'가 된다. 다시 말해 선비문화가 일찍부터 발달했음을 중국인의 눈을 통해서 확인할 수 있는 것이다.

제4장
선비문화의 원형 :
'단군신화'의 세계관

1

단군신화의 줄거리

중국인들은 한국 고대나 중세의 문화를 풍속의 차원에서 관찰하고, 이런 풍속을 가진 한국인들의 나라를 '군자의 나라' 또는 '동방예의지국'으로 이해했는데, 그 속에 담겨 있는 종교적 신앙형태나 가치체계는 깊이 있게 관찰하지 못했다. 이것이 중국인이 남긴 기록의 한계이다.

그런데 《삼국유사》(三國遺事)를 비롯한 한국 측 기록을 보면, '군자'의 풍속과 '예의지국'을 만들어낸 가치관이 있었음을 확인할 수 있다. 그 가치관이 바로 '선비정신' 또는 '선비문화'로서 고조선의 건국신화인 '단군신화'(檀君神話)는 그 원초적 형태를 보여준다.

먼저, 단군신화의 내용을 소개하면 다음과 같다.

옛날에 환인(桓因)이 있었다. 환인의 서자(庶子) 환웅(桓雄)은 자주 하늘 아래 인간세상을 구(求)하려고 했다. 아버지는 아들의 뜻을 알고 삼위태백(三危太白)을 내려다보니 홍익인간(弘益人間; 인간을 널리 이롭게 함)하기에 적합한 곳이었다. 그래서 천부인(天符印; 하느님의 도장) 3개[10]를 주고,

《삼국유사》에 실린 단군신화(1512년 즉 조선 중종 7년에 찍은 정덕본)

이를 가지고 가서 다스리라고 했다. 환웅은 3천 명의 무리를 이끌고 태백산(太白山) 꼭대기 신단수(神壇樹) 아래로 내려 왔다. 이곳을 일러 신시(神市)라 하며, 이분을 일러 환웅천왕(桓雄天王)이라고 한다. 환웅천왕은 풍백(風伯), 우사(雨師), 운사(雲師)를 데리고 곡식(穀食), 생명(生命), 질병(疾病), 형벌(刑罰), 선악(善惡)을 주관했는데, 무릇 인간에 관한 360여 가지의 일을 주관했으며, 인간 세상을 이치(理致)로 다스렸다.

---

10 천부인(天符印)에 대해 대종교에서는 거울·북·칼로 해석하고, 천도교에서 거울·방울·칼로 해석한다. 어느 것도 확실한 근거는 없지만, 무당이 굿판을 벌일 때 칼·거울·북(또는 방울)을 사용하는 것으로 보아 상당한 타당성이 있다. 거울을 통해 하늘을 보고, 북이나 방울소리로 하늘의 소리를 듣고, 칼로써 악귀를 물리친다.

그때 한 마리의 곰과 한 마리의 호랑이가 같은 동굴에서 살고 있었는데, 항상 신웅(神雄)한테 가서 사람이 되게 해달라고 빌었다. 그러자 신(神; 환웅)은 신령스러운 쑥 한 다발과 마늘 20매를 주면서 말하기를 "너희들이 이것을 먹고 100일간 태양을 보지 않는다면 문득 사람의 형태를 얻을 것이다"라고 했다. 곰과 호랑이는 이것을 얻어 먹었는데, 곰은 삼칠일(21일) 동안 태양을 보지 않고 금기를 지켜서 마침내 여자의 몸을 얻었다. 그런데 호랑이는 금기를 지키지 않아서 사람의 몸을 얻지 못했다.

웅녀(熊女)는 함께 혼인할 상대가 없었다. 그래서 매일 신단수(神壇樹) 아래에 가서 잉태를 하게 해달라고 빌었다. 그래서 환웅은 잠시 사람으로 변하여 웅녀와 혼인하여 아들을 잉태하여 낳으니, 이름을 단군왕검(壇君王儉)이라고 했다. 때는 당고(唐高; 요 임금)가 즉위한 지 50년이 되는 경인년(庚寅年)이었다. 단군왕검은 평양성(平壤城)에 도읍을 두고 처음에는 조선(朝鮮)이라고 했다가 뒤에는 백악산(白岳山) 아사달(阿斯達)로 도읍을 옮겼다. 이곳은 궁홀산(弓忽山 또는 方忽山)이라고도 하고, 금미달(今弥達)이라고도 한다. 1500년간 나라를 다스리다가 주(周) 호왕(虎王; 武王) 즉위 기묘년에 기자(箕子)를 조선의 임금으로 봉하자 단군은 장당경(藏唐京)으로 옮겨 갔는데, 뒤에는 다시 돌아와서 아사달에 숨어 산신(山神)이 되었다. 수명(壽命)은 1908년이다.

위와 같은 단군신화의 내용 가운데에는 고조선의 건국 주체와 건국 시기, 그리고 건국 장소에 관한 정보가 담겨 있을 뿐 아니라, 어떤 이념을 가지고 건국했는지를 알려주는 중요한 사상이 함께 담겨 있다.

먼저, 건국의 주체는 환인(桓因), 환웅(桓雄), 그리고 단군(壇君)이

고조선 유적 지도

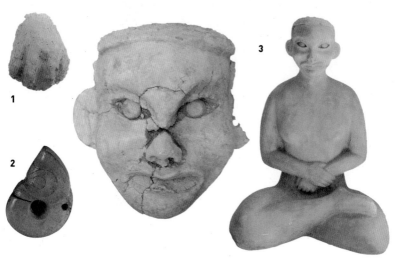

요서의 우하량에서 발굴된 유물들
1 곰발바닥 **2** 저룡(곰?) **3** 여신상(웅녀?)

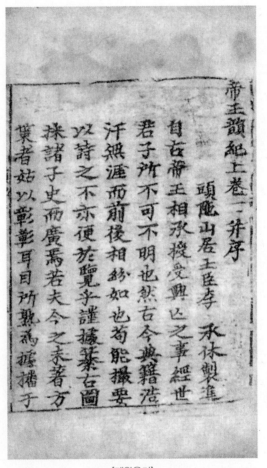

《제왕운기》

다. 여기서 환인은, 앞에서도 나왔듯이, 하늘의 신[天神]을 말하고, 환웅은 땅의 신[地神]을 말하며, 단군은 최초의 인간을 말한다. 그러니까 천지인(天地人)이 주인이 되어 조선(朝鮮)을 세운 것이다. 이는 바꿔 말하면, 천손의 후예를 자처하는 단군족이 건국의 주체였다는 뜻도 된다. 그런데 단군을 낳은 왕비족(王妃族)은 곰을 숭상하는 족속과 호랑이를 숭상하는 족속이 경쟁하다가 곰을 숭상하는 족속이 승리하여 왕비족이 되었다는 것을 말해준다.

여기서 '단군'을 '壇君'으로 기록한 것은 이승휴(李承休)의 《제왕운기》(帝王韻紀)나 조선시대 이후의 모든 기록에서 '檀君'으로 쓴 것과 다르다. 따라서 '檀君'으로 통일하기로 한다. 또 곰이 쑥과 마늘을 먹고 사람이 되었다고 한 기록이 《제왕운기》에서는 웅녀(熊女)[11]가 약을 먹고 사람이 되었다고 한 것이 다를 뿐이다.

위 신화에서, 조선의 중심지는 태백산(太白山)이고, 도읍은 평양(平壤)인데, 뒤에는 백악산(白岳山) 아사달(阿斯達)로 도읍을 옮겼다. 그리고 단군이 조선을 세운 것은 중국에서 요(堯) 임금이 나라를 세운 시기와 거의 일치한다. 여기서 태백산이 어디인가, 아사달이 어디인가 등의 문제는 논하지 않기로 한다. 단군신화에 담긴 우주관(宇宙觀)이나 건국철학을 알고자 하는 것이 목적이기 때문이다. 다만, 지금 중국 요서 지방의 적봉·조양·우하량 등 지역에서 발굴된 유물과 유적 가운데 곰과 관련된 여신상(女神像)과 곰발바닥 등이 보이는 것으로 보거나, 요하 서쪽의 의무려산(醫巫閭山)이 태백산으로도 불린 것으로 보아, 이 일대가 고조선의 발상지로 보인다. 이 일대 문화를 홍산문화(紅山文化)로 부른다.

---

11 지금 전하는 《제왕운기》에는 '손녀'(孫女)가 약을 먹고 사람이 되었다고 씌어 있는데, 책을 판각하는 과정에 '웅녀'가 '손녀'로 잘못 판각된 것으로 보인다.

단군신화의 우주관 (1):
삼신일체, 천지인 합일

① 천지인 합일: 우주공동체

단군신화의 건국철학은 '홍익인간'(弘益人間)으로 집약된다. 환인의 아들 환웅이 지상으로 내려온 목적이 바로 '홍익인간'이었다. '인간을 널리(고르게) 이익되게 한다'는 '홍익인간'에는 인간공동체와 우주공동체 정신이 들어 있다.

왜 우주공동체로 보아야 하는가? 홍익인간의 주체는 환인, 환웅, 단군으로서 이는 각각 천(天), 지(地), 인(人)을 상징한다. 앞에서도 보았듯이, 환인은 곧 천신(天神)이고, 환웅은 지신(地神)이고, 단군은 인신(人神)으로서 이를 삼신(三神)이라 부르는데, 한국인은 삼신을 일체(一體)로 본다. 그래서 '삼신할머니'라는 단수 호칭이 내려온 것이다. '삼신일체'는 다시 말해 '천지인이 하나'라는 뜻이고, 이는 곧 우주는 하나의 공동체라는 인식으로 이어진다. 그리고 '우주공동체' 속에 들어 있는 '인간공동체'를 위한다는 마음이 곧 '홍익인간'이다.

삼신이 하나이면서 셋이요, 셋이면서 하나라는 믿음, 천지인이 셋이면서 하나라는 믿음은 근대의 대종교(大倧敎)에서 더욱 이론적으

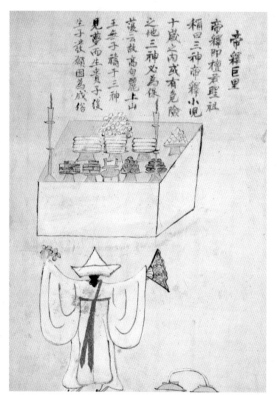

19세기 중엽에 편찬된 《무당내력고》(巫党來歷攷)에 보이는 제석거리(帝釋巨里). 제석(帝釋)은 단군성조이며, 삼신제석(三神帝釋)이라고도 부른다. 10세 미만의 어린이가 위험에 빠지면, 삼신이 보호해준다고 믿었다. 그래서 고구려 상산왕(上山王)은 삼신께 기도한 뒤에 아들을 얻었는데, 그 뒤로 아들을 얻기를 바라는 풍속이 생겼다.

로 정리되었지만, 그 이전에도 삼신일체(三神一體) 사상은 민간 풍속으로 전해져 왔다. 이는 철학적으로 보면 다원적 일원론(多元的 一元論)이다. 달리 표현하면 '포용적 조화'(Comprehensive harmony) 사상이라고 할 수 있다. 사물을 이원적 대립관계로 보는 우주관과는 성격이 다르다.

오방색의 색동저고리를 입은 무당(《무당내력고》)

　다원적 일원론을 정치적 설화로 꾸민 것이 저 신라 신문왕(神文王)이 동해의 용(龍)에게서 얻었다는 만파식적(萬波息笛)에 관한 이야기일지도 모른다. 혼자서는 소리를 내지 못하고 두 개의 대나무를 하나로 합쳐야 소리가 난다는 이 피리를 불었더니 적병(敵兵)이 물러가고, 병이 낫고, 가뭄에는 비가 오고, 바람과 물결이 가라앉았다는 것이다.[12] 삼국을 통일한 직후 사회통합의 필요성을 염두에 두고 만들

---

12 《三國遺事》 권2 紀異 제2 萬波息笛.

어진 듯한 이 설화에는 사물을 대립으로 보지 않는 일원론적 정치철학이 담겨져 있다.

다원적 일원론은 비단 단군신화나 이를 계승한 무교(巫敎)의 철학만이 아니다. 불교 이론도 그렇고, 성리학(性理學) 이론도 기본적으로는 다원적 일원론을 바탕으로 하고 있다. 불교에서는 유(有)와 무(無)의 이분법으로 사물을 보는 것을, 가장 수준이 낮은 범부(凡夫)의 진리로 보면서, 이는 진제(眞諦)가 아닌 가제(假諦)로 본다. 그러니까 가짜 진리라는 말이다. 진리를 반쯤 이해한 보살(菩薩) 단계를 거쳐 부처의 단계로 올라가야 하는데, 이분법적 사고에서 완전히 해탈하는 진리가 곧 '진제'라는 것이다.

《법화경》(法華經)에서 말하는 '일즉다 다즉일'(一卽多 多卽一)의 논리나, 《화엄경》(華嚴經)에서 말하는 '이사무애론'(理事無碍論), '사사무애론'(事事無碍論), '색즉시공 공즉시색'(色卽是空 空卽是色) 등이 모두 사물을 대립으로 보지 않는 논리다. 하나가 전체요 전체가 하나다. 눈에 보이지 않는 이치와 눈에 보이는 현상은 하나이다. 눈에 보이는 모든 사물도 하나이다. 눈에 보이는 현상[色]은 곧 공(空)이고, 공(空)은 곧 색(色)이다. 그리고 공(空)은 있는 것[有]도 아니고 없는 것[無]도 아니다. 이렇게 우주만물의 모든 사물을 대립으로 보지 않는 논리가 바로 불교철학이다.

성리학에서는 이기(理氣)를 가지고 우주를 설명하면서도, 이(理)와 기(氣)는 둘이면서 하나요, 하나이면서 둘로 보는 이원적 일원론(二元的 一元論)을 따른다. 이(理)를 떠나 기(氣)가 있는 것이 아니고, 기(氣)를 떠나 이(理)가 있는 것이 아니기 때문이다. 그래서 '이기'는 '二而一 一而二'라는 논리를 펴고 있다.

이 밖에 성리학자들은 우주와 인간을 한 몸으로 보아, 우주 속에 인간이 있고, 인간 속에 우주가 들어 있다는 '물아일체론'(物我一體論)을 편다.[13] 이것 역시 사물을 대립으로 보는 것을 거부한다.

다원적 일원론을 달리 표현하면 '1+1=1'이라는 사고방식이다. 여기서 더 나아가면, '1+1+1=1'이 되고, '1+무한수'도 또한 1이다. 이는 현대 수학으로는 설명되지 않는 비합리적 사고이지만, 바로 그 비합리적인 것에서 너와 내가 한 몸이 되는 정서로서 '정'(情)이라는 것이 나온다. 다원적 일원론은 바로 '정'의 논리다. '정'에는 따뜻하고, 순박하고, 나누고, 보듬는 아름다운 공동체 정서가 스며 있다.

한국인의 공동체적 가치관을 언어적으로 잘 보여주는 것이 '우리'라는 말일 것이다. '나의 집'이 아니고 '우리 집', '나의 마누라'가 아니고 '우리 마누라', '내 남편'이 아니고 '우리 남편', '내 나라'가 아니고 '우리나라'로 말해야 편안하다. '우리가 남인가'라는 말도 한국인다운 표현이다. '내 것이 네 것이고, 네 것이 내 것'이라는 말도 낯설지 않다. 그래서 나누어 주고, 끌어안고, 보살피는 마음이 생기는데 우리는 이러한 공동체적 마음을 '정'이라고 부른다. '우리'를 무시하고 '나'를 내세울 때는 '정떨어진다'고 말한다.

물론, '우리' 사상은 반드시 좋은 것만은 아니다. '우리'를 내세워 약자를 희생시키는 일도 하나 둘이 아니다. 또 '우리'를 내세워 다른 공동체를 배척하는 경우도 있다. 그러나 '우리'의 범주를 넓게 가지고 우주만물을 '우리' 속에 품어 안는다면 '우리'가 결코 나쁜 것만은 아니다. 다원적 일원론이 가진 본래의 뜻은, 우주 전체를 하나의

---

13 물아일체론을 주장한 대표적 학자는 17세기 초의 실학자 이수광(李睟光)이다. 한영우, 2007, 《실학의 선구자 이수광》, 경세원 참고.

공동체로 바라보는 큰 마음일 것이다.

'우리'라는 말의 어원이 무엇인지는 확실하지 않다. 그러나 '우리'는 '울타리'의 뜻으로 쓰이는 경우가 많다. 그러니까 같은 울타리 안에 있다는 뜻이다.

한국의 전통문화를 대표하는 무·불·유(巫佛儒)가 서로 다른 가치관을 가지고 있으면서도 역사적으로 서로 절충하고 포섭하는 관계를 맺어온 이유는 다원적 일원론에서 서로 합치되고 있기 때문일 것이다. 유학자든, 불교도이든 한국인의 심성(心性)에는 다원적 일원론이 담고 있는 공동체적 가치관이 깊숙이 뿌리박고 있는 것이다.

삼신일체 사상을 이론적으로 더 발전시켜 근대종교로 격상시킨 것이 1909년에 중창(重創)된 단군교(檀君教)이다. 단군교는 일제시대에 대종교(大倧教)로 이름을 바꾸고 제2세 교주 김교헌(金教獻) 등이 교리를 다듬어 《삼일신고》(三一神誥), 《회삼경》(會三經), 《신사기》(神事記) 등을 편찬했다. 여기서 환인은 조화주(造化主), 환웅은 교화주(教化主), 단군은 치화주(治化主)로 자리매김되고 있으며, 삼신(三神)은 나누면 삼신이고 합치면 일신(一神)으로 해석되었다.[14]

한국철학과 서양철학의 근본적인 차이점을 한 마디로 비교하는 것은 매우 위험하고 그래서 조심스러운 일이다. 하지만 거칠게 말한다면, 아마도 일원론(一元論)과 이원론(二元論)의 차이로 보아도 좋을 것이다. 기독교 문명은 선악이분법(善惡二分法)에서 출발한다. 선악의 대립에서 인류 문명은 진화한다. 아담의 후손 카인(Cain)과 아벨(Abel) 형제는 각기 악과 선을 대표하는 인격이다.

---

14 한영우, 1994, 《한국민족주의 역사학》, 일조각 참고.

서양 문명의 원천 가운데 하나인 그리스 신화의 주제도 전쟁과 평화, 죽음과 삶, 악과 선의 대립관계로 구성되어 있다. 서양 근대철학의 거장 헤겔(Hegel)의 변증법(辨證法, Dialectic)도 정·반·합(正反合)의 논리로 구성되어 있다. 다시 말해 사물을 일단 이분법적 대립물로 설정하고, 그 대립에서 오는 갈등과 모순과 투쟁을 지양(止揚)이라는 형태로 해결하려는 것이 변증법이다.

이분법의 특징은 사물의 개성(個性)을 확실하게 인정하고, 그 토대 위에서 갈등을 해결하려는 노력을 보인다. 그래서 개체의 가치가 존중되는 장점이 있으나, 공동체적 평화는 쉽게 담보되지 못하는 약점이 있다. 갈등이 치유되려면 타협(妥協, Compromise), 소통(Mutual understanding), 양보(Concession), 공존(Coexistance)을 통한 지양(Sublation)의 미덕(美德)이 요구되지만, 갈등의 근원적 요소는 해결되기 어렵다. 왜냐하면 이분법은 계속 인정되고, 극복되지 못하고 있기 때문이다. 불교식 논리로 이해한다면, 그것은 가장 낮은 단계인 범부(凡夫)의 가짜 진리일 것이다.

이와 달리 포용적 조화철학 즉 다원적 일원론(多元的 一元論)은 개체의 다름보다는, 개체와 개체의 공통점을 더 많이 인정하면서 상생(相生)의 협동을 추구함으로써 공동체의 안정에 이바지하는 장점이 있다. 그러나 개체의 특성이 공동체의 이익 속에서 해소되고 무시되기 쉬운 약점이 있는 것 또한 사실이다.

이상과 같은 동서철학의 특성을 한 마디로 요약한다면, 서양의 이원론 철학은 개체의 발전에 이바지하고, 동양의 일원론 철학은 공동체의 안정에 이바지한다고 말할 수 있을 것이다.

② 셋에 대한 숭상

삼신일체사상의 또 다른 특성을 알아보기로 하자. 삼신일체사상은 삼(三)이라는 숫자에 대한 특별한 선호로 나타났다. '三'이라는 글자 자체가 하늘, 땅, 사람을 그려놓은 것이기도 하다. 한국인들이 가장 좋아하는 신성한 숫자가 '三'이라는 것은 이미 단군신화에도 보인다. 신화의 주인공이 삼신(三神)이고, 환웅이 내려온 곳이 삼위태백(三危太白)이고, 환웅이 하늘에서 가져온 것이 세 개의 천부인(天符印)이고, 곰이 태양을 보지 않은 것이 삼칠일(21일)이고, 환웅이 데리고 온 귀신이 풍백(風伯), 우사(雨師), 운사(雲師) 등 세 귀신이고, 또 환웅이 데리고 온 무리가 3천 명이다. 모든 것을 '三'이라는

경주 천마총 출토

경주 천마총 출토

경주 황오동 16호분 출토

세 발 달린 그릇. 주로 제사용으로 쓰였다.

태양 속에 산다는 세발 까마귀(또는 봉황. 고구려 고분벽화)

숫자에 맞추어 우주와 인간질서를 설명하고 있는 것이다.

'단군신화' 말고도 '三'을 상징한 표현은 매우 많다. 삼조선(三朝鮮), 삼한(三韓), 삼국(三國), 신라의 삼성(三姓; 朴, 昔, 金), 제주도의 삼성혈(三姓穴; 梁乙那, 高乙那, 夫乙那), 삼천리 금수강산, 삼천만 동포, 만세삼창, 삼족토기(三足土器), 굿거리의 3박자 등이 모두 셋으로 나타난다. 삼조선, 삼한, 삼국은 역사적 진실과 반드시 일치하는 것이 아니다. 가령 삼국시대는 실제로는 가야를 포함하여 4국시대로 보아야 옳지만, 일부러 삼국으로 부른 것이다. 씨름에서 승부를 가릴 때 세 판을 하여 가린다.

고구려인이 고분벽화에 즐겨 그려 넣은 삼족오(三足烏) 곧 '세발

조선시대 임금이 행차할 때 사용하던 주작기(朱雀旗)도 머리가 셋, 다리가 셋이다.

까마귀'의 경우도 천지인 합일사상 즉 삼신일체사상의 표현이다. 까마귀는 태양 속에서도 살고 인간사회에도 사는 새로서, 천지인(天地人)을 매개한다는 뜻에서, 세 개의 다리를 가졌다고 본 것이다. 그리고 까마귀가 울면 동네에서 사람이 하늘로 '돌아가셨다', 즉 죽었다고 생각하는 관념도 여기서 나온 것이다.

그런데 '세발 까마귀'는 조선시대에도 임금이 행차할 때 따라가는 주작기(朱雀旗)에 그대로 이어지고 있다. 이에 그려진 주작 모습은 기이하게도 머리가 셋이고, 다리가 셋이다. 비록 까마귀가 주작으로 바뀌었지만, 세 개의 다리는 그대로 계승되고 있는 것이다. 이는 임금이 천지인을 하나로 합치는 정치를 한다는 뜻을 담고 있는 것이다.

'三'에 대한 숭상은 우리 언어구조에도 보인다. 장소를 표현하는 말은 대체로 세 글자를 많이 썼다. '처가집', '역전앞' 등이 그렇고, 옛 지명을 보면 대부분 세 글자로 되어 있었던 것을 신라 경덕왕 때 중국식인 두 글자로 바꾸었다. 예를 들면, 병천(並川)은 '아우내', 수유(水踰)는 '무너미', 양수(兩水)는 '두무리'(두모리), 신라는 '서라벌', 백제는 '구다라' 또는 '구두레', 또는 '곰나루', 한강은 '아리수', 조선은 '아사달', 전주는 '온고을', 한강은 '아리수'로 불리고 있었다. 이런 예를 들자면 한이 없다.

③ 효와 죽음의 뜻

우주공동체로서 삼신일체사상은 '효'(孝) 사상의 뿌리가 되었다. 단군은 천신(天神)과 지신(地神)의 자식이므로 하늘에 대한 제사는 곧 부모에 대한 제사이기도 했다. 여기서 제천(祭天)은 '근본에 대한 보답' 즉 '보본'(報本)의 뜻이 있다. 그래서 '제천보본'(祭天報本)이라는 말이 생겨났다. 그리고 제천보본이 바로 '효'이다. 한국인의 효 사상은 유교에서 비롯된 것이 아니고 제천에서 비롯된 것이며, 고대인들이 제천을 그토록 중요시한 것도 바로 효에서 나온 것이다.

단군이 강화도 마니산에 참성단(塹城壇)을 쌓고 제천을 행했다는 전설이 내려오고 있다. 이는 단군이 부모인 하늘에 제사했다는 뜻이다. 그래서 지금도 참성단을 효의 상징으로 보면서 전국체전(全國體

典)을 할 때 마니산 참성단에서 채화(採火)하는 전통이 이어지고 있는 것이다.

삼신일체사상은 또한 한국인의 '죽음'에 대한 관념의 뿌리가 되었다. 한국인은 죽음을 가리켜 '돌아가셨다'고 말한다. 이는 '하늘에서 태어나 하늘로 돌아갔다'는 뜻이다. 대종교에서는 백두산 천지(天池)를 신성한 장소로 본다. 그것은 단군이 이곳에서 태어나, 이곳에서 하늘로 돌아가셨다고 믿기 때문이다. 대종교에서는 환웅이 하강한 태백산을 백두산으로 보고, 백두산에 있는 연못에서 단군이 하늘로 돌아가셨다고 생각했던 것이다. 그래서 하늘로 돌아간 연못이라는 뜻으로 조천지(朝天池)라 하고 이를 줄여 '천지'로 부르게 된 것이다.

《삼국사기》를 보면, 고구려 시조 주몽(朱蒙)도 대동강가의 바위에서 기린(麒麟)을 타고 하늘로 돌아갔다고 믿어, 이 바위를 조천석(朝天石)으로 불러 왔는데, 여기서 '조천'도 마찬가지 뜻이다.

하늘로 돌아간 것은 신라 시조 박혁거세(朴赫居世)도 예외가 아니었다. 《삼국유사》를 보면, 박혁거세는 재위 61년에 승천(升天)했는데, 7일 후에 유체(遺體)가 땅에 떨어졌다. 그 오체(五體)를 매장한 것이 오릉(五陵)이라는 것이다.[15] 신라 대의 범종(梵鐘)을 보면 봉덕사종(奉德寺鐘; 성덕대왕신종)이나 상원사종(上院寺鐘)의 표면에 비천상(飛天像)이 조각되어 있다. 고려 때 범종의 경우도 마찬가지다. 이는 극락왕생(極樂往生)을 염원하는 불심(佛心)의 표현으로도 해석할 수 있지만, '하늘로 돌아가는' 토속적 사생관의 표현일 수도 있다. 왜 다른 나라의 범종에는 비천상이 보이지 않는지를 생각해 보아야 할 것이다.

---

15 《三國遺事》권1 新羅始祖 赫居世王.

관련이 있어 보인다.

밝음에 대한 숭상은 '흰 옷'과 '흰 떡', '흰 음식'을 숭상하는 풍습으로도 전해졌다. 특히 제천행사나 장례행사, 제사행사 때 흰 옷과 흰 음식을 많이 사용하는 것이 그것을 말해준다. 한국인들은 일상적으로는 오행(五行)의 색깔인 오방색(五方色; 靑赤黃白黑)을 선호한다. 그러나 중요한 제천의식을 치를 때는 반드시 흰색을 따랐다. 그래서 백의민족(白衣民族)이라는 말이 생겨난 것이다.

밝음에 대한 숭상은 박씨(朴氏)라는 성(姓)에도 나타난다. 박씨의 시조인 박혁거세는 불거내(弗拒內)로도 불렸는데, 이는 광명(光明)을 가리킨다고 《삼국유사》에 적혀 있다. 다시 말해 박혁거세는 '밝음을 숭상하는 임금'이라는 뜻이다. 그래서 우리나라 성씨 가운데 순수한 우리말 성씨는 박씨로 알려지고 있다.

천지인 합일사상은 무교(巫敎)로 이어져, 천지인을 하나로 매개하는 제사장(祭司長)을 '무'(巫) 또는 '왕'(王) 또는 '중'[慈充]으로 부르게 되었다. '巫'와 '王'은 하늘과 땅을 매개하는 사람이라는 뜻을 담은 상형문자이다. '무'는 굿을 통해 하늘과 접신(接神)하는데, 접신이 되었을 때 '신바람 난다', '신명 난다', '흥 난다'고 표현한다. 굿은 곧 제천행사이기도 하며, 신명(神命)으로 액운을 물리친다고 믿는다. 접신 과정에 춤과 노래가 따르는데, 춤은 곧 하늘로 올라가는 몸짓이고, 노래는 하늘과 하나가 되는 소리다.

⑤ 예술과 훈민정음에 반영된 천지인 합일사상

천지인 합일사상은 각종 예술에도 반영되었다. 한국의 범종(梵鐘)은, 앞에서도 말했듯이, 다른 나라의 종과 다른 구조를 지니고 있다.

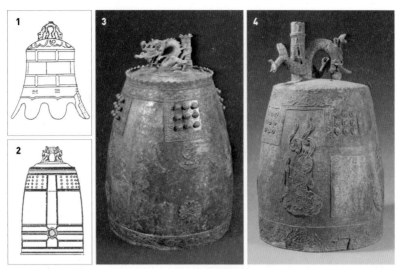

1 음관이 없는 중국종 2 음관이 없는 일본종 3 대사자 범종(고려 1192년 황해도 연탄군)
4 장생사 범종(고려 선종 3년(1086) 제작)

걸개 옆에 음관(音管)이 있는 것은 하늘의 소리를 담기 위한 것이고, 종 아래에 둥근 음통(音筒)을 만드는 것은 땅의 소리를 담기 위한 것이다. 그러니 종은 천지인이 하나가 되는 악기다. 한국의 범종 소리가 특이한 음색을 지니는 것은 바로 이러한 구조 때문이다.

한국인의 춤은 어깨에 포인트를 두는 까닭에 '어깨춤이 절로 난다'고 말한다. 이는 어깨에 달린 팔을 마치 새의 날개처럼 펴면서 하늘로 올라가는 몸짓을 하기 때문이다. 이때 다리는 약간 구부리면서 그 반동으로 몸을 솟구치게 하는데 이를 '오금질'이라 한다. 이것 역시 새가 날아오를 때의 발동작과 같다.

천지인 합일사상은 특수한 도형문화(圖形文化)를 낳았다. 원방각(圓方角; ○□△) 도형이 그것이다. 하늘은 둥글고[天圓 ; ○], 땅은 네모

고창 도산리 고인돌(위),
우하량의 적석총 무덤(왼편 제단은 둥근 모습이고, 오른편 무덤은 네모난 모습, 아래)

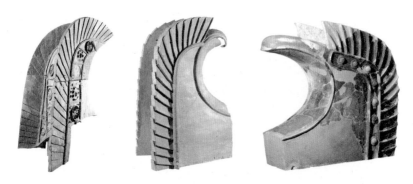

경주 황룡사지 출토 치미(왼쪽), 경주 안압지 출토 치미(가운데), 안압지 출토 치미(7~8세기, 오른쪽)

지고[地方; □], 사람은 삼각 모습[人角; △]으로 생각한 것이다.

원방각 문화는 한국의 무덤, 건축, 악기, 의복, 연못, 심지어 훈민정음(訓民正音)의 문자구조에까지 영향을 주었다. 한국 무덤의 효시인 고인돌을 보면, 네모난 돌기둥 위에 둥근 판석을 얹은 모습이고, 삼국시대 이후의 봉분 무덤은 네모난 공간 뒤에 둥근 하늘을 담았다. 마치 열쇠 구멍을 연상시키는데, 이런 무덤을 전방후원분(前方後圓墳)이라고 부른다. 경주의 석굴암(石窟庵)도 부처님 무덤으로서 전방후원분의 형태를 띠고 있다. 네모난 땅에서 둥근 하늘로 올라가는 사자(死者)의 모습을 그렇게 형상화한 것이다. 한국의 초가집도 네모난 땅 위에 둥근 지붕을 얹은 모습이다.

중국에서 들어온 기와집의 경우는 지붕 위 용마루 끝에 새 꼬리 모습의 기와를 얹어 이를 '치미'(鴟尾)라고 불렀는데 이는 올빼미 꼬리를 의미한다. 간혹 새 꼬리 대신 새 주둥이 모습을 만들기도 한다. 여기에 기와지붕의 처마 모습은 마치 새가 날개를 편 형태를 띠고 있다. 바로 하늘로 올라가려는 몸짓이다.

경복궁 근정전

　한국의 연못은 네모난 형태로 만들고, 그 안에 둥근 섬을 조성했다. 창덕궁 안의 부용지(芙蓉池)를 비롯한 여러 연못들은 그 전형적인 형태이다. 이것 역시 천원지방(天圓地方)을 담으려는 마음을 표현한 것이다.

　단군이 하늘에 제사를 지냈다고 알려진 강화도 마니산의 참성단(塹城壇)도 천원지방의 형태로 되어 있다. 대한제국의 고종황제가 등극한 제천단(祭天壇)인 환구단(圜丘壇)의 모습도 네모난 울타리를 치고, 그 안에 둥근 지붕을 한 집을 세웠다. 환구라는 말도 둥근 하늘과 네모난 땅이라는 뜻이다.

　훈민정음의 자음과 모음은 기본적으로 원방각 도형을 응용한 것이다. ○은 하늘, □은 땅, △ 또는 ㅅ은 사람을 상징하며, 여기에 획을

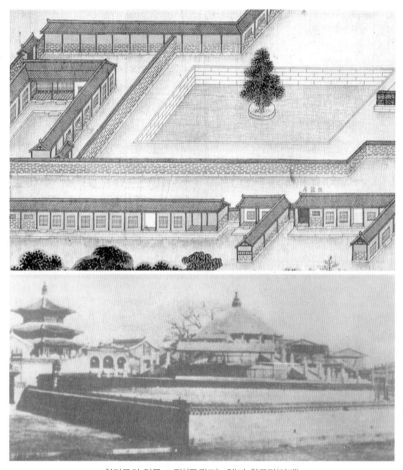

창덕궁의 연못 그림(《동궐도》, 위)과 환구단(아래)

달아 ㅎ, ㅂ, ㅍ, ㅈ, ㅊ이 만들어졌다. 이 밖에 오행(五行)의 형태를 가미하여 자음(子音)이 만들어졌다. 예를 들면, ㄴ은 불, ㄱ은 나무를 가리킨다. ㅇ은 하늘의 형태인 동시에 오행의 수(水)의 모습이기도 하다. ㅁ은 땅의 모습인 동시에 오행의 토(土)의 모습이기도 하다. △

《훈민정음해례》(ㅇ ㅁ △이 보인다)

이나 ㅅ은 사람의 모습인 동시에 오행의 금(金)의 모습이기도 하다.
물론 자음은 발음할 때 혀의 모습을 참고하기도 했다고 한다.

　모음의 경우도 음양의 원리를 적용해서 만들었다. 사람(ㅣ ; △
을 줄이면 ㅣ가 된다)의 동쪽에 태양(ㅇ)이 있거나, 땅(ㅡ; ㅁ을 줄이면
ㅡ가 된다) 위에 태양이 있는 모습이 양모음(陽母音; ㅏ 또는 ㅗ)이고,
사람의 서쪽이나 땅 아래에 태양이 있는 모습이 음모음(陰母音; ㅓ 또
는 ㅜ)이다. 이렇게 보면 훈민정음이야말로 음양오행사상을 가지고
만든 세계 유일의 문자라고 할 수 있다.

　한국의 옛 동전(銅錢)은 둥근 하늘에 네모난 땅을 넣은 모습으로
역시 천지인 합일사상이 나타나 있다. 물론 중국의 동전에도 그런
모습이 보이지만, 중국은 그 밖에도 명도전(明刀錢)을 비롯한 다양한

한국인의 미소를 상징하는 조각들
1 미소 기와 **2** 서산 마애삼존불상 **3** 일본 광륭사 소장 미륵반가사유상 **4** 백제 금동 삼산보살상 **5** 안동 하회탈

형태의 동전이 있었다.

　일본 학자로서 일찍이 한국 미술사에 관심을 가졌던 야나기 무네요시(柳宗悅: 1889~1961)는 한국 미술의 특징을 곡선(曲線)에서 찾았다. 그런데 그는 한국인들이 곡선을 사랑한 이유를 고통과 슬픔으로 점철된 한국 역사의 비참한 특성에서 찾았다. 고생을 많이 한 사람의 등이 곡선으로 휘어지는 것에서 암시를 받았는지도 모른다. 그러나 그의 해석은 틀렸다. 한국인이 곡선을 사랑한 것은 사실이지만,

婁壇地),[18] 또는 '업주가리'(業主嘉利)로 불리는 단지(壇地)에 담아 마루에 정성스럽게 모셔놓는 풍습이 있었다. 이를 보통 '신줏단지'(神主壇地)라고도 부른다. 우리나라 속담에 '신줏단지 모시듯 한다'는 말이 그래서 생겨난 것이다. 물론 '신줏단지'는 조상의 위패(位牌)를 가리키기도 한다. 하지만 신주를 단지에 담는 경우는 거의 없다.

한국인들은 들밥을 먹을 때 '고수레[高矢禮]'를 부르면서 밥을 먼저 고시씨(高矢氏)에게 바치는 풍습이 있다. 이 경우도 고시씨가 단군의 신하로서 곡식을 주관했다는 전설에서 나온 것이다. 다음에 삼신이 생명을 주셨다는 믿음에서 아이를 갖기 원하면 삼신께 치성을 드리고, 아이를 낳을 때 삼신에 대한 고마움으로 '삼신밥'을 만들어 대문 밖에 놓는 풍습이 생겼다. 그리고 어린아이의 엉덩이에 생긴 푸른 반점을 '삼신반점'(三神斑點)으로 부른다. 삼신께서 생명을 점지해 주시면서 기념으로 엉덩이를 때려 푸른 멍이 생겼다는 것이다. 이 반점은 몽골족에게 공통으로 나타나기 때문에 요즘은 이를 '몽골반점'으로 부른다.

삼신이 질병을 치료해 주신다는 믿음에서 질병이 돌면 삼신께 비는 풍습이 있고, 특히 삼신을 모신 황해도 구월산 삼성사(三聖祠)에 가서 기도하는 풍습이 고려시대 이전부터 내려왔다. 삼성사는 조선시대 정부에서 관리를 파견하여 제사를 지낼 정도로 중요한 사당이었는데, 태종~세종 때 재상이었던 문화유씨 출신의 유관(柳寬)이 삼성사 제사를 건의하면서 시작되었다.

---

17 '제석'은 《삼국유사》에서 환인(桓因)을 불교의 제석천(帝釋天)을 가리킨다고 주석(註釋)한 데서 유래한 말이다.

18 '부루단지'는 단군의 아들 부루가 곡식을 주관했다는 전설에서 유래한 것이다.

경주 안압지 출토 기와   안압지 사천왕사지 출토 기와   부여 출토 백제 기와

경주 안압지 출토 기와   통일신라 기와

경주 안압지 출토 문고리   경주 안압지 출토 문고리   경주 안압지 출토 문고리

고려 귀면문 수막새   고려 도깨비 기와   고려 귀면문 수막새

도깨비 무늬의 기와와 문고리

삼신이 형벌을 주관한다는 믿음은 '도깨비신앙'으로 내려왔다. 형벌을 주관할 때의 삼신은 무서운 존재로 둔갑하는데, 이것이 바로 도깨비다. 또 단군의 신하 가운데 치우(蚩尤)가 있었는데, 얼굴이 무섭게 생기고, 군대를 다스리고, 악한 자를 벌주는 일을 맡았다. 그런데 치우의 얼굴을 형상화한 것이 또한 도깨비다. 이 도깨비를 지붕의 용마루 기와에 새겨 넣으면 악귀(惡鬼)가 지붕을 넘어 집에 들어오지 못하고, 대문의 문고리에 새겨 넣으면 악귀가 문으로 들어오지 못한다고 믿었다. 그래서 도깨비 무늬의 기와와 문고리가 널리 유행했던 것이다.

도깨비라는 말은 '독아비'[纛夫]에서 나온 것이다. 치우의 무서운 얼굴을 군대의 깃발에 그려 넣어 군기(軍旗)로 사용했는데, 군기를 일명 독기(纛旗)로도 부른다. 지금 서울의 '뚝섬'도 한자로는 '독도'(纛島)로 불렸는데, 이곳은 역사적으로 군마(軍馬)를 키우고 군사훈련장으로 사용하던 곳으로서 '독기'가 나부끼던 곳이었다. '독아비'는 곧 치우를 말하는 것으로, '독아비'가 '도깨비'로 와전되어 내려온 것이다. 어쨌든 한국의 도깨비는 악한 자를 물리치고 악한 자에게 벌을 내리는 선량한 존재였다.

치우는 사마천(司馬遷)의 《사기》(史記)에도 보인다. 이를 보면, 중국의 시조라고 일컫는 황제(黃帝; 軒轅氏)는 임금이 되기 전에 구려(九黎)의 군장 치우의 세력이 너무 강하여 힘겹게 싸우다가 탁록야(涿鹿野)에서 겨우 사로잡으면서 천하를 평정했다고 하는데, 뒤에는 치우의 얼굴을 그려 군기로 사용했더니 모든 사람들이 두려워서 굴복했다고 한다.[19]

---

19 《史記》 권1 五帝本紀 黃帝者.

여기서 치우의 나라인 '구려'는 바로 구이(九夷) 즉 조선(朝鮮)을 가리킨다. 그러므로 치우와 황제의 전쟁은 동이족(東夷族)과 한족(漢族)이 탁록야 즉 산동 지방과 요서 지방을 둘러싸고 벌인 쟁패전이라고 할 수 있는데, 치우는 금속 문명을 가진 무서운 세력으로서 황제가 이를 제압하는 데 너무나 어려움을 겪었던 것을 여러 기록에서 확인할 수 있다. 그래서 중국에서는 한대(漢代) 이후로 치우기(蚩尤旗)를 군기로 사용했던 것이다.

참고로, 페루(Peru)의 잉카 문명을 건설했던 인디오들 사이에도 붉은색 얼굴을 가진 '티우'를 악귀 몰아내는 신으로 모시는 풍습이 내려오고 있는데, '티우'는 곧 '치우'를 가리키는 것으로 보인다. 인디오들도 우리와 같은 북몽골족의 일파이므로 비슷한 풍습이 적지 않다.

다음에 삼신이 선악(善惡)을 판단한다는 것은 형벌을 주관하는 일과 맞물려 있다. 선악을 먼저 판단해야 악한 자에게 벌을 줄 수 있기 때문이다.

마지막으로, 단군신화의 우주관으로서 '재세이화'(在世理化)도 중요한 뜻이 있다. 세상을 다스릴 때 이치(理致)로 교화(敎化)했다는 것이 '재세이화'의 뜻이다. 이는 '힘으로 다스린다'는 것과 반대의 뜻을 가진다. 그런데 이승휴(李承休)가 지은 《제왕운기》(帝王韻紀)에서는 단군조선 1028년의 정치가 "無奈變化 傳桓因"이라고 했다. 그 뜻은 '어찌할 도리가 없는 변화는 환인이 전한 것이다'라는 뜻이다. 여기서 '무나변화'는 다분히 노장(老莊)의 무위자연(無爲自然)과 유사한 뜻을 담고 있다. 그러니까 강압적이고 인위적인 통치가 아니라 자연의 이치에 맞추는 정치라는 뜻이다.

4

단군신화의 우주관 (3):
음양오행사상

단군신화에 나타난 우주관이 천지인 합일사상, 곧 우주를 하나의 공동체로 본 것은 이미 앞에서 설명한 바 있다. 그러면 천지인을 하나의 공동체로 보는 이유는 무엇인가? 그 해답은 음양오행(陰陽五行)사상에 있다. 비록 단군신화에는 음양오행이 뚜렷이 보이지는 않지만, 환웅과 웅녀가 음양 관계 즉 남녀 관계로 설정되어 단군을 탄생시키고 있다. 또 오행에 대한 언급은 없으나, 홍익인간의 360가지 일 가운데 주곡(主穀), 주명(主命), 주병(主病), 주형(主刑), 주선악(主善惡) 들 다섯 가지 일을 가장 중요하게 설정한 것은 오행의 숫자에 맞추었다는 인상이 짙다.

그런데 고대 한국인들은 단군신화에서 더 진화하여 우주만물을 구성하는 기본요소로서 음양오행을 설정했다. 음양오행은 하늘에도 있고, 땅에도 있고, 사람에게도 있으며, 음양오행이 있으면 반드시 생명이 탄생하고 성장한다고 믿었다. 그래서 하늘도 생명이 있고, 땅에도 생명이 있고, 사람에게도 생명이 있어서 서로 생명공동체를 이루고 있다고 본 것이다.

그러면 하늘에 음양오행이 과연 있는가? 물론 있다. 태양이 양(陽)이고 달이 음(陰)이다. 이 밖에 수성(水星), 목성(木星), 화성(火星), 토성(土星), 금성(金星) 등 오행의 별들이 있다. 그러니 하늘은 살아 있는 것이다. 땅에도 강과 산은 각각 음양이다. 땅에는 또한 수화목금토(水火木金土)의 오행이 있음은 두말할 나위도 없다. 그래서 땅은 살아 있다. 풍수지리(風水地理)는 바로 땅이 살아 있다고 보는 데서 출발하여, 생명의 기(氣)가 많이 모여 있는 곳을 명당(明堂)으로 보고 명당을 찾아 살아야 복을 받는다는 이론이다. 그리고 생명의 기(氣)가 부족한 곳을 인위적으로 보완하는 것이 바로 비보사찰(裨補寺刹)이거나 비보수림(裨補藪林)이다. 비보수림은 인공적으로 숲을 만들어 생명의 기를 높이는 방법으로서, 조선시대 도시 건설이나 마을 조성에 많이 활용되었다.

사람도 음양과 오행이 있다. 여자와 남자가 음양이요, 남자 안에도 음이 있고, 여자 안에도 양이 있다. 오행은 신체의 오장(五臟)을 말한다. 폐장(肺臟)이 금(金)이요, 신장(腎臟)이 수(水)요, 심장(心臟)이 화(火)요, 간장(肝臟)이 목(木)이요, 비장(脾臟)이 토(土)이다. 그러니 사람은 살아 있다. 또 오행은 신체의 5관(五管) 즉 다섯 감각기관에도 있다. 피부는 수(水), 귀는 화(火), 눈은 목(木), 코는 금(金), 입은 토(土)이다. 오장과 오관을 함께 연결시켜 생각하면, 폐장은 코와 연결되어 있고, 신장은 피부에 연결되어 있고, 심장은 귀와 연결되어 있고, 간장은 눈과 연결되어 있다. 이렇게 음양오행으로 몸을 치료하는 것이 바로 한의학(韓醫學)의 기본원리다.

음양오행사상은 원래 기원전 4~3세기의 추연(鄒衍; B.C. 305~240)이 발설한 것으로 알려지고 있다. 그래서 그를 음양가(陰陽家)로 부른다. 산동성의 제(齊)나라 사람으로 알려진 그는 사마천의 《사기》(史記)

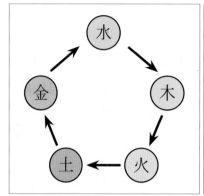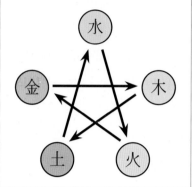

오행의 상생관계(왼쪽), 오행의 상극관계(오른쪽)

에 보면 동이인(東夷人)이라고 한다. 그는 오행의 상극설(相克說)을 내세워 하(夏), 은(殷), 주(周), 그리고 진(秦)나라의 등장을 상극설로 설명했다고 한다. 음양오행사상은 한(漢)나라 이후로 더욱 이론적으로 진화하여 상생설(相生說)과 상극설이 등장하고, 오행을 오색(五色), 오방(五方), 오덕(五德), 오장(五臟), 오관(五管) 등과 연결하여 우주질서와 인간질서를 통일적으로 설명하는 철학 체계를 갖기에 이르렀다.

그런데 중국인들은 역사적으로 오행의 상극설을 더 애호했다. 상극설은 물이 불을 이긴다는 수극화(水克火), 불이 금을 이긴다는 화극금(火克金), 금이 나무를 이긴다는 금극목(金克木), 나무가 흙을 이긴다는 목극토(木克土), 흙이 물을 이긴다는 토극수(土克水) 이론이다. 그래서 왕조 교체도 상극설을 가지고 설명하는 경향이 크다.

중국인과 달리, 한국인들은 역사적으로 상극설보다는 상생설을 더 선호했다. 그래서 물은 나무를 낳고[水生木], 나무는 불을 낳고[木生火], 불은 흙을 낳고[火生土], 흙은 금을 낳고[土生金], 금은 물을 낳는

五行	五方	五節	五色	五數	五德	五神獸	五臟	五管	왕조	4대문	관직
土	中	夏-秋	黃	5	信	(黃)龍	脾臟	입	?	普信閣	議政府 (黃閣)
水	北	冬	黑	6	智	(玄)武	腎臟	피부	高麗	昭智門 (肅靖門)	工曹 (冬官)
火	南	夏	赤	7	禮	(朱)雀	心臟	귀	(鄭氏)	崇禮門	兵曹 (夏官)
木	東	春	靑	8	仁	(靑)龍	肝臟	눈	朝鮮	興仁門	禮曹 (春官)
金	西	秋	白	9	義	(白)虎	肺臟	코	新羅	敦義門	刑曹 (秋官)
											吏曹(天官) 戶曹(地官)

음양오행표

다[金生水]고 생각했다. 그래서 한국인들은 왕조 교체와 사람의 출생을 모두 상생설로 설명했다. 신라는 금덕(金德)으로서 수덕(水德)인 고려를 낳았으며, 고려는 목덕(木德)인 조선왕조를 낳았다고 생각했다. 그리고 조선왕조는 화덕(火德)을 가진 정씨(鄭氏)에게 나라를 넘긴다고 생각하여 《정감록》(鄭鑑錄)을 비롯한 각종 예언서가 나오게 되었으며, 정씨들의 반란이 끊이지 않고 일어났다. 선조 때 정여립(鄭汝立)의 반란을 비롯하여 정희량(鄭希良)의 반란 등이 그것이다.

사람의 출생이 오행의 상생설에 따른다고 믿어 그 순서에 따라 이름을 짓는 것이 바로 항렬(行列)이다. 항렬의 순서는 수(水) → 목(木) → 화(火) → 토(土) → 금(金) → 수(水)의 순환으로 인식했다. 그러니까 아버지가 수(水) 항렬이면, 아들은 목(木) 항렬이 되고, 손자는 화(火) 항렬이 되고, 증손자는 토(土) 항렬이 되고, 고손자는 금(金) 항렬이 된다.

아국총도(18세기, 규장각 소장). 8도를 오방색으로 칠했다.
우산도(독도)와 대마도가 그려져 있다.

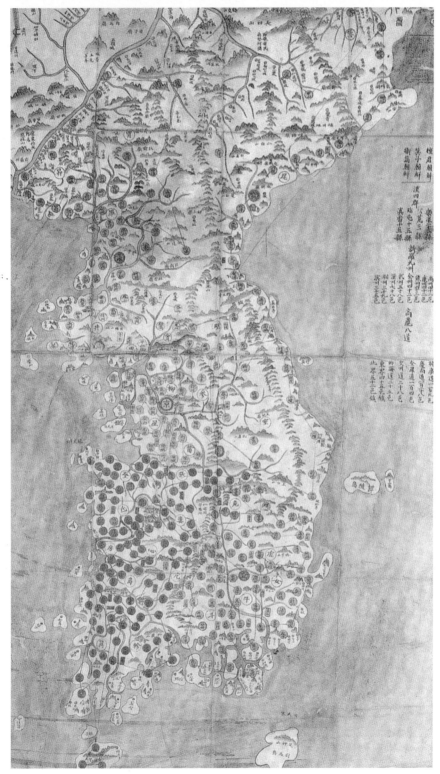

조선전도(19세기 초, 국립중앙도서관 소장 크기 118.5×69.5cm). 8도를 오방색으로 칠했다.
우산도(독도)와 대마도가 그려져 있다.

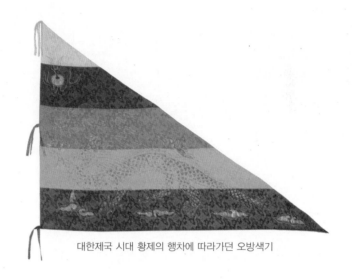

대한제국 시대 황제의 행차에 따라가던 오방색기

한편, 오행사상이 5방(五方), 5덕(五德), 5계절, 5색(五色), 5신수(五神獸), 5수(五數), 5장(五臟), 5관(五管), 그리고 관직과 연결시켜 설명한 이론을 표로 만들면 117쪽의 음양오행표와 같다.

위 표를 바탕으로 한국인들이 오행을 받아들인 사례를 좀더 구체적으로 설명하면 다음과 같다.

첫째, 오방색(五方色)을 보자. 우리나라 고지도(古地圖)를 보면, 8도의 색깔을 오방색으로 그렸다. 그래서 남방의 전라도와 경상도는 붉은색으로, 동방의 강원도는 푸른색으로, 서방의 황해도는 백색으로, 북방의 함경도와 평안도는 흑색으로, 중앙의 경기도는 노란색을 칠했다. 이렇게 오방색으로 지도를 그리는 나라는 우리나라밖에 없다.

오방색을 가지고 옷을 만든 것이 색동옷이다. 처용무(處容舞)에 등장하는 다섯 명의 춤꾼도 오방색 옷을 입고 있다. 임금이 행차할 때 따라가는 깃발에도 오방색기가 등장한다. 음식을 만들 때에도 오방

수원 화성행궁 정문인 신풍루(왼쪽), 왕릉 입구의 홍살문(가운데), 서원 입구의 홍살문(오른쪽)

색에 따라 음식을 배치한다. 신선로의 색깔이 그렇고, 제사 음식도 오방색에 따라 진열한다.

우리나라의 깃발인 태극기는 음양의 색깔을 따라 음(陰)을 청색(靑色)으로, 양(陽)을 적색(赤色)으로 그린다.

음양과 태극에 대한 애정도 한국인은 매우 각별했다. 음양을 표현한 태극(太極) 무늬는 삼국시대의 기와나 사찰의 초석(礎石)에도 보이고 있지만, 조선시대에는 더욱 널리 유행하여 서원이나 향교의 대문과 홍살문, 부채 등에 등장하고, 명나라와 청나라의 사신을 맞이할 때는 태극기를 들고 나가 영접했다. 이런 전통이 이어져 1883년에 태극기가 정식으로 국기(國旗)로 제정되었으며, 대한제국기에는 어기(御旗)로도 사용하고, 경운궁(慶運宮)에 태극전(太極殿)을 건설하고, 태극훈장(太極勳章)을 만들기도 했다.

둘째, 오덕(五德)에 대해 알아보자. 오덕은 인의예지신(仁義禮智信)을 말하는데, 조선시대 서울의 4대문 이름과 종로의 보신각(普信閣) 이름은 바로 오덕을 따라 지었다. 그래서 남대문은 숭례문(崇禮門), 동대문은 흥인지문(興仁之門), 서대문은 돈의문(敦義門), 북문은 소지문(炤智門, 뒤에 肅靖門으로 개명), 서울의 중앙인 종로 네거리에

청나라 사신을 맞이할 때 사용했던 태극기[출처; 숙종 43년(1717)에 사신으로 온 아극돈(阿克敦)의 봉사도(奉使圖)]. 왼쪽 그림은 삼각으로 된 태극기. 오른쪽 그림은 4각으로 된 태극기.

는 중앙을 상징하는 보신각(普信閣)을 세웠다.

또 동대문 밖의 동쪽 지역에는 숭인동(崇仁洞), 인창동(仁昌洞) 등의 이름을 붙이고, 서대문에서 서북쪽으로 뚫린 거리를 의주로(義州路)로 이름 붙인 것도 동방을 인(仁)으로, 서방을 의(義)로 간주한 사상과 관련이 있다.

셋째, 오방신(五方神)은 좌청룡(左靑龍), 우백호(右白虎), 북현무(北玄武), 남주작(南朱雀), 중황룡(中黃龍)을 말하는데, 그 가운데 중황룡을 뺀 나머지를 보통 사신도(四神圖)라 부른다. 한국인들이 사신도를 얼마나 애용했는가는 고구려와 백제의 고분벽화에서 흔히 볼 수 있지만, 조선시대에도 임금의 관(棺)을 모셔놓는 찬궁(攢宮)에는 반드시 사신도를 그려 넣었으며 임금이 행차할 때 따라가는 깃발에도 반드시 오방신을 그린 깃발이 따라갔다.

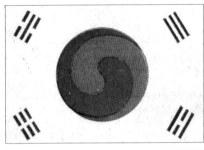

고종시대의 태극기

　한국의 풍수사상(風水思想)에도 오방신 개념이 들어 있다. 특히 왕
실의 무덤을 조성할 때에는 이를 철저히 따져 사신(四神)이 무덤을
둘러싼 지형을 명당지로 선택했다.

　넷째, 오수(五數)와 관련된 한국인의 신앙도 남다른 바가 있다. 신
라는 금덕(金德)을 칭했으며, 금덕을 상징하는 9라는 숫자를 선호했
다. 황룡사(皇龍寺)에 9층탑으로 세우고, 전국을 9주(九州)로 나눈 것
도 이와 관련이 있다. 고려는 수덕(水德)을 따랐으므로 수덕을 상징
하는 6이라는 숫자를 선호했다. 인종 때 묘청(妙淸)이 서경(西京)으
로 도읍을 옮기면 36국이 조공을 바치는 나라가 된다고 주장한 것이
그것을 말해준다. 또 전국을 5도(五道)와 양계(兩界)로 편제한 것도 6
이라는 숫자에 맞춘 것이다.

　한편, 조선왕조는 목덕(木德)을 자칭하여 8이라는 숫자를 선호했
다. 그래서 목자(木子)인 이씨(李氏)가 임금이 되면 800년 왕업이 이
어진다고 주장했으며, 전국을 8도로 편제했다.

　다섯째, 의정부(議政府)와 6조(六曹)를 음양오행의 원리에 맞추어
그 기능을 설명한 것도 특이하다. 그래서 의정부는 중앙을 상징하는

황각(黃閣)으로 부르고, 이조는 천관(天官; 陽官), 호조는 지관(地官; 陰官), 예조는 춘관(春官), 형조는 추관(秋官), 병조는 하관(夏官), 공조는 동관(冬官)으로 부르기도 했다. 조선 후기 예조의 역사를 정리한 책을 《춘관통고》(春官通考)로 부르고, 형조의 기능을 정리한 책을 《추관지》(秋官志)로 부른 이유도 여기에 있다.

위에 설명한 것을 종합해보면, 한국인들이 예부터 음양오행을 얼마나 진지하게 받아들였는지를 알 수 있고, 특히 오행상생설을 사랑한 것은 중국인들이 상극설을 선호한 것과 대비된다. 이는 음양오행사상을 매우 평화적인 상생철학으로 수용하고 있었다는 것을 말해준다.

제 5 장
삼국시대의
선비문화

1

무교의 선비문화와 불교,
유교의 융합

　무교(巫敎)를 바탕으로 한 고조선의 선비문화는 삼국시대에 들어
와서도 한동안 지도 이념으로 작용했다. 아직 불교와 유교문화가 받
아들여지지 않고 있었기 때문이다. 삼국의 시조를 비롯한 역대 임금
들은 모두 천손(天孫)의 후예를 자처했다. 고구려 시조 주몽(朱蒙)은
천제(天帝)의 아들을 자처하는 해모수(解慕漱)와 유화(柳花) 사이에
태어났다고 했으니 천손의 후예였다. 백제 시조 온조(溫祚) 역시 주
몽의 아들이니 천손의 후예이다. 신라 시조 박혁거세(朴赫居世)는 알
에서 태어났지만, 몸에서 광채가 나고, 새와 짐승이 춤추고, 천지가
진동하고 해와 달이 밝게 빛났으니, 역시 하늘이 보낸 인물이다. 가
야의 시조 수로왕(首露王)도 하늘에서 내려온 알에서 태어났으니 천
손이다.

　이렇게 삼국의 임금들은 하늘의 후손이라는 권위를 지니고 백성
들을 지배했다. 그리고 조상인 하늘에 대한 제천행사(祭天行事)도 그
대로 이어갔다. 그것이 고구려의 동맹(東盟), 백제의 남단제천(南壇
祭天), 신라의 팔관(八關)이다. 제천행사에서는 위로는 국왕에서부

터 아래로는 각계각층의 남녀노소가 모두 어울려 잔치를 열고 춤추고 노래하면서 공동체적 결속을 다졌다. 또 제천행사에서는 각계각층의 무예(武藝)가 시험되어 우수한 자가 지배층으로 발탁되기도 했다. 이런 축제를 통해 정신적으로 계급사회 나름의 사회통합이 이루어진 것이다.

삼국의 백성들도 무교적 선비문화에 익숙하기는 지배층과 다름이 없었다. 그들은 천손의 후예를 감히 자처하지는 못했지만, 하늘에서 태어나 하늘로 돌아간다는 믿음은 그대로 지니고 있었으며, 삼신(三神)이 인간을 이롭게 한다는 '홍익이념'도 그대로 믿었을 것이다.

삼국시대 초기의 정치를 보면, 나름대로 '홍익인간' 이념을 정치에 반영하려는 노력이 보인다. 2세기 후반 고구려의 고국천왕(故國川王)이 농사꾼인 을파소(乙巴素)를 발탁하여 재상으로 임명하고 빈민(貧民)을 위한 진대법(賑貸法)을 시행한 것은 그 하나의 사례일 것이다. 신라에서도 제3대 유리왕(儒理王)이 환과고독(鰥寡孤獨; 홀아비, 과부, 고아, 독자) 등에 대한 선정(善政)을 베풀어 백성들이 모여들었다는 등의 기록이 《삼국사기》에 보인다. 백제도 이와 비슷한 홍익적(弘益的)인 정치가 있었을 것으로 보이나 《삼국사기》는 백제에 대해서 매우 인색하게 기록했다.

이렇게 삼국은 전통적인 무교적 선비문화를 바탕으로 국가를 발전시켜 나갔으나, 중국이 이미 진(秦), 한(漢)의 통일제국을 세우고, 불교와 유교에 바탕을 둔 고급 문명국가를 건설하자, 이제 더 이상 무교적 선비문화로는 백성을 다스리기 어려움을 깨달았다. 삼국시대 중기에 이르러 중국과 외교관계가 더욱 긴밀해지면서 중국과 어깨를 겨루는 진화된 정치와 문화의 수용이 필요해졌다.

그런데 새로 도입된 불교문화와 유교문화는 전통적인 무교적 선비문화와 서로 보완되는 부분도 있고, 상충되는 부분도 있었다. 상충되는 부분은 군주의 위상을 전적으로 신성한 하느님의 후손으로 자처하기 어렵게 되었다는 점이었다. 왜냐하면 부처를 숭상하는 불교는 임금을 부처 이상으로는 인정하지 않았다. 부처는 보통 사람으로서 진리를 깨친 자에 지나지 않았다. 유교에서의 군주상(君主像)도 신성한 하느님의 후손을 인정하지 않았다. 임금은 보통사람으로서 도덕과 수양을 많이 쌓은 성인(聖人)이나 현인(賢人)일 뿐이었다.

하지만 전통적 가치관과 불교 및 유교는 이렇게 상충되는 부분만 있는 것이 아니라 서로 보완되는 측면이 있었다. 불교경전에는 이상사회를 구현하는 '전륜성왕'(轉輪聖王)이라는 군주상(君主像)이 있다. 이 전륜성왕이 다스리면, 미래부처인 미륵(彌勒)이 도솔천에서 하강하여 도둑과 근심이 없고, 온갖 재앙과 전쟁과 가난이 없는 이상사회로 중생(衆生)을 이끈다는 미륵신앙이 있었다. 그래서 삼국의 군주들은 이러한 '전륜성왕'의 군주상을 받아들이고, 미륵신앙을 이용하여 군주의 권위를 새롭게 재정립할 수 있었다. 7세기 초 백제의 무왕(武王)이 익산의 용화산(龍華山) 아래에 지었다는 미륵사(彌勒寺)는 그런 뜻을 담은 것이었다. 6세기 중엽 신라의 진흥왕(眞興王)도 전륜성왕의 군주상을 수용하여 불교 진흥에 적극적이었다.

불교와 전통적 선비문화의 융합은 우주관에서도 가능했다. 천지인(天地人)을 하나의 생명공동체로 보는 전통적 우주관은 불교에서도 인정되었다. 다만, 불교는 이것을 더욱 이론적으로 발전시켜 체계적인 철학으로 정립시킨 것이 다를 뿐이었다. 고구려에서 크게 성행한 삼론학(三論學)이나, 신라에서 융성한 화엄학(華嚴學)이나, 백제에서 유행한 계율학(戒律學)과 '미륵신앙'이나 사정은 비슷했다.

승랑(僧朗)이라는 승려가 발전시켰다는 고구려의 '삼론학'은 3단계 논법을 써서 우주자연의 이치를 이원적 일원론(二元的 一元論)으로 설파한 교리이다. 즉 첫 단계 진리는 우주를 유(有)와 무(無)로 보는 이원론(二元論)에서 출발한다. 이는 가장 낮은 보통 사람들이 보는 진리로서 진짜 진리가 아닌 가짜 진리, 즉 가제(假諦)로 본다. 이보다 한 단계 높은 단계의 진리는 유와 무를 모두 부정하는 이른바 비이(非二)의 진리다. 그러나 이 단계의 진리도 아직 이원론(二元論)을 극복하지 못했다는 점에서 진정한 진리는 아니다. 그것은 보살 단계의 진리에 지나지 않는다. 부처님의 진리는 '둘이 아니고[非二], 둘이 아닌 것도 아닌[非不二]' 단계의 진리다. 이것이 진제(眞諦), 즉 진정한 진리다. 이를 달리 표현하면 '一而二 二而一'이 진리라는 말이다. 그래서 이원적 일원론으로 부를 수 있다. 이 논리에서 보면 생(生)과 사(死)도 대립이 아니고, 가는 것[去]과 오는 것[來]도 대립이 아니다.

삼론학의 진리는 기본적으로 사물을 대립으로 보지 않는 데 있다. 다시 말해 모든 우주만물을 하나의 공동체로 보자는 말이다. 그러니까 기본적으로 천지인 합일사상을 철학적으로 진화시킨 것에 다름 아니다.

신라 문무왕 대의 고승, 의상(義湘)이 확립했다는 화엄학(華嚴學)도 '하나가 전체요, 전체가 하나'[一卽一切 一切卽一]라는 이론을 따른다. 이런 시각에서 '이치와 현상이 하나'[理事無碍]요, '사물과 사물이 아무런 구애를 받음이 없이 하나로 이어져 있다'[事事無碍]는 이론이 전개된다. 그리고 '눈에 보이는 세계는 곧 공(空)이요, 공(空)은 곧 현상'[色卽是空 空卽是色]이라는 논리가 이어진다. 여기서 '공'

이란 '있는 것도 아니고, 없는 것도 아닌' 것이다.

백제의 계율학(戒律學)은 엄격한 계율을 통해 이상사회를 이룩한다는 논리인데, 여기에는 앞에서 설명한 전륜성왕이라는 이상적인 군주가 나라를 잘 다스릴 때 미륵이 하강하여 이상사회를 구현시킨다는 미륵신앙이 연결되어 있는 것이다.

따라서 삼국의 불교는 의지하는 경전은 조금씩 달라도 목표하는 바는 서로 같다. 위에서는 현명한 군주가 부처님의 위치에서 정치를 잘하고, 아래로 백성들이 사물을 대립으로 보지 않는 공동체적 우주관을 가지고 불교를 믿으면 이상사회가 반드시 도래한다는 꿈을 심어준다.

한편, 불교와 전통적 무교의 선비정신이 융합하는 모습을 또 한 가지 보여주는 것은 사찰마다 산신당(山神堂), 칠성당(七星堂), 명부전(冥府殿) 등을 부처님을 모신 대웅전(大雄殿)보다 위에 둔 것이다. 그리고 사찰의 입구에 장승을 세운 것도 무속과 불교의 융합을 보여주는 사례이다.

그러면, 불교의 수용 과정을 먼저 알아보자. 삼국에 불교가 들어온 것은 고구려가 372년 소수림왕(小獸林王) 때이고, 백제는 384년 침류왕(枕流王) 때, 그리고 신라에 들어온 것은 5세기 중엽 눌지왕 때였으나 국가에서 공인한 것은 527년의 법흥왕(法興王) 때이다. 가야는 인도에서 허황후(許皇后)가 왔다는 전설로 미루어 이보다 더 빠른 듯하나 확실한 시기를 알 수 없다.

한편, 삼국에 유교가 들어온 것은 불교 전래 시기보다는 앞선 것으로 보인다. 중국과 외교가 이루어지고, 중국의 선진적인 문물제도를 수용하려면 한문학(漢文學)이 필요했고, 한문학은 유교를 매개로 할 수밖에 없었기 때문이다.

그런데 전통적 선비문화는 유교와도 융합할 가능성이 높았다. 왜냐하면 유교의 충효(忠孝)사상은 전통적 선비정신의 그것과 너무 닮았다. 제천(祭天) 자체가 충효의 표현이었기 때문이다. 하지만 유교의 충(忠)은 군주에 대한 충성이 핵심이지만, 전통적 선비정신에서의 '충'은 국가에 대한 충성이 핵심이었다. 즉 전통적 선비정신에서 보는 군주는 귀족층의 대표자일 뿐, 신하들 위에 군림하는 초월적 존재는 아니었다. 그래서 삼국시대의 정치는 귀족민주주의로 운영되었다. 고구려의 제가회의(諸加會議), 백제의 정사암회의(政事巖會議), 그리고 신라의 화백(和白)이 그것이다. 귀족들은 만장일치를 통해 국사(國事)를 결정하고, 이를 국왕이 집행했던 것이다.

귀족회의의 특징이 다수결 주의가 아니라 만장일치제를 따른 것은 찬반의 이원론을 극복하자는 뜻이 담겨 있었다. 다수결은 다수의 찬성자가 소수의 반대자를 배제하는 의미가 있으므로, 이는 갈등을 그대로 품고 가는 것이 된다. 그래서 만장일치의 합의제를 따른 것이다. 물론, 만장일치에 도달하려면 반대자를 설득할 수 있는 충분한 토의가 필요했을 것이다.

군주와 신하들의 합의로 운영되는 정치는 말하자면 군신공치(君臣共治)다. 이런 전통은 고려시대에도 이어지고, 조선시대에도 그랬다. 그래서 고려시대와 조선시대에는 재상합의제(宰相合議制)가 중추를 이루었다. 다만, 합의제로 결정된 사안이라도 집행과정의 문제점을 보완하고자 모든 신하들에게 소통(疏通)의 기회를 넓혀줌으로써 정치 참여자의 범위를 확대했던 것이다. 특히 조선시대는 언로(言路)가 매우 넓게 열린 시대였다. 그래서 우리는 조선시대 정치를

'선비민주주의'로 불러도 좋다고 본다. 또 백성들에게도 소통의 기회를 넓혀준 것이 조선시대였다. 글로 써서 백성들의 뜻 곧 민의를 전달하는 상소(上疏)와 임금에게 직접 징을 치고 나가 억울한 일을 하소하는 격쟁(擊錚)이 그것이다. 이것이 바로 민본정치다.

그러면, 불교 및 유교와 융합된 삼국의 새로운 선비문화는 어떤 모습이었는가? 다음에 차례로 살펴보기로 한다.

2

고구려의 선비문화

① 제천행사와 선비 무사

고구려의 관등(官等) 가운데 가장 아래에 속하는 관등으로 선인(先人) 또는 선인(仙人)이 있었다 함은 앞에서 잠깐 말한 바 있다. 그런데 선인에 관한 기록은 대부분 《삼국지》(三國志), 《주서》(周書), 《수서》(隋書), 《당서》(唐書), 《한원》(翰苑) 등 중국 측 자료에 보이지만, 김부식의 《삼국사기》에도 보인다.

먼저 《삼국사기》 기록부터 검토해 보자. 《삼국사기》 고구려본기에는 태조왕 80년(132)조에 '조의선인'(皁衣先人)이 보인다.[20] 여기서 고구려 초기부터 선비제도가 있었음을 알 수 있다.

한편, 《삼국사기》 열전 가운데 개소문전(蓋蘇文傳)을 보면, 연개소문의 장남 남생(男生)이 아홉 살 때 아버지 개소문이 남생을 선인(先人)으로 임명했다고 한다. 그 뒤 남생의 직위가 점점 올라가 소형(小兄)을 거쳐 대형(大兄), 막리지(莫離支), 그리고 대막리지(大莫離支)에

---

20 《三國史記》 권15 高句麗本紀 太祖王條.

올랐다고 한다.[21] 여기서 남생이 9세에 '선인' 즉 '선비'가 되었다는
것은 '소년선비'였음을 알 수 있다. 선인의 관등이 낮은 것도 나이가
어린 소년들이기 때문일 것이다.

일제시대 민족주의 역사가 신채호(申采浩)는 《조선상고사》(朝鮮上
古史)에서 고구려 선비에 대해 매우 자세한 설명을 해놓았다. 그를
따르면, 선비는 '선배'라고도 불렀는데, 원래 고조선시대부터 내려
오던 우리 민족의 고유 종교인 '신수두'(臣蘇塗)교도의 보통 명칭으
로서 태조 때 3월과 10월에 신수두 축제를 행하면서 선비를 뽑았다
고 말했다. 이때 나라의 백성들을 불러 모아 칼춤도 추게 하며, 활도
쏘고, 깨금질도 하며, 태껸도 하고, 강의 얼음을 깨고 물속으로 들어
가 물싸움도 하며, 노래도 하고, 춤도 추며, 사냥도 하여 성적이 좋
은 사람을 선비로 뽑았다는 것이다.

신채호가 '신수두교'라고 부른 것은 3한시대의 '소도'(蘇塗)를 확
대 해석한 것으로, 소도뿐 아니라, 부여의 '영고'나, 고구려의 '동
맹' 등을 모두 '소도'와 같은 범주에 넣고 이를 '신수두'로 일반화한
것이다.

어쨌든 신채호의 선비에 대한 설명은 《삼국사기》에는 보이지 않
는 내용이지만, 고구려 고분벽화를 보면 그의 설명이 거의 틀림이
없다는 것을 알 수 있다.

일단 선비로 뽑히면, 나라에서 봉급을 주고, 이들을 한 곳에 모아
글을 가르치기도 하고, 명승지를 유람하기도 하고, 성곽을 보수하거
나 길을 닦기도 하는 등 국가의 공공을 위한 일을 맡겼다. 선비들은

---

21 《三國史記》 권49 列傳 〈蓋蘇文傳〉.

머리를 깎고, 허리에 검은 띠를 두른다. 선비 가운데 학문과 기술이 뛰어난 자를 뽑아 선비의 스승을 삼는데, 이들은 검은 옷을 입는다. 그래서 조의(皀衣)라고도 부른다. 그리고 스승 가운데 가장 큰 우두머리는 '신크마리'로 불리는데, 이들을 한자로 두대형(頭大兄) 또는 태대형(太大兄)으로 불렀다.

전쟁이 일어나면 '신크마리'가 자발적으로 모든 선비들을 모아 단체를 조직하여 싸움터에 나가는데, 죽어서 돌아오는 사람을 영웅으로 대접하고, 패하여 돌아오는 사람은 멸시했다. 그래서 선비는 가장 용감한 군인이었다. 선비는 가문과 신분을 가리지 않고 뽑았으므로 미천한 신분에서 많은 선비가 배출되었다.

이상과 같은 신채호의 설명은 상당한 근거를 갖고 있다. 축제 때 얼음을 깨고 물속에 들어가 물싸움을 했다는 것은 《삼국사기》 개소문전에서 연개소문이 "스스로 말하기를, 얼음 속에서 태어났다고 하면서 여러 사람을 현혹시켰다"고 한 것과 맥이 통한다. 사람이 얼음 속에서 태어난다는 것은 있을 수 없는 이야기지만, 만약 선비를 뽑을 때 어린이를 찬물 속에 집어넣었다가 살아남는 자를 골랐다는 것을 인정한다면, 얼음 속에서 태어났다는 말도 전적으로 거짓말이라고 보기는 어렵다. 혹시 연씨(淵氏)라는 성(姓)도 연못 속에서 태어났다는 데서 유래했는지도 모른다. 연개소문은 귀족 출신이 아니었기에 본래 성씨가 없었던 것으로 보인다. 어쨌든 연개소문이 그의 아들 남생을 선비로 만든 것은 자신이 선비 출신이었기에 더욱 적극적이었을지도 모른다.

신채호는 《해상잡록》(海上雜錄)이라는 책을 인용하여 명림답부(明臨答夫)와 연개소문이 조의선인(皀衣先人) 출신이었다고 한다. 여기서 《해상잡록》은 지금 남아 있지 않아 어떤 책인지 알 수 없다. 하지만 이 책이 설사 위서(僞書)라 하더라도 그 기록을 전적으로 부정할 필요는 없을 것이다. 어쨌든 고구려가 수(隋), 당(唐)과 싸워 대승을 거둘 수 있었던 것은 이들 선비 무사들의 공이 매우 컸던 것은 사실이다.

앞에서 신채호가 '신수두 축제'에서 선비를 뽑았다는 말은, 제천행사인 10월의 '동맹'(東盟)에서 선비를 뽑았다는 것을 말한다. 그런데 이때 귀신(鬼神), 사직(社稷), 영성(靈星) 등 천지신명(天地神明)에게 제사를 올리면서 전 국민들이 모여 술을 마시고 춤과 노래를 즐겼다는 기록이 중국 측 역사책에 많이 보인다. 예를 들어 두우(杜祐)가 지은 《통전》(通典)의 기록을 소개하면 다음과 같다.

> 고구려 습속(習俗)은 음(淫)하지만 모두 정결(淨潔)하다. 나라 안의 읍락(邑落)에는 남녀들이 매일 밤 무리로 모여 노래를 부르면서 귀신, 사직, 영성에 제사하기를 좋아한다. 이러한 10월의 제천대회(祭天大會)를 '동맹'이라고 한다. 그 나라의 동쪽에 큰 굴[穴]이 있는데, 이를 '수신'(襚神)이라고 하고, 역시 10월에 맞이하여 제사한다.

한편, 《북사》(北史)에는 동맹제천 때, 시조 주몽(朱蒙)과 주몽의 어머니인 하백의 딸 유화(柳花)를 함께 제사했다고 한다. 《통전》에서 동쪽의 수신(襚神)에게도 함께 제사했다는 것은 바로 유화에 대한 제사로서, 유화가 동부여의 왕 금와(金蛙)의 왕비였기 때문에 동쪽을 향해서 제사한 것이다.

그런데 비단 고구려뿐 아니라, 고구려의 뿌리인 부여(夫餘)에서도 비슷한 행사가 있었다. 이른바 '영고'(迎鼓)가 그것이다. 우리말로

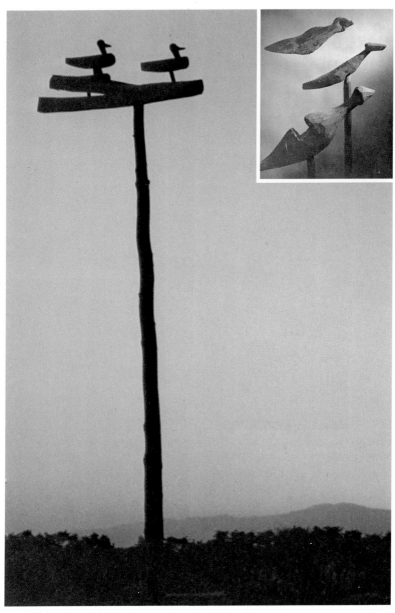

강릉 지방의 솟대와 일본 오사카 지역의 솟대(한국계 이주민이 세운 듯하다. 오른쪽 위)

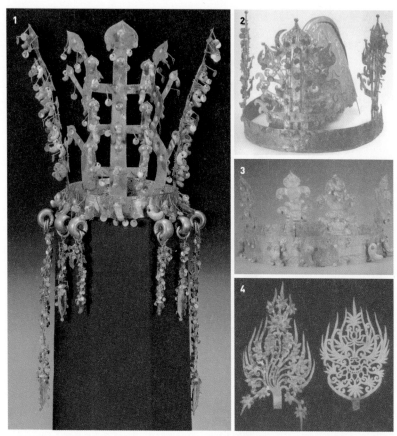

1 신라 금관. 출자형(出字形)의 모습은 높은 나무, 곡옥(曲玉)은 방울 또는 생명의 열매를 상징하고, 아래로 늘어뜨린 장식은 뿌리일 것이다. 이 관은 제천행사 때 쓰고, 죽어서 하늘로 돌아간다는 뜻에서 무덤 속에 부장한 것 같다. 2 백제 금동관 3 대가야 금동관 4 백제 무령왕과 왕비의 금제관장

'맞이굿'으로도 불리는 영고제천이 고구려의 '동맹'으로 이어진 것으로 보인다.

한편, 한반도 동부 지방의 동예(東濊)에서도 '무천'(舞天)으로 불리는 제천행사가 있었는데, 이것 역시 하늘을 즐겁게 하는 행사임은

그 말 자체에서도 알 수 있다. 예부터 강원도 강릉 지방에는 큰 나무 위에 새가 올라 앉은 모습의 솟대를 마을에 세워두는 풍속이 있는데, 이는 아마도 무천행사와 관련이 있는 듯하다. 큰 나무는 지상과 천상을 연결시켜주는 뜻이 있고, 그 위에 올라 앉은 새는 아마도 지상과 천상을 연결시켜주는 까마귀일 것이다.

또 한반도 남부의 삼한(三韓) 사회에서도 10월에 추수감사를 겸한 제천행사가 있어서 남녀노소가 춤추고 노래하면서 즐겼다는 기록이 있고, '소도'(蘇塗: 솟대)라는 신성한 구역이 있어 이곳에 큰 나무를 세워놓고 북을 달아 놓았는데, 죄인이 들어오더라도 처벌하지 않았다는 기록이 있다. 따라서 소도는 제사장이 제천하는 구역이었음을 짐작케 한다. 그 행사의 성격이 고구려와 거의 비슷했던 것을 알 수 있다.

소도에서 주목되는 것은 큰 나무를 세워놓고 북을 달아 놓았다는 대목이다. 여기서 큰 나무는 지상세계와 천상세계를 연결시켜주는 일종의 우주수(宇宙樹)라고 할 수 있다. 큰 산이 있는 곳에는 산이 또한 우주수의 기능을 대신하기도 하여 산 위에 제천소가 설치되는 경우가 많다.

신라나 가야의 임금이나 귀족들은 금관을 썼다는 것이 수많은 무덤 유물을 통해 확인된다. 그런데 금관의 모습이 출자형(出字形)으로 되어 있고, 곳곳에 옥(玉)으로 된 장식물이 걸려 있는 것이 특이하다. 이것은 무엇을 상징하는가? 그것은 우주수에 해당하는 나무일 것이다. 임금이나 부족장이 제사장으로 하늘에 제사할 때 이런 관을 썼을 것이다. 옥은 '임금의 돌'이라는 뜻으로, 옥 장식은 임금을 상징하는 동시에 그 곡옥(曲玉)의 모습은, 확실하지 않으나, 하늘의 소리를 내는 방울이거나 생명의 열매를 상징하는 것은 아닐까?

② 고분벽화와 선비문화

고구려의 선비문화는 만주와 북한 지역에 널려 있는 수많은 고분에 그려진 벽화를 통해서도 엿볼 수 있다. 고분벽화는 무덤 주인의 현세와 내세의 생활상을 그대로 표현하고 있다는 점에서 고구려인의 우주관이나 사생관을 엿볼 수 있는 귀중한 자료가 된다.

고분 벽화의 내용을 살펴보면, 고분에 따라 다소 차이가 있지만, 대체로 해와 달, 별에 대한 그림, 큰 나무 그림, 사신(四神) 그림, 씨름, 태껸 또는 수박희(手搏戱)를 하는 그림, 곰과 호랑이, 세발 까마귀, 개 등 짐승 그림, 말 타고 활 쏘면서 사냥하는 그림, 말을 탄 군인이 창을 들고 무예를 겨루는 그림, 악기를 연주하는 그림, 오락놀이 그림, 남녀가 집단적으로 춤추는 그림, 남녀가 팔에 날개를 달고 하늘로 올라가는 그림, 연꽃과 불꽃 무늬 그림 등이 등장한다.

그런데 위 그림들은 단군신화에 보이는 장면을 담고 있기도 하고, 동맹제천 의식의 요소를 담고 있기도 하다. 예를 들면, 큰 나무는 태백산 신단수(神檀樹)를 떠올리게 하고, 소도(蘇塗)의 모습을 연상시키기도 한다. 물론, 신단수가 아니라도 큰 나무는 땅과 하늘을 연결시켜주는 매개체로 보아 신성시되었다. 큰 나무 아래 곰과 호랑이가 웅크리고 앉은 벽화는 단군신화의 소재와 똑같다. 세발 까마귀는 태양 속에서도 살고 지상에서도 사는 새라는 것은 앞에서 설명한 바 있다. 다리가 세 개인 것은 천지인(天地人)을 아우르는 새이기 때문에 그렇게 표현한 것이다. 사람이 죽으면 까마귀가 운다는 민속은 여기서 유래하였다.

해, 달, 별의 그림은 음양오행사상의 표현인 동시에 동맹제천에서 태양, 영성(靈星) 등에 제사한 것을 연상시킨다. 악기 연주, 오락놀

1 고구려 고분벽화의 수박희 **2** 무용총의 춤추는 그림 **3** 씨름하는 모습

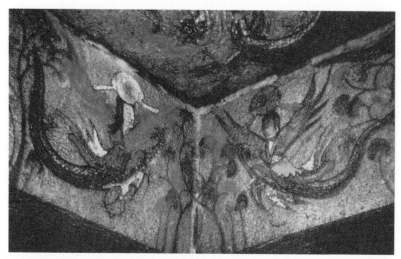

길림성 지안시 오회분 4호묘의 일월신선도

이, 사냥하기, 씨름, 태껸, 수박희, 그리고 남녀가 군무(群舞)를 추는 것도 동맹제천 행사에서 선비를 뽑을 때 실행했던 무예와 놀이를 연상시킨다. 갑옷을 입고, 활이나 창을 들고, 말타고 있는 무사는 선인(先人) 즉 선비들의 무예를 표현한 것인 듯하다.

남녀가 팔에 날개를 달고 하늘로 올라가는 모습은 죽음을 '하늘로 돌아간다'고 생각하는 사생관(死生觀)을 그대로 보여준다. 날개가 없이 신선(神仙)이 되어 하늘로 올라가는 벽화도 많다.

사신도(四神圖)는 무덤의 주인이 동서남북에서 청룡(靑龍)·백호(白虎)·주작(朱雀)·현무(玄武) 등 네 종류 신수[四神獸]의 보호를 받고 있다는 것을 말해주는 동시에 오행사상과도 관련이 있다.[22] 여성

---

22 전호태, 2000, 《고구려 고분벽화연구》, 사계절 참고.

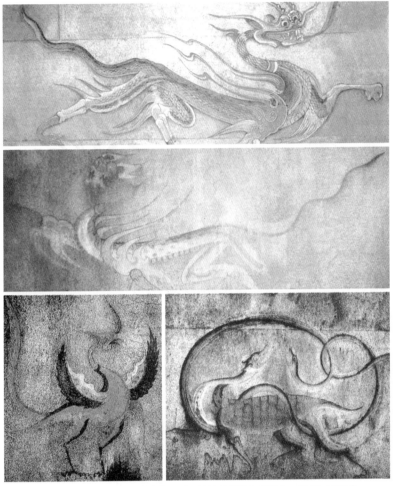

강서대묘의 고구려 고분벽화에 보이는 사신도(좌청룡·우백호·남주작·북현무)

들이 입은 색동 치마도 오행사상과 관련이 있을 것이다. 연꽃 무늬
는 불교와 선비사상이 융합된 모습을 보여준다.

　고구려 고분벽화의 그림들은 중국의 요서 지방과 산동반도 지역

(二諦合明中道論)을 펴고, 본체론으로는 '이제중도위체론'(二諦中道爲體論)을 폈다. 이는 진리에 이르는 길을 변증법적으로 설명한 것으로, 유무(有無)를 가지고 세상을 바라보는 초보적인 이원론(二元論)에서 출발하여, 진리는 '유'도 아니고 '무'도 아니라는 '비이'(非二)로 나아가고, 마지막에는 '비이'를 인정하면서 다시 이를 부정하는 '비불이'(非不二)의 단계로 나아가야 비로소 진정한 진리가 인식된다는 이론이다. 이를 달리 표현하면, 둘도 아니고, 둘이 아닌 것도 아닌 것이 진리다.

삼론학의 핵심은 사물을 대립으로 보지 않으면서 동시에 사물의 차이를 인정하는 이원적 일원론(二元的 一元論)에 특징이 있다. 이는 철학적으로 해석하면 포용적 조화사상이며, 정치적으로 보면, 사회통합에 크게 기여할 수 있는 철학이다. 고구려 불교가 국가적으로 수용되고 보호를 받은 이유는 바로 불교 이론이 사회통합에 기여할 수 있는 호국적 기능을 지니고 있다는 점 때문이었다.

그런데 삼론학의 포용적 조화사상은 고조선 이래의 '홍익인간'과도 융합할 수 있는 이론이기도 했다. 물론, '홍익인간'은 실질적으로 모든 인간을 이롭게 한다는 뜻이지만, 포용적 조화사상은 정신적으로 만민을 통합하는 의미가 있기 때문이다. 이 경우 포용 철학은 현실적으로 불평등한 계급사회를 정신적으로 통합시키는 기능을 갖기 때문에 지배층에게 유리한 이데올로기이다. 그러나 피지배층도 현세의 고통을 잊을 수 있는 종교적 해탈을 가질 수 있었다.

여기서 한 가지 주목되는 것은 승랑(僧朗)이라는 이름이다. 승랑이 고유한 이름인지, 아니면 승려선랑(僧侶仙郎)을 줄인 말인지는 확실하지 않다. 하지만 승려와 선랑을 합친 듯한 느낌을 주는 것은 사실이다. 그렇다면 그는 선비 출신의 승려가 아닌가 추측해 볼 수도 있다. 그는 비단 고구려뿐 아니라 중국에 건너가 중국 삼론학의 비조가 된 인물로도 알려져 있다.

④ 을지문덕과 유학

고구려의 애국무장으로서 6세기 중반 영양왕 때 인물인 을지문덕(乙支文德)만큼 명성이 높은 인물도 드물 것이다. 《삼국사기》 을지문덕전을 보면, 그는 세계(世系)가 분명치 않은 인물인데, 지략이 뛰어나고 글을 잘한다고 했다. 그가 귀족 출신이 아닌 것은 분명하고, 혹시 귀화한 외국인일 가능성도 없지 않다.[23] 하지만 유학을 공부한 인물이라는 것은 분명하다. 고구려는 이미 4세기 후반 소수림왕 때 수도에 유학 교육기관인 태학(太學)을 설립하여 자제들을 가르쳤고, 지방에도 경당(扃堂)이라는 학교를 세워 문무(文武)를 함께 가르쳤다고 한다. 따라서 6세기 후반의 을지문덕도 어디선가 유학과 무예를 함께 배웠을 가능성이 크다.

을지문덕은 살수에서 수나라 침략군을 물리친 것으로 유명하지만, 그에 못지않게 수나라 장수 우중문(于仲文)에게 보낸 다음의 오언시(五言詩)가 걸작으로 꼽힌다.

신책구천문(神策究天文) 귀신 같은 책략이 천문을 꿰뚫었고
묘산궁지리(妙算窮地理) 절묘한 계산이 지리를 통달했구나

---

23 김원룡 교수는 을지문덕이 선비족으로, 귀화한 인물일지도 모른다는 견해를 제시한 바 있다. 이는 '을지'라는 성이 선비족의 성씨라는 점에 근거하고 있다. 하지만 고구려는 원래 거란족, 말갈족, 선비족 등 많은 종족을 포용하고 있던 나라였을 뿐 아니라 선비족은 고조선 주민의 일부이므로, 구태여 종족의 뿌리를 캐는 것은 큰 의미가 없다.

전승공기고(戰勝功旣高) 싸움에 이겨 높은 공을 세웠으니

지족원운지(知足願云止) 만족함을 알거든 물러가는 것이 어떨지

　을지문덕의 시는 상당한 유학적 지식이 없이는 쓸 수 없는 명문장
으로서 그가 문무를 겸비한 인물임을 말해준다. '문덕'이라는 이름
은 그가 기본적으로 문인(文人)임을 보여준다. 여기서 문무를 함께
가르친 고구려 유학의 특성을 이해할 수 있는데, 이는 선비문화와 유
학이 융합된 결과로 볼 수 있을 것이다. 을지문덕이 관리로 발탁된
이유는 알 수 없으나, 선인(先人) 즉 선비 출신일 가능성이 크다.

3

신라의 선비문화

① 화랑, 선랑, 향도

고구려의 선비 무사와 비슷한 청소년 집단이 신라에도 있었다. 그
것이 '선랑'(仙郎) 또는 '화랑'(花郎)이다. 화랑에 관한 기록은 《삼국
사기》에 비교적 자세하게 기록되어 있다. 이를 따르면 신라에는 원래
여성으로 구성된 '원화'(源花)라는 공동체가 있었는데, 진흥왕 37년
(576)에 이를 바꾸어 미모의 남자로 구성된 '화랑'(花郎)을 선발했다고
한다.[24]

'원화'를 뽑게 된 이유는, 우수한 인재를 선발하기 위함이었다. 즉
원화를 따르는 사람들을 무리로 모아 서로 놀면서 오락(무예)도 하게
하여, 그 행의(行義)를 관찰한 다음, 인재를 뽑아 국가에 천거했다는
것이다. 여기서 무리로 모여 놀게 했다는 것은 단순한 놀이가 아니
라 종교적 행사와 무사적 행사가 합쳐진 것으로 보인다.

원화는 처음에 남모(南毛)와 준정(俊貞) 등 두 명을 뽑았고, 그들을

---

24 《三國史記》 권4 新羅本紀 眞興王條.

따르는 무리가 300여 명에 이르렀으나, 두 사람 사이에 갈등이 생겨 원화를 폐지하게 되었다는 것이다.[25]

신라의 '선랑' 또는 '화랑'의 등장은 고구려에 비해서는 시대가 뒤늦은 것을 알 수 있다. 아마 고구려의 영향을 받았을 가능성이 크다. 신라가 적극적인 영토 확장을 추구하던 진흥왕 대에 종교적이고 애국적인 청소년 전사집단을 구성한 것으로 볼 수 있다. 김유신(金庾信)이 15세에 화랑이 되었고,[26] 사다함(斯多含)도 15세 무렵에 화랑이 되어 1천 명의 낭도를 거느렸다고 한다.[27] 관창(官昌)도 16세 이전에 화랑이 되었다. 고구려에서 10세 전후의 나이 어린 소년이 선비로 뽑힌 것과 매우 유사함을 볼 수 있다. 그리고 이들 어린 화랑들이 전쟁터에서 무서운 투지를 발휘하여 전쟁을 승리로 이끌었다는 기록은 《삼국사기》 열전을 통해서도 알 수 있다.

'화랑'(花郎)이라는 말은 미모의 남자를 택해서 몸을 장식하여 여성처럼 보이게 했기 때문에 '꽃처럼 생긴 사내'라는 뜻으로 불렀을 것이다. 요샛말로 하자면 '꽃미남'이라는 뜻이다. 고려시대 이인로(李仁老)가 편찬한 《파한집》(破閑集)을 보면, "아름다운 남자를 뽑아 비취옥(翡翠玉)으로 장식하고 화랑이라 하여 국인(國人)들이 모두 그를 받들었다"고 했는데, 이로써 화랑은 보석으로 몸을 장식했음을 알 수 있다.

화랑들에게는 낭도(郎徒)들이 구름처럼 모여들어 서로 도의(道義)를 연마하고, 서로 가락(歌樂)을 즐기고, 산수(山水)를 유람했는데,

---

25 《三國史記》 권4 新羅本紀 眞興王條.
26 《三國史記》 권41 列傳 金庾信傳.
27 《三國史記》 권44 列傳 斯多含伝.

이렇게 공동체 생활을 하는 가운데 착하고 유능한 자를 가려내어 국가의 인재로 천거했다는 것이다.[28] 《삼국사기》의 저자 김부식은 전통적인 무교(巫敎)를 싫어했기 때문에 화랑들의 행동이 그저 산수를 유람하고, 가무(歌舞)를 즐기는 놀이패인 것처럼 썼지만, 사실 화랑들의 이러한 행동은 무교적인 신앙생활이기도 했을 것이다. 따라서 화랑은 신앙공동체요, 놀이공동체요, 무사공동체였던 것이다.

그런데 화랑의 명칭은 하나가 아니었다. 선랑(仙郎), 국선(國仙), 풍월주(風月主), 풍류도(風流徒), 향도(香徒) 등 여러 호칭이 있는데, 대표적인 칭호는 선랑(仙郎)이었다. 그래서 화랑의 전기(傳記)를 《선사》(仙史)로 불렀을 것이다. 이런 명칭도 고구려의 선비 즉 선인(仙人) 또는 선인(先人)과 유사하다. 향도는 김유신(金庾信)이 거느린 용화향도(龍華香徒)에서 그 근거를 찾을 수 있다. 도솔천(兜率天) 왕생을 기원하는 미륵신앙에서 유래한 불교행사 즉 향(香)을 파묻는 매향의식(埋香儀式)을 행한 데서 붙여진 이름으로서 조선시대 말기까지 그 이름이 전해져 내려왔음은 뒤에 다시 설명할 것이다.

《삼국사기》 열전에 실린 화랑의 전기를 보면 대부분 신분이 진골 귀족 출신이다. 화랑으로 선발된 사람은 대략 200명이라 하는데,[29] 한 사람의 화랑을 따르는 낭도는 수백 명 또는 수천 명에 이르렀다. 화랑 가운데 사선(四仙)으로 불린 영랑(永郎), 술랑(述郎), 안상(安祥), 남석행(南石行)은 세력이 커서 각각 천여 명의 낭도를 거느렸다고 한다.[30] 이들은 특히 경치가 좋고 신선이 산다는 강원도 금강산 근처를

---

28 《三國遺事》 권1 新羅始祖 赫居世王.

29 《三國史記》 권47 列傳 金歆運傳.

30 崔滋, 《補閑集》 권상.

자주 유람했기 때문에 사선에 관련된 유적이 강원도 일대에 많이 남게 되었다. 영랑호(永郎湖)는 그 대표적 유적이다.

사다함도 1천 명의 낭도를 거느리고 있었음은 앞에서 설명한 바와 같다. 그런데 이들 낭도(郎徒)들은 신분적 제한이 없었던 것 같다. 그러니까 화랑제도는 세습귀족과 평민을 엮어주는 초계급적 공동체였음을 알 수 있다.

② 화랑도와 유교 및 불교의 융합

신라에는 화랑의 전기(傳記)를 적은 책이 김대문(金大問)에 의해서 편찬되었는데, 그것이 《화랑세기》(花郎世紀)다. 일명 《선사》(仙史)로도 불리는 이 책에서, 김대문은 "현명한 재상과 충신이 여기에서 나왔고, 좋은 장수와 용감한 병졸이 여기에서 나왔다"고 썼다. 《화랑세기》는 그동안 전혀 전해지지 않다가 10여 년 전에 갑자기 발견되었다고 알려졌으나, 그 진위를 둘러싸고 논란이 일어나고 있다.

화랑의 전기를 쓴 김대문은 8세기 초 성덕왕(聖德王) 때 진골 출신의 귀족으로서 한산주도독(漢山州都督)을 지낸 관료이기도 했다. 그는 《화랑세기》 말고도 고승의 전기를 모은 《고승전》(高僧傳), 음악에 관한 저술인 《악본》(樂本), 그리고 한산주(漢山州)의 역사를 적은 《한산기》(漢山記) 등을 썼다. 지금 전하지는 않고 있지만, 그의 해박한 지식과 문장력으로 보아 유학을 공부한 인물임을 짐작케 한다. 그런데 그가 화랑의 전기를 쓰고, 고승의 열전까지 편찬한 것을 보면, 유불선(儒佛仙)을 모두 아우르는 지식인이었음을 알 수 있다. 그리고 김대문의 학문을 통해서 전통적인 선비문화가 유교 및 불교와 융합된 사실을 짐작할 수 있다.

화랑의 정신적 성격에 대해서는 신라 말기 최치원(崔致遠)이 지은 〈난랑비서〉(鸞郎碑序)에 잘 나타나 있다. 최치원의 설명을 소개하면 다음과 같다.

최치원 초상(태인 무성서원에 소장된 초상화를 채용신이 다시 그린 것)

> 나라에 현묘한 도(道)가 있는데 풍류(風流)라고 한다. 가르침의 기원은 《선사》(仙史)에 자세히 갖추어져 있는데, 삼교(三敎; 儒佛道)를 포함하여 모든 생명[群生]을 접화(接化)시킨다. 또 집으로 들어가면 부모에 효도하고, 밖으로
나가면 나라에 충성하는데 노사구(魯司寇; 공자)의 뜻이다. 무위(無爲)의 일을 따르고 불언(不言)의 가르침을 행하는 것은 주주사(周柱史; 노자)의 가르침이다. 여러 악(惡)한 일을 하지 않고, 여러 착한 일을 봉행하는 것은 축건대자(竺乾大子; 석가모니)의 가르침이다.

> 國有玄妙之道 曰風流 設敎之源 備詳仙史 實乃包含三敎 接化群生 且如入則孝於家 出則忠於國 魯司寇之旨也 處無爲之事 行不言之敎 周柱史之宗也 諸惡莫作 諸善奉行 竺乾大子之化也

여기서 최치원은 화랑정신을 '나라의 현묘한 도(道)'라고 말하고, 그 호칭은 '풍류'(風流)라고 설명한다. '풍류'라는 호칭은 '풍월'(風月)과도 비슷하다. 이는 '산수를 즐긴다'는 뜻이다. 하지만 화랑이 단순히 풍류를 즐기는 놀이패가 아니므로, 혹시 단군의 아들 부루

(夫婁)의 이름을 따서 부른 것으로도 볼 수 있다. '풍류'와 '부루'는 발음이 비슷하다. 단군의 가르침은 곧 부루의 가르침이기도 하므로 당시 사람들이 '부루'로 불렀을지도 모른다.

최치원은 '풍류'의 정신이 유교(儒敎), 불교(佛敎), 도가(道家) 등 삼교(三敎)의 가르침을 모두 포함하고 있다고 보았다. 즉 부모에 대한 효(孝)와 나라에 대한 충(忠)은 유교의 가르침과 통하고, 무위(無爲)와 불언(不言)으로 행하는 것은 도가 즉 노자(老子)의 가르침과 같고, 악(惡)을 물리치고 선(善)을 행하는 것은 불교의 가르침과 같다는 것이다.

그는 당나라에서 과거에 급제하여 벼슬까지 한 유학자였지만, 신라에 돌아와서는 '유불선'을 모두 이해하고 절충한 학자였다. 그리고 신선(神仙)이 되어 죽은 것으로 알려지고 있다. 그래서 후세인들은 최치원을 유학자로 보기도 하고, 불교도로 보기도 하며, 선가(仙家)로 보기도 한다. 따라서 그는 화랑도(풍류도)가 바로 자신의 사상과 일치함을 보았던 것이다.

최치원이 풍류도를 가리켜 '나라의 현묘한 도'라고 말한 것은 이것이 외래사상이 아니라는 것을 암시하는 것이다. 그는 고조선의 '홍익인간'에 대해서는 직접 언급하지 않았지만, 암암리에 그 정신이 계승되어 삼교 융합이 이루어진 것으로 보았던 것이다. 다시 말해 '홍익인간'에는 앞에서 설명한 것처럼 제천(祭天)을 통한 충효(忠孝), 선악(善惡)의 판단, 무위자연(無爲自然)의 정신이 모두 들어 있기 때문이다.

홍익인간에는 또 '재세이화'(在世理化)의 이념이 들어 있다. 이는 곧 인간세상을 힘으로 다스리는 것이 아니라 이치(理致)로 다스린다는 뜻인데, 이는 노자(老子)의 '무위자연'의 이치와 유사하다. 또 고려 말기 이승휴(李承休)의 《제왕운기》(帝王韻紀)에서는 환웅(桓雄)의 가르침을 '무나변화'(無奈變化)라고 했던 것을 기억할 필요가 있다. '무나변화'는 곧 '무위자연'과 비슷한 뜻이다.

물론, 화랑정신은 김유신의 경우처럼 불교의 미륵신앙과 연결되어 용화향도로 불린 경우도 있고, 또 전통적인 제천행사인 팔관회(八關會)가 불교와 연계된 점도 부인할 수 없다. 하지만 그 정신적 바탕은 이미 선악에 대한 판단과 악에 대한 형벌을 강조한 홍익인간 이념에 들어 있음을 유념할 필요가 있다.

결론적으로 말하면, 신라의 화랑정신은 불교, 유교, 도교의 영향을 받아서 이루어진 것이 아니라, 전통적인 '홍익인간'의 정신에 담겨진 사상을 그대로 계승하여 유교, 불교, 도가와 융합된 것으로 보아야 할 것이다. 아마 최치원이 삼교가 모두 포함되어 있다고 말한 것도 그런 뜻일 것이다.

신라의 화랑도 정신이 유불선을 합한 것과 같다는 것은 600년에 원광법사(圓光法師)가 낭도 귀산(貴山)과 추항(箒項)에게 준 '세속오계'(世俗五戒)에서도 확인된다. 오계는, 잘 알려진 바와 같이, ①사군이충(事君以忠), ②사친이효(事親以孝), ③교우이신(交友以信), ④임전무퇴(臨戰無退), ⑤살생유택(殺生有擇)이다. 그런데 이것은 종전에 내려오던 실천 덕목과 크게 다른 것은 아니다. 약간 다른 점이 있다면 나라에 대한 충성이 임금에 대한 충성으로 바뀌고, 믿음으로 친구를 사귀라는 '교우이신'이 추가된 정도이다. 나머지는 이미 고조선과 고구려의 선비들이 지켜오던 계율과 다르지 않다.

③ 의상과 원효의 공동체 철학

화랑과 불교의 융합은 신라를 대표하는 고승인 의상대사(義湘大師; 625~702)[31]나 원효대사(元曉大師; 617~686)[32]의 행적에서도 감지된다. 의상대사가 화엄종(華嚴宗)을 퍼뜨린 종장임은 앞에서 설명한 바 있는데, 그는 문무왕이 삼국을 통일한 뒤 경주에 새로운 도성(都城)을 쌓으려 하자, 이를 만류하면서 다음과 같이 말했다.

의상

비록 임금이 초야(草野; 들판)와 모옥(茅屋; 초가)에서 살더라도 정도(正道)를 행하면 나라의 복업(福業)이 오래갑니다. 그렇지 않으면, 아무리 백성을 수고롭게 하여 성곽(城郭)을 쌓더라도 아무런 도움이 되지 않을 것입니다.[33]

문무왕은 의상대사의 충고를 듣고 드디어 성곽 공사를 중단했다. 말하자면 의상의 충고는 성곽을 쌓는다고 나라의 운명이 오래 가는 것이 아니라, 임금이 들판이나 초가집에서 살더라도 '민심(民心)의 성(城)'을 높이 쌓으면 나라의 운명이 오래 간다는 점을 지적한 것이다. 이런 고사는 의상대사가 단순히 화엄철학만으로 사회를 통합시키려 한 것이 아니라, 백성을 위한 정치 곧

---

31 정병삼, 1998, 《의상화엄사상연구》, 서울대 출판부 참고.

32 남동신, 1999, 《원효》, 새누리 참고.

33 《三國史記》 권7 新羅本紀 文武王 二十一年條.

홍익인간(弘益人間)의 정신을 통해서 진정한 국민공동체를 이룩하려고 했던 고승임을 알 수 있다. 하지만 화엄사상 자체도 사물을 대립으로 보지 않고 통합과 상생의 시각에서 바라보는 철학을 담고 있음은 두말할 필요가 없다.

원효대사(元曉大師)는 비슷한 시기의 고승, 의상대사와 달리 직접 중생 속에 뛰어들어 중생과 호흡을 같이하면서 사회통합의 공동체를 이룩하려고 노력했던 승려였다. 그는 《금강삼매경소》(金剛三昧經疏), 《대승기신론소》(大乘起信論疏), 《십문화쟁론》(十門和諍論) 등 많은 불교경전을 저술한 학승으로도 유명하지만, 그보다는 요석공주(瑤石公主)와 결혼한 뒤에 파계승이 되어 남루한

원효

옷을 입고 광대처럼 거리를 돌아다니며 〈무애가〉라는 노래를 부르고 춤추면서 포교하여 중생을 끌어안은 기이한 행적으로 더욱 유명하다.

또 의상과 더불어 당나라에 유학하러 떠났다가 당항포에서 밤에 맛있게 마신 물이 해골 속에 담긴 물임을 나중에 알고 진리는 멀리 있는 것이 아니라 마음속에 있음을 깨닫고 되돌아왔다는 일화는 그의 사상이 자득(自得)에 있었음을 말해준다.

원효의 사상은 한 마디로 '화쟁'(和諍)과 '무애'(無碍)로 요약된다. '화쟁'은 여러 불경의 다양한 교리를 하나의 진리로 통합하려는 목

적을 지닌 것이고, '무애'는 철저한 자유인의 마음가짐과 삶을 강조한 것이다. 원효는 "모든 일에 걸림이 없는 사람은 단번에 삶과 죽음을 벗어난다"[一切無碍人 一道出生死]는 유명한 말을 남겼는데, 이는 마음을 비워 원융(圓融; 원만하고 융통성이 있음)하게 만들면 모든 것을 초탈할 수 있음을 나타낸 것이다.

원효의 사상은 한 마디로 현세에 존재하는 반목과 대립을 화해, 융화, 통일로 극복하여 평화로운 생명공동체를 만들려는 목적을 지니고 있었다고 할 수 있다. 원효가 이렇듯 대중적이면서도 차원 높은 불교를 퍼뜨리려고 한 것은 일찍이 화랑도의 일원으로 전쟁터에 나가 많은 죽음을 목도하고, 유불선(儒佛仙)이 합쳐진 선비정신을 터득하고 있었던 생활경험이 바탕이 된 것으로 보인다.

의상이나 원효나 공동체를 지향하고, 중생의 이상사회가 오기를 기원하는 불교 교리를 믿는 데는 차이가 없었지만, 원효는 좀더 몸을 낮추어 중생과 가까워지려는 노력을 보였다는 점에서 더 많은 중생의 추앙을 받았다.

《삼국유사》를 보면, 원효의 성은 설씨(薛氏)요, 어렸을 때 이름은 서당(誓幢), 뒤에는 신당(新幢)이었는데, 승려가 된 뒤에는 '소성거사'(小姓居士)로 불렸다고 한다. 여기서 '당'(幢)이라는 이름은 군대를 가리키는 것으로, 어렸을 때 낭도(郎徒)였음을 보여준다. 또 '거사'는 자신을 낮추면서 동시에 삼교(三敎)를 회통했다는 뜻을 담고 있다. 순수한 승려는 '거사'라고 하지 않는다. '원효'(元曉)라는 이름은 당시 사람들이 '처음으로 부처가 빛나는 날'이라는 뜻으로 붙여준 것이었다.

이렇듯 원효의 이름이 나이에 따라 달라진 것은 그가 화랑도로 출발하여 승려가 되었지만, 유불선을 융합한 대중적 승려였음을 말해준다. 또 그가 춤추고 노래하며 포교한 행동은 마치 화랑의 행동 양식을 그대로 지니고 있었음을 보여준다고도 해석된다.

④ 향가에 보이는 선비정신

화랑은 승려와 더불어 신라의 고유 문학인 향가(鄕歌)의 작가로도 활약했다. 그런데 승려 가운데도 화랑 출신이 적지 않았음을 기억할 필요가 있다. 예를 들면, 8세기 중엽 경덕왕 때 〈도솔가〉(兜率歌)와 〈안민가〉(安民歌)를 지은 월명사(月明師)도 화랑이었다. 따라서 향가를 통해 신라의 선비정신을 검토하는 것도 한 방법이 될 것이다.

향가에 담긴 선비정신은 한 마디로, 나라와 부모에 대한 충효(忠孝)와 친구에 대한 신의(信義), 그리고 백성에 대한 사랑으로 요약할 수 있을 것이다. 다음에 구체적으로 향가 몇 수를 골라 소개하기로 한다. 먼저, 월명사의 〈도솔가〉의 내용은 다음과 같다.

> 오늘 이에 산화(散花)의 노래를 불러 뿌리온 꽃이여
>
> 너는 곧은 마음의 명령을 심부름하옵기에
>
> 미륵(彌勒) 좌주를 모셔라

이 노래는 두 개의 태양이 나타나 왕권에 도전하는 혼란을 막기 위해 꽃을 뿌려 부처님께 공양하고, 부처가 명한 곧은 마음을 가지고 미래부처인 미륵을 모시고 평화를 누리자는 뜻을 담고 있다. 말하자면 나라에 대한 충성심과 평화를 그리워하는 마음을 담은 노래이다.

〈안민가〉는 다음과 같다.

임금[君]은 아비요

신하[臣]는 사랑하시는 어미요

백성[民]은 어리석은 아이라고

하실진댄 백성이 사랑을 알리라

대중을 살리기에 익숙해져 있고

이를 먹여 다스릴지라

이 땅을 버리고 어디로 가겠는가?

할진댄 나라 보전할 것을 알리오

아아, 임금답게, 신하답게, 백성답게

한다면 나라가 태평을 지속하리

이 〈안민가〉는 월명사가 삼국통일의 뒤인 경덕왕 24년(765)에 지은 것으로, 임금과 신하가 아버지와 어머니가 되어 백성을 자식처럼 사랑하고 먹여 살려야 나라가 태평해짐을 강조한 노래이다.

이 밖에 7세기 말 효소왕 때 낭도 득오(得烏)가 화랑 죽지랑(竹旨郎)을 사모하여 지었다는 〈모죽지랑가〉(慕竹旨郎歌)나, 경덕왕 때 충담사(忠談師)가 화랑 기파랑(耆婆郎)을 찬미하여 지었다는 〈찬기파랑가〉(讚耆婆郎歌)는, 바로 화랑을 찬미한 향가들이다. 이는 낭도와 화랑이 신의(信義)로써 맺어진 공동체라는 것을 보여주는 문학작품이라고 할 수 있다.

〈모죽지랑가〉를 현대어로 풀어 소개하면 다음과 같다.[34]

---

34 〈모죽지랑가〉의 해석은 양주동, 김완진, 조동일 등의 여러 학자들이 조금씩 다르다. 여기서는 김완진의 견해를 따랐다.

지나간 봄 돌아오지 못하니

살아 계시지 않아 우울한 이 시름

두덩을 밝힌 모습이

해가 갈수록 헐어가네

눈돌림이 없이 그를

만나보기 어찌 이루리

낭(郎)을 그리는 마음 좇아가려면

쑥대풀 우거진 구렁에 자야 할 때도 있으리

〈찬기파랑가〉는 달과 문답하는 형식으로 되어 있는데, 현대어로 소개하면 다음과 같다.[35]

흐느끼며 바라보매

이슬밝힌 달이

흰구름 따라 떠간 언저리에

모래 가른 물가에

기랑의 모습 같은 수풀이여

일오내 자갈벌에서

낭(郎)이 지니시던

마음의 갓(끝)을 좇고 있노라

아아, 잣나무 가지가 높아

눈이라도 덮지 못할 고깔이여

---

35 〈찬기파랑가〉의 해석은 김완진의 견해를 따랐다.

요컨대, 향가들에 담긴 사상은 순수한 불교도 아니고, 유교도 아니며, 무교도 아니면서 유불무를 모두 융합한 정서를 담고 있다고 볼 수 있으며, 화랑의 정신 바로 그것이라고 할 수 있다.

⑤ 팔관회와 화랑

신라에도 부여, 고구려, 동예, 삼한과 비슷한 제천(祭天)이 있었던가?《삼국사기》에는 신라에 제천이 없었다고 기록되어 있다. 제천은 천자(天子)만이 거행할 수 있는 것인데, 신라는 제후의 명분을 지켜 제천을 하지 않았다는 것이다. 하지만 이는 사대외교를 존중한 김부식의 관점에서 쓴 것으로, 사실과 다르다.

중국 측 기록을 보면 그렇지 않다.《수서》(隋書)를 보면, 매년 정월 초하루에 일신(日神)과 월신(月神)에게 절을 하고, 8월 15일에는 풍악(風樂)을 베풀고 관인들로 하여금 활쏘기를 하도록 한 다음 말과 포목으로 상을 주었다고 한다. 또《삼국사기》를 보면, 8월 15일에 마을마다 여성들의 길쌈에 성적을 매기는데, 진 쪽에서 주연을 베풀고 서로 어울려 춤과 노래를 했다고 한다. 여기서 8월 15일 행사가 바로 '한가위'[嘉俳] 즉 '추석'(秋夕)이다.

이 밖에《삼국사기》신라본기를 보면, 임금이 태백산(太白山)에 가서 제사를 했다는 기록이 보인다. 예를 들면, 일성왕(逸聖王)은 138년 10월에 북변의 태백산에 가서 제사를 지냈으며, 기림왕(基臨王)도 300년 3월에 우두주(牛頭州)의 태백산에서 망제(望祭)를 지냈다고 한다. 위 자료들을 종합해보면, 신라시대에도 전통적인 제천행사가 있었던 것이 확실하다.

그런데 불교가 들어온 신라 중기 이후로는 팔관회(八關會)의 형식

을 띠고 국가적 제천행사를 거행했다. 진흥왕 12년(551)에 팔관법
(八關法)을 설치했다는 기록이 있고,[36] 진흥왕 33년(572) 10월에는 병
사들이 전사하면 팔관연회(八關宴會)를 절 밖에 베풀고 7일 동안 업
무를 파했다는 기록이 보인다.[37] 팔관행사는 승려가 주관했지만, 승
려 가운데 낭도승려(郎徒僧侶)가 참여했으므로[38] 실질적으로는 임금
과 화랑이 팔관회의 주체자였다.

팔관회에서는 전쟁에서 죽은 사람의 위령제를 지내기도 하고, 화
랑을 선발하는 행사를 치르기도 했다.[39] 또, 이 행사에는 사선악부
(四仙樂部)라 하여 사선(四仙)의 행적을 추모하는 음악을 연주하고,
용봉상마거선(龍鳳象馬車船)이 등장하기도 했다.[40] 용봉상마거선은
용과 봉황, 코끼리와 말을 형상화한 수레 모양의 배를 끌고 간 것을
말한다. 여기서 사선악부가 등장하는 것은 팔관회와 화랑도가 밀접
한 관계가 있음을 알 수 있다.

《삼국사기》의 찬자 김부식(金富軾)은 전통적인 종교행사를 호의
적으로 보지 않았던 까닭에 팔관회를 단순한 놀이인 것처럼 썼지만
사실은 고구려에서 선비를 뽑는 과정과 매우 비슷한 방법이 신라에
서도 이루어지고 있었던 것이다.

---

36 《三國史記》居柒夫傳.

37 《三國史記》新羅本紀 眞興王條.

38 이기동, 1984, 《신라골품제사회와 화랑도》, 일조각 참고.

39 신채호의 《조선상고문화사》 참고. 이능화도 《불교통사》에서 비슷한 주장을 폈다.

40 안지원, 2005, 《고려의 국가불교의례와 문화》, 서울대 출판부, 145쪽 참고.

4

백제의 선비문화

① 백제의 제천

백제는 부여족, 즉 고구려의 한 갈래가 남하하여 세운 나라로서, 일찍부터 시조 동명왕(東明王)을 제사하는 동명묘(東明廟)를 세워 제사했다는 기록이 《삼국사기》백제본기에 여러 번 보인다. 동명왕은 바로 천제(天帝)의 아들인 해모수(解慕漱)의 후예이므로 백제 군주는, 앞에서도 보았듯이 자연히 천손의 후예가 된다. 이는 단군신화에서 내려온 천손의식(天孫意識)의 계승을 의미한다.

백제는 국초부터 위례성 남쪽에 남단(南壇)이라는 사당을 세우고 해마다 정월 또는 10월에 하늘과 땅[天地]에 제사했다는 기록이 자주 보인다. 하늘과 땅에 대한 제사는 고구려의 동맹(東盟)과 비슷한 행사였을 것이다. 이것 역시 단군의 제천에서 시작하여 고구려의 동맹제천을 거쳐 백제에 이어진 것으로 볼 수 있다.

《후주서》(後周書)를 보면, 백제는 4계절의 중월(仲月)에 하늘과 오제(五帝)의 신에게 제사를 지냈다고 한다. 여기서 오제는 동서남북 중의 오방신(五方神)을 말하는 것으로, 백제에서도 고구려와 마찬가지로 음양오행사상이 발달해 있었음을 알 수 있다.

백제는 옛 마한(馬韓) 땅을 흡수한 나라이다. 그런데 마한에서는 원래 농사를 시작하는 5월과 농사를 마친 10월에 귀신에게 제사를 지내는데, 백성들이 모여들어 술 마시고, 노래하면서, 줄을 서서 땅을 구르며 장단을 맞추어 춤을 춘다. 또 천군(天君)으로 불리는 제사장을 서울과 지방에 두어 천신(天神)에게 제사지냈다고도 한다. 《삼국지》(三國志)를 보면, 마한에서는 소도(蘇塗; 솟대)로 불리는 별읍(別邑)이 있어서 제천행사를 벌였다. 이곳에서는 큰 나무를 세우고, 방울과 북을 매달아 놓고 귀신을 섬겼다. 재미있는 것은 죄인이 이곳으로 들어오더라도 처벌하지 않았다는 것이다. 그러니까 소도의 축제일에는 모든 국민들이 평등하게 모여 함께 축제공동체를 이루고 있었다는 것을 말해준다.

그런데 최치원(崔致遠)이 지은 〈지증대사비〉(智證大師碑)에는 "백제에 소도의식(蘇塗儀式)이 있는데, 마치 감천궁(甘泉宮)에서 금인(金人)에게 제사하는 것과 같았다"고 한다. 여기서 '금인'이란 부처를 말한다. 그러나 마한에 아직 불교가 들어왔다는 증거가 없으므로 아마도 금인은 토착귀신 즉 하느님을 인형으로 만들어 놓고 여기에 금칠을 한 것으로 보인다.

어쨌든 위 기록을 통해서 마한의 소도제천이 백제로 이어져 왔음을 알 수 있다. 신라나 고려의 팔관제천에서도 우상(偶像)을 만들어 놓고 제사했다는 기록이 나오는데, 이로 보아 제천행사에는 반드시 귀신을 '우상'으로 만들어 놓고 제사했음을 알 수 있다.

또 백제는 왕궁 서쪽에 사대(射臺)를 세우고, 백성들을 모아 활쏘기 훈련을 하기도 했다는 기록이 《삼국사기》에 많이 보인다. 아마 이런 군사훈련도 제천행사와 관련되어 시행되었을 것으로 보인다. 백제도 국가를 유지하고 영토를 넓히기 위해서는 고구려의 선비나 신라의 화랑과 비슷한 청소년 집단이 있었을 가능성이 크다. 그러나 《삼국사기》에는 이에 관한 기록이 없다. 아마 백제본기(百濟本紀)를 편찬한 김부식 일파가 백제를 무도(無道)한 국가로 보이기 위해 고의적으로 소홀하게 기록한 결과가 아닐까 짐작된다. 《삼국사기》에 나타나는 김부식의 삼국에 대한 평가는 신라가 가장 도덕적인 국가로 묘사되고, 그 다음 고구려가 조금 좋게 묘사되고, 백제는 가장 사악한 나라로 묘사되고 있다.

그러나 백제의 유민들이 세운 일본 고대국가에 무사도(武士道)가 있는 것을 보면, 백제에도 분명히 무사집단과 무사도가 있었을 것이다. 혹시 백제의 16관등 가운데 마지막에 해당하는 극우(克虞)가 혹시 '선비'에 해당하는 계층일지도 모른다.

참고로, 일본의 무사집단을 '사무라이'로 부르는데, 그 발음이 '싸움아비' 또는 '싸울아비'와 비슷하다는 설도 있으나 확실하지 않다. 사무라이는 '사부라우'[侍士]에서 왔다는 설도 있다. 그리고 백제에 '무절'(武節), 또는 '수사'(修士)라는 무사집단이 있었다는 주장도 있으나 확실한 근거를 찾기 어렵다.

따라서 지금으로서는 일본의 사무라이와 사무라이 정신에서 백제 무사집단의 성격을 어렴풋하게 추측할 수밖에 없는 것이 현실이다. 사무라이 정신은 주군(主君)을 위해 목숨을 바치고, 명예를 존중하여 그것을 해치는 자는 죽일 권리가 있으며, 주군을 해치는 일을 했을 때에는 스스로 할복(割腹)하거나 자신의 목을 치게 해야 하는 의무가 있다. 사무라이는 또한 종교적으로는 선불교(禪佛敎)나 일본 고유의 민족신앙인 신도(神道)를 믿는 경향이 크다. 그러나 유교적인 정서가 약한 것이 우리나라의 선비와 다른 점일 것이다.

일본 고대문학을 대표하는 것은 《만요슈》(萬葉集)에 수록된 노래들이다. 신라의 '향가'(鄕歌)와 비슷하다. 그런데 김사엽 박사의 연구를 보면, 그 작가의 반 정도가 한반도에서 건너간 이주민들이라는 것이다. 따라서 이를 통해 백제 무사집단의 문학을 어느 정도 짐작할 수 있을 뿐이다.

② 백제 불교와 선비정신

백제는 불교가 매우 융성했던 나라였다. 동진(東晉)의 인도 승려 마라난타(摩羅難陀)가 들어와 불교를 포교하여, 384년 즉 침류왕 원년에 공인되었다고 하는데, 사실은 이보다 앞서 불교를 받아들였다고 보아야 한다. 침류왕은 불교를 공인한 다음해 수도 한산(漢山)에 사찰을 세우고, 10인의 승려를 두었다고 하는데, 이렇게 1년 만에 사찰을 세우고 승려를 두는 것은 불가능한 일이기 때문이다.

백제 불교가 크게 융성한 것은 한성시대가 아니라, 부여로 천도한 이후의 일이었다. 특히 이 시기에는 백제의 승려들이 일본으로 건너가서 큰 활약을 보이기도 했다. 백제에서 불교를 크게 일으킨 승려는 6세기 초 성왕(聖王) 때 인도에 가서 계율(戒律)에 관한 불법을 가지고 돌아온 겸익(謙益)을 들 수 있다. 그의 힘으로 백제 불교는 승려의 자기 절제를 요구하는 엄격한 계율을 강조하는 계율종(戒律宗)이 중심을 이루었다.

백제 불교는 마라난타의 경우도 그렇고, 겸익도 그렇지만, 고구려를 통하지 않고 직접 인도와 교류하면서 발전시킨 것이 특징인데,

부여 궁남지

승려들에게 계율이 강조된 것과는 달리 일반 민중에게는 미륵신앙
(彌勒信仰)을 퍼뜨렸다. 특히 7세기 초의 법왕(法王)과 그 뒤를 이은
무왕(武王)은 전륜성왕(轉輪聖王)을 자처하면서 미륵신앙으로 나라
를 중흥시키려는 호불정책을 적극적으로 추진했다. 법왕은 즉위 초
에 살생(殺生)을 금하라는 명령을 내리고, 민가에서 기르던 사냥용
매를 거두어 날려 보내고, 물고기 잡이와 사냥에 쓰던 도구들을 거
두어 태워버렸으며, 재위 2년(600)에는 부여 백마강변에 왕흥사(王
興寺)라는 큰 사찰을 지었다. 법왕의 살생금지는 마치 화랑 세속오
계의 살생유택(殺生有擇)을 연상시킨다.

　그 다음 무왕은 42년 동안 장기집권하면서 호불정책을 더욱 강화

익산 미륵사 5층탑

했다. 앞서 법왕 2년(600)에 일단 준공되었다가 중단되었던 왕흥사를 재위 35년에 중건했으며, 이 해 왕궁 남쪽에 궁남지(宮南池)를 축조했는데, 연못 안에 신선이 산다는 방장선산(方丈仙山)을 모방한 섬을 만들기도 했다. 또 무왕은 익산(益山) 용화산(龍華山) 아래에 엄청나게 큰 미륵사(彌勒寺)를 창건하기도 했다.

여기서 무왕의 미륵신앙은 인도의 전륜성왕처럼 나라가 잘 다스려지면, 도솔천에 있는 미륵이 하강하여 인간으로 다시 태어나 부처가 된 뒤에 이상사회를 건설한다는 꿈을 담은 것이었다. 이상사회는 도둑이 없어 문을 잠그지 않고 살며, 늙고 병드는 데 대한 걱정이나, 수재 또는 화재로 말미암은 재앙도 없고, 전쟁과 가난도 없으며, 모든

미륵반가사유상

사람들이 서로 공경효애(恭敬孝愛)하며, 계급이 없는 사회가 된다.

신라의 진흥왕도 불교를 공인한 법흥왕(法興王)에 이어 전륜성왕을 자처하면서 미륵신앙을 전통적 무속과 융합시켜 화랑을 만들었는데, 김유신의 용화향도(龍華香徒)는 바로 미륵신앙과 연결된 화랑이었다. 백제의 법왕과 무왕은 바로 신라의 법흥왕이나 진흥왕과 비슷한 일을 했는데, 결과적으로 백제는 무왕 때 신라에 빼앗긴 영토를 많이 되찾고, 수나라와 외교관계를 두텁게 가지면서 국력을 크게 일으켰다.

무왕의 행적을 살펴볼 때, 그는 화랑과 비슷한 무사집단을 키웠을 가능성이 크고, 이를 영토확장에 투입한 것으로 추측된다. 신라의 화랑 귀산(貴山)과 추항(箒項)이 전사한 것이 바로 무왕 때였다.

백제 불교에 미륵신앙이 얼마나 큰 영향을 미쳤는가는 지금 부여 정림사(定林寺)에 미륵불이 서 있는 데서도 확인되며, 김제 금산사(金山寺)의 미륵전(彌勒殿)에서도 재확인된다. 이 밖에 지금 국립중앙박물관에 그 아름다운 자태를 뽐내고 있는 미륵반가사유상(彌勒半跏思惟像, 일명 金銅三山菩薩像)도 미륵신앙의 융성을 보여준다.

비록 통일신라 이후의 승려이지만, 금산사를 창건한 진표율사(眞

表律師)도 미륵신앙의 전도사였다. 《삼국유사》에 실린 그의 전기를 보면, 진표는 본래 수렵을 하던 집안에서 태어났는데 깊은 산속에서 그에게 불법을 깨우쳐준 것은 미륵보살(彌勒菩薩)과 지장보살(地藏菩薩)의 현신이었다고 한다. 두 보살의 도움으로 그는 108개의 첨(籤; 목간)을 받아 산에서 내려와 금산사(金山寺)를 창건했다고 전해진다. 금산사 미륵전은 이런 깊은 유래가 있는 것이다.

여기서 '미륵신앙'과 단군신화의 '홍익인간'을 연결시켜 보면 서로 통하는 면이 많다. '홍익인간'에서는 그 시혜의 주체가 삼신(三神)이지만, 미륵신앙에서는 그 주체가 미륵보살로 바뀐 것이다. 하지만 인간을 널리 이롭게 해주어 태평성대를 가져온다는 꿈과 이상은 서로 다르지 않다. 따라서 전통적인 홍익인간이 불교의 미륵신앙과 융합되는 것은 매우 자연스러운 일이 아닐 수 없다.

③ 백제 유교와 선비정신

백제는 불교와 더불어 유학(儒學)도 새로운 지도이념으로 수용했다. 그러나 《삼국사기》에는 백제의 유학을 알려주는 기록이 거의 없다. 다만, 근초고왕(近肖古王) 30년(375)조에 "고기(古記)에 말하기를, 백제는 개국 이래로 문자로 역사를 쓰지 않고 있다가 이에 이르러 박사 고흥(高興)을 얻어 비로소 《서기》(書記)를 편찬했다. 그러나 고흥은 다른 책에 보이지 않으므로 어떤 사람인지 알 수 없다"고 되어 있다.

위 기록을 그대로 믿으면, 백제는 근초고왕에 이르기까지 거의 문자생활을 하지 않은 것처럼 보인다. 그렇다면 유학도 물론 미미했다는 뜻이 된다. 그러나 백제는 이미 3세기 중엽의 고이왕(古爾王) 때 16관등제와 6좌평제도를 수립할 만큼 세련된 관료기구를 만들었고,

근초고왕 27년(372)부터 계속해서 중국의 진(晉)나라에 사신을 보내고 조공을 바친 사실로 볼 때 이미 한자 생활이 성숙한 단계에 가 있었음을 알 수 있다.

더욱이 백제와 일본의 관계를 보면, 근초고왕이 왜왕(倭王)에게 한자 명문(銘文)이 새겨진 칠지도(七支刀)를 하사하고, 아직기(阿直岐)와 왕인(王仁) 등 오경박사(五經博士)가 일본에 《논어》(論語)와 《천자문》(千字文) 등을 전해준 것도 이 무렵이다. 이런 점을 미루어 보면 백제의 유학은 이미 한성시대에 상당한 수준에 올라 있었음을 알 수 있다. 사실 불교의 수용도 유학을 바탕으로 한 한자 실력이 없다면 불가능한 일이다.

칠지도(일본 천리시
이소노가미 신궁 소장)

그렇다면 백제 유학의 성격은 어떠했는가? 이를 확인할 수 있는 마땅한 자료가 없다. 하지만 고흥의 《서기》를 참고하여 편찬된 것으로 보이는 일본의 《일본서기》(日本書紀)를 통해서 간접적으로 백제인의 한문학과 역사의식을 엿볼 수 있을 것이다. 8세기 초 백제계 일본인이 편찬한 것으로 알려진 《일본서기》는 신대기(神代紀)와 천황기(天皇紀)의 두 부분으로 구성되어 있다. 신대기는 온갖 귀신의 이야기를 적은 것인데, 그 귀신들은 대부분 한반도에서 건너간 이주민들로서 그들이 나라를 세워가는 과정을 신비롭게 기록한 것이다. 그런데 그 귀신들은 거의 대부분 천손(天孫)의 후예들이다. 마치 단군신화나 고주몽 건국신화를 보는 듯하다. 천황기는 앞서 신대기에서 말한 귀신들 가운데 천황(天皇)이 출현하여 이른바 만세일계(萬世一系)의 황통(皇統)을 이어가면서 야마토(大和) 국가를 발전시켜 가는 과정을 서술한 것이다.

물론, 천황기의 연대는 많은 문제점을 안고 있는 것으로 알려지고 있다. 즉 기원전 7세기에 천황이 출현한다는 것은, 기원후 3~4세기 경에 국가가 출현한다고 보는 고고학적 성과와는 맞지 않는다. 그래서 《일본서기》는 특히 기원 전후 시기의 기록에 대한 사료적 가치가 크게 의심받고 있다. 하지만 이 책에 반영된 역사의식은 나름대로 사상사적 가치가 있는 것이다.

결론적으로, 《일본서기》에 반영된 역사의식은 천손후예의 자부심이 담긴 것이고, 그래서 신화(神話)로 가득 찬 역사서술이 된 것이다. 또 '일본'이라는 호칭에도 '태양이 떠오르는 나라'라는 뜻이 담긴 것이니, 한국 고대인들이 지녔던 태양숭배와 동방숭배 관념이 그대로 이어지고 있다.

지금 고흥이 지었다는 《서기》가 남아 있지 않고, 이 책을 이용한 것으로 보이는 《삼국사기》 백제본기(百濟本紀)가 지나치게 사실을 간추려 놓았기 때문에 원래의 모습을 알기는 어렵다. 하지만 그 책의 성격이 다분히 《일본서기》와 비슷한 역사의식을 담았을 것으로 보아도 큰 잘못은 아닐 것이다. 다시 말해 《서기》는 단군조선에서 부여와 고구려를 거쳐 백제 건국으로 이어지는 과정을 여러 신화(神話)에 담아 기술했을 가능성이 높다. 이런 추측은 백제가 동명왕 묘에 대한 제사와 남단(南壇)에서 하늘과 땅에 제사를 지내는 데 열성적이었던 사실에서도 엿보인다.

또, 백제는 노장사상(老莊思想)과 신선사상(神仙思想)에 대한 이해도 높았다. 이는 4세기 중엽 막고해(莫古解) 장군이《도덕경》(道德經)을 인용하면서 백제왕의 고구려 진격을 반대한 사실에서도 보이고, 백제 말기의 귀족 사택지적(砂宅智積)이 불당을 세운 내력을 적은〈사택지적비〉에도 세련된 문장으로 노장사상을 담고 있는 것에서도 확인된다. 그리고 몇 년 전 부여 능산리에서 발견된 백제대향로(百濟大香爐)에는 신선이 산다는 봉래산이 정교하게 조각되어 있어 신선사상을 엿볼 수 있다.

이렇게 본다면, 백제의 지도이념은 전통 선비정신을 바탕으로 불교, 유교, 도가 등이 융합된 복합적 사상구조를 이루고 있으며, 그 바탕에는 평화로운 우주공동체와 홍익이념을 담으려는 정서가 스며 있다고 할 수 있을 것이다.

백제대향로(높이 64cm)

제6장
고려시대의 선비문화

1

〈훈요십조〉에 담긴 선비정신

고려 태조 왕건은 후세 임금들이 지켜야 할 규범 10가지를 만들었는데, 이를 〈훈요십조〉(訓要十條)라 한다. 〈훈요십조〉는 태조가 만든 것이 아니라 후대에 만들어졌다는 설도 있지만, 중요한 것은 만들어진 시기가 아니라, 그것이 내포하고 있는 정신이다. 여기에는 고려의 건국이념이 반영되어 있기 때문이다.

〈훈요십조〉에는 크게 불교와 사찰에 관한 정책, 풍수지리에 관한 정책, 왕위세습과 언론과 인사에 관한 원칙, 중국문화와 전통문화의 수용에 관한 원칙, 수취제도의 원칙, 유학에 관한 원칙들이 담겨 있다.

여기서 특히 강조되고 있는 것은, 국토의 자연환경에 맞는 문화를 세우라는 가르침이다. 그 구절을 인용해 본다.

우리나라는 예로부터 당풍(唐風)을 흠모하여 문물예약은 모두 중국의 제도를 따랐다. 그러나 방위가 다르고, 땅이 다르면, 인성(人性)이 또한 각각 다른 법이다. 그러므로 반드시 같을 필요가 없다.

惟我東方 舊慕唐風 文物禮樂 悉遵其制 殊方異土 人性各異 不必苟同

즉 우리나라는 중국과 방위와 토지와 인성이 다르므로 중국문화
를 모두 받아들일 필요가 없고, 우리나라의 풍속을 그대로 지키라는
것이다.

이 밖에 〈훈요십조〉에서는 우리나라 자연환경을 설명한 도선(道
詵)의 풍수사상(風水思想)을 따라 사찰을 세우고, 서경(西京; 평양)을
중요시하고, 우리나라의 천령(天靈), 오악(五嶽), 명산대천(名山大
川), 용신(龍神)을 제사하는 팔관회(八關會)를 열심히 계승하라는 것
을 당부하고 있다.

다음에 백성의 요역과 세금을 가볍게 해주고, 친척이나 친한 사람
을 등용하지 말고 능력있는 자를 관리로 쓰라는 것, 신하들의 간쟁
(諫諍)을 귀담아 듣고, 경사(經史)를 공부하여 옛날을 거울삼아 현재
를 경계할 것, 사나운 이웃나라(거란)를 조심하라는 것 등이 담겨 있
다. 이를 다시 요약하면, 국토사랑, 백성사랑, 전통사랑으로서, 어
쩌면 고조선의 건국이념인 '홍익인간'과도 통하는 면이 많고, 고구
려의 선비정신이나 신라의 화랑도 정신과도 맥이 통한다. 특히 국토
사랑을 담은 풍수지리와 하늘과 땅을 숭배하는 팔관회는 고려시대
전반을 통해서 매우 강조되는 정책으로 계승되었다.

한편, 〈훈요십조〉에 담긴 정신은 유교(儒敎), 불교(佛敎), 그리고
무교(巫敎)와 연관된 전통신앙을 모두 합친 것이라고 볼 수 있다. 다
시 말해 유불선(儒佛仙)이 통합된 건국이념이 바로 〈훈요십조〉일 터
이다.

2

재가화상(在家和尚) : 선비=화랑의 유제

　고려는 인재를 선발하면서 고구려나 신라와는 다른 방법을 택했다. 우선, 문반(文班)과 무반(武班)으로 나누어 이른바 '양반'(兩班) 관료체제를 만든 것이다. 삼국시대에는 문반과 무반의 구별이 없었고, 주로 무반이 나라를 다스렸다. 따라서 고려시대에 무치(武治)에서 문치(文治)로 한 걸음 더 다가선 것은 정치의 진화를 의미하며, 이는 유교의 영향이 그만큼 커졌다는 것을 뜻한다.

　이렇게 유교의 영향력이 커지고, 문사(文士)의 비중이 커지면서, 전통적인 무사집단인 선비나 화랑이 옛날 모습 그대로 국가를 이끌어가는 중심세력이 될 수는 없었다. 이제 전통적인 무사집단이던 화랑이나 선비는 관료사회에서 일단 재야로 밀려나는 시대가 펼쳐졌다. 하지만 종교집단이자 무사집단이던 선비와 화랑의 공동체는 여전히 평민사회에 존속했고, 이들 가운데서도 문반과 무반의 인재들이 배출되었다.

　그러면, 고려시대의 화랑과 선비집단은 뭐라고 불렀을까? 12세기 초, 인종 대에 송나라 사신으로 고려를 다녀간 서긍(徐兢)이 편찬한

《고려도경》(高麗圖經)에서 소개한 '재가화상'(在家和尙)이 바로 그것이라고 본다. 서긍이 소개한 '재가화상'의 모습은 다음과 같다. 원문과 번역문을 함께 소개하기로 한다.

재가화상은 가사(袈裟)를 입지 않고, 계율도 지키지 않는다. 흰 모시로 된 좁은 옷을 입고, 허리에 검은 비단 띠를 둘렀다. 맨발로 다니는데, 간혹 신발을 신은 자도 있다. 거처할 집을 자신이 만들며, 아내를 얻고 자식을 기른다. 그들은 관청에서 기물(器物)을 져 나르고, 도로를 청소하고, 도랑을 파고, 성(城)과 집을 수축하는 일들에 모두 종사한다. 변경(邊境)에 경보(警報)가 있으면 단결해서 나가는데, 비록 달리는 데 익숙하지는 않지만, 자못 씩씩하고 용감하다. 전쟁에 나가게 되면 각자가 양식을 마련하기 때문에 나라의 경비를 소모하지 않고서 얼마든지 전쟁을 치를 수 있다. 듣기로는, 거란이 고려인에게 패배한 것도 바로 이 무리들의 힘이었다고 한다. 이들은 실제 형벌을 받은 사람들인데, 이족(夷族)의 사람들은 수염과 머리를 깎아버린 사람을 화상(和尙)이라고 부른다.

在家和尙 不服袈裟 不持戒律 白紵窄衣 束腰皂帛 徒跣以行 間有穿履者 自爲居室 娶婦鞠子 其於公上 負載器用 掃除道路 開治溝洫 修築城室 悉以從事 邊陲有警 則團結而出 雖不閑於馳逐 然頗壯勇 其趨軍旅之事 則人自裹糧 故國用不費 而能戰也 聞中間契丹 爲麗人所敗 正賴此輩 其實刑餘之役人 夷人以 其髡削鬚髮 而名和尙耳

여기서 서긍이 보고한 것은 거의 사실에 가깝다고 할 수 있다. 하지만 재가화상을 형벌을 받은 죄인으로 본 것은 잘못이다. 수염과 머리를 깎은 것을 보고 그렇게 생각한 것이다.

서긍이 본 고려의 재가화상은 고려 중기의 모습을 그린 것인데, 그들의 복장과 생활모습을 생생하게 보여주고 있다. 흰 모시옷에 검은 띠를 두른 것은 고구려의 선비나 신라의 화랑을 연상시킨다. 머리를 깎은 것도 원래 선비와 화랑의 모습일 것이다. 가족을 거느리고 민간에서 살고 있으니, 그들은 분명 사찰에 거주하는 승려가 아니다. 이 점도 옛날 선비나 화랑의 모습일 것이다.

재가화상이 하는 일은 관청의 잡일을 돕고, 도로를 청소하고, 도랑을 파고, 성곽과 집을 수축하는 일 등이었다. 이것도 옛날 선비와 화랑들이 하던 일이었을 것이다. 특히 낭도(郎徒)들이 했을 가능성이 크다. 물론, 명승지를 유람하면서 무예를 닦고, 도덕을 연마하던 선비의 모습은 이미 사라졌다. 하지만 전쟁이 일어나면 재가화상들이 스스로 식량을 가지고 단결해서 전쟁터에 나아가 용감하게 싸운다는 것은 예전 선비의 모습 그대로다. 그리고 재가화상 때문에 고려가 거란과의 전쟁에서 승리하는 원동력이 되었다는 지적은 매우 의미심장하다.

재미있는 것은, 재가화상이 입은 복장이나 하는 일들이 조선시대의 '사장'(社長)이나 '향도'(香徒)와 너무나 비슷하다는 점이다. 서긍은 이들이 종교행사에는 참여하지 않은 것처럼 썼지만, 아마 향도나 사장과 비슷한 종교행사도 했을 것으로 보인다. 혹시 고려시대의 '사장'과 '향도'를 서긍은 '재가화상'으로 표현했는지도 모른다. 왜냐하면 '재가화상'이라는 말 자체가 《고려사》나 기타 관찬자료에는 보이지 않아 고유한 이름이 아니고, 서긍이 임의로 붙인 것으로 여겨지기 때문이다.

그런데 재가화상이 전쟁에 선발대로 나가 치열하게 싸우고, 거란과의 전쟁에서 이기는 요인이 되었다는 언급은 매우 중요한 것을 시사한다. 여기서 고려의 군사제도와 국방의 특성이 잘 나타나기 때문이다.

고려 초기에 당한 국난은 거란과 세 차례 전쟁으로 나타났다. 성종 12년(993)에 제1차 침략을 받았으나 청천강 싸움에서 이기고, 서희(徐熙)의 외교담판으로 물리쳤다. 다음에 현종 원년(1010)에 제2차로 40만 대군이 쳐들어오고, 현종 2년(1011)에는 개경을 점령하는 사태가 벌어졌지만, 강조(康兆)와 양규(楊規) 등의 부대가 앞장서서 싸웠다. 현종 9년(1018)에 다시 제3차로 10만 대군이 쳐들어왔으나 이번에는 강감찬(姜邯贊)과 강민첨(姜民瞻) 부대가 현종 10년, 귀주(龜州)에서 대승을 거두었다. 그런데 이렇게 거란과 벌인 어려운 전쟁에서 승리한 배경에는 서긍이 지적한 재가화상의 구실이 매우 컸던 것을 알 수 있다.

고려는 상비군인 관군(官軍)이 있었다. 2군 6위(二軍六衛)로 불리는 군대조직이 그것이다. 이들은 대략 4만 5천 명 정도인 것으로 알려지고 있다. 그러나 이들 정규 군인들만이 전쟁에 투입된 것이 아니고, 앞에서 말한 민간 자원부대인 재가화상들이 참여하여 오히려 큰 전공을 세우게 되었던 것이다. 말하자면 재가화상은 조선시대의 의병(義兵)과 비슷한 기능을 수행한 것이다. 당시 강감찬이 거느린 군대는 대략 30만 명으로 알려지고 있는데, 그 대부분이 재가화상을 포함한 민병(民兵)이었던 것을 알 수 있다.

재가화상이 국방에 도움을 준 것은 거란과의 전쟁만이 아니었다. 그 다음 국난으로 다가온 여진족과 맞선 전쟁에서도 이들의 기능이

윤관(왼쪽), 성역화된 묘(파주시 광탄면 분수리 소재, 오른쪽)

역시 컸다. 11세기 말~12세기 초의 숙종(재위 1095~1105) 때 윤관 (尹瓘)은 여진족에 대항하고자 17만 명의 별무반(別武班)을 조직했는데, 기병 부대인 신기군(神騎軍), 보병 부대인 신보군(神步軍), 그리고 승려 부대인 항마군(降魔軍)이 이에 포함되었다. 정규군의 규모를 대략 4~5만 명으로 생각할 때 17만 명의 별무반에는 비정규군의 참여가 10만 명 정도 되었다는 것을 말해준다. 그 10만 명의 비정규 군인 가운데 승병(僧兵)인 항마군이 들어 있는데, 아마도 이는 순수한 승려만이 아니라 재가화상도 참여했을 가능성이 크다. 순수한 승려가 전쟁을 한다는 것은 상상하기 어렵다. 신채호도 《조선사연구초》에서 항마군은 순수한 승려가 아니라 재가화상의 무리일 것으로 추측했다.

재가화상은 이렇게 유사시에 전쟁의 선봉에 서기도 했는데, 그 가운데 무예가 뛰어나 무반으로 뽑혀 높은 벼슬을 얻은 이도 적지 않았을 것으로 보인다.

12세기 중엽의 의종(毅宗; 재위 1146~1170) 대에 이른바 '무신의

난'이 일어났을 때, 보현사에 놀러간 의종이 무신들에게 수박희(手博戲)를 시키는 가운데 문신이 무신의 뺨을 때리는 사건이 일어난 것은 유명한 이야기다. 여기서 무신들이 벌인 수박희는 고구려의 선비들이나 신라의 화랑들이 하던 무예이기도 하다. 고구려 선비들이 수박희를 하는 모습은 고구려 고분 벽화에서도 확인된다. 그것이 오늘날 태권도와 태껸 등으로 발전한 것으로 보인다.

3

향도(香徒) : 화랑의 유제

신라시대 김유신이 이끄는 화랑도가 용화향도(龍華香徒)로 불렸음은 앞에서 설명한 바 있다. 그런데 고려시대에 들어와서 향도는 더욱 전국적으로 확산되었다. 이들의 조직과 행동은 신라시대와 크게 다르지 않았다. 그 조직은 승려와 일반 민간인으로 구성되었는데, 작은 경우는 20명에서 많은 경우는 3~4천여 명에 이르렀다. 이들이 혹시 '재가화상'일지도 모르지만, 일단 이에 관한 기록부터 살펴보기로 한다.

향도들이 하는 일은 향도계(香徒契)를 조직하여 사찰, 불상, 불화 등을 조성하고, 법회(法會)에 필요한 음식과 의복, 향(香) 등을 공급하며, 특히 향을 땅에 묻는 매향(埋香)을 매우 중요한 행사로 간주했으며, 일상적으로는 죽은 사람을 위하여 집단적으로 장례(葬禮)를 치러주는 일을 맡았다.

매향을 할 경우에 향도들은 비석을 세워 이를 기념했는데, 지금까지 전국 여러 곳에서 고려~조선시대에 세운 매향비(埋香碑)가 발견되어 그 내용을 알려주고 있다. 우선, 매향의 목적은 내세에 미륵불(彌

勒佛)이 환생(還生)할 때 함께 환생하기를 기원하는 뜻이 담겨 있었다. 그런데 최근 경상도 사천시 곤양면 흥사리에서 발견된 고려시대의 '매향석각'(埋香石刻)을 보면, 4,100명의 신도들이 향도계를 조직하여 비용을 마련했는데, 매향의 목적은 매향자의 개인적인 환생뿐 아니라 나라의 태평과 백성의 평안을 함께 기원하는 내용이 담겨 있었다.

한 가지 재미있는 것은, 조선 세종 4년에 태상왕(太上王)이 성균직강 권극화(權克和)를 전라도 나주(羅州)의 팔흠도(八歆島)에 보내 침향(沈香)을 캐려 했다는 것이다. 이는 권극화가 나주군수로 있을 때 팔흠도에 갔다가 매향비를 발견했는데, 그 비문에는 "통화(統和) 20년(목종 5년, 1002년)에 승려와 속인(俗人) 3백여 명이 향도(香徒)를 조직하여 침수향(沈水香)을 만드는 일로 충현(衝峴) 정남방 백 보(百步)에 있었는데, 그 기간은 백 년까지이다"라는 글귀가 적혀 있었다. 이 매향비에 근거하여 침향을 찾아보게 한 것인데, 마침내 찾지 못하고 돌아왔다고 한다.[41]

지금까지 알려진 고려시대의 향도 조직으로는 이 밖에도 1011년(현종 2)에 완성된 경상도 예천 개심사(開心寺) 5층석탑 건립에 참여한 미륵향도(彌勒香徒)와 추향도(椎香徒)가 있다. 이들은 예천군과 그 속현(屬縣)인 다인현(多仁縣)의 향도로서, 미륵향도의 임원은 42명, 추향도의 임원은 96명이며, 그 구성원은 모두 합쳐 1만 명에 이르고 있다. 이 5층석탑 건립의 울력[役事]을 주도한 이는 이곳 향리(鄕吏)의 우두머리인 호장(戶長)이며, 광군(光軍)도 동원되었다 한다.[42] 특

41 《세종실록》 권15 세종 4년 2월 29일 병진.

42 이태진, 1972, 〈예천 개심사 석탑기의 분석–고려전기 향도의 일례〉, 《역사학보》 53·54 합집호, 역사학회 참고.

히 추향도 가운데에는 선랑(仙郎)이 보여 신라 화랑의 유풍이 그대로 이어져 오고 있음을 보여준다.

한편, 1019년(현종 10)에 세워진 정도사(淨兜寺) 5층석탑의 경우도 향도들의 도움이 있었다.

고려 말기에 이르면 향도의 구성원과 기능이 한층 다양한 모습을 보여준다. 구성원도 중앙의 고관으로부터 여성, 그리고 향촌의 소민 (小民)에 이르기까지 각계각층이 참여하고 있으며, 그 기능도 사찰, 불탑, 불상 등의 조성보다도 재회(齋會), 소향(燒香), 염불에 머물고, 특히 생산 노동이나 장례 행사를 도와주는 향촌공동체 조직으로 변모되었다. 이런 변화는 고려 말기에 성리학(性理學)이 들어와 불교와 사찰의 지위가 낮아지는 추세와 관련이 있다고 볼 수 있다.

4

팔관회 : 전통 제천(祭天)의 유제

고려 태조 왕건이 〈훈요십조〉(訓要十條)에서 연등회와 팔관회의 중요성을 강조했음은 앞에서 말한 바 있다. 연등회(燃燈會)는 매년 정월에 열리는 불교행사이지만, 팔관회(八關會)는 천령(天靈), 오악(五嶽), 명산대천(名山大川), 용신(龍神), 그리고 우상(偶像)을 섬기는 행사로서 말하자면 하늘과 땅[天地], 그리고 선조에 대한 제사였다. 팔관회는 추수가 끝난 10월이나 11월에 거행되었는데, 개경(開京)과 서경(西京)에서 열렸다.

북진정책을 후퇴시키고 유교정치를 강화하던 성종 대와 몽고간섭기에 팔관회는 일시적으로 중단되기도 했으나, 대체로 고려 전 시기를 거쳐 역대 왕들이 이어갔다.

고려의 팔관회는 고대로부터 내려오던 단군의 제천(祭天), 부여의 영고(迎鼓), 고구려의 동맹(東盟), 예(濊)의 무천(舞天) 등의 제천행사(祭天行事)를 불교와 접합시켜 계승한 것으로서, 가까이는 신라의 팔관회와 화랑을 선발하던 화랑회(花郎會)가 부활한 것이기도 했다.[43]

팔관회는 고구려와 신라의 전통을 모두 계승했으므로 신라 때와 마찬가지로 신라의 4선(四仙)을 추모하는 음악인 사선악부(四仙樂部)가 등장하고, 신숭겸(申崇謙)이나 하공진(河拱辰) 등 애국 명장들을 우인(偶人) 즉 인형으로 만들어 추앙하기도 했다.[44] 제천행사 때 숭앙하는 인물을 우상(偶像)으로 만들어 놓는 일은 전부터 내려오던 관습이었다. 성종 때 최승로는 팔관회의 문제점으로 '우인' 문제를 거론했는데, 팔관회에 참석한 외국인들이 보고 놀란다는 것이 그 이유였다.

또 가을에 팔관회가 거행되는 것도 전통적인 제천행사와 같다. 특히 서경 즉 평양에서 10월에 이를 거행한 것은 고구려의 동맹제천에 담긴 선비전통을 계승했다는 것을 의미한다. 송나라 사신 서긍(徐兢)도 《고려도경》에서 고려의 '팔관'이 고구려의 '동맹'을 계승한 것이라고 말했다.[45]

팔관회에서는 광대들이 산대잡극(山臺雜劇)이나 나례(儺禮) 같은 공연도 연출했다. 물론 음주와 춤이 따랐으며, 신분을 초월하여 각 계각층의 국인들이 모여들어 참관하면서 함께 즐겼다. 《송사》(宋史)를 보면, 팔관회에는 "왕이 비빈(妃嬪)들과 함께 높은 누(樓; 儀鳳樓)에 올라 크게 풍악을 울리면서 연회를 베풀고, 상인(商人)들은 비단을 100필이나 연결하여 장막을 만들어 부유함을 과시했다"고 한다.

한편, 《고려사》 예지(禮志) 가례잡의조(嘉禮雜儀條)에는 팔관회의 의식이 자세히 소개되어 있다. 이를 보면, 팔관회는 이틀간 계속되

---

43 신채호의 《조선사연구초》 참고. 한편, 이능화(李能和)도 《佛敎通史》에서 팔관회가 선가(仙家)를 뽑는 모임인 동시에 불교 행사를 겸행한 것이라고 보았다. 안지원의 《고려의 국가 불교의례와 문화》(서울대 출판부, 2005)에서도 팔관회가 신라의 전통을 계승한 것으로 이해하고 있다.

44 안지원, 위의 책 참고.

45 《高麗圖經》 권17 祠宇條.

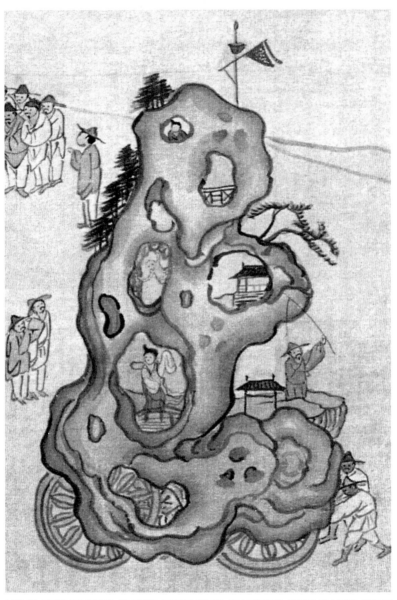

나례 때 사용한 채붕(彩棚). 이 그림은 1717년 청나라 사신 아극돈을 맞이할 때 나례를 베푼 모습을 그린 것으로, 나무와 비단을 사용하여 무대를 만들고, 바퀴를 달아 밀고 다니도록 했다.

는데, 첫날의 소회일(小會日)에는 조상에 대한 제사와 천령(天靈), 오악(五嶽), 명산대천(名山大川) 등에게 제사하고, 중앙과 지방에서 올라온 신하들의 축하를 받는 행사가 벌어졌고, 다음날 대회일(大會日)에는 큰 잔치가 벌어지고, 송나라 상인과 동서의 번국(藩國)인 여진족, 그리고 탐라 등에서 토산물을 조공으로 바쳤다고 한다.

특히 고려의 국력과 문물이 절정기에 오른 문종(文宗) 때에는 말갈족과 불나국(弗奈國), 일본, 아라비아 상인들도 조공을 바쳤다. 아라비아 상인들은 정종(定宗) 때도 조공을 바쳤다. 말하자면 팔관회는 고려가 국제적으로 황제국의 위엄을 보이면서 이웃 나라의 상인들로부터 조공을 받는 기회로도 이용되었다. 팔관회는 고려 최대의 국가적인 축제 행사로서 이를 집행하는 데 들어가는 비용도 만만치 않았다. 그래서 생겨난 재단이 팔관보(八關寶)이다.

그러면 팔관회와 팔관계(八關戒)와는 어떤 관계에 있는가? 원래 신라에서는 화랑도를 국가공인 집단으로 조직하던 진흥왕 때 고구려의 승려 혜량법사(惠亮法師)를 초빙하여 '팔관지법'(八關之法)을 설치하였다 한다.[46] 이 '팔관지법'의 구체적 내용은 알 수 없으나, 일반적으로 '팔관계'는 다음의 여덟 가지 계율을 가리킨다.

① 생명을 함부로 죽이지 말 것[不殺生]

② 도둑질하지 말 것[不偸盜]

③ 음탕하지 말 것[不淫佚]

④ 말을 함부로 하지 말 것[不妄言]

---

46 《三國史記》 권44 列傳 居柒夫條.

⑤ 사치스런 옷을 입지 말 것[不着香華]

⑥ 높은 벼슬을 탐하지 말 것[不坐高大床]

⑦ 폭음을 조심할 것[不飮酒]

⑧ 보고 듣는 쾌락을 탐하지 말 것[不自樂觀聽]

그러나 팔관회에서는 이러한 '팔관계'를 실시했다는 기록은 보이지 않는다. 이는 의식(儀式)을 통해서 실천할 일은 아니다. 따라서 '팔관계'는 일단 팔관회와는 무관하게 불교적 실천 도덕으로 홍보된 것으로 보인다.

다만, 인도에서 시작하여 중국을 거쳐 우리나라에 들어온 '팔관계'는 고조선이나 부여의 법금(法禁)과 비슷한 점이 많은 것이 주목된다. 예를 들어 살인자, 도둑, 음탕(질투) 등에 대한 계율은 이미 고조선과 부여의 법금에도 보이기 때문이다. 기자(箕子)가 조선에 와서 실시했다는 '팔조교'(八條敎)는 바로 고조선 법금으로 전해지는 것이고, 그것은 또 '팔관계'와 비슷한 것이다. 그렇다면 기자의 '팔조교'와 불교의 '팔관계'는 서로 통하는 관계를 맺으면서 국민윤리처럼 전승되어 왔을 것이며, 이것 또한 '홍익인간' 이념과 병행하여 선비정신의 한 가닥으로 내려왔다고 보인다.

이제 지금까지 검토한 고려시대 팔관회의 의미를 요약하면, 이는 고대의 제천행사와 마찬가지로 국가적 축제를 통해 국민을 하나로 통합시키면서 나라에 대한 자부심과 충(忠)을 기르고, 하늘에 대한 공경을 통해 부모에 대한 효(孝)를 강조한다는 점에서 전통적 선비문화의 한 측면을 보여준다. 그러나 이 축제를 통해서 선비를 등용하는 기능이 없어진 것은 고대의 축제와 다른 점이었다. 이제 인재

등용의 방법은 유교적 시험제도로 바뀌었기 때문이다.

그런데 팔관회는 이미 성종 때에도 유학자 최승로(崔承老)의 비판을 받아 축소된 일도 있지만, 고려 말에 성리학(性理學)이 들어오면서 더욱 유교질서에 배치되는 음사(淫祠)로 규정되면서 버림을 받기에 이르렀다. 우선 재정적 낭비가 많고, 무질서하고 평등한 축제적 사회통합이 계급질서를 무너뜨리는 일이라고 여겼으며, 자국 중심의 세계관이 사대질서에도 맞지 않는 점이 있다고 본 것이다. 그리하여 조선왕조에 들어와서 팔관회는 국가행사에서 완전히 사라졌다. 하지만 무당이 주재하는 제천행사는 민속(民俗)의 일부로서 오늘날까지 이어져 오고 있는 것이다.

5

유교에 반영된 선비문화

고려시대에는 전통적인 선비문화가 풍속의 차원에서 계승되었지만, 정치사상의 지도이념은 유교로 넘어갔다. 불교는 수신(修身)의 가르침으로, 유교는 치국(治國)의 이념을 맡게 된 것이다. 특히 제4대 광종(光宗) 때부터 과거제도가 시행되면서 문반관료는 유학을 공부한 사람으로 충원되었으므로 유교의 위치는 더욱 확고해졌다.

유교와 불교는 중국에서 수용된 외래 사상이었지만, 전통적인 선비정신보다는 한 차원 높은 사상체계를 가진 것이었다. 전통적인 선비정신과 선비문화는 그 바탕에 평등주의, 자주정신, 충효사상, 홍익이념, 생명공동체 정신 등 아름다운 요소가 담겨 있지만, 이론적으로나 학문적으로 체계화된 것은 아니고 종교적 풍속 차원에서 전승되고, 체질화된 것뿐이었다.

내용에 아무리 아름다운 요소를 지니고 있다 하더라도 이론화하고 체계화하지 않은 사상이나 문화는 합리적인 면에서 떨어지고, 그래서 수준이 낮은 것이다. 낮은 문화는 높은 문화에 밀려나는 것이 상식이다. 고려시대에는 수준 높은 유교문화와 불교문화가 발달하면서 전통적인 선비문화는 일단 주류에서 점차 밀려나게 되었다.

그런데 고려시대의 유교와 불교는 고급 문화로서의 지위를 누리면서도 고려적 특색을 지니고 있었다. 그 이유는 바로 전통적 선비문화가 심어 놓은 체질 때문이었다. 그래서 유교와 불교는 전통과 충돌하면서, 다른 한편으로는 체질적으로 융합하는 모습을 보여주었다. 그것이 바로 외래문화의 토착화 과정이기도 하다.

① 서희, 이지백

고려시대의 유학자들은 선비 전통의 체질을 바탕으로 유학을 접목시켰다. 고려 제6대 임금 성종(成宗)은 중국풍[華風]을 존중하는 임금으로서, 거란의 소손녕(蕭遜寧)이 침략해 왔을 때 땅을 떼어주자고 주장하는 일부 관료들의 할지론(割地論)을 따르려고 했으나, 서희(徐熙)와 이지백(李知白) 등이 강경하게 반대하고 나섰다. 이들은 유학자이면서도 고구려 옛 땅을 한 치도 내줄 수 없다면서, 특히 서희는 소손녕과 직접 담판하여 스스로 물러나게 하는 외교적 성공을 거두었다.

서희(942~998)는 18세 때 과거에 장원급제한 수재로서 유학에 대한 소양이 매우 깊었지만, 중국을 무조건 숭모하는 인물이 아니었다. 그는 "거란이 고구려 옛 땅을 모두 차지했음에도 불구하고 고려가 그 땅을 점령했으므로 토벌하려 왔다"고 호언하는 소손녕과 당당하게 역사 논쟁을 벌여 그를 설복시킬 만큼 역사의식과 주체성이 강한 유학자였다. 《고려사》 열전에는 서희의 활약이 자세히 소개되어 있는데, 이를 소개하면 다음과 같다.

소손녕이 서희를 만나 뜰 아래에서 절을 하라고 말하자, 서희는 "그대와 나는 두 나라의 대신(大臣)이므로 대등하게 인사를 나누어야 한다"고 말하여 이를 관철시켰다. 소손녕이 "그대 나라는 신라 땅에서 일어났고, 고구려 땅은 우리가 차지했다. 그런데 너희들은 우리 땅을 침식하고, 우리와 국경을 접하고 있으면서 바다를 건너 송나라를 섬기고 있으므로 우리가 토벌하러 온 것이다. 만약 고려 땅을 나누어 우리에게 바치고 조빙(朝聘)을 하면 아무 일이 없을 것이다"라고 말하자, 서희는 "그렇지 않다. 우리나라가 바로 고구려의 옛 땅이다. 그래서 국호(國號)를 '고려'라고 한 것이고, 평양을 도읍(서경)으로 정한 것이다. 땅을 가지고 말한다면, 그대 나라의 동경(東京)이 모두 우리나라 영토 안에 있다. 어찌 우리가 침식했다고 말하는가? 또 압록강 내외의 땅도 모두 우리 영토 안에 있다. 지금 여진이 이곳을 몰래 점령하여 길이 끊어졌기 때문에 바다를 건너는 것보다 더 어렵다. 그래서 그대 나라와 조빙을 하지 못하는 것은 여진 때문이다. 만약 여진을 쫓아내고 우리 땅을 돌려주어 성보(城堡)를 수축하고 도로가 뚫리면 어찌 조빙을 하지 않겠는가? 장군이 내 말을 황제에게 전하여 준다면, 어찌 받아들이지 않겠는가?"라고 말했다. 서희의 말이 너무나 강개(慷慨)하여 소손녕은 더 이상 어쩔 수가 없어 서희의 말을 황제에게 고하여 드디어 군대를 철수시켰다. 서희는 소손녕으로부터 열 마리의 낙타, 100필의 말, 1천 마리의 양, 그리고 500필의 비단까지 선물로 받아오는 성과를 거두었다.

고려가 국초부터 고구려를 계승하는 건국이념을 세우지 않았다면 서희의 외교도 빛을 보지 못했을 것이다. 또 그러한 건국이념을 가지고 있었다 하더라도 다른 신하들처럼 땅을 떼어주자는 정신을 가졌다면, 고려는 큰 위기를 맞이했을 것이다. 서희는 과연 역사의식이 뚜렷하고, 당당한 자세로 외교를 할 줄 아는 우리나라 최고의 외교가라고 할 수 있을 것이다.

한편, 서희와 더불어 할지론(割地論)을 거부한 이지백(李知白)도 대단한 인물이었다. 이지백이 서희의 주장을 거들어주지 않았다면 성종은 할지론을 따랐을지도 모른다. 특히 이지백은 "선왕께서 실시했던 연등회(燃燈會), 팔관회(八關會), 선랑(仙郎) 등을 다시 거행하여 국가의 태평을 가져와야 하며, 한 번 싸우고 나서 그 다음에 강화(講和)를 생각해야 한다"고 하여 주전론을 폈다.[47] 서희가 투철한 역사의식을 바탕으로 승리를 거두었다면, 이지백은 화랑도 전통을 계승하여 결사 항전할 것을 주장했던 것이다. 이들은 문자 그대로 선비정신으로 무장된 유학자들이었다.

② 최승로

성종 때 유명한 〈시무 28조〉를 올려 유교정치의 규범을 제시한 최승로(崔承老; 927~989)도 고려 초기를 대표하는 유학자 관료였다. 신라 경주 출신의 최승로는 열두 살 때 태조 앞에서 《논어》를 읽어 임금의 사랑을 받았던 수재였는데, 성종(成宗)이 즉위하여 구언(求言)의 교(敎)를 내리자 이에 응하여 28조에 달하는 장문의 시무책(時務策)을 올려 성종 정치의 큰 방향을 제시했다.

〈시무 28조〉로 불리는 최승로의 상소문은 태조에서 성종조에 이르는 다섯 임금의 정치에서 잘한 점과 잘못한 점을 낱낱이 분석하면서 민생을 안정시키고, 계급질서를 안정시키며, 국가재정을 안정시킬 수 있는 정책을 상세하게 제시했는데, 특히 눈에 띄는 대목은 무조건 중

---

47 《고려사》 열전 권7 서희전.

국문화를 수용하는 데 반대하고 〈훈요십조〉의 정신을 계승하여 전통
문화를 보전할 것을 주장한 점이다. 다음에 그 구절을 인용해 본다.

> 화하(華夏; 중국)의 제도는 어쩔 수 없이 존중해야 하지만, 사방의 습
> 속(習俗)은 각각 토성(土性)을 따라야 하므로 모두 바꿀 필요는 없습니다.
> 예악(禮樂)이나 시서(詩書)의 가르침, 군신(君臣)과 부자(父子)의 도리는 마
> 땅히 중국의 것을 본받아 촌스러운[鄙陋] 것을 바꾸어야 합니다. 그러나
> 그 밖에 거마제도(車馬制度)나 의복제도(衣服制度) 등은 토풍(土風)을 따라
> 서 사치스럽지도 않고 검소하지도 않게 중용(中庸)을 얻어야 합니다. 꼭
> 중국과 굳이 같게 할 필요가 없습니다.[48]

> 華夏之制 不可不遵 然四方習俗 各隨土性 似難盡變 其禮樂詩書之敎
> 君臣父子之道 宜法中華 以革鄙陋 其餘車馬衣服制度 可因土風 使奢儉得
> 中 不必苟同

최승로는 윤리나 시서예악(詩書禮樂) 등은 중국에서 배워 우리나
라의 촌스러운 것을 고칠 필요가 있다고 인정하면서도 거마(車馬)나
의복제도 같은 것은 토풍(土風) 즉 전통적 풍속을 존중하여 바꿀 필
요가 없다고 주장했다. 그 이유는 세계 여러 나라가 각기 토성(土性)
에 따라 습속(習俗)이 만들어지기 때문이라고 보았다. 그는 중국에
서 배워야 할 것과 배울 필요가 없는 것을 분명하게 구분할 줄 아는
유학자였던 것이다.

---

48 《고려사》 열전 권6 최승로전.

최승로는 '토풍'을 존중하는 시각에서 연등회나 팔관회에 대해서도 이를 폐지하자고 주장하지 않고, 다만, 지나치게 백성을 수탈하고 재정을 축내지 않는 범위에서 간소하게 할 것을 주장했다. 특히 팔관회에서 우인(偶人) 즉 인형(人形)을 만들어 놓고 숭배하는 것은 쓸데없이 비용만 많이 들고, 한 번 만든 다음에 없애버리는 것이므로 하지 않는 게 좋다고 말했다.

③ 최항, 강감찬

태조 왕건을 도와주었던 유학자 최언위(崔彦撝)의 손자 최항(崔沆; 972~1024)은 성종 때 20세에 갑과(甲科)에 합격한 수재로서 성종과 목종의 사랑을 받았으며, 김치양(金致陽)이 반란을 일으킬 때 현종(顯宗)을 영입하는 데 앞장서서 현종의 사부(師傅)가 되기도 했다.

최항은 유학자이면서도 불교를 믿었으며, 성종 때 중지된 팔관회(八關會)를 다시 행하도록 현종에게 요청하여 부활시켰다. 또 그는 경주 황룡사의 탑신(塔身)을 수리하도록 건의하고 자신이 직접 공사를 감독하기도 했다. 집에는 부처와 불경을 차려 놓기도 했다고 한다.

강감찬 동상
(서울 관악구 봉천동 낙성대)

현종 때 거란과의 전쟁에서 대승을 거둔 강감찬(姜邯贊; 948~1031)도 과거시험에 장원급제한 유학자 출신이지만, 그 또한 보살계(菩薩戒)를 받은 불교도이기도 했다. 한치윤(韓致奫)이 편찬한《해동역사》(海東繹史)를 보면, 강감찬은 거란과 전쟁을 끝낸 현종 12년(1021)에 개성의 흥국사(興國寺)에 작은 3층탑을 세웠는데, 그 탑에는 "보살계를 받은 자제(子弟)인 평장사 강감찬이 나라의 영원한 태평과 국내의 평안을 빌기 위해 공경히 이 탑을 만들어서 영원히 공양에 충당한다"는 글을 새겼다고 한다.[49]

여기서 '보살계'란 '10선계'(十善戒)로도 불리는데, ①살생하지 말라, ②도둑질하지 말라, ③간음하지 말라, ④거짓말하지 말라, ⑤이간질하지 말라, ⑥멸시하는 말을 하지 말라, ⑦실없고 잡된 말을 하지 말라, ⑧탐욕하지 말라, ⑨노여워하지 말라, ⑩사견(邪見)에 빠지지 말라 등이다. 그런데 이 '10선계'는 고조선의 '8조 법금'이나 부여 '금법'과도 통하고, '팔관계율'과도 비슷하다. 여기서 강감찬은 교조적 유학자가 아니라 유불선에 두루 통한 인물이라는 것을 알 수 있다. 조선시대 학자 홍만종은《해동이적》에서 강감찬을 단군 이래 도가(道家) 즉 선가(仙家)의 전통을 계승한 인물로 수록했는데, 이는 후대 사람들이 강감찬을 단순한 유학자로 본 것이 아님을 말해준다.

④ 최충과 사학 12도

정종(靖宗) 때 해동공자(海東孔子)로 이름을 날린 최충(崔冲; 984~1068)은 고려 전기를 대표하는 유학자 관료이다. 해주(海州) 대령군 출신인 그는 목종 때 과거에 장원급제한 수재로서 문종 때까지 벼슬하여 문하시중에까지 올랐던 인물이다. 85세까지 장수하면서 그가 남긴 업적은 매우 많았다. 일곱 임금의 실록(實錄)을 편찬하고, 농번기에는 공역(工

---

49 한치윤,《해동역사》권32 釋志 寺刹.

役)을 금지할 것을 상소하여 실행케 했고, 율령(律令)을 가르쳐 형법의 기틀을 놓았다. 북방 여진족의 침략을 방어하는 일에 공을 세우기도 했다.

최충은 거란과 전쟁하면서 인재를 키우지 못한 것을 아쉬워하여 개성 송악산 아래에 학교를 세우고 자제들을 가르쳤는데, 너무나 많은 학도들이 몰려들어 아홉 개의 재(齋; 기숙사)를 나누었는데, 그 이름은 각기 낙성(樂聖), 대중(大中), 성명(誠明), 경업(敬業), 조도(造道), 솔성(率性), 진덕(進德), 대화(大和), 대빙(待聘)이라고 했다. 세상에서는 이들을 '문헌공도'(文憲公徒) 또는 '시중최공도'(侍中崔公徒)라고 불렀다. 이들 가운데 과거 합격자들이 수없이 배출되었는데, 합격자 가운데 아직 벼슬하지 않는 자를 교도(敎導)로 삼았다. 가르치는 과목은 주로 9경(九經; 사서오경)과 3사(三史; 《사기》, 《한서》, 《후한서》)였으며, 간혹 각촉부시(刻燭賦詩)하여 문학을 가르치기도 했다. 말하자면 '문헌공도'는 고려시대 최대의 사립학교였던 셈이다.

그런데 후학을 가르칠 때 여름철에는 귀법사(歸法寺)의 승방을 빌려 하과(夏課)를 실시했다.[50] 귀법사는 광종(光宗)이 불교의 통합과 대중화를 위해 노력한 균여대사(均如大師)를 위해 지은 사찰로 알려져 있다. 최충은 실제로 불교에도 호의를 가지고 있었으며, 여러 고승들의 묘탑비(妙塔碑)와 사찰개창 비문을 쓰기도 했다. 여기서 주목되는 것은 유학자인 최충이 불교를 숭상한 일과 사찰에서 교육시킨 일, 그리고 그의 학생들을 '도'(徒)로 부른 사실이다.

비단 최충만이 아니라, 당시 비슷한 사립학교가 12개가 있어서 이

---

50 《고려사》 열전 권8 최충전.

를 '사학 12도'(私學十二徒)로 불렀다. 예를 들면, 시중 정배걸(鄭倍傑)이 세운 홍문공도(弘文公徒), 참정 노단(盧旦)이 세운 광헌공도(匡憲公徒), 좨주 김상빈(金尙賓)이 세운 남산도(南山徒), 복야 김무체(金無滯)가 세운 서원도(西園徒), 시랑 은정(殷鼎)이 세운 문충공도(文忠公徒), 평장 김의진(金義珍)이 세운 양신공도(良愼公徒), 평장 황영(黃瑩)이 세운 정경공도(貞敬公徒), 평장 유감(柳監)이 세운 충평공도(忠平公徒), 시중 문정(文正)이 세운 정헌공도(貞憲公徒), 시랑 서석(徐碩)이 세운 서시랑도(徐侍郎徒), 그리고 창립자를 알 수 없는 귀산도(龜山徒) 등이 그것이다.[51]

이렇게 관직에서 물러난 유학자들이 다투어 학교를 세워 후진을 키운 교육열도 놀랍지만, 이들 사립학교의 이름에 모두 '도'(徒)를 붙이고 있다는 것도 재미있다. 이는 화랑이 낭도(郎徒)를 거느리고 있는 모습을 연상시킨다. 이들은 모두 유학자들이면서도 사찰을 애호하고, 낭도와 비슷한 공동체를 이루고 있었으니, 체질적으로는 선비의 공동체를 계승한 것이 아닐 수 없다.

12세기 중엽의 고려 인종(仁宗) 시기를 대표하는 유학자 김부식(金富軾; 1075~1151)도 비록 친신라적인 유학자의 특성을 보여 묘청(妙淸) 일파를 타도하고 북진정책과 고구려 계승의식을 반대하긴 했지만, 《삼국사기》(三國史記)에서 신라의 전통문화 가운데 화랑의 실체를 칭송하여 기록해 놓은 것을 보면, 그 역시 유불선(儒佛仙)이 통합된 선비문화를 계승하고 있었음을 알 수 있다.

---

51 《고려사》 열전 권8 최충전.

⑤ 《주례》의 존중

고려시대 유교경전은 당 시대 북송(北宋)이나 남송(南宋)의 유학을 그대로 따르지 않고, 고려왕조의 중앙집권을 도모하고, 임금의 지위를 황제(皇帝)와 동격으로 올려 세우는 데 관심을 가지고 경전(經典)을 선택하고 이를 정치에 반영하려고 했다.

고려시대 유학에서 《주례》(周禮)를 존중한 것이 우선 송나라와 다르다. 예종 때 국립학교인 국자감(國子監)의 7재(七齋) 안에 《주례》를 전문으로 하는 구인재(求仁齋)를 설치한 것이 주목된다. 송나라에서는 북송의 왕안석(王安石)이 한때 《주례》에 근거하여 신법(新法)을 시행하려다가 실패했는데, 사마광(司馬光)을 비롯한 대부분의 유학자들이 왕안석을 비판했다. 남송의 주희(朱熹)도 《주례》에 대해 그다지 호의적이지 않았다.

고려 유학자들이 《주례》를 특별히 존중한 것에는, 고려왕조를 중국과 동등한 천자적(天子的) 위상으로 올려 세우고, 중앙집권을 강화하여 국력을 집중시키면서 백성들을 토호 세력의 그늘에서 해방시키려는 의도가 담겨 있었다. 《주례》에는 황제권을 정점으로 하여 일군만민(一君萬民)의 평등한 계급질서를 세우려는 이상이 담겨 있기 때문이다.

고려 성종 때 개경(開京)을 황도(皇都)로 부르고, 경기제도(京畿制度)를 도입하고,[52] 환구단(圜丘壇)을 세워 하늘에 제사하고, 종묘(宗廟)와 사직(社稷)을 건설하고, 국가의례를 오례(五禮: 吉禮, 嘉禮, 賓禮, 喪禮, 軍禮)로 만들어 체계화했으며, 통치조직을 육전체제(六典體制)로 만들었다. 팔관회를 오례 가운데 포함시킨 것도 전통적인 제천의

---

52 《고려사》 권3 世家3 성종 14년 5월 무오조.

周禮卷二

漢大司農北海鄭　玄註
明　後學東吳萬　蓂訂

冢宰治官之職

大宰之職掌建邦之六典以佐王治邦國一曰治典
以經邦國以治官府以紀萬民二曰教典以安邦國
以教官府以擾萬民三曰禮典以和邦國以統百官
以諧萬民四曰政典以平邦國以正百官以均萬民
五曰刑典以詰邦國以刑百官以糾萬民六曰事典
以富邦國以任百官以生萬民

邦治三曰官府以會官治四曰官常以聽官治五曰
以八灋治官府一曰官屬以舉邦治二曰官職以辨

《주례》

식을 계승하여 국가의 자주성을 높이려는 의도가 담겨 있었다. 신분질서와 경제질서도 사농공상(士農工商)의 전문화를 추구하는 《주례》의 선진적인 사상을 도입하려고 했다.

　고려 유학의 이와 같은 특징은 상하위계적 정치질서를 세우는 유교 본연의 이념에 충실하면서도, 가능한 한 고려의 국가적 위상을 높이고, 민생을 안정시키려는 꿈을 담고 있었다. 이는 전통적인 홍익이념과 자주정신, 그리고 평등정신을 담은 선비전통을 체질적으로 수용한 결과로 볼 수 있다.

6

불교에 담긴 선비문화

① 균여와 묘청

고려시대 불교문화와 관련하여 향도(香徒)의 유제에 대해서는 앞에서 이미 설명한 바와 같다. 이는 김유신의 '용화향도'(龍華香徒)에서 그 기원을 찾을 수 있다. 또한 토착적인 제천의식(祭天儀式)이 불교와 융합하여 팔관회(八關會)로 나타났음도 앞에서 살펴보았다.

고려 불교가 화랑과 연계된 사례로서 고려 초기의 균여(均如; 923~973)와 고려 중기의 묘청(妙淸; ?~1135)의 경우를 살펴볼 필요가 있다. 먼저 균여는 황해도 황주 출신으로 속성은 변씨(邊氏)로서 광종 때 불교의 여러 종파를 통합하고 불교의 대중화를 위해 노력한 승려였다. 특히 불교의 교리를 노래로 만든 '보현십원가'(普賢十願歌) 11수는 신라 향가의 전통을 이은 것으로 평가되고 있으며, 지금도 전해지고 있어 고려 향가 연구에 큰 도움을 주고 있다. 광종은 그의 공적을 기려 귀법사(歸法寺)를 지어 주지로 삼았다. 균여는 말하자면 신라의 원효와 비슷한 사상과 행적을 보인 승려였다.

한편, 묘청은 평양 출신으로서 12세기 중엽 인종(仁宗) 때 서경 천도운동을 벌이다가 실패하자 반란을 일으켜 죽임을 당한 승려이며, 평양 지역의 고구려 전통을 계승하려던 인물이었다는 점에서 특이한 위치를 차지한다. 그는 도선(道詵)의 풍수지리사상을 따라 서경 즉 평양으로 도읍을 옮기면, 금나라가 항복해 오고, 36국이 조공을 바치게 될 것이라고 하면서 인종을 유혹했다. 또 인종에게 칭제건원(稱帝建元)을 요청하기도 했다. 특히 그는 서경에 임원궁(林原宮)이라는 궁성을 조성하고 그 안에 팔성당(八聖堂)을 짓고 이를 숭배하기를 권했는데, 8성은 다음과 같다.[53]

> ① 호국백두악태백선인 실덕문수사리보살(護國白頭嶽太白仙人 實德文殊師利菩薩)
>
> ② 용위악육통존자 실덕석가불(龍圍嶽六通尊者 實德釋迦佛)
>
> ③ 월성악천선 실덕대변천신(月城嶽天仙 實德大辨天神)
>
> ④ 구려평양선인 실덕연등불(駒麗平壤仙人 實德燃燈佛)
>
> ⑤ 구려목멱선인 실덕비바시불(駒麗木覓仙人 實德毗婆尸佛)
>
> ⑥ 송악진주거사 실덕금강새보살(松嶽震主居士 實德金剛索菩薩)
>
> ⑦ 증성악신인 실덕늑차천왕(甑城嶽神人 實德勒叉天王)
>
> ⑧ 두악천녀 실덕부동우바이(頭嶽天女 實德不動優婆夷)

여기서 8성을 다시 풀이해 보면, ① '호국백두악태백선인'은 아마 태백산에 강림한 환웅(桓雄)이거나, 아니면 단군(檀君)을 가리키는 것으로 보인다. 그런데 그를 가리켜 선인(仙人)으로 부른 것이 주

---

53 《고려사》 열전 권40 叛逆 妙淸傳.

목된다. 즉 환웅이나 단군은 8성 가운데 가장 으뜸되는 '선비'가 된다. 《삼국사기》에서 단군을 선인(仙人)으로 기록한 것과 일치한다. ② '용위악육통존자'는 그 실체를 알 수 없다. ③ '월성악천선'은 경주(慶州)의 천선(天仙)을 가리키는 것으로 보인다. 혹시 경주 서악(西嶽)의 선도성모(仙桃聖母)일지도 모른다. ④ '구려평양선인'은 고구려 시조 동명신(東明神)을 가리키는 것으로 보인다. 평양에는 동명을 제사하는 동명사(東明祠)가 있었다. 그러나 혹시 평양의 단군사당(檀君祠堂; 崇靈殿)에 모셔진 단군을 가리키는 것일 수도 있다. ⑤ '구려목멱선인'은 남경(南京)인 한양의 목멱산(木覓山)에 모셔진 산신을 가리키는 듯하다. 그 산신이 '동명신'일 수도 있다. 왜냐하면 백제는 초기부터 '동명사'를 세우고 제사했기 때문이다. ⑥ '송악진주거사'는 송악 즉 개성의 송악산(松嶽山)에 모셔진 산신(山神)을 말하는 것인 듯하다. ⑦ '증성악신인'은 증산(甑山)의 산신을 말하는 듯하나 증산이 어디인지 알 수 없다. 전국적으로 증산이 매우 많다. ⑧ '두악천녀'는 '부동우바이'로 호칭하고 있는데, 두악(頭嶽)이 어디인지 알 수 없다. 그런데 '우바이'는 불교의 4부대중(四部大衆) 가운데 하나로서 집에서 수행하는 여자 신도를 말한다.

이상 팔성당에는 백두산, 서경(평양), 개경, 한양, 경주 등에 모셔진 대표적 토착신을 비롯하여 전국 각지의 대표적 토착신을 모아놓아 마치 만신전(萬神殿)처럼 만들었으며, 여기에 모셔진 귀신에 대하여 보살(菩薩), 부처[佛], 거사(居士), 천신(天神), 천선(天仙), 천녀(天女), 선인(仙人), 우바이(優婆夷; 居士) 등의 호칭을 붙여놓았다는 것도 재미있다. 이는 불교와 무교(巫敎), 선비사상 등을 합쳐놓은 모습이다.

묘청과 그를 따르던 백수한(白壽翰), 정지상(鄭知常) 등은 서경 출

신 유학자들로서 뒤에 서경을 근거지로 반란을 일으켜 국호를 대위
(大爲), 연호를 천개(天開)라 했는데, 결국 김부식이 이끄는 관군에
의해 진압되고 말았다.

묘청란에 대하여 일제시대 민족주의 역사가인 신채호(申采浩)는
고구려의 선비사상과 신라의 낭가사상(郎家思想; 화랑도)을 계승한
애국주의운동으로 높이 평가하고, 이를 진압한 김부식 일파를 사대
주의자(事大主義者)로 폄하했는데, 이는 지나친 해석이다. 김부식도
신라의 화랑을 칭송한 유학자였음은 앞에서 이미 설명한 바와 같다.
그러나 묘청 일파가 고대의 선비정신을 계승했다고 보는 신채호의
해석은 옳다고 본다.

② 조계종의 결사운동

고려 불교에 보이는 공동체 조직으로서 결사운동(結社運動)의 유행
도 흥미로운 모습이다. 물론 승려의 결사(結社)는 고려 전기에도 부분
적으로 있었지만, 그것이 본격적으로 이루어진 것은 무신집권 이후
시기다. 고려시대 승려들이 체질적으로는 화랑이나 선비의 전통적
공동체를 계승하고 있었음은 결사운동에서도 확인된다. 특히 무신집
권기에 조계종(曹溪宗)을 창시한 보조국사 지눌(知訥; 1158~1210)이
만든 '정혜결사문'(定慧結社文)과 그가 창립한 순천(順天)의 수선사(修
禪社, 1204)는 그 대표적인 결사체(結社體)이다. 수선사는 그 뒤 혜심
(慧諶)에 의해 계승되었는데 지방사회의 평민과 향리층, 그리고 지식
인층 등 넓은 계층의 호응을 받으면서 발전했다. 수선사는 뒤에 송광
사(松廣寺)로 이름을 바꾸었다.

그 뒤 원묘국사 요세(了世; 1163~1245)는 천태종(天台宗)을 바탕으

지눌(왼쪽), 수선사(송광사, 오른쪽)

로 1216년 '백련결사'(白蓮結社)를 강진(康津) 만덕산(萬德山)에 조직하여 정토신앙(淨土信仰)을 퍼뜨리는 신앙공동체를 만들어 대중의 폭넓은 지지를 받기도 했다. 백련사는 그 뒤 최우(崔瑀) 정권의 비호를 받기도 했다. 무신정권이 《고려대장경》을 만들고, 대몽항전에서 강인하게 버틸 수 있었던 배경에는 지방사회에 결성된 결사체의 지원도 한 몫을 했던 것이다.

무신집권 이후의 불교결사운동은 왕실과 결탁된 교종불교의 세속화를 반대하고 불교의 순수성을 찾으려는 일종의 불교개혁운동으로서 그 뒤 한국 불교의 중심체를 이루게 된다.

여기서 주목되는 것은 사(社)로 불리는 신앙공동체이다. '사'는 우리말로 '두레'의 뜻을 지니고 있는데, 이는 화랑이나 고구려 선비의 공동체 조직과 다름이 아니다. 조선시대에는 여염에 염불소(念佛所)

인 '사'를 세우고 민간인들을 끌어 모아 불교행사를 주도한 사장(社長)
이 많았다. 사장에 대해서는 뒤에 다시 자세히 살피기로 하겠지만, 그
'사'의 기원이 고려시대로 소급한다는 것을 유념할 필요가 있다.

③ 원효와 의상의 추숭

고려의 승려는 모두가 순수한 승려는 아니었다. 화랑의 후예인 재
가화상(在家和尙)은 앞에서 설명한 대로 머리를 깎고 있는 점도 승려
와 비슷했지만, 실제로 승려 가운데에는 재가화상 출신도 적지 않았
을 것으로 보인다. 특히 지방에 성립된 선종사찰의 승려들이 그러했
을 것이다. 이들은 국가나 귀족층의 도움을 받지 않고 경제적으로
자립했는데, 그만큼 생산 노동과 무예에도 뛰어난 기능과 경험을 지
니고 있었다. 그래서 유사시에 승려들이 전장의 선봉에 서는 것이
가능했던 것이다.

고려시대에 들어와 신라의 파계승 원효대사(元曉大師; 617~686)
가 크게 추앙받은 것도 주목할 일이다. 고려 숙종 때 원효대사는 '대
성화정국사'(大聖和靜國師)라는 칭호를 받았고, 잘 알려진 바와 같이
요석공주(瑤石公主)와 결혼하고 파계승이 된 뒤에는 〈무애가〉를 부
르면서 정토신앙을 퍼뜨려 불교의 대중화에 크게 공헌한 인물이다.
숙종은 의상대사(義湘大師)에게도 '해동화엄시조원교국사'(海東華嚴
始祖圓敎國師)의 칭호를 주었지만 원효만큼 추앙을 받지는 못했다.

원효대사와 의상대사의 차이점은, 원효가 중국 유학을 포기한 토
종(土種) 승려라는 것 말고도, 신라인의 전통적 풍습과 불교를 접목
시키려 했다는 점이 크게 다르다. 그가 〈무애가〉를 부르면서 거리를
돌아다니는 모습은 바로 화랑의 모습을 연상시킨다.

7

역사의식에 담긴 선비정신

고려시대에는 국가정책에서 유교 경전이나 불교 경전의 가르침과 관련이 적은 시책들이 많이 나타났다. 고조선과 고구려의 전통을 계승하려는 역사의식이나 만주를 수복하려는 북진정책, 국토의 자연환경에 대한 자각과 고유 풍속을 존중하는 정책 등은 경전(經典)의 가르침과는 아무 관련이 없었다.

'고려'(高麗)라는 국호에서 '고구려' 계승의식이 보이고, 고려 초기에 편찬된《구삼국사》(舊三國史)에는 단군조선의 왕계표를 적은 단군본기(檀君本紀)가 있었던 것으로 알려지고 있다. 고조선과 고구려의 수도였던 평양을 서경(西京)으로 승격시켜 분사제도(分司制度)를 실시하고, 고조선과 고구려, 발해의 구강(舊疆)을 회복하려는 북진정책이 추진된 것도 유교나 불교와는 아무런 관련이 없다.

고구려 유민이 세운 발해(渤海)가 거란에게 망하자, 고려 태조는 강력한 반거란정책을 폈다. 거란이 보낸 낙타를 굶겨 죽이고, 〈훈요십조〉에서도 거란을 금수(禽獸)의 나라로 지목하면서 거란에 대한 경계를 다짐하고 있다. 또 대광현(大光顯)을 비롯한 발해의 귀족층을 대거 받아들이고, 이들에게 왕씨성(王氏姓)을 하사하여 준왕족으로 대접한 것도 주목할 일이다. 발해 유민은 실제로 고려 초기 국가정책에 적지 않은 영향을 미친 것으로 보인다. 고려 초기의 강력한 반거란정책과 북진정책이 그렇다.

고려 중기에 이르러 김부식의 《삼국사기》가 편찬되면서 고구려 계승의식은 신라 계승의식으로 바뀌지만, 그 뒤 무신집권기에는 이규보(李奎報; 1168~1241)의 《동명왕편》(東明王篇)이 나오면서 다시금 고구려 계승의식으로 선회한다. 여기서 단군신화(檀君神話)에 보였던 천손의식(天孫意識)이 되살아나면서 무신집권층의 대몽 항전의식을 부추기는 기능을 담당하게 되었다. 이규보는 처음에 민간에서 떠도는 동명왕 설화를 읽고 터무니없는 '귀'(鬼)와 '환'(幻)의 이야기로 생각했으나 연구를 거듭해 보니 '성신'(聖神)의 이야기임을 알았다면서, 우리나라가 본래 '성인(聖人)의 나라'임을 세상에 알리기 위해 《동명왕편》을 쓰게 되었다고 서문에 밝히고 있다.[54] 이규보는 기본적으로 합리주의를 신봉하는 유학자였지만, 신비주의로 가득 찬 민간설화 속에 담긴 주체적 선비전통을 발견하여 이를 영웅서사시로 승화시킴으로써 민족적 자부심을 일깨워준 인물이었다.

이규보와 같은 시기에 살았던 문인 진화(陳澕)의 다음과 같은 시(詩)도 무신집권기의 패기를 보여준다.

> 송나라는 이미 시들었고(西華已蕭索)
>
> 북쪽 오랑캐(금)는 아직도 잠자고 있구나(北塞尙夢昏)

---

54 김철준, 1985, 〈이규보 동명왕편의 사학사적 고찰—구삼국사기 자료의 분석을 중심으로〉, 《동방학지》 46·47·48 합집, 연세대 국학연구원 및 한영우, 2002, 《역사학의 역사》, 지식산업사 참고.

앉아서 문명의 아침을 기다리라(坐待文明旦)

하늘의 동쪽에서 해가 뜨고 있노니(天東日欲紅)

이 시는 고려가 문명의 중심으로 떠오른다는 자신감을 보여주는 것으로 이규보의 《동명왕편》에 보이는 자부심과 서로 통한다.

몽고간섭기에 일연(一然; 1206~1289)이 나와 《삼국유사》(三國遺事, 1281)를 편찬하여 한국사의 기원을 단군조선으로 소급하고, 같은 무렵에 이승휴(李承休; 1224~1300)가 나와 《제왕운기》(帝王韻紀, 1287)를 펴내 단군조선의 역사를 재확인하고, 한국사를 제왕(帝王)의 역사로 격상시킨 것도 전통에 대한 깊은 사랑과 자부심의 소산이었다.

일연은 본래 승려가 되기 이전에 유학을 공부한 인물이었으며, 그가 지은 《삼국유사》에는 불교문화뿐 아니라 유불무(儒佛巫)의 고대 문화를 모두 포용하려는 마음이 담겨 있었다. '단군신화'를 수록한 이유가 여기에 있었다. 이승휴 역시 유학자이지만, 스스로 두타산 거사(頭陀山居士)로 자처하고 《제왕운기》 안에 유불무의 전통문화를 골고루 담았다.

지금까지 보아온 고려시대 역사의식에 담긴 정치의식을 총괄하면, 고려왕조를 475년 동안 장수로 이끌어온 비결이 어디에 있는지를 알 수 있다. 그것은 애민사상(愛民思想)으로 정치를 이끈 유교(儒敎)가 위에 있고, 정신수양을 부추기는 불교(佛敎)가 종교로 기능하고, 기층사회에는 선비정신과 화랑정신으로 엮인 향촌공동체가 강인한 풍속으로 떠받쳐주는 삼각구도 속에서 상보하고 절충하는 문화구조가 있었기 때문이었다.

8

풍수사상에 담긴 선비정신

고려시대의 정치와 풍속에 큰 영향을 준 사상으로 풍수지리(風水地理)를 지나쳐버릴 수 없다. 풍수지리의 중요성은 이미 태조가 지었다는 〈훈요십조〉(訓要十條)에서 천명되어 고려의 국시(國是)처럼 되었다. 왕건이 송악(松嶽)에 도읍을 정한 것부터가 풍수사상의 영향을 받았으며, 서경(西京)을 중요시한 것도 이에 근거를 둔 것이다. 태조는 사찰터를 잡을 때 반드시 풍수사상을 바탕으로 세울 것을 〈훈요십조〉에서 힘주어 말했으며, 차령(車嶺) 이남 사람을 경계하라는 가르침도 남겼다.

왕건에게 큰 영향을 준 것은 신라 말 승려 도선(道詵; 827~898)의 사상이었다. 전라도 영암(靈岩) 출신의 도선은 신라 말기 전국을 유람하면서 어느 곳이 명당이고, 어느 곳이 명당이 아닌가를 경험적으로 판단하고 이를 이론화하여 풍수지리사상의 원조(元祖)가 되었다. 오늘날 한국의 사찰 가운데 도선이 다녀갔다고 전해지는 사찰이 매우 많은 데서도 그가 얼마나 전국 방방곡곡을 답사했는지를 짐작할 수 있다.

특히 도선이 강조한 풍수지리는 주택이나 무덤 같은 작은 생활공간이 아니라, 어디에 도읍을 두고, 어디에 사찰을 세우면 국가가 융성할 것인가를 따지는 국도풍수(國都風水)와 비보사찰(裨補寺刹)에 역점을 두었다. 말하자면 국토재경영 철학을 담은 것이 그의 풍수사상의 특징이었다.

《고려사》김위제전(金謂磾傳)에는 도선이 당나라에 가서 일행(一行)에게 풍수를 배우고 돌아왔다고 적혀 있으나, 그의 당나라 유학을 부정하는 학자들도 있다. 중요한 것은 그가 누구한테 풍수를 배웠느냐가 아니라, 한국의 산천을 직접 답사한 바탕 위에서 실증적으로 이론을 세웠다는 점이다. 그런 뜻에서 도선은 민족지리학의 비조라고 할 수 있다.

그런데 도선의 국도풍수를 계승하여 정치적으로 큰 영향을 다시 끼친 이는 12세기 초 숙종 때 위위승동정(衛尉丞同正)을 지낸 김위제(金謂磾)였다. 그는 숙종 원년(1096), 스스로 도선의 가르침을 계승했다고 자처하면서 숙종에게 남경(南京) 곧 한양(漢陽)으로 도읍을 옮길 것을 강력하게 건의했다. 사실, 한양은 이미 11세기 후반기 문종(文宗) 때 남경으로 승격된 바 있었으나, 아직 궁궐이나 도시적 기반을 다 갖추지는 못하고 있었다.

김위제는 자신의 주장이 이미 신라 말 도선(道詵)이 지었다고 하는 《도선기》(道詵記), 《도선답산가》(道詵踏山歌), 《삼각산명당기》(三角山明堂記), 그리고 고조선의 신지(神誌)가 지었다는 《신지비사》(神誌秘詞) 등에 천명되어 있다는 것을 밝히면서, 한양 명당설에 힘을 실었다. 그 요지를 소개하면 다음과 같다.

《도선기》를 따르면, 고려에 삼경(三京)이 있는데, 송악이 중경(中京)이고, 목멱양(木覓壤; 한양)이 남경(南京)이고, 평양이 서경(西京)이다. 11월·12월·정월·2월에 중경에 순주(巡駐)하고, 3·4·5·6월에 남경에 순주하며, 7·8·9·10월에 서경에 순주하면 36국이 조공(朝貢)을 바친다고 한다. 또 나라를 세운 뒤 160여 년이 지나면 목멱양에 도읍한다고 했으므로 지금이야말로 신경(新京)에 순주할 때이다.

또 《도선답산가》를 보면, "송성(松城; 개경)이 몰락한 뒤에 어느 곳으로 향할 것인가. 삼동(三冬)에 해가 뜨는 곳에 평양(平壤; 한양)이 있는데 후대의 현명한 선비들이 큰 우물을 열고, 한강(漢江)의 어룡(魚龍)이 사해(四海)와 통한다"고 했다. 삼동에 해가 뜨는 것은 곧 중동절일(仲冬節日)에 해가 손방(巽方)에서 나오는 것을 말하는데, 목멱이 송경(松京)의 동남에 있으므로 그렇게 말한 것이다.

또, 송악산은 진한과 마한의 주(主)인데, 꽃의 뿌리가 가늘어 가지와 잎이 겨우 100년을 기약하므로 이를 버려야 한다. 그 다음에는 새로운 화세(花勢)가 한강에서 피어나는데, 사해의 신어(神魚)들이 한강에 모여들고, 나라가 태평하며 백성이 편안해진다. 그러므로 한강의 북쪽에 터를 잡으면, 왕업(王業)이 장구해지고, 사해가 와서 조공을 바치며, 왕족이 번창해진다. 그러니 한양은 큰 명당의 땅이다.

김위제는 또 《삼각산명당기》를 인용하여 다음과 같이 한양의 지리적 특성을 설명했다.

눈을 들고 머리를 돌려 산세(山勢)를 보라. 임(壬; 北)을 등지고 병(丙; 南)을 향했으니 이는 신선의 보금자리다. 음양의 꽃이 활짝 피어서 3중,

4중으로 에워싸고, 어버이가 웃통을 벗어버리고 산을 등지고 앞을 지키고 있다. 앞쪽의 조산(朝山)이 다섯 겹, 여섯 겹으로 에워싸고, 아저씨, 아주머니 산들이 우뚝하다. 안팎의 문을 지키는 개들이 항상 용안(龍顏; 임금)을 모시기에 여념이 없다. 좌청룡(左靑龍)과 우백호(右白虎)가 서로 비슷하게 솟아 있으니 시비를 가릴 것 없다. 내외의 상객(商客)들이 보배를 갖다 바치고, 이름 있는 이웃 손님들이 자식처럼 와서 모두 일심(一心)으로 나라와 임금을 도와준다. 임자년에 터를 닦고, 정사년에 성자(聖者)를 얻어 삼각산에 의지하여 제경(帝京)을 만들면, 아홉 번째 되는 해에 사해가 조공을 바친다. 그러니 한양은 명왕성덕(明王盛德)의 땅이다.

김위제는《신지비사》를 인용하여 다음과 같이 말하기도 했다.

만약, 저울에 비유한다면, 저울대는 부소량(扶踈樑; 개경)이고, 저울추는 오덕구(五德丘; 남경)이고, 저울 받침은 백아강(白牙岡; 서경)이다. 이 세 곳이 균형을 이루어야 나라가 편안한데, 이 세 곳이 바로 삼경(三京)이다.

김위제가 말하는 삼경은 서경, 개경, 남경을 말하는 것으로, 서경이 저울 받침이고, 개경이 저울대이며, 남경이 저울추에 해당한다고 본 것이다. 한양이 오덕구(五德丘)가 되는 이유는, 가운데 면악산(面嶽山)이 있는데 원형(圓形)으로 토덕(土德)에 해당한다. 북쪽에 감악산(紺嶽山)이 있는데, 곡형(曲形)으로 수덕(水德)이다. 남쪽에 관악산(冠岳山)이 있는데 뾰족하고 화덕(火德)이다. 동쪽에 양주(楊州) 남행산(南行山)이 있는데, 직형(直形)이고 목덕(木德)이다. 서쪽에 수주(樹州) 북악산(北嶽山)이 있는데, 방형(方形)이고 금덕(金德)이라는 것이다.

결론적으로 김위제는 지금 국가에는 중경과 서경은 있으나 남경이 없으니, 남경을 빨리 건설하고 임금이 순주해야 한다고 주장한 것이다.

김위제의 한양천도설은 숙종의 호응을 얻어 숙종 7년부터 삼각산 아래에 남경의 궁궐을 건설하기 시작하여 9년에 준공한 후 몇 개월씩 남경에 와서 머물다 돌아갔다. 그러나 한양천도는 실행에 옮기지 못했다. 그 뒤 예종 때에도 은원중(殷元中)이 남경천도설을 주장했으나 실행되지 못했다. 하지만 몇 개월 동안 순주는 계속되었다.

이렇게 한양천도가 실행에 옮겨지지 못한 것은 한양의 주인공이 왕씨(王氏)가 아니라 목자성(木子姓)을 가진 이씨(李氏)가 된다는 이른바 '목자위왕설'(木子爲王說) 때문이었다. 그래서 조선 후기 홍만종(洪萬宗)이 쓴《순오지》(旬五志)에 따르면, 한양에 오얏나무를 심어 무성해지면 도끼로 잘라내어 목자에 대한 액땜을 했다고 한다. 그러나 결국 한양의 주인공은 속설에 따라 목자성을 가진 이성계(李成桂)가 되고 말았다. 이성계가 조선왕조 개국 후 한양천도에 가장 적극성을 보인 이유도 여기에 있었다.

그러면 왜 목자가 왕이 된다는 속설이 퍼진 것인가? 그것은 오행상생설(五行相生說)에 따른 것이다. 곧 고려는 오행 가운데 수덕(水德)을 표방한 왕조였으므로, 그 다음은 목덕(木德)을 가진 사람이 나오게 된다는 것이다.

여기서 한양명당설이 가진 지정학적 의미를 한번 검토할 필요가 있다. 한양은 다만 백제 500년의 수도였다는 역사성도 중요하지만, 지리적으로 볼 때 한강이야말로 한반도를 동서남북으로 관통하는 가장 중심적인 교통의 요지일 뿐 아니라, 한양을 둘러싼 산세(山勢)

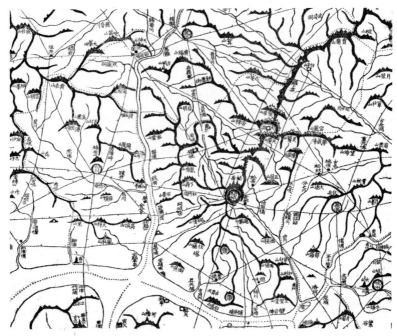

김정호의 〈대동여지도〉 가운데 개성 인근 지역. 풍수지리의 관점에서 산맥을 그린 것이 특징이다.

는 한반도에서 비교할 수 없을 만큼 웅장한 조건을 갖추어 수도로서
는 가장 적합한 곳임은 두말할 나위가 없다. 한양이 조선왕조 519년
의 수도를 거쳐 오늘의 대한민국 수도로 발전하면서 민족의 심장부
로 남아 있다는 사실을 고려할 때, 도선이나 김위제 등 풍수가들의
공헌을 결코 과소평가할 수 없다.[55]

이상과 같은 풍수지리에서 우리가 주목할 것은, 그 이론의 과학성
여부가 아니라, 국토재경영을 통해서 고려를 중흥시키려는 진취적

---

55 한양명당설과 한양천도에 관해서는 한영우, 2004, 〈한성백제와 서울의 역사〉, 《향토서울》 64집,
서울특별시사편찬위원회 참고. 이 글은 한영우, 2005, 《역사를 아는 힘》, 경세원에 재수록되었다.

인 마음 그 자체이다. 고려에 삼경(三京)을 두어 국토를 균형있게 발전시키고, 나아가 고구려 구강(舊疆)까지 아우르려는 북진정책의 정신적 뒷받침을 풍수지리가 담당했다는 사실은, 고려가 단순히 유교나 불교로만 운영된 나라가 아니었다는 것을 말해준다. 그리고 그것은 동시에 수나라, 당나라와 겨루면서 만주를 지키려 했던 고구려와 발해의 선비정신이 풍수지리의 외피를 쓰고 부활했다는 뜻으로도 풀이된다.

12세가 중엽의 인종 때 묘청(妙淸) 일파가 서경(西京)에 팔성당(八聖堂)을 세우고 서경천도설(西京遷都說)을 주장하여 파란을 일으킨 것은 앞에서 이미 설명한 바 있다. 그런데 묘청의 서경천도설도 사실은 도선(道詵)의 설에 바탕을 둔 풍수사상에서 나온 것이었다. 명당지인 서경은 꽃이 활짝 피는 대화지세(大華之勢)를 지니고 있어서 이곳에 도읍을 옮기면 금(金)나라를 통합하고 36국이 조공(朝貢)을 바치는 세상이 온다고 주장한 것이다.

묘청 일파의 서경천도설은 앞서 숙종 때 김위제 등이 주장한 한양천도설과는 다른 모습이고, 서경천도 자체도 실패로 돌아갔지만, 개국 이래 서경을 중시한 것은 고려의 위상을 높이는 데 적지 아니 기여한 것만은 사실이었다. 그런 사상이 없었다면 고려는 거란을 물리칠 수 있는 정신적 힘을 얻지 못했을 것이다.

그런데 한양명당설과 서경명당설의 이면에는 한양 세력과 서경 세력, 그리고 개경 세력 사이의 권력투쟁적 요소도 없지 않았던 것 같다. 한양명당설의 이면에는 한강유역 지역에 기반을 둔 윤관(尹瓘)의 파평윤씨(坡平尹氏) 세력, 인천에 근거를 둔 이자겸(李資謙)의 인주이씨(仁州李氏) 세력의 비호도 없지 않았던 것으로 보인다. 특히 인종 때에는 이자겸이 목자위왕설(木子爲王說)을 믿고 반란을 획책하다가 실패했는데, 이런 배경에서 묘청 일파의 서경명당설이 선수를 쳤다고 볼 수도 있다.

제 7 장
조선시대의 선비문화

1

성리학과 선비문화의 융합

조선시대는, 잘 알려진 바와 같이, 성리학(性理學)을 국교(國敎)로 정하고 정치를 운영했다. 따라서 겉으로 본다면 조선시대는 성리학만이 지배하고, 중국화가 가장 철저하게 이루어져 주체성이 후퇴한 시대로 보이기 쉽다. 그러나 그것은 겉모습일 뿐이다.

조선시대에도 고조선과 삼국시대의 선비정신과 선비문화가 저변에 강인하게 지속되었고, 성리학은 이런 저류의 선비문화와 융합하고 절충되면서 토착화가 이루어졌다. 따라서 조선시대 성리학자는 아무리 입으로 정자(程子)와 주자(朱子)를 칭송하고, 정주(程朱)의 말을 인용하고 있더라도 체질적으로 그들은 정주와 다른 한국인이었다. 그래서 조선 성리학은 어느 시대를 가리지 아니하고 한국적 성리학이었다. 조선 성리학자가 대체로 문무(文武)를 겸비한 인사들이 많은 것도 전통적 선비정신이 체질화되어 있음을 말해준다.

우리는 흔히 조선시대 유학자를 '선비'로 부르면서, '선비'는 마치 조선시대 유학자만을 가리키는 것으로 이해해 왔다. 물론, 조선시대 유학자는 '사'(士) 또는 '사대부'(士大夫)로 불렸으며, 이들을 우리말로 '선비'로 불렀던 것은 사실이다. 하지만 중국에서 들어온 사농공상(士農工商) 개념을 우리말로 번역하면서 '사'(士)를 나타낼 마땅한 말이 없어서 '선비'로 번역했다는 것을 먼저 알아야 할 것이다. 다시 말해 중국의 '사'(士)에 가장 친근한 사람들이 바로 '선비'였기에 '사'를 '선비'로 부르게 된 것이다.

조선시대 《천자문》(千字文)이나 《옥편》(玉篇)을 보면, '사'를 '선비'로 번역한 경우가 많지만, 어떤 《천자문》에서는 '도사'(道士)로 번역한 경우도 있다. 이는 고대의 '선비'가 '도사'와 비슷한 성격을 지녔기 때문이다. 우리는 앞에서 고대와 고려의 선비가 유불선(儒佛仙)을 합친 성격을 지녔음을 알았는데, 바로 그런 선비를 때로는 '도사'로 부르기도 했던 것이다.

유불선을 합친 전통적 선비가 조선시대에 들어와서 성리학을 배웠다고 해서 갑자기 교조적인 성리학자가 될 수는 없었다. 바로 이 점에서 조선의 성리학은 송나라나 원나라, 명나라의 성리학과는 같지 않은 것이다. 이는 이론적으로만 다른 것이 아니라, 체질적으로도 다르다.

조선시대 성리학을 이해할 때 우리는 흔히 고려 말에서 15세기에 이르는 시기는 성리학의 도입기로 보고, 그 다음 16세기의 퇴계(退溪)와 율곡(栗谷)에 이르러 '조선적 성리학'이 토착화하는 것으로 설명하는 경향이 있다. 그러나 이는 매우 잘못된 해석이다. 어느 시기는 토착화하고, 어느 시기는 토착화가 안 되었다는 논리는 사실과 맞지 않는다. 이 논리는 15세기 성리학이 매우 교조적으로 수용되었다는 말인데, 그렇다면 15세기의 교조적 성리학자는 누구를 말하는 것인가? 15세기를 이끌어간 정도전(鄭道傳)이나 권근(權近), 세종(世宗)이나, 세종이 길러낸 집현전(集賢殿) 학자들, 그리고 세조(世祖)나 성종(成宗)이 모두 교조적 성리학을 가지고 문물을 제정했던가? 아니다.

결론부터 말한다면, 15세기 성리학도 '조선적 성리학'이었다. 그래서 15세기 문물은 조선적 특성을 강하게 보여주었던 것이다.

2

향촌공동체 (1) : 향도(香徒)

① 향도에 대한 긍정적 평가

조선시대에도 고구려의 선비나 신라의 화랑도, 고려의 재가화상과 향도의 전통을 계승한 공동체가 여전히 서울과 향촌에 있었다. 향도(香徒)와 사장(社長)이 그것이다. 이 공동체는 지배층과 때로는 갈등을 일으키기도 했지만, 서로 융합하면서 새로운 공동체 문화를 만들고 있었다. 그러면, 그 실체는 무엇인가?

먼저 향도에 대해 알아보기로 한다. 향도는 이미 신라 609년(진평왕 31) 무렵에 김해 지방 출신 김유신(金庾信)의 화랑단체인 용화향도(龍華香徒)가 가장 오랜 것으로 알려지고 있으며, 고려와 조선시대에도 향도는 그대로 이어져 왔다.

고려시대의 향도는, 앞에서 설명한 것처럼 승려와 민간인으로 구성되어 사찰, 불상(佛像), 불화(佛畵) 등을 조성하고, 법회(法會)에 필요한 음식과 의복을 공급하고, 나아가 향(香)을 땅에 묻는 매향(埋香)을 하는 단체였다. 향을 파묻는 이유는 내세에 미륵불(彌勒佛)이 환생할 때 함께 태어나기를 기원하는 미륵하강신앙과 관련이 있었다.

매향할 때에는 이를 기념하여 비석을 세웠는데, 지금 고려나 조선 초기에 세운 매향비(埋香碑)가 여러 곳에서 발견되고 있다.[56]

지금까지 발견된 매향비 가운데 보물로 지정된 경상도 사천시 곤양면 흥사리의 '매향석각'(埋香石刻)을 보면, 고려시대에 4,100명의 신도들이 계(契)를 조직하여 세웠다. 향을 묻은 목적은 내세의 행복과 국가의 태평, 그리고 백성의 평안을 기원하는 내용 등이다. 향도들은 활동에 필요한 비용을 조달하고자 계를 조직했는데 이를 '향도계'(香徒契)라고 불렀다.

그러면 조선시대의 향도는 어떤 모습의 공동체였는가? 이제 향도를 비교적 좋게 평가한 기록부터 살펴보겠다. 먼저 성종 대의 학자 성현(成俔; 1439~1504)은 《용재총화》(慵齋叢話)에서 향도(香徒)에 대해 다음과 같이 기록하고 있다.

오늘의 풍속은 점점 각박해지고 있는데, 오직 향도(鄕徒)만이 아름답다. 대저 인리(隣里)와 천인(賤人)들이 모두 모여 회(會)를 만들고 있는데, 작은 것은 7·8·9명, 많은 것은 100여 명에 이른다. 매달 서로 교대로 술을 마시고, 상(喪)을 만나는 사람이 있으면 같은 무리의 사람들이 상복(喪服)을 만들어 주기도 하고, 관곽(棺槨)을 만들어 주기도 하며, 횃불을 만들어 주기도 하고, 음식을 만들어 주기도 하고, 상여를 메주기도 하고, 무덤을 만들어 주기

---

56 지금까지 발견된 매향비는 다음과 같다.
  1309년(충선왕 원년) 8월에 세운 강원도 高城 三日浦 매향비
  1335년(충숙왕 4) 3월에 세운 평안도 定州 매향비
  1387년(우왕 13)에 세운 경상도 泗川 매향비
  1405년(태조 5)에 세운 전라도 岩泰島 매향비
  1427년(세종 9)에 세운 충청도 海美 매향비

도 한다. 또 모두 상복(喪服)을 입는데, 이것이야말로 두터운 풍속이다.[57]

여기서 성현은 '향도'(香徒)를 '향도'(鄕徒)로 기록하고 있는데, 향도가 주로 향촌에서 성행했기 때문에 그렇게 부른 것 같다. 또 향도의 매향(埋香) 행위가 이 무렵 거의 없어졌으므로 향도(香徒)로 부르지 않았을 것이다. 성현에 따르면, 향도는 주로 장례를 함께 치러주는 공동체로 묘사되고 있는데, 그 구성원은 이웃 마을 사람들과 천인(賤人) 즉 노비라 한다. 그러니까 신분과 계급을 초월한 향촌공동체라고 할 수 있다. 그리고 성현은 이러한 향도를 가장 아름다운 풍속으로 칭송하고 있다.

향도를 칭송한 기록은 17세기 초 선조~인조 대의 실학자 이수광(李睟光; 1563~1628)의 《지봉유설》(芝峰類說, 1614)에도 보인다. 그는 우리나라의 미풍(美風)을 열거하는 가운데 가장 먼저 향도에 대하여 다음과 같이 썼다.

우리나라의 풍속은 무릇 서울과 외방의 향읍(鄕邑)과 방리(坊里)마다 모두 계(契)를 만들어 서로 규검(糾檢)하는데 이를 향도(香徒)라고 한다. 《동국여지승람》을 보면, 김유신(金庾信)이 15세에 화랑이 되었는데, 당시 사람들이 그에게 복종하여 용화향도(龍華香徒)라고 불렀다고 한다. 지금의 향도라는 칭호는 여기서 비롯된 것이다.[58]

---

57 《용재총화》 권8.
58 《芝峰類說》 권2 諸國部 風俗條 및 한영우, 2007, 《실학의 선구자 이수광》, 경세원, 161쪽 참고.

그러니까 이수광이 보는 향도는 서울과 지방에 모두 있는데, 서울의 방리와 지방의 향읍마다 모두 향도계(香徒契)를 만들어 서로 단속하고 있다는 것이다. 그리고 향도의 기원을 김유신의 용화향도에서 찾고 있다.

18세기 초 소론파 실학자로 명성을 떨친 유수원(柳壽垣; 1694~1755)도 《우서》(迂書)에서 우리나라 향도계(香徒禊)를 중국의 화자단두(化子團頭)와 비교하면서 다음과 같이 쓰고 있다.

> 예부터 중국에는 이른바 화자단두(化子團頭)가 있는데, 우리나라의 걸인(乞人)이다. 이들은 모두 통솔하는 사람이 있어서 스스로 몇 백 개의 방국(坊局)을 이루고 있다. 우리나라의 이른바 향도계(香徒禊)와 같다. 경도(京都)는 물론이요 궁벽한 향읍(鄕邑)에 이르기까지 없는 곳이 없다. 무릇 공가(公家)의 여러 가지 심부름과 축성(築城)에 이르기까지 모두 이들이 한다. 여항(閭巷)의 길흉(吉凶)에 관한 모든 일들, 예를 들어 상여를 메고, 무덤을 조성하고, 도랑을 파고 둑을 쌓고, 농토를 일구고, 수레를 몰고, 집을 짓고, 측간을 청소하고, 우물을 파고, 가마를 메고, 방아를 찧고, 이엉을 짜서 얹고, 담장을 수리하고, 벼를 베고, 곡식을 털고, 기와와 벽돌을 굽고, 눈을 치우고, 물을 파는 일 등 온갖 잡일을 모두 이들이 맡는다. 그래서 한 달 걸릴 일이 며칠이면 끝나고, 열 사람의 노예가 할 일을 몇 푼의 돈이면 해결한다. 노비와 고공(雇工; 머슴)을 많이 거느리면서 의식(衣食)을 소비할 필요도 없고, 이웃 사람들의 노동력을 빌려 농무(農務)를 방해할 필요도 없다. …… 오늘의 향도계는 비록 방국의 모양은 이루지 못하고 있으나 절도(竊盜)는 하지 않고 있다.[59]

---

59 柳壽垣, 《迂書》 권9 論閑民 및 한영우, 2007, 《꿈과 반역의 실학자 유수원》, 지식산업사, 221쪽 참고.

유수원에 따르면, 중국의 걸인 집단인 화자단이 하는 일은 우리나라의 향도계와 비슷한데, 화자단은 돈을 받고 관가(官家)의 잡일과 축성(築城)은 물론 민간의 길흉사(吉凶事)에 관련되는 모든 일, 상여 메기, 무덤 조성, 농사일, 집 짓기, 수레 끌기, 도랑 파고 제방을 쌓는 일, 청소하는 일 등 모든 일을 해준다. 그래서 노비나 고공(雇工)이나 이웃의 도움을 받지 않고도 일을 신속하게 처리한다는 것이다.

유수원은 중국의 화자단과 우리나라의 향도계가 서로 비슷하면서도, 화자단은 돈을 받고 일을 하는 데 견주어, 향도계는 돈을 받지 않고 일을 하므로 중국처럼 고용 노동자로 일하는 것이 좋다고 주장한다. 말하자면 향도를 직업 집단으로 전환시키자는 것이다. 실제로 조선 후기의 향도는 직업적인 성격도 띠고 있었다. 여기서 유수원이 소개한, 향도계가 하는 일들은 저 고려시대의 '재가화상'과 너무나 비슷하다.

향도에 대한 평가는 19세기 전반기 실학자 이규경(李圭景)의 《오주연문장전산고》(五洲衍文長箋散稿)에도 보인다. 이규경의 말을 들어보자.

> 향도(香徒)는 우리나라 방언(方言)이다. …… 내가 30~40년 동안 경향 각지를 둘러보았는데, 쌀을 가지고 이식(利息)을 얻는데 이를 향도미(香徒米)라 한다. 또 향도계(香徒契)라는 것이 있는데, 상여를 빌려주거나 상여를 메는 일을 맡는다.

여기서 이규경은 향도계가 쌀을 이식(利息)으로 불리고 있는데, 이를 향도미라고 부른다는 것, 그리고 상여를 빌려주거나 메기도 한다고 알려주고 있다. 여기서 상여를 빌려주는 것은 돈을 받는다는 뜻이니, 향도가 상업성을 띠고 있었음을 알려준다.

이상, 여러 자료를 통해서 향도의 실체는 거의 파악된 셈이다. 이를 다시 정리하면, 15세기 무렵의 향도는 종교 단체를 겸하면서 장례를 비롯한 어려운 일을 서로 도와주는 공동체임이 드러난다. 그러나 16세기 이후로는 종교적 색채가 거의 퇴색하고, 오직 상부상조의 향촌공동체로 지속되었음을 알 수 있다. 그리고 18세기 이후로는 향도가 돈을 받고 일하는 상업 조직으로도 기능하고 있음을 알 수 있다.

향도의 구성원은 같은 마을에 사는 사람들로서 양민뿐 아니라 천민도 포함되어 있으며, 조직을 운영하는 모임[會]이 있고, 곡식을 공동으로 출자하여 이식(利息)을 받아 운영하는 계(契)가 있다. 향도가 하는 일은 죽은 사람의 장례를 치러주는 것이 가장 중요한 일인데, 그 밖에도 축성(築城)을 비롯한 관청의 일도 돕고, 민간에서는 농사일이나, 가옥 수리, 청소하기 등 온갖 일을 도와준다. 이 경우 향도는 일정한 보수를 받기도 했다.

② 향도에 대한 부정적 평가

향도는 유학자나 관료층으로부터 미풍양속의 하나로 긍정적인 평가를 받기도 했지만, 부정적인 평가를 받기도 했는데 대체로 두 가지 이유에서였다. 하나는 장례를 치를 때 술과 음식을 차려놓고, 춤추고 노래하면서 축제처럼 치르는 일이었다. 이는 재물의 낭비를 가져올 뿐 아니라, 죽은 이에 대한 애도의 뜻이 없다는 것이다. 둘째는 향도의 구성원이 향촌의 평민층과 노비층이기 때문에 규약이나 조직이 엉성하고 질서가 없다는 점이었다.

여기서, 향도의 장례행사가 축제 형식으로 치러지는 이유는 아주 오랜 전통의 유습 때문이다. 곧 죽음을 '하늘로 돌아가' 영생하는 것으로 인식하는 낙천적 전통, 즉 제천(祭天)의 전통이 그대로 이어지고 있는 것이다. 그러나 유교의 관점에서 보면, 축제 형식의 장례는 죽은 부모에 대한 불효(不孝)와 불경(不敬)이다. 먹는 것과 입는 것을 크게 줄이면서 애통함을 보여주는 것이 유교적 장례의 본뜻이기 때문이다. 조선왕조에 들어와 유교가 국교(國敎)로 정착되면서 향도의 장례 풍습이 주로 문제된 이유가 여기에 있었다.

이제《조선왕조실록》에 보이는 향도 기사를 차례로 검토해 보면 다음과 같다.

이미 태조 때부터 향도(香徒)에 관한 기록이 나오는데, 태조 2년(1393)에는 무지한 백성들이 신(神)에게 제사하거나 향도계(香徒契)를 만드는 일 등으로 재물을 소비하고 있다는 보고가 있으며,[60] 태조 7년(1398)에는 "외방의 백성들이 부모의 장례에 이웃의 향도를 모아 술을 마시며 노래를 부르고 피리를 불면서 애통(哀痛)하지 않습니다. 이는 예속(禮俗)에 누가 되고 있으니 이제부터는 이를 막고, 위반한 사람은 죄를 줍시다"라는 기록이 보인다.[61]

하지만 유신(儒臣)들의 염려에도 아랑곳하지 않고 향도의 장례 풍습은 그대로 행해졌다. 그래서 세종 2년(1420)에 예조에서 임금에게 올린 보고에도 "지방의 인민들은 부모의 장례 때, 이웃 마을 향도들을 불러 모아 술 마시고 노래 불러 조금도 애통하는 마음이 없는 것

---

60 《태조실록》권4 태조 2년 11월 28일 기사.
61 《태조실록》권15 태조 7년 12월 29일 신미.

같습니다. 풍속에 누가 됩니다"[62]라는 보고가 여전히 보이고 있다. 이런 보고는 세종 11년(1429)에도 나타나고 있으며,[63] 성종 2년(1471)에도 똑같은 보고가 임금에게 전달되고 있고,[64] 연산군 9년(1503)에도 보인다.[65]

그러나 향도는 장례만을 도와주는 공동체는 아니었다. 향도는 위에서 말한 바와 같이 모임을 조직하여 약조(約條)를 만들어 서로 단속하기도 했다.[66] 이미 위에 소개한 《용재총화》나 《지봉유설》 등에도 향도들이 회(會)와 계(契)를 만들고 있다는 것을 지적한 바 있다.

그런데 유신(儒臣)들이 향도의 장례 풍습을 비판하는 것과는 달리, 역대 임금들은 대체로 향도에 대해 비교적 호의적인 태도를 보여주었다. 예를 들어 세종 5년(1423)에는 향도들이 부자집 장례에는 모여들지만, 가난한 집의 장례는 외면하는 것을 보고 '가난한 집의 장례도 향도가 도와주도록 하라'는 조치를 취하고 있었다.[67] 그뿐 아니라 세종 11년(1429)에는 조선에 온 유구국(琉球國) 사신이 죽자 한성부에 명하여 향도를 모아 장례를 치르도록 조치하기도 했다.[68]

한편, 정부는 향도공동체를 국가의 경비를 충당하는 데도 활용했다. 세종 8년(1426)에 정부는 중국 사신을 영접할 때 필요한 채붕(綵棚; 비단으로 만든 무대)과 나례(儺禮; 산대놀이)에 필요한 의대(衣襨),

---

62 《세종실록》 권10 세종 2년 11월 7일 신미.
63 《세종실록》 권44 세종 11년 4월 4일 기묘.
64 《성종실록》 권10 성종 2년 5월 25일 정유.
65 《연산군일기》 권48 연산군 9년 1월 7일 을해.
66 《선조실록》 권7 선조 6년 8월 17일 갑자.
67 《세종실록》 권22 세종 5년 12월 20일 정묘.
68 《세종실록》 권45 세종 11년 9월 6일 기유.

병풍, 족자, 비단, 금은, 주옥, 잡식(雜飾) 등을 바치도록 배당하기도 했다. 물론, 이때 향도에게만 부담을 지운 것은 아니었고, 성중애마(成衆愛馬), 공인(工人), 상인, 관노비 등에게도 지웠지만, 그 가운데 각 마을[里]의 향도들에게도 함께 지웠던 것이다.[69] 여기서 향도가 지방의 마을[里]을 단위로 있었다는 것도 알 수 있다.

조선시대 향도들은 고려시대처럼 불사(佛事)를 하거나 매향(埋香)을 하는 일은 그다지 활발하지 않았다. 서울의 향도들은 간간히 여염(閭閻) 가운데에 불당(佛堂)을 짓고 염불(念佛)하고, 때로는 매향을 하는 일도 있었다. 그런데 세종이 재위 31년(1449)에 경복궁 안에 내불당(內佛堂)을 지은 이후로 문제가 되어 이를 처벌하자는 신하들의 주장이 잇달아 올라왔다.

사건의 발단은 섭육십(攝六十) 주검동(朱儉同)이라는 자가 서울의 여염 사이에 불당을 짓고, 금은을 칠하여 불상(佛像)을 만들어 놓고, 등롱(燈籠; 촛불)과 징, 북 등을 갖추어 놓고 경문(經文)을 외우면서 법석(法席)을 차려놓은 일 때문이었다.[70] 여기서 불당을 차린 향도는 승려가 아닌 섭육십의 군인이었다. 세종은 신하들의 불당 철거 요구에 대해 반대하면서, 염불하는 향도가 거의 없어진 요즈음 소민(小民)들이 세운 불당을 규제하려고 하는 것은 자신이 세운 내불당 때문이 아니냐고 힐책했다.[71]

세종시대에 비록 염불향도(念佛香徒) 곧 사신향도(祀神香徒)의 폐단이 지적되긴 했어도, 실제로 세종이 말한 것처럼 사신향도는 현저

69 《세종실록》 권32 세종 8년 4월 12일 을해.

70 《세종실록》 권125 세종 31년 8월 5일 임자.

71 《세종실록》 권125 세종 31년 8월 5일 임자, 8월 8일 을묘, 8월 15일 임술.

하게 줄어든 것이 사실이었다. 이것이 고려시대 향도와 조선시대 향도의 근본적인 차이점이다.

한편, 시대를 내려와서 선조 때의 경우를 살펴보자. 선조 6년(1573) 당시 좌의정 박순(朴淳; 1523~1589)은 향도(香徒)의 풍속에 대해 다음과 같이 임금에게 말했다.

> 우리나라의 풍속은 안으로는 서울에서부터 밖으로는 향곡(鄕曲)에 이르기까지 동린계(洞隣契)와 향도(香徒)의 모임[會]이 있습니다. 사사로이 약조(約條)를 만들고 서로 단속하고 있는데, 각기 자기 뜻에 따라서 만들었기 때문에 엉성하고 질서가 없습니다. 그래서 기강(紀綱)을 삼아 의지할 만한 것이 못 됩니다. 게다가 그 약속이 조정에서 나온 것이 아니고 사사로이 만든 것이기 때문에 강한 자가 깔보고, 약한 자가 위반하고 있어도 끝내 바로잡지 못합니다. 마을의 부로(父老)들이 늘 한탄하고 있으나 어찌할 수 없습니다.[72]

여기서 박순은 향촌공동체인 향도가 자발적인 단체로서 약조(約條)를 세우고 서로 잘못을 단속하고 있는 것을 좋게 보면서도, 그 약조가 엉성하고 질서가 없어서 약원들의 기강을 바로잡지 못하고 있는 것을 지적하고 있다. 그래서 그는 선현(先賢)들이 다듬어 만든 향약(鄕約)을 보급하는 것이 좋겠다는 뜻을 밝히고 있다.

그런데 향도의 폐단은 조선 후기에 이르러 새로운 국면을 맞이했다. 당쟁과 연결하여 향도들이 반역에 참여한 경우가 종종 발생한 것이다.

---

72 《선조실록》 권7 선조 6년 8월 17일 갑자.

특히 향도의 구성원 가운데 노비층이 그런 사건에 많이 관련되었다. 노비들이 향도에 많이 참여하고 있다는 기록은 연산군 10년(1504)의 실록 기사에도 보이고 있지만,[73] 숙종 대에는 이들이 반역에 참여한 사실이 보고되고 있다.[74] 이런 사유로 숙종 10년(1684)에는 한성부(漢城府)에서 향도를 선발하여 군정(軍丁)에 채우고, 나아가 향도계(香徒契)를 금압하는 조치를 내리기도 했다.[75] 이때 좌의정 민정중(閔鼎重)이 임금에게 보고한 향도계의 문제점을 들어보면 다음과 같다.

도하(都下)의 무뢰배가 무리를 맺어 횡행하는 것은 이미 포청(捕廳)에서 잡아 다스렸으나, 그것이 어디에서 유래했는가를 따져 보니 사실은 향도계에서 말미암은 것입니다. 향도계라는 것은 도하의 백성들이 계를 맺어 무리를 모아서 장례를 치르는 비용을 만들기 위한 것인데, 사대부(士大夫)와 여러 궁가(宮家)도 여기에 많이 참여하고 있습니다. 그런데 무리를 모을 때 그 사람이 착하고 악한 것을 묻지 않고 모두 받아들이기 때문에 늘 폐단이 일어납니다. 상여를 멜 때에도 소란을 피우고, 서로 다투고 때리고, 못하는 짓이 없습니다. 또 도가(都家)라는 집을 비밀리에 지어 도망한 자들을 받아들이는 소굴이 되고 있습니다. 먼저 금령(禁令)을 내려서 향도계를 모두 폐지시키고, 도가를 헐어버려 그 뿌리를 없애야 합니다. 그리고 장례를 치를 때에는 향약(鄕約)의 법에 따라 동리 사람들이 스스로 서로 돕도록 하소서. 한성부에서 정식(定式)을 만드는 것이 어떻겠습니까?[76]

---

73 《연산군일기》 권55 연산군 10년 8월 10일 정묘.

74 《숙종실록》 권21 숙종 15년 11월 4일 정유.

75 《숙종실록》 권15 숙종 10년 3월 22일 무자.

76 《숙종실록》 권15 숙종 10년 2월 25일 신유.

민정중이 이와 같은 문제점을 지적한 것은 서울의 향도계가 반역자들까지 불러모아 도가(都家)에 숨겨 놓고 있는 것을 우려한 때문이다. 그런데 향도계에 참여한 사람 가운데에는 양반 사대부와 왕실의 종친(宗親)도 포함되어 있다는 보고에서 향도계가 신분과 계급을 초월한 조직으로 변질된 것을 확인할 수 있다. 바꿔 말해 종친과 사대부들이 이 조직을 정치적으로 이용하고 있다는 뜻이다.

민정중의 요청으로 한성부에서는 문제점을 시정했다. 그러나 향도계가 전적으로 나쁜 것만은 아니었으므로, 옛 풍속을 좋아하고 새 제도를 싫어하는 백성이 많은 것을 고려하여 옛 법을 그대로 두고, 조금 재량하여 고치는 선에서 그치게 했다.[77]

향도에 대한 기록으로서 시대가 가장 뒤늦은 것은 고종 초에 편찬된 것으로 보이는 《동국여지비고》(東國輿地備攷)이다. 이 책에서는, 서울의 포사(舖肆), 즉 육의전이 아닌 일반 상점을 설명하는 가운데 책사(册肆; 책방), 서화사(書畫肆; 글씨와 그림을 파는 상점), 약국, 현방(懸房; 고깃간) 등을 설명하고 나서, 마지막에 향도(香徒)를 부록으로 넣고 있다. 이에 따르면, 서울의 향도는 소광통교 남쪽에도 있고, 수표교의 남쪽 개울가 동쪽에도 있으며, 그 밖에 여러 곳에 산재해 있다고 했다.

그러면, 향도를 왜 상점 속에 포함했을까? 이는 향도가 상여를 대여하는 영업을 하고 있었음을 말해준다. 아마 이렇게 상업화한 향도는 다만 서울에만 있었던 것은 물론 아닐 터이다. 전국 방방곡곡에 상업적 향도가 있었을 것이다. 향촌사회의 향도공동체는 이렇게 정

---

77 《숙종실록》 권15 숙종 10년 3월 22일 무자.

부의 금압을 받으면서도 계(契)와 회(會)의 형식을 빌려 왕조 말기까지 그대로 이어졌으며, 특히 장례를 치러주는 일을 주로 맡았다. 그래서 향도의 명칭도 차츰 '상두꾼'으로 바뀌었다. 이는 향도가 주로 상여를 빌려주고, 또 상여를 메는 데서 붙여진 이름이다. 8·15 광복 후에도 농촌사회에는 마을마다 논두렁 한가운데 상여를 보관해두는 상여집이 있었고, 장례가 있으면 '상두꾼'이 돈을 받고 일을 치러주는 것이 관행이었다. 이는 필자가 광복 전후 시기에 농촌에서 직접 경험한 일이기도 하다.

한편, '향도'를 대신하여 향촌공동체의 규약으로 새로 등장한 것이 유학자들이 퍼뜨린 '향약'(鄕約)이다. '향약'은 향촌구성원의 위계질서를 존중하는 공동체라는 점이 '향도'와 다른 점이다. 그러나 서로 어려운 일을 돕는다는 점에서는 일치했으며, 계와 연결되어 운영된 점도 서로 비슷했다. 하지만 조선 후기에 이르러 향약이 널리 보급되면서 향도는 그 하부조직으로 흡수되기도 하고, 향약과 충돌하기도 했다. 그러나 장례를 치르는 공동체로서 갖는 향도의 위상은 그대로 유지되어 '상두꾼'이라는 이름으로 지속되었던 것이다.

3

향촌공동체 (2) : 거사(居士), 사장(社長)

① 양성지와 한치형의 사장(社長) 비판

조선시대에는 '향도'와 비슷하면서도 호칭이 다른 또 하나의 공동체가 있었다. 그것이 '사'(社)로 불리는 염불소(念佛所)와 그것을 이끄는 '사장'(社長)이었다. 향도가 주로 장례를 치러주는 향촌공동체라면, 사장은 도시와 농촌에서 축제의식을 함께하는 종교공동체라고 할 수 있다. 그러나 신분과 계급, 그리고 남녀노소를 포용하는 공동체인 것은 양자가 서로 같았다.

조선시대 '사장'의 풍속에 대해 가장 자세한 내용을 전달하는 기록은 예종 원년(1469)에 공조판서 양성지(梁誠之)가 올린 상소와 성종 2년(1471)에 대사헌 한치형(韓致亨)이 올린 상소이다. 먼저 양성지의 보고를 들어보기로 한다. 그는 여러 가지 시정책을 건의하는 가운데 '사장'을 금할 것을 요구하는 다음과 같은 글을 올렸다.

신이 그윽히 생각하건대 중국에는 승려가 있으면서 도사(道士)가 있는데, 우리나라는 승려가 있는데 도사는 없으니 이는 매우 다행한 일입니다. 그런데 요즘 서울과 지방의 남녀노소가 사장(社長)이라고 일컫고, 또는 거사(居士)라고 일컫고 있는데, 이는 도사에 비교되는 것으로서 승려도 아니고 속인(俗人)도 아닙니다. 이들은 생업을 폐하고 차역(差役)을 피하는 것만 엿보고 있습니다. 지방에서는 천 명, 만 명이 무리를 이루어 사찰에 올라가 향(香)을 불사르고, 서울에서는 여염에서 밤낮으로 남녀가 섞여 거처하면서 징과 북을 시끄럽게 두들기면서 하지 않는 일이 없습니다. 늙은이는 괜찮지만, 젊은이는 불가하며, 어린이는 더욱 불가합니다. 군액(軍額)이 줄어들고, 전지(田地)가 황폐하며, 차역이 고르지 않고, 남녀가 섞이고, 양민이 죄를 짓게 되니, 사람으로서 이보다 심할 수는 없습니다. 앞으로 70세 이상, 90세 이하의 노인으로서 갓[笠]을 쓰고 경쇠[磬]를 두드리면서 염불하고 외우는 자 이외에는 사장의 무리를 일체 혁파한다면 다행함을 이길 수 없습니다.[78]

양성지의 보고에 따르면, '사장'은 '거사'로도 불리며, 승려도 아니고 속인(俗人)도 아니면서 수천 명, 수만 명의 남녀가 떼 지어 절을 찾아다니고, 마을에서는 북과 징을 시끄럽게 두들기면서 못하는 일이 없다는 것이다. 이는, '중도 아니고 속행이도 아니다'라는 우리나라의 속담을 연상시킨다. 바로 이 속담이 '사장' 또는 '거사패'를 두고 생겼다는 것을 알 수 있다.

양성지는 이들 '사장'이 군역(軍役)과 노역(勞役)을 모두 피하고 있다는 점을 문제삼고, 이들에게 모두 역(役)을 부과해야 한다고 주장했다.

한편, 성종 2년에 대사헌 한치형이 올린 상소도 아울러 살펴보자.

---

78 《예종실록》 권6 예종 원년 6월 29일 신사 및 한영우, 2008, 《조선 수성기 제갈량 양성지》, 지식산업사 참고.

인용문이 길지만, 내용이 워낙 중요하여 전문을 소개하기로 한다.

　사장(社長)이 무리를 모아 뭇사람을 미혹시키는 것은 제거하지 않을 수 없습니다. 그들은 모두 시정(市井)의 무식한 무리들로서 망령되게 인연(因緣)과 화복(禍福)의 말을 믿고, 그것을 장사의 업(業)으로 삼으며, 자신의 마음을 속이고 있습니다. 그런데도 일념(一念)으로 아미타승(阿彌陀僧)을 믿으면 불도(佛道)를 얻을 수 있고, 죄악을 씻어낼 수 있다고 말합니다. 그리하여 큰 도희지의 여염 가운데다 사(社)를 세워 염불소(念佛所)라고 하면서 자신의 직업을 버리고 시끄럽게 모여들어 치의(緇衣)를 입고, 치관(緇冠)을 쓰고, 남자는 동쪽, 여자는 서쪽에 거처하고 있으니, 그 모습을 보면 승(僧)도 아니고 속(俗)도 아니며, 그 집을 보면 사찰도 아니고 가정 집도 아닙니다. 아침에는 시리(市利)를 그물질하고, 저녁에는 부처에 귀의하여 형상(形狀)이 기괴하고, 어수선하게 이리저리 내닫고 있습니다. 징을 울리고, 북을 치고, 너울너울 춤추며 뛰어다니므로 거리의 아이들과 부녀자들이 즐겁게 둘러서서 바라보면서 흠모하고 있습니다. 눈으로 보고 귀로 듣는 것이 익숙해져서 당연하게 여기고, 다투어 뒤를 따라다닙니다. 이것은 나라의 화민성속(化民成俗)을 어그러뜨릴 뿐 아니라, 석씨(釋氏)가 세속(世俗)을 떠나는 일과도 다르니 이 무슨 풍속입니까? 만약 그 도(道)로써 천하를 바꾼다면 반드시 집집마다 절이 될 것이며, 사람마다 중이 되어야 만족할 것입니다. 요컨대 불씨(佛氏)가 여래(如來)라 하고, 보살(菩薩)이라 하고, 아미타불(阿彌陀佛)이라고 말하는 것은 그 마음을 구(求)하는 것뿐입니다. 그런데 과연 마음을 구하는 것이 뭇사람과 더불어 북을 쳐야 얻는 것입니까? 아침에는 속여서 시리를 그물질하고, 저녁에는 돌아와 부처에 귀의하여 그 죄를 씻는다면, 무릇 십악(十

惡)을 저지른 사람은 누구든지 한 번 염불을 외워 그 죄를 면할 수 있지 않겠습니까? 이렇게 하여 마음을 구할 수 있고, 부처가 될 수 있으며, 악을 소멸할 수 있다면 이는 하늘을 속이는 일입니다. 성인(聖人)이 천하 국가를 다스리는 것은 마땅히 인(仁)으로써 백성을 물들게 하고, 의(義)로써 백성을 연마하며, 예(禮)로써 백성을 절제할 따름인데, 어찌 그 황탄한 행실로써 옳지 못한 풍속을 키워 치세(治世)를 이룰 수 있겠습니까? 바라옵건대, 빨리 해당 관청에 명하여 중도 아니고, 속인도 아닌 것을 통렬하게 금하여 유신(維新)의 교화를 맑게 하소서.[79]

한치형(韓致亨)의 상소는 지금까지 제기된 '사장' 혁파론 가운데 내용이 가장 자세하고, 가장 적극적인 비판으로 볼 수 있다.

우선, '사장'(社長)은 도시의 여염 가운데 이른바 '사'(社)라는 염불소(念佛所)를 세우고, 승려와 비슷한 옷과 모자를 쓰고, 거리를 춤추고 돌아다니면서 징과 북을 두드려 철없는 어린이와 부녀자들을 불러 모으고, 돈을 구걸한다는 것이다. 또 사장은 아미타불(阿彌陀佛)을 가장 선호하는 종교 단체라는 것이 드러난다. 아미타불은 서방정토(西方淨土)의 극락세계에 다시 태어나기를 기원하는 정토사상과 관련이 있음은 앞에서 설명한 바 있다.

한치형의 상소를 접수한 성종은 10일 뒤에 사장이 "염불소라 일컬으면서 남녀가 떼를 지어 징을 울리고, 북을 치는 것은 지극히 황탄한 일이니, 이제부터는 징 치고 북 치는 것과 남녀가 혼잡하는 것을 금하게 하라"고 지시했다.[80]

---

79 《성종실록》 권10 성종 2년 6월 8일 기유.

여기서 주목할 것은 여염 한가운데 세운 '사(社)'로 불리는 염불소이다. '사'는 고려시대부터 내려오던 승려들의 공동체 조직인 결사(結社)의 유습으로 볼 수 있다. 또, 중도 아니고 속인도 아니면서 거리에서 풍악을 울리고 춤추고 설교하면서 남녀노소가 어울리는 것은 고대적 선비공동체의 모습이기도 하고, 신라시대의 고승 원효(元曉)의 모습을 연상시키기도 한다. 원효는 승복을 벗고 광대 옷차림으로 거리를 돌아다니면서 〈무애가〉(無㝵歌)를 노래하고, '나무아미타불'만 외우면 서방정토에 다시 태어날 수 있다고 설교하여 정토신앙을 널리 퍼뜨린 승려로 알려지고 있다. 조선시대 사장은 바로 원효의 행태를 그대로 본받은 듯하다.

여기서 또 한 가지 '사장(社長)'이 '거사'(居士)로도 불렸다는 양성지의 말을 따져볼 필요가 있다. '거사'란 원래 부처의 신도(信徒) 가운데 남자 신도인 '우바새'를 일컫는 말이었다.[81] 그런데 신라-고려-조선 초기에는 거사를 일컫는 지식인이 적지 않았다. 우선 신라의 고승 원효가 스스로 '소성거사'(小姓居士)로 일컬은 일이 있으며, 무신집권시대의 이규보(李奎報)의 호는 '백운거사'(白雲居士)이고, 고려 말 이승휴(李承休)의 호도 '두타산거사'(頭陀山居士)였으며, 태조 이성계도 만년에 스스로 '송운거사'(松雲居士)로 부른 일이 있었다. 대체로 거사를 칭하는 인물은 순수한 유학자가 아니고, 유교와 불교, 무교를 함께 아우르는 인물인 경우가 많다. 그 기원을 따지면 삼국시대의 선비나 화랑에서 비롯되었다고 할 수 있다.

---

80 《성종실록》 권10 성종 2년 6월 18일 기미.

81 이긍익, 《연려실기술 별집》 권3 僧敎.

'사장'이 '거사'로도 불린 것은 '사장'이 순수한 불교 단체가 아님을 말해준다. 염불소가 깊은 산사(山寺)에 있지 않고 복잡한 시중(市中)에 있는 것도 불교와 다른 점이며, 풍악을 울리면서 춤추고 포교하는 모습도 그렇다. 아마 이러한 풍류적, 가무적 행태는 무속(巫俗)과 불교의 제례의식이 혼합되어 나왔을 것으로 보이는데, 이 때문에 남녀노소의 이목을 크게 끌었을 것이다.

그런데 양성지는 이 '사장' 곧 '거사'에 대해 국역(國役)의 측면에서 비판한 것과 달리 한치형은 그들이 돈을 구걸하면서 극락세계를 팔고 있는 교의(敎義)의 이중성과 속임수를 문제 삼았다. 어쨌든 성종 2년 6월에 이르러 사장은 일단 금지의 대상이 되었다.

② 세종과 세조의 사장 비호

세종시대로 거슬러 올라가면 '사장'은 오히려 왕실에서 보호하던 공동체였다. 세종은 재위 30년(1448) 12월에 경복궁에 내불당(內佛堂)을 준공하고 이를 기념하여 부처님을 공양하는 성대한 경찬회(慶讚會)를 5일 동안 열었다. 이때 종친, 대군, 왕자, 그리고 대신들이 모여 재(齋)를 올리고, 나아가 지방의 승려들과 사장(社長)을 내불당 밖의 건천(乾川)에 모아 음식을 대접했다. 이때 하루 동안 공궤한 사람이 7~8백 명에 이르렀고, 소비한 쌀이 2,570여 석이었다고 한다.[82] 여기서 내불당 준공기념 경찬회에 승려와 더불어 사장이 초대받아 대접을 받았다는 사실은 매우 주목되는 일이다.

사장에 대해 관대하기는 불교를 애호한 세조(世祖)도 마찬가지였

---

82 《세종실록》 권122 세종 30년 12월 5일 정사.

다. 세조는 재위 10년(1464), 속리산에 가고 있을 때 어가(御駕)가 청주(淸州)에 이르렀는데, 이때 40여 명의 사장이 길 위에서 향안(香案)을 베풀고, 쌀 70두를 바쳤으며, 승려 한 사람이 어가 앞에서 목탁을 쳤는데, 세조는 그들이 바친 물건을 모두 물리쳤다고 한다. 그런데 이때 노인(老人), 유생(儒生), 창기(娼妓) 등이 노래를 불렀다고 한다.[83] 여기서 '사장'은 지방에도 있었던 것을 알 수 있다.

세조는 서울에 원각사(圓覺寺)를 중창하고, 재위 14년(1468)에는 원각사의 부처에 기름을 바르는 이른바 불유행사(佛油行事)를 행했으며, 강원도 낙산사(洛山寺)를 중건하기도 했다. 그런데 이때 원각사의 '불유행사'와 낙산사의 중건을 빙자하여 사장(社長)과 낙산사 화주승(化主僧)들이 여러 지방의 수령들을 움직여 민간에서 비용을 거두어들이는 사건이 발생했다. 세조는 모든 경비를 관에서 지출하므로 관을 빙자하여 물건을 거두어들인 승려와 사장들을 잡아 가두도록 하고, 아울러 이에 관여한 관찰사와 공신(功臣), 의친(議親)들도 체포하라고 명했다.[84] 하지만 세조는 사장 전체를 금압하는 조치는 취하지 않았다.

③ 사림의 사장 비판

세종과 세조의 호불정책(好佛政策)으로 '사장'은 왕실의 비호를 받고 있었으나, 예종 이후로는 앞에서 소개한 양성지의 비판을 받고, 다시 성종 2년 6월에는 한치형의 비판이 나와 드디어 국가의 금압을

---

83 《세조실록》 권32 세조 10년 2월 23일 병오.
84 《세조실록》 권46 세조 14년 5월 6일 을축.

받게 되었던 것이다.

그런데 '사장' 혁파는 한치형의 건의로만 이루어진 것은 아니었다. 이보다 앞서 사림(士林) 계열의 언관들이 잇달아 '사장'을 강도 높게 비판하고 나섰다. 이들은 특히 사족(士族) 여자들이 '사장'과 함께 어울리는 행위를 못마땅하게 생각했다. 성종 2년(1471) 5월에 사헌부 지평 김수손(金首孫)은 성종에게 사장의 폐단을 다음과 같이 말하면서 금지 조치를 촉구하고 나섰다.

사장(社長)들이 승니(僧尼)를 여염(閭閻)에 불러 모아 염불을 일삼으니 범패(梵唄) 소리가 나라 안에 가득차고, 사녀(士女)들이 분주하게 따라다닙니다. 생각건대 뒷일이 걱정스럽습니다. 작은 일이 아니니 일체 금지하도록 하소서.[85]

김수손은 '사장'의 폐해 가운데 특히 사장들의 염불과 범패 소리에 선비집 여자들까지 모여들어 따라다니고 있다는 것을 지적하면서 이를 금지할 것을 요구한 것이다. 그러나 성종은 "갑자기 금지하면 더욱 시끄러워질 것이므로 먼저 금령(禁令)을 내리어 스스로 그치도록 하는 것이 좋다"는 온건한 조치를 취했다.

'사장'에 대한 성종의 이러한 조치에 대해 사림 출신 언관(言官)들은 동의하지 않고, 다시금 '사장' 억압정책을 촉구하고 나섰다. 사간원 헌납 최한정(崔漢禎)은 김수손의 건의가 있은 지 며칠 뒤에 다음과 같이 '사장'의 실태를 보고하면서 그 대책을 촉구했다.

---

85 《성종실록》 권10 성종 2년 5월 11일 계미.

정선방(貞善坊)에 있는 사장(社長)들이 공동으로 집 한 채를 지어 불사(佛事)를 일삼고, 승니(僧尼)와 부녀(婦女)들이 뒤섞여 살고 있으니 매우 옳지 못합니다. 전에 도성(都城)에 있는 사찰이나 사(社)는 모두 헐도록 했는데, 지금 정선방의 집도 하나의 불우(佛宇)입니다. 그러니 헐도록 하십시오. 승려들이 여염에 출입하는 것을 양종(兩宗; 禪宗과 敎宗)에 명하여 금하도록 했는데, 어찌 국가의 금령(禁令)을 승려들에게만 맡길 수 있습니까? 사헌부에서도 규찰해야 할 것입니다.[86]

최한정은 서울 정선방에 지은 '사장' 염불소에 승니(僧尼; 남자 중과 여자 중)와 부녀들이 뒤섞여 사는 것을 문제 삼고 그 철거를 주장했는데, 임금은 최한정의 건의에 대해 답변하기를 "승니와 부녀들이 섞여 사는 것은 이미 금령을 내렸다. 그러니 꼭 집을 헐 필요야 있겠느냐? 만약 승인(僧人)들이 여염집을 드나들면 오부(五部)에서 금하게 하라. 하지만 걸식(乞食)을 하거나 부모를 만나려는 자는 금할 수 없다"고 했다.

언관들은 성종의 온건한 조치에 또다시 승복하지 않고, 이번에는 헌납 최한정과 지평 김이정(金利貞)이 연합해서 염불소 헐기를 요청하고 나섰다. 그러나 성종은 집을 허는 것을 반대하고, 나아가 "사장들이 스스로 불사(佛事)를 하는 것이 어찌 해로운 일이냐?"[87]고 오히려 옹호하는 발언을 했다.

'사장' 혁파를 둘러싼 임금과 언관들의 갈등은 그 뒤에도 계속되

---

86 《성종실록》 권10 성종 2년 5월 15일 정해.
87 《성종실록》 권10 성종 2년 5월 19일 신묘.

었다. 성종 2년 6월에 대사헌 한치형(韓致亨)이 올린 상소도 그런 맥락에서 나온 것이다. 사림들은 신분질서의 문란과 교리의 허위성, 그리고 국역(國役)의 감소 등을 이유로 '사장'의 금압을 요청하고 나선 것이었다.

하지만 유학자라고 해서 모두가 같은 생각을 가졌던 것은 아니었으니, 세종과 세조를 보좌했던 유신(儒臣)들은 이를 긍정적으로 바라보았던 것이다. 앞서 소개한 《용재총화》의 저자인 성현(成俔)은 '사장'과 비슷한 성격의 '향도'를 오히려 전통적인 미풍양속으로 보았던 것이다.

사림이 정권을 확실하게 잡은 선조 대에도 사장(社長)에 대한 신하들의 비판은 여전히 이어졌다. 임진왜란이 끝난 뒤인 선조 39년(1606)에 사헌부는 '사장'을 비판하는 다음과 같은 글을 올렸다.

근래 민심이 요망스러워 괴이한 것을 좋아하는 것이 날로 극심합니다. 서울과 지방의 남녀들이 요역(徭役)을 피하기 위해 사장(社長)이라 칭하기도 하고, 거사(居士)라고 칭하기도 하면서 사방을 두루 돌아다니면서 일세의 사람들을 미혹시키고 있습니다. 하는 일 없이 놀고먹으면서 백성들의 재물을 축내는 그것만으로도 가증스러운데, 붕류(朋類)들을 불러 모아 늘상 모임을 갖는바 이것이 점점 만연되어가고 있습니다. 지방에서는 불교의 도량(道場)을 설치할 때 반드시 먼저 나무를 깎아 희게 만들고, 거기에다 글씨를 써 놓는데, 그렇게 하면 원근에서 늙은이와 어린이를 막론하고 풍문을 듣고 구름처럼 모여들어 번번이 1만 명을 헤아릴 정도입니다. 만약 특별히 과조(科條; 법조문)를 세워 금단하지 않으면 반드시 도모하기 어려운 폐단이 있게 될 것입니다. 해조(該曹; 형조)로 하여

금엄하게 사목(事目)을 만들게 하소서.[88]

위 상소문은 '사장'이 사방을 돌아다니면서 무리[朋類]를 만들고 있고, 도량(道場)을 설치할 때 나무를 깎아 희게 만들고 여기에 글씨를 써놓으면 사방에서 군중들이 구름처럼 모여드는데 그 규모가 매번 1만 명에 이르고 있다는 것이다. 나무에 쓴 글씨가 무엇인지는 알 수 없으나, '나무아미타불'이거나 시주자(施主者)의 이름일지도 모른다. 여기서 사헌부가 염려하는 것은, '사장'이 구걸로 백성의 재물을 축내는 것과 아울러 패거리가 점점 커지는 것에 대한 우려였다. 아마 '사장'이 반역 세력으로 바뀔지도 모른다는 걱정에서 그랬을 것이다.

사헌부의 금압 요청에 대해 선조는 아뢴 대로 행하라고 답했다. 그러나 역시 다른 임금과 마찬가지로 '사장'의 폐단을 심각하게 받아들이지 않았다. 어쨌든 선조는 '사장'을 금압하라는 사헌부의 요구를 받아들였지만, 그렇다고 '사장'의 풍습이 없어진 것은 아니었다.

광해군 대에도 승정원에서 '사장'의 폐단을 또 문제 삼고 나섰다. 광해군 2년(1610)에 승정원은 "사장(社長)의 성행이 요즘 더욱 심하여 여염 간에 드나들면서 어리석은 백성들을 속이므로 그 폐해가 끝이 없으니 팔도에 하유(下諭)하여 엄하게 금지하자"[89]는 것이었다. 이때에도 광해군은 이 문제를 해당 관청에서 의논하여 시행하라고 교를 내렸지만, 이렇게 거듭된 금압 정책에도 '사장'의 풍습은 쉽게

88 《선조실록》 권200 선조 39년 6월 4일 신축.
89 《광해군일기》 권27 광해군 2년 윤3월 21일 병인.

사라지지 않았다.

그러나 정부의 끊임없는 금압 정책으로 시간이 흐를수록 '사장'의 성격은 많이 바뀌어갔다. 도시에 기반을 둔 종교공동체의 성격은 점점 퇴색하고 향촌의 농사공동체, 놀이공동체로 변모해갔다. 그래서 사장의 폐단에 관한 기록이 《실록》에서 거의 사라졌다.

조선 후기에 사장(社長)은 흔히 '두레', '두레패' 또는 '사당패'로 불렸다. 그런데 지금까지 전승되고 있는 두레패의 놀이문화를 보면 종교적, 군사적 색채가 남아 있다. 우선 두레패의 의복을 보면, 고 깔모자는 승려 또는 거사의 모습을 연상시키고, 상모를 단 남자들의 모자는 군인들의 전투모자 즉 전립(戰笠)을 연상시킨다. 또 그들의 춤이나 몸동작은 무당굿을 연상시키기도 하고, 상모꾼의 동작은 마치 군사무예를 연상시킨다. 그리고 남녀노소가 한데 어울려 노는 문화는 아마도 두레가 유일할 것이다.

두레패의 음악은 징, 꽹과리, 장고, 북, 퉁소로 이루어져 있는데, 이 또한 군사들의 행진에 사용되는 악기들이다. 그리고 이것은 조선 초기부터 사장들이 여염에서 신도들을 불러 모으고 구걸할 때 사용했던 바로 그 악기들이다. 이런 악기들이 연출하는 음악에 대중들이 빨려 들어가 신명(神命)과 흥(興)을 느끼면서 공동체적 일체감을 갖게 되는 것은 자연스러운 일이다.

두레패가 사용하는 농기(農旗)나 영기(領旗) 등의 깃발도 유사시에는 무기로 활용될 수 있었다. 원래 군기(軍旗)의 끝에는 창날이 달려 있어서 창으로 사용되었던 것이다.

요컨대 '향도'와 '사장'은 고대로부터 내려온 선비들의 종교적, 무사적 공동체 전통이 민간 풍속으로 자리 잡은 것이라고 할 수 있다.

조선 초기에는 종교적 색채가 강했던 '향도'와 '사장'은 정부의 금압으로 점차 그 색채가 퇴색하면서 '향도'는 주로 장례공동체로 기능하고, '사장'은 놀이공동체로 변모하여 오늘에 이르렀다고 할 수 있다.

'향도'와 '사장'이 지닌 초계급적 축제 행태는 신분질서를 존중하고, 이단(異端)을 싫어하는 유학자의 눈에는 거칠고, 혼잡하고, 무질서한 것으로 비친 것도 사실이었기에 이를 대신하여 향약(鄕約)이라는 새로운 유교적 공동체가 생겨났지만, 서민들 사회에서는 향도와 사장이 오히려 강인한 생명력을 지니고 오늘에까지 이르게 된 것이다.

4

성리학적 향촌공동체: 향약

① 주자향약

조선시대에 '향도'나 '사장'을 대신하여 생긴 유교적 공동체가 바로 향약(鄕約), 동약(洞約) 또는 동계(洞契)이다. 향약은 원래 북송의 여대균(呂大鈞) 형제가 만들어 남전(藍田)에서 실시한 '여씨향약'(呂氏鄕約)을 남송의 주자(朱子)가 수정한 '주자증손여씨향약'(朱子增損呂氏鄕約)을 모범으로 하여, 16세기 중엽 중종 때 조광조(趙光祖) 일파가 실시한 데서 시작된 것이다. 물론, 향약은 《소학》(小學)과 《성리대전》(性理大全)에 실려 있어 일찍부터 우리나라에 소개되었지만, 15세기에는 실시되지 않았다. 이는 주자향약이 조선의 현실에 맞지 않는 점이 많은 때문이었다.

16세기 중엽 조광조 일파가 퍼뜨린 향약은 주자향약으로서 그 내용은 잘 알려진 바와 같이 덕업상권(德業相勸), 과실상규(過失相規), 예속상교(禮俗相交), 환난상휼(患難相恤) 등 네 가지 실행 목표를 가진 것이었다.

그러나 조광조 일파의 향약 보급 노력은 실패로 돌아갔다. 주자향약은 일반 서민들을 대상으로 만든 것이 아니고 사대부층의 도덕규범을 높이기 위해 만들어졌기 때문에, 경제 문제가 무엇보다 절실한 서민들에게는 받아들여지기 어려웠다. 당시 향촌 백성들의 현실적인 관심은 도덕적인 문제보다는 환난상휼에 해당하는 경제적인 상부상조가 급선무였고, 그런 문제는 전통적인 종교적 공동체인 '향도'나 '사장'이 계(契)를 통해서 해결해주고 있었던 것이다.

더욱이 향약을 제대로 집행할 수 있는 성숙한 지도자가 향촌사회에 있지 않으면 오히려 소민(小民)들을 압박하는 역기능을 가져올 위험이 있었다. 조광조 일파는 이런 점을 충분히 헤아리지 못하고 성급하게 주자향약을 도입하려다 실패로 끝나고 말았다.

② 이황의 향약

조광조의 실패를 경험 삼아 주자향약을 조선의 현실에 맞추어 수정하려는 노력이 16세기 중엽 이후 퇴계 이황과 율곡 이이 등에 의해서 시도되었는데, 이를 바탕으로 조선 후기에 비로소 전국적으로 향약이 보급되기에 이르렀다.

퇴계 이황(退溪 李滉; 1501~1570)이 만든 향약은 '예안향약'(禮安鄕約, 1556)과 '온계동규'(溫溪洞規, 1568) 등이며, 율곡 이이(栗谷 李珥; 1536~1584)가 만든 향약은 '사창계약속'(社倉契約束, 1570), '서원향약'(西原鄕約, 1571), '해주향약'(海州鄕約, 1577 이후), '해주일향약속'(海州一鄕約束) 등이었다.

퇴계가 만든 '향약'이나 '동규'는 도덕적 규범을 강하게 담고 있는 것이 특징이다. 도덕규범은 효제충신(孝悌忠信)에 역점을 두어 부모불순(父母不順), 형제상투(兄弟相鬪), 정처소박(正妻疎薄), 적서문란

이황의 향립약조서

(嫡庶紊亂), 친척불목(親戚不睦) 등을 큰 범죄로 다룬 것이 주자향약
과 다른 점이었다. 이는 중국과 다른 조선사회의 특수한 가족제도
즉 효(孝)의 강조와 적서차별(嫡庶差別)의 현실을 반영한 것이었다.

이 밖에 이황 향약의 참여자는 사족(士族)에 국한되고 천인(賤人)
은 제외되었다. 한편, 관부(官府)와 관정(官政)에 대한 간섭을 금지하
는 대신 수령이나 향리(鄕吏)의 향민(鄕民)에 대한 작폐도 징계하여
정부를 도우면서 향리를 견제하려는 입장을 담았다.[90] 이런 점도 주
자향약과 달리 조선의 현실을 반영한 것이다.

그러나 이황의 향약은 주자향약과 마찬가지로 소민(小民)을 참여

---

[90] 한영우, 1983,《조선전기 사회사상연구》, 지식산업사, 98~100쪽 참고.

시키지 않았고, 소민에 대한 대책을 담고 있지 않았다는 점에서 근본적인 한계를 지니고 있었다. 그래서 경상도 일부 지역에서만 수용되고, 전국적으로 수용되지 못했던 것이다.

③ 이이의 향약

이이(李珥)가 만든 향약은 무엇보다 평민과 노비 등 하층민까지 참여시키고 있을 뿐 아니라, 향약에 계(契)를 접목시켜 도덕적 규범과 아울러 경제적 상부상조에 역점을 두고 있다는 점이 주자향약 및 퇴계향약과 다르다.

이이는 사대부층과 소민층의 이해관계가 다르다는 것을 정확하게 파악했다. 서민들은 경제가 안정되어야 염치와 도덕을 알게 된다는 '선부후교'(先富後敎) 즉 '선양민 후교민'(先養民 後敎民) 사상을 견지하고 있었다. 그가 전통적인 계를 향약에 접목시킨 것도 하층민을 포용하려는 목적이 담겨 있었다. 또한 이이의 향약은 지역에 따라 특성을 부여한 것이 특이하다. 즉 행정구역 단위의 향약, 서원 중심의 향약, 농촌 지역의 향약이 그것이다. 그가 여러 종류의 향약을 만든 이유가 여기에 있었다.

다음은 개별 향약의 성격을 구체적으로 알아보기로 한다.

가) 사창계약속

'사창계약속'은 이이가 35세에 처가(妻家)가 있던 황해도 해주 야두촌(野頭村)에서 은거하고 있던 시절인 1570년(선조 3)에 만든 것으로 야두촌이라는 향촌을 대상으로 한 것이다. 이 향약은 촌민(村民)의 처지를 고려하여 향약과 사창계(社倉契)를 접목시킨 것이 특징이다. 참가자는 사창(社倉)에서 20리 이내에 사는 사람을 대상으로 하되 노비도 포함시켰다. 향약 운영자는 약원 (約員)들이 스스로 추대하도록 하되, 실무자는 서인(庶人)과 천인 (賤人)을 가리지 않고 선량하고 능력 있는 자를 뽑도록 했다. 약조를 어긴 자에 대한 처벌은 관(官)에 보고하여 처리하도록 하여 국가의 법질서를 따르도록 했다.

도덕규범은 다른 향약과 마찬가지로 삼강오륜의 덕목을 존중하되, 노비제도가 있는 조선의 현실을 반영하여 상전(上典)과 하인 (下人)의 관계를 세밀하게 규정했다. 예를 들면, 상전이 하인을 마음대로 구타를 했을 경우에는 벌을 주도록 했으며, 반대로 하인은 상전에 대해 충성을 바칠 것을 강조하고 있다.

환난상휼(患難相恤)을 할 때에는 양인과 노비가 다같이 재물을 내거나 노동력을 내도록 하되, 하인은 양인의 절반을 내도록 하고, 혜택을 받을 때에도 양인의 절반을 받도록 했다.

끝으로, 사창법(社倉法)은 환난상휼과 별도로 운영하도록 했는데, 약원이 공동으로 출자하여 재원을 마련하고, 약원 가운데 가난한 사람에게 대여하여 20퍼센트의 이식(利息)을 받도록 했다. 이 경우에도 노비는 양인의 반을 출자하도록 했다.

나) 서원향약

서원향약은 이이가 36세로 청주목사(清州牧使)였던 1571년(선조 4) 에 만든 것으로서, 참가 대상자는 청주목의 읍민을 대상으로 하여 사족(士族), 서인(庶人), 서얼(庶孼), 향리(鄉吏), 노비까지도 참여시켰으며, 청주목의 행정조직과 향약조직을 결합시켜 반관반민적

(半官半民的)인 모습을 띠었다는 점이 특이하다. 바꿔 말해, 수령이 주도하는 향약이라고 할 수 있다. 그런데 향약의 실무자인 색장(色掌)과 별검(別檢)을 양인과 천인을 가리지 않고 착하고 능력있는 자를 간택하도록 한 것도 특이하다.

한편, 향약의 규정은 삼강오륜의 도덕규범과 아울러 환난상휼과 교육에 관한 항목을 중요시한 것도 특징이다.

다) 해주향약(1577년경)

해주향약은 이이가 42세이던 1577년(선조 10)에 황해도 해주 석담(石潭)에 은거하면서 서원(書院)에서 후학을 교육시키고 있을 때 만든 것으로, 서원을 중심으로 운영하되 해주읍의 사족(士族)과 서인(庶人)을 대상으로 했다. 규약의 내용은 주자향약의 덕업상권, 과실상규, 예속상교, 환난상휼을 담고 있었으나, 세부적인 운영지침은 주자향약과 다른 점이 많았다.

첫째, 향약의 운영 책임자들을 약원(約員)들이 스스로 선출하고, 새로 들어오는 사람은 약원 전체의 동의를 얻도록 했다. 말하자면 해주향약은 관의 간섭이나 통제에서 완전히 벗어나 자율적으로 운영되는 것이 특징이었다.

둘째, 도덕규범은 충효(忠孝)를 중심으로 한 삼강오륜을 강조하고 있으나, 그 밖에 미신에 해당하는 음사(陰祀)를 배격하고, 자고비인(自高卑人) 즉 향약 불참자에 대한 경멸심을 갖는 것을 경계하고 있다. 여기서 '음사'라는 것은 국가의 제사규범에 들어있지 않은 잡귀신을 숭배하는 것을 말한다. 그러니까 '향도'나 '사장'도 음사에 속한다.

이이의 해주향약

셋째, 환난상휼과 관련하여 사창제(社倉制)를 도입하고 있다. 즉 약원들이 공동으로 곡식이나 포목을 출자하여 재원으로 삼아 경조사(慶弔事)를 비롯한 환난을 구제하는 데 지출하고, 그 나머지 재원은 다른 사람에게 대여하여 매년 20퍼센트의 이식(利息)을 받아 운영한다. 그러니까 주자가 주장한 사창제를 향약에 접목시킨 것이다.

넷째, 향회(鄕會) 모임의 자리 배치는 연령 순서를 원칙으로 하여 사족(士族)이 아니더라도 학행이 뛰어난 자는 연령에 따라 자리를 정하도록 했다. 이는 신분제의 경직성을 벗어나려는 의도가 반영된 것이다.

라) 해주일향약속

  '해주일향약속'은 해주목 전체를 대상으로 한 것으로, 해주목 산
하의 유향소(留鄕所)의 품관(品官)과 향약의 약원이 서로 협조하
면서 운영하도록 했다. 그런데 유향소의 임원인 좌수(座首)와 별
감(別監)은 모든 향민(鄕民)이 기명(記名)으로 투표하여 천거한
사람 가운데서 약원들이 선출하도록 했다. 그러니까 매우 민주
적인 절차에 따라 임원을 뽑도록 한 것이 주목된다.

  규약의 내용은 덕업상권, 예속상교, 과실상규, 환난상휼을 담고
있는데, 구체적인 실행 세목은 주자향약과 달리 조선의 현실을
반영했다. 즉 도덕적으로는 오륜의 윤리를 강조하고, 그 밖에 약
원들이 국가에 대한 조부(租賦)를 성실하게 바칠 것과 아울러 관
(官)의 소민침탈(小民侵奪)을 방지하는 규정을 담고 있다. 특히
유향소, 향리(鄕吏), 서리(書吏) 등이 백성을 침탈하는 행위를 경
계하는 규정이 담겨 있다.

  '해주일향약속'은 요컨대 수령, 유향소, 약원들이 서로 자율적
으로 도우면서 국가에 대한 의무를 다하고, 다른 한편으로 지방
의 품관, 아전들로부터 소민을 보호하려는 데 목표를 둔 조직이
라고 할 수 있다.

④ 조선 후기 향약

  16세기 후반 이이의 향약은 전통적인 계(契)와 결합하면서 소민
(小民)들을 포용하려는 모습을 보였는데, 이 시기의 다른 지역 향약
들도 대개 비슷한 성향을 나타냈다. 이는 이이의 향약이 준 영향으
로도 볼 수 있고, 아직 16세기 사회가 신분적으로 탄력성을 지니고

있음을 말해준다. 다시 말해 아직 '사족=양반' 중심의 신분제가 확립되지 않은 상황과 관련이 있었다. 예를 들어 1565년(명종 20)에 만들어진 전라도 영암(靈岩)의 '구림대동계'(鳩林大同契)의 경우에서는 향도(香徒) 또는 이사(里社)의 전통이 하부조직으로 접목되고 있음을 볼 수 있다.[91] 1592년(선조 25)에 서사원(徐思遠)이 만든 '하동리사계서'(河洞里社契序)에서 "동포는 함께 살아야 한다. 귀천을 따져서는 안 된다"는 표현도 그러하다. 1598년(선조 31)에 만든 금란수(琴蘭秀)의 '동중약조입의'(洞中約條立議)에서 "하인이나 노비들도 비록 명분은 다르나 천명지성(天命之性)을 함께 받았다"고 한 것, 그리고 1611년(광해군 3)에 박인(朴絪)이 만든 '삼리향약입의'(三里鄉約立議)에서 "사부평인(士夫平人), 서얼, 서민(庶民), 복예(僕隸)는 모두가 같은 부류[一類]"라고 말한 것들이 그런 분위기를 보여준다.[92]

그러나 왜란과 호란을 거치고 난 조선 후기에는 향약의 성격은 점차 보수적인 성격으로 바뀌었다. 이는 전란으로 무너진 신분질서와 향촌질서를 사족(士族)을 중심으로 재편하는 과정과 맞물려 나타난 현상이었다. 물론, 조선 후기 향약은 지역적인 편차가 있었고, 또 시대에 따른 변화가 있었다. 대체로 기호 지방에서는 이이의 향약이 지침이 되었고, 경상도 지역에서는 이황의 향약이 표준이 되었다고 할 수 있다. 또 향약의 호칭도 다양하여 '향규'(鄉規), '향안'(鄉案), '동약'(洞約), '동계'(洞契) 등으로 불리는 경우가 많았다.

하지만 지역적 차이에도 불구하고, '향약', '동약', '동계'는 기본

---

91 이해준, 1990, 〈조선후기 洞契, 洞約과 촌락공동체조직의 성격〉, 《조선후기 향약연구》, 민음사, 134~135쪽 참고.

92 이상은 위의 책 참고.

적으로 사족층(士族層)이 주도하는 공동체로서, 상하 위계질서를 중요시했다는 점에서 평등지향적인 하층민의 '향도계' 성격과는 충돌하는 측면이 있었다. 특히 17~18세기의 향약은 이 시기 양반 문벌사회의 형성과 짝하여 향촌에서 '사족=양반'의 향권(鄕權)을 안정시키려는 목적이 반영되고 있었다. 특히 전통적으로 양반세력이 큰 지방의 경우 그런 면이 두드러지게 나타났다. 경상도 안동(安東) 지역과 전라도 남원(南原)의 경우가 그런 예에 해당할 것이다.

한편, 18세기 말~19세기 이후에는 중앙 정부의 재정 수입을 안정시키기 위해 향약, 동계, 동약 등 향촌공동체조직을 부세 단위로 활용하여 공동납제(共同納制)로 편제하면서 공동체 내부의 갈등과 분열이 드러나기 시작했다. 여기에 향권을 둘러싼 신구 양반 세력 사이의 갈등까지 겹쳐지면서 갈등의 폭은 더욱 커졌다. 19세기 초의 향약을 경험한 다산 정약용(丁若鏞)은 "향약의 폐단이 도적보다도 심하다"고 했는데, 이는 이 시기 향약이 부세 단위로 변모된 모습을 고발한 것이라 할 수 있다.

향약이 이처럼 수탈 단위로 변모되면서 하층민들은 전통적인 소민공동체를 다시 활성화시키는 방향으로 전개되었으니, 그것이 바로 두레패, 농악패, 상두꾼의 활성화로 나타났다.

5

향촌 군사공동체 (1) : 왜란 의병

조선왕조 최대의 전란인 임진왜란(1592~1598)이 조선사회에 막대한 피해를 입힌 것은 두말할 나위도 없지만, 전쟁 자체는 조선의 승리로 끝났다. 승리한 이유는 무엇인가. 물론, 이순신 함대의 연전연승이나 육전에서 관군의 분투가 큰 힘을 보탠 것은 사실이다. 여기에 명나라 육해군의 지원도 결코 과소평가할 수 없다. 그러나 전승의 배경에는 자발적인 의병(義兵)의 참여가 왜군을 가장 괴롭혔다는 사실을 잊어서는 안 될 것이다.

그러면, 정규군이 아닌 의병이 그토록 전국 방방곡곡에서 일어난 이유는 무엇인가? 물론, 전란을 직접 경험한 이수광(李睟光)이 지적한 것처럼 정신적으로는 성리학(性理學)이 가르쳐준 충의정신(忠義精神)의 힘이 발동된 것도 사실이다. 성리학이 무비(武備)의 약화를 가져온 측면도 있었지만, 정신적인 힘까지 약화시킨 것은 아니었음이 증명된 것이다.

그런데 충의정신이 오직 성리학의 힘이었다고만 생각할 수는 없다. 이미 고대로부터 전승되어온 고구려 선비와 신라 화랑의 무사정신이 고려시대에 재가화상(在家和尙)으로 전승되고 승병(僧兵)으로 표출되어 거란과 여진, 몽고와의 항전에서 발휘되었음은 앞에서 이미 살펴본 것과 같다.

고려가 관군의 힘만으로 국난을 이겨낸 것이 아니듯이, 조선의 왜란도 관군의 힘만으로 극복된 것이 아님은 서로 통하는 바가 있다. 조선시대에는 고려의 재가화상과 똑같은 이름의 공동체는 없었다 하더라도 '사장'(거사)이나 '향도' 등 공동체가 여전히 존속되었음은 앞에서 살펴보았다. 사실, '사장'과 '향도'는 재가화상과 크게 다르지 않은 것으로 보인다. 승인(僧人)도 아니고 속인(俗人)도 아니라는 '사장'은 복장의 모습이나, 여염에서 일반 속인들과 섞여 사는 방식이 재가화상과 크게 다르지 않다. 아마 이들도 재가화상처럼 머리를 깎았을 것이다. 그렇지 않다면 승려의 복장과 승려의 모자를 쓰고 다닐 수가 없다. 재가화상도 승인도 아니고 속인도 아닌 모습으로 살았으니 그들은 서로 닮은 꼴이다.

서긍의 《고려도경》에는 재가화상의 종교행위에 대한 언급이 없지만, 아마 이들도 '사장'이나 '향도'와 비슷한 종교행위를 했을 것으로 짐작된다. 그런데 전쟁이 일어나면 재가화상이 선봉에 서서 가장 열렬하게 싸운 것은 임전무퇴, 즉 살아서 돌아오는 것을 부끄럽게 여기는 선비정신이나 화랑의 정신이 있었기 때문일 것이다.

조선시대의 '향도'와 '사장'이 때때로 반역 세력에 가담하는 일이 있었다는 것은, 이들의 체질이 전투적인 재가화상과 닮았다는 것을 말해준다. 선조 대의 정여립(鄭汝立)은 평민과 노비를 망라하여 대동계(大同契)를 만들고 군사 훈련을 시켜 반역을 시도했다고 알려지고 있으며, 조선 후기에는 천민들이 주인을 죽이는 살주계(殺主契)를 만든 일도 있었다. 이런 조직은 말하자면 '향도'나 '사장'이 무사조직으로 바뀌었음을 말해준다.

그렇다면, 정치적 반역 세력에 가담할 만한 공동체적 결속을 가진 '향도'나 '사장'이 국난(國難)을 만나 전투조직인 의병(義兵)으로 전환되는 것은 자연스런 일이다. 의병은 평소에 공동체적 결속이 있어야 하고, 스스로 무기와 식량을 조달해야 하며, 일정한 군사무예를 익히고 있어야 전투 참여가 가능하다. 그런데 '사장'이나 '향도'는 바로 그런 조건을 일상적으로 갖추고 있었으므로 정규군은 아니지만 능히 전투력을 갖추고 있었다고 할 수 있다.

왜란 때 활약한 의병들이 왜군과 전투할 때 풍악(風樂)을 이용하여 적병의 사기를 꺾는 사례가 많은 것도, 따지고 보면 풍악을 울리던 종교공동체와 놀이공동체의 유습이라고 볼 수 있다. 의병의 지도자는 물론 전직 관료나 유생(儒生)들이었다. '향도'나 '사장'은 각계각층이 망라된 조직이었으므로 전직 관료나 유생이 '향도'나 '사장'을 지도하는 것은 자연스러운 일이다. 그것은 정여립(鄭汝立)이 각계각층으로 구성된 대동계를 지도한 것과 크게 다르지 않다.

한편, 향약(鄉約) 공동체의 존재도 의병운동과 무관하지 않을 것이다. 향약에서도 충효(忠孝)를 최고의 덕목으로 가르치고, 계(契) 조직을 통해 일정한 재원을 마련했다면, 이것이 유사시 군량미로 전환될 가능성을 부인하기 어렵다. 성리학이 왜란을 이기는 데 힘이 되었다는 이수광의 주장도 성리학적 향약의 존재를 염두에 두었을 것이다.

권율(權慄) 부대가 행주산성(幸州山城)에서 왜군과 전투할 때, 여성들이 치마에 돌을 날라 도와주었다는 이야기도, 남녀노소를 망라

한 '향도'나 '사장'의 모습을 떠올리게 한다. 여성들이 남성들과 공동체로 어울리는 전통이 없었다면 어떻게 전쟁 중에 남성들과 함께 전투에 참여할 수가 있었겠는가?

한편, 조선왕조 국가의례인 오례(五禮; 吉禮, 嘉禮, 凶禮, 賓禮, 軍禮)의 규범을 정리한 《국조오례의》(國朝五禮儀)의 군례(軍禮) 가운데는 향사례(鄕射禮)가 있다. 이는 국왕이 활쏘기를 하는 대사례(大射禮)와 대비되는, 지방에서 열린 활쏘기 의식을 말한다. 향사례는 향음주(鄕飮酒)와 짝하는, 지방의 중요행사로서 매년 봄과 가을에 향민들이 향사당(鄕射堂)에 모여 활쏘기를 거행하고, 성적이 나쁜 사람에게 벌주(罰酒)를 내렸다.

향사례는 효제충신(孝悌忠信)의 도의를 연마하고, 나아가 무예를 익히는 두 가지 목적이 결합된 행사였다. 이를 통해 향민들이 평소에 무예를 익힌 것이 유사시에는 의병으로 나갈 수 있는 기초훈련이 되었다고도 볼 수 있을 것이다. 향사례는 이론적으로는 《주례》(周禮)에서 유래한 것이지만, 이를 오례의 하나로 수용한 것은 그만큼 군사무예에 대한 전통이 끊이지 않고 내려왔음을 말해준다. 이것 역시 예부터 내려오던 선비전통의 유산으로 볼 수 있을 것이다.

6

향촌 군사공동체 (2) : 근대 의병

중대한 국난을 당하여 향촌에서 자발적인 민병대인 의병운동이 일어나 침략 세력을 괴롭힌 것은 한말의병과 일제시기 의병독립군 (義兵獨立軍)으로 다시 한 번 드러났다.

대한제국 시기를 전후하여 일어난 의병은, 1894년 갑오경장에 대한 반발, 일본의 철도 건설을 위한 토지 약탈에 대한 저항, 1895년 을미사변에 대한 저항, 1897년 군대 해산에 대한 저항, 1910년 일제의 한국 강점에 대한 저항의 형태로 거세게 표출되었음은 잘 알려진 사실이다. 이보다 앞서 갑오동학란도 한 면에서는 항일의병의 성격을 띠고 있었다.

일제시대 항일의병은 항일독립군으로 발전하여 중국과 만주 등지에서 일본군을 괴롭힌 것은 잘 알려진 사실이다. 이들이 대부분 평민이나 천민 출신이라는 점도 우연한 일이 아니다. 혼자 몸을 던져 흉적(凶賊)을 저격한 안중근(安重根)이나 윤봉길(尹奉吉), 이봉창(李奉昌) 등도 따지고 보면 의병 정신을 가진 인물들이었으며, 또 전통적인 선비정신으로 무장된 젊은이들이었다. 윤봉길이 거사에 나가기

夫 丈 以 家 生 不 還

尹奉吉

윤봉길과 그의 글씨

전에 쓴 글 가운데 "장부가 집을 나가면 살아서 돌아오지 않는다"[丈夫出家生不還]는 유명한 문구는 바로 화랑도가 임전무퇴(臨戰無退)의 정신을 바탕으로 전장에 나아가 살아서 돌아오지 않는 것을 최고의 영광으로 여긴 것과 다름이 없다.

8·15 광복이 비록 연합군의 도움으로 이룩되었다고 하지만, 항일열사들이나 항일독립군의 무장투쟁이 없었다면, 대한민국의 정치적 정통성이나 국제적 위상은 초라함을 면치 못했을 것이다. 물론, 독립을 위한 정치 투쟁, 외교 투쟁, 학술 투쟁, 문화 투쟁도 그 밑바탕에는 의병독립군과 똑같은 저항정신이 깔려 있었다고 보아야 한다. 다만, 그 방법이 달랐을 뿐이다.

그러면 그 힘은 어디서 온 것인가. 지금까지 살펴본 대로 한국인 체질의 연속성을 인정한다면, 근대 시기의 항일운동은 전통적 선비정신의 유습에서 그 근원을 찾아야 할 것이다. 물론, 정치이념에서는 다양한 스펙트럼의 차이가 나타났다 하더라도, 그 차이는 마

호남의 항일의병투쟁 사진

치 조선시대 향촌공동체에 나타난 유생층과 하층민의 상호관계와 크게 다르다고 말하기 어렵다. 하층민과 거리를 좁히려는 공동체, 하층민의 공동체, 하층민을 지배하려는 공동체 등 다양한 스펙트럼이 있었다 하더라도 공동체 그 자체 속에서 생존 전략을 찾으려 한 것은 선비정신 바로 그것이었다.

7

선비의 공익정신과 이상주의

① 공익정신 (1): 청렴과 절제

고조선의 무교적 사제(司祭)에서 시작된 '선비'는 삼국시대에 이르러 유불무(儒佛巫)가 융합된 종교적 무사집단으로 변신하고, 고려시대에 이르러 문무(文武)와 유불(儒佛)을 겸비한 상층 선비와 향촌 공동체인 하층 선비로 분화되었음은 앞에서 살펴본 바와 같다. 조선시대에 들어와서는 성리학이 국교로 정해지면서 '문사'(文士) 곧 '유학자'를 '선비'라고 부르는 시대로 또 한 번 바뀌었다. 그리고 고려시대 이래 향촌공동체였던 전통적 선비집단도 강인하게 이어져 왔음을 앞에서 살펴보았다.

이렇게 조선시대 선비집단은 이원화되어 서로 갈등하기도 했지만, 서로 융합하기도 했다. 또 상층 선비들도 체질적으로는 공동체를 존중하는 전통적 선비의 체질을 결코 벗어나지는 않았다.

'조선시대 선비=성리학자'는 공익정신(公益精神)과 이상주의(理想主義)가 강한 것이 특징이었다. 공익적인 이상사회의 모범은 요순삼대(堯舜三代)에서 찾기도 했지만, 고조선의 단군(檀君)과 기자(箕子)의 문명에서도 찾고 있었다. 단군에서 천손(天孫)과 홍익인간(弘益人間)의 자부심을 찾고, 기자의 팔조교(八條敎)와 정전제(井田制)에서 도덕적 이상을 찾았다. 바로 이 점이 조선 선비와 중국 선비[縉紳]의 다른 점이다.

조선 선비의 공익정신과 이상주의는 공(公)을 앞세우고 사(私)를 뒤로 하며, 의(義)를 앞세우고 이(利)를 멀리하는 마음가짐이다. 극기복례(克己復禮), 수기치인(修己治人)이 강조되는 이유가 여기에 있었다. 이런 공익정신은 물론 공자(孔子)나 맹자(孟子)의 가르침에도 있지만, 조선 선비들은 공맹(孔孟)의 가르침을 체질적으로 받아들일 수 있는 준비가 되어 있었다는 점을 주목할 필요가 있다.

선비의 절제된 몸가짐은 왕실 생활에서도 나타났다. 임금도 선비의 일부이기 때문이다. 조선시대 왕실의 의식주는 옛날보다 한층 검소해졌다. 임금은 평상시 일곱 그릇(칠첩상) 이상을 식탁에 올리지 못하게 했다. 1795년에 정조(正祖)가 화성(華城)에 행차할 때 올린 음식 메뉴 가운데 고체로 된 음식은 최고 4촌(寸; 약 16센티미터) 또는 5촌 이상 쌓지 못하도록 규제한 것이 《원행을묘정리의궤》(園幸乙卯整理儀軌)에 보여 우리를 놀라게 한다.[93]

임금과 왕비는 평상시에는 거친 무명옷이나 명주옷을 입었으며, 비를 겨우 피하는 띳집[茅屋]에서 태평성대를 이룩한 요순(堯舜)을 모범으로 하여 궁궐의 규모는 "위엄이 있으면서도 화려해서는 안 된다"는 원칙 아래 조성되었다. 경복궁을 비롯한 왕궁들이 그런 원칙 아래 지어졌기 때문에 국제적으로 볼 때 조선의 왕궁이 상대적으로 작게 보이는 이유는 여기에 있다. 비싼 금은 그릇을 추방하고 값

---

93 한영우, 1998, 《정조의 화성행차 그 8일》, 효형출판 참고.

《원행을묘정리의궤》. 자궁 곧 혜경궁 홍씨에게 올린 음식 메뉴가 자세히 기록되어 있다. 음식의 높이, 재료 등까지 씌어 있어 놀랍다.

湯
○回變
時雜湯
時錦鱗魚腰
骨胖雪夜炙
時
饅頭
菜

助致二器
秀魚蒸骨湯○回變
時秀魚蒸代軟鷄蒸○回變

炙伊一器
黃肉猪乫飛牛足
秀魚生雉○回變時雪夜炙

生雉餅一器
秀魚生雉回變時熟

生鰒蒸一器
朴古之水芹桔莄菁笋竹○回變時雪夜炙

佐飯一器
鹽秀魚民魚不鹽民魚片脯鹽脯○回變時雉全鰒包醬卜只

菜一器
朴古之水芹桔莄菁笋靑苽○回變時熟

醢一器
生鰒石花蛤醢○鹽松魚乾醢○回變時
松魚卵大口卵白鰕醢

醬三器
艮醬蒸甘醬醋　醬以上元盤
乫飛牛足腰骨雪夜炙散炙　以上挾盤
○回變時雪夜炙

淡沈菜一器
白菜○回變時菁根

胖饅頭一器　全鰒熟
回變時
各色炙一器
魚腸湯○回變時雜湯

代生
雉
胖卜只
回變時
菜
時魚
饅頭

淡沈菜一器
變時菁根白菜○回

醢一器
鹽松魚乾醢○回變時
生鰒石花蛤醢

菜一器
朴古之水芹桔莄菁苽○回變時雪夜炙

○生鰒蒸一器

大殿進御一床
黑漆足盤
七器鍮器

飯一器　和炊
赤豆水

羹一器
魚腸湯○回變時雜湯

助

炙伊一器
黃肉猪乫飛牛足秀魚雪夜炙○回變時錦鱗魚腰骨雪夜炙

淡沈菜一器
白菜○回變時菁根

醢一器
生鰒石花蛤蟹醢○

菜一器
生鰒石花

致一器
骨湯○回變
時軟鷄蒸

淸衍郡主淸璿郡主進止各一床
每床各七器○因下敎盤器饌品依御床磨鍊故不疊錄以下各站

同並

淸衍郡主淸璿郡主進止各一床
脯藥鹽乾雉全鰒醬卜只
回變時佐飯民魚不鹽民魚片
蔥笋靑苽○回變時肉膾
朴古之水芹桔莄菁笋竹笋

醬三器
艮醬蒸甘醬水醬

정조에게 올린 음식의 메뉴가 기록되어 있는데, 모두 일곱 그릇(칠첩상)으로서
밥·국·조치·자이·채·담침채(맑은 김치)·회·장이 그것이다. 밥을 빼고 일곱 가지다.

싼 도자기를 사용했으며, 도자기에 그림이 들어가지 않은 백자(白磁)를 쓰도록 법으로 규제했다. 왕비도 궁중에서 양잠(養蠶)을 했다. 이 같은 왕실의 검소한 생활은 절제된 모습을 보여 백성을 끌어안으려는 선비정신과 무관하지 않다.

검소한 생활은 일반 관료와 서민의 생활에서도 규제되었는데, 특히 집과 분묘의 크기를 법으로 제한했다. 물론, 품계에 따라 집과 분묘의 크기를 다르게 규제하여 계급질서를 유지하려는 목적을 담기도 했다. 하지만 중요한 것은 계급에 따른 차이가 아니다. 아무리 계급이 높아도 일정한 기준을 넘지 못하도록 제한한 것은 관인들의 생활이 사치에 흐르지 않도록 하려는 절제의 뜻이 담긴 것이다.

조선시대에는 청백리(淸白吏)로 이름을 날린 재상들이 많다. 원래 청백리는 지위가 높은 고관에게만 해당되었다. 고향인 온양에서 소를 타고 서울을 다닌 세종 대의 재상 맹사성(孟思誠)이나, 동대문 밖 초가집에서 비오는 날 우산을 펴고 산 유관(柳寬) 같은 정승의 일화는 유명하다. 이런 일화들은 선현의 가르침을 이론으로만 배운 것이 아니라 몸으로 체득한 선비가 적지 않았음을 말해준다.[94]

조선 선비는 수신 교과서를 매우 중요하게 여겼다. 어렸을 때 서당에서 《소학》(小學)이나 《동몽선습》(童蒙先習), 《명심보감》(明心寶鑑) 등 수신 교과서를 가르친 이유가 여기에 있었다. 조선 선비가 독자적으로 만든 수신 교과서도 헤아릴 수 없이 많다. 《동몽선습》은 16세기 중엽 박세무(朴世茂)가 지은 우리나라 독자의 아동용 수신 교과서이다.

---

[94] 한영우, 2005, 〈한국청백리정신의 역사적 전통〉, 《역사를 아는 힘》, 경세원 참고.

철저한 자기관리에서 시작하여 치국(治國)과 평천하(平天下)에 이르는 도리를 체계적으로 정리한 대표적인 책으로는 정도전(鄭道傳)의 《학자지남도》(學者指南圖), 권근(權近)의 《입학도설》(入學圖說), 양성지(梁誠之)의 《황극치평도》(皇極治平圖), 이황(李滉)의 《성학십도》(聖學十圖), 이이(李珥)의 《성학집요》(聖學輯要) 등을 들 수 있을 것이다.

이 밖에 18세기 말의 다산 정약용(丁若鏞)은 위에 말한 몸가짐에 더하여 "선비의 청렴은 여성의 정절(貞節)과 같다"고 말하여 선비의 청렴을 특히 강조했다.

물론, 조선시대에도 청렴하지 못한 이른바 탐관오리가 적지 않았으며, 이들을 '장리'(贓吏)라고 불렀다. 그런데 탐관오리의 자손은 과거 응시를 금지시키는 혹독한 벌을 부과했다. 부모의 잘못을 자식에게까지 연결시키는 연좌제가 너무 혹독하다고 생각할 수도 있지만, '장리'를 척결하려는 단호한 의지를 나쁘게만 볼 수는 없을 것이다.

② 공익정신 (2): 민본과 인정

선비의 공익정신은 철저한 자기 절제로도 나타났지만, 인정(仁政)과 민본정치(民本政治)로도 구현되었다. 인정과 민본사상의 뿌리는 물론 《맹자》(孟子)에 있다. 맹자는 "백성이 가장 귀하고[民爲貴], 사직(社稷)이 다음이고[社稷次之], 임금이 가장 가볍다[君爲輕]"고 하여 민본사상(民本思想)을 강조했으며, 백성의 지지를 얻지 못한 임금은 무력으로라도 바꿀 수 있다는 '혁명'(革命)을 인정한 바 있었다.

한편, 맹자에 앞서 공자(孔子)도 위정(爲政)의 세 가지 목표를 말하면서 "백성의 믿음을 얻는 것[民信之]이 정치에서 가장 중요하고, 다음이 경제 안정[足食]이고, 그 다음이 국방[足兵]"이라고 말했다. 공자와 맹자가 공통적으로 백성을 위한 정치와 민심을 얻는 정치가 중요하다는 것을 강조했던 것이다.

그런데 《논어》나 《맹자》에 이러한 민본사상이 들어 있다 하더라도 이를 통치이념으로 확립하고, 나아가 제도적으로 실천하는 일은 쉬운 일이 아니다.

공자와 맹자의 민본사상을 더욱 발전시켜 조선왕조의 건국이념으로 확립시킨 사상가가 바로 삼봉 정도전(三峰 鄭道傳; 1342~1398)이었다.[95] 그의 민본사상은 단순히 책을 읽어서 얻은 지식이 아니라, 9년간의 유배생활에서 서민들의 고통을 직접 체험한 바탕 위에서 체득되었다는 점이 중요하다. 또한, 조선시대는 민본정치를 하지 않을 수 없을 만큼 민도(民度)가 높아졌다는 점을 주목할 필요가 있다.

민본정치와 짝하는 것이 인정(仁政)이다. 《맹자》를 따르면, 인(仁)은 '측은지심'(惻隱之心)을 말하는 것으로, 어린아이가 우물을 향해서 기어갈 때 이를 차마 그냥 보고 있지 못하는 마음이다. 그러니까 생명을 아끼는 마음이다. 그래서 '인'이란 글자는 생명을 움트게 하는 '곡식의 씨눈'을 가리키는 뜻으로도 쓰였다.

그런데 우리나라에는 이미 예부터 '홍익이념'이 있었고, 중국인이 지적한 대로 '착하면서 생명을 사랑한다'는 '인이호생(仁而好生)'의 전통이 있었고, 화랑도에도 '살생유택'이 있으며, 천지인(天地人)을 하나의 생명공동체로 바라보는 우주관을 통해 '생명사랑'이 연면히 이어져 왔다. 그러므로 유교를 배워서 비로소 '인'을 알게 된

---

95 한영우, 1999, 《왕조의 설계자 정도전》, 지식산업사 참고.

것이 아니라, 고대로부터 '인'을 체득해 왔으므로 그것이 유교와 융합하여 한층 강렬한 실천성을 띨 수가 있었던 것으로 보아야 할 것이다.

조선시대 임금은 백성을 대하기를 "부모가 갓난아기를 돌보듯이 해야 한다"[如保赤子]는 것을 자주 강조했다. 갓난아기를 돌보는 것에 얼마나 정성이 필요한가는 새삼 강조할 필요가 없을 것이다. 위정자는 바로 백성의 부모가 되어 자기 자식처럼 정성스럽게 보호해야 한다는 정신이 민본사상의 바탕에 깔려 있었던 것이다.

조선시대의 민본사상은 조선 후기에 이르러 한 단계 더 진화하여 백성의 나라를 만들겠다는 '민국'(民國)을 공공연하게 표방했다. 특히 영조와 정조는 '민국'을 수시로 입에 담으면서 양반 정치를 극복하여 서민층을 더욱 적극적으로 정치에 참여시키겠다는 의지를 보여주었다. 탕평정치를 통해 당파를 초월하여 인재를 등용하고, 서얼, 중인, 그리고 지방 유생들을 적극적으로 포섭하고, 나아가 소외된 각 지방을 순방하면서 과거를 치른 이유가 여기에 있었다. 또 지방을 수시로 행차하면서 백성들의 고통을 직접 듣고 해결하기 위해 격쟁(擊錚)과 상언(上言)을 허용한 것도 민국정치의 한 표현이었다.

조선 후기의 민국사상이 절정에 이른 것은 대한제국(大韓帝國)이었다. 대한제국은 정치체제는 제정(帝政)이었지만, 그 목표는 '민국'을 건설하는 데 두었다.[96] 그 정신이 일제시대 '대한민국(임시정부)'이라는 호칭으로 이어진 것이다. 임시정부는 물론 '민주공화정'을 지향했기 때문에 대한제국과는 정치체제가 달랐지만, 국호를 '대한

---

96 한영우, 2001, 《명성황후와 대한제국》(《명성황후, 제국을 일으키다》로 개판), 효형출판 및 한영우 외, 2006, 《대한제국은 근대국가인가》, 푸른역사 참고.

공화국'이라 하지 않고 '대한민국'이라고 한 것은, 조선 후기에서 대한제국을 거치면서 무르익은 '민국'이라는 익숙한 용어를 그대로 담은 것에 지나지 않았다.

이렇게 본다면, 서양의 '민주공화정'을 수용하기 전에 우리나라는 '민본'과 '민국'이념을 성숙시키면서 '공화정'으로 가는 길을 닦고 있었다고 할 수 있다.

③ 공익정신 (3): 공전(公田)

아무리 백성을 사랑하더라도, 민생 문제를 무시한다면 그 사랑은 공염불에 지나지 않을 것이다. 따라서 민본정신과 공익이념에서 가장 중요한 것은 백성들이 먹고 사는 문제와 직결된 토지제도를 공정하게 운영하는 일이 된다.

우리나라 역사의 중요한 특징 중 하나는 왕조가 바뀔 때마다 '전제개혁'(田制改革)이 이루어졌다는 점이다. 신라도 삼국을 통일한 뒤 정전제(丁田制)를 시행했고, 고려는 건국 후 전시과(田柴科) 제도를 통해 빈부 격차를 완화시켰는데, 조선왕조의 경우도 예외가 아니었다. 과전법(科田法)의 시행이 바로 그것이다.

이성계 일파의 전제개혁에는 기자(箕子)가 실시했다는 '정전제'(井田制)의 이상을 담아 경작자가 토지를 소유한다는 '경자유전'(耕者有田)의 원칙을 지향했다. 이는 고려 말기에 보편화한 차경제도(借耕制度) 곧 남의 토지를 빌려 경작하는 무전농민(無田農民)을 자영농으로 끌어올리려는 목적이 담겨 있었다. 물론 이성계 일파의 전제개혁이 이상대로 실현되지는 않았지만, 자영농이 다수 창출된 것은 중요한 성과였고, 이것이 민본정치의 경제적 토대가 되었다.

또 과전법에서는 모든 농민을 자영농으로 만들지는 못했지만, '차경제도'를 개혁하여 '병작'(並作)으로 바꾸었다. '병작'은 우리말로 '어우리'로 부르는데, 농사를 지을 노동력이 없는 사람이 이웃이나 친척에게 땅을 빌려주고 농사를 짓게 한 다음 수확의 반을 나누는 제도였다. 그런데 '병작'이 허용되는 사람은 3~4결 이하의 땅을 가진 사람으로서, 홀아비, 과부, 고아, 독자일 경우에만 해당되었다. 만약 권세를 가진 사람이 많은 땅을 차지하여 힘없는 농민에게 병작을 시킬 경우에는, 그 땅을 국가에서 몰수하여 경작하는 농민에게 주었다. 그러므로 병작제도는 땅 주인과 경작민에게 다같이 이익이 되는 평등을 지향한 제도였던 것이다. 《실록》을 보면, '병작'은 본래 '병력이작'(並力而作)을 줄인 말이라 한다. 풀이하면, '힘을 합쳐서 농사를 짓는다'는 뜻이다.

우리 역사에서 '소작'(小作)이라는 용어가 생긴 것은 일본의 영향을 받은 개화기 이후부터다. '소작'은 그 용어 자체가 매우 불평등함을 내포하고 있다. 따라서 '소작'이라는 용어를 조선시대에 소급하여 사용하는 것은 부당한 것이다.

조선 초기 토지제도인 과전법(科田法)은 공전제(公田制)로도 표방되었다. 공전제는 '토지공개념'(土地公開念)을 뜻한다. 여기서 공개념은 국가가 배타적 소유권을 가진다는 '국유'(國有)와는 뜻이 다르다. 국가가 토지를 관리한다는 뜻을 가지고 있다.

토지공유(土地公有) 정신은 《서경》(書經)에도 보인다. "천하의 땅은 임금의 땅이 아닌 것이 없고, 천하의 백성은 임금의 신하가 아닌 자가 없다"[普天之下 莫非王土 率土之濱 莫非王臣]는 구절이 그것이다. 토지국유론자들은 이 구절을 "천하의 땅과 백성을 임금이 소유한다"는 뜻으로 풀이하는데, 이는 잘못된 해석이다. 위 구절의 참뜻은 "임금이 이 세상의 모든 것을 지배하고 있으므로 따로이 사토(私土)나 사신(私臣) 등 개인 재산[私藏]을 가져서는 안 된다"는 뜻이다. 그러니까 백성과 땅은 모두가 공물(公物)이라는 의미이다.

조선왕조의 토지제도는 국유제(國有制)가 아니고, 봉건적 영유제(領有制)도 아니다. 기본적으로 토지에 대한 소유권은 농민에게 있었으므로 농민은 토지를 매매하고 상속할 수 있었다. 다만 이 경우 국가의 허락을 받아야 한다.

그러면 토지공개념은 무슨 기능을 갖는가? 이는 세 가지 의미가 있다. 첫째, 국가가 토지로부터 세금을 받을 수 있는 권리를 가지고 있다. 둘째, 토지 소유가 극도로 양극화되어 있을 때 대토지 소유자의 토지를 무상으로 몰수할 수 있는 권한을 유보하고 있음을 뜻한다. 셋째로, 토지는 기본적으로 대자연의 일부로서 한시적으로 이용하는 땅이라는 의미가 있다. 그러므로 땅에 대한 소유권은 실제로는 이용권이라고 볼 수 있다. 이는 땅을 바라보는 철학의 문제이기도 하다.

따라서 조선시대 토지제도는 현실적으로는 토지사유제이며, 경우에 따라서는 공익(公益)을 위해 토지사유를 제약할 수 있는 국가의 권한을 유보하고 있는 제도라고 할 수 있다. 이는 농민의 토지소유권을 인정하지 않는 봉건적 토지제도와도 다르고, 배타성이 강한 근대적 토지사유제와도 다르다.

공전제의 이상은 조선 후기 실학자들의 전제개혁 사상에도 그대로 이어졌다. 실제로 공전제가 아니고는 국가가 대토지 소유자의 토지를 유상(有償)으로 환수하여 가난한 사람에게 나누어준다는 것은 불가능한 일에 속한다. 조선왕조가 500년 이상 지속된 배경에는 이러한 토지공개념으로 빈부격차를 완화시킨 공전제(公田制)가 큰 힘이 되었다.

광복 후 남북한에서 시행된 농지개혁이나 토지개혁도 큰 시야에서 보면 토지공개념의 현대적 계승이라고 보아야 할 것이다. 물론 북한의 토지개혁은 공개념이 지나쳐 사회주의적 재분배로 나아가 소유권 자체를 말살함으로써 큰 부작용을 일으켰다는 점에서 문제가 많았다. 오히려 공개념을 존중하면서도 개인의 사유권을 크게 침해하지 않은 한국의 농지개혁이 부작용이 적었다.

④ 공익정신 (4): 공선(公選)

정치의 공익성이 담보되려면 인사제도(人事制度)의 공평성이 반드시 수반되어야 한다. 만약, 관료 등용이 혈연, 지연, 학연(學緣) 등에 좌우된다면 정치의 공익성은 무너진다. 조선시대 인사제도의 큰 원칙은 '입현무방 유재시용'(立賢無方 惟才是用)이었다. '입현무방'은 '현자(賢者)를 등용하는 데 모가 나서는 안 된다는 것'이며, '유재시용'은 '오직 재주 있는 사람을 등용해야 한다'는 말이다. '인재등용에 모가 나서는 안 된다'는 말은 구체적으로 지연, 혈연, 학연을 초월해야 한다는 뜻이며, '오직 재주 있는 사람을 등용한다'는 것은 능력주의를 존중한다는 뜻이다. 그것을 다른 말로 '공선'(公選)이라고 불렀다.

그러면 '입현무방 유재시용'의 '공선'은 구체적으로 어떻게 제도화했는가? 그 답은 과거제도에 있었다. 과거제도에서는 문과든, 무과든, 생원 진사 시험이든 7배수를 뽑는 초시(初試)에서 8도의 인구

왼쪽부터 경서를 시험하는 장면과 급제한 선비(김중근 그림)

비율로 정원(定員)을 강제로 배분하고,[97] 2차 시험인 복시(覆試)에서
는 성적순으로 7분의 1을 뽑았던 것이다. 그리고 3차 시험인 전시(殿
試)에서는 성적순에 따라 분관(分館) 즉 보직 임명에 차등을 두었다.

조선 후기에 과거제도의 폐단이 나타났지만, 이는 시험제도 그 자
체의 폐단보다 시험 과정에 나타난 부정행위와 합격자에 대한 보직
임명 즉 분관할 때 지역 차별과 신분 차별이 문제로 대두했을 뿐이
다. 즉 문벌의 후예에게는 홍문관(弘文館)이나 승문원(承文院) 같은
청요직(淸要職)을 주고, 서북 사람이나 중인층에게는 청요직이 아닌
교서관(校書館) 등의 자리를 주었던 것이다. 무과(武科)의 경우에도
집안이 좋은 사람은 임금을 수행하는 선전청(宣傳廳)에 임관하고, 집

---

97 《경국대전》 예전(禮典)에 보면, 문과, 무과, 생원과, 진사과에 모두 초시 합격자의 정원이 8도
마다 다르게 규정되어 있는데, 이는 8도의 인구 비율을 고려한 것이다.

안이 좋지 않은 사람은 성문이나 궁궐의 문을 지키는 수문청(守門廳)에 임관한 것이 그것이다.[98]

이러한 문제점이 있었지만, 8도의 인구 비율로 초시 합격자의 정원을 배정한 것은 왕조 말기까지도 그대로 준수되었으며, 실제로 과거 합격자를 보면 지역적인 편차가 다소 있지만, 비교적 전국에서 고르게 인재가 선발되었고, 합격자의 성씨(姓氏)도 수백 개에 걸쳐 있음을 알 수 있다. 물론 성씨마다 인구 수가 다르므로, 모든 성씨가 비슷한 숫자의 합격자를 낸 것은 아니다. 이른바 대성(大姓)에 속하는 이(李), 김(金), 박(朴), 권(權), 윤(尹), 홍(洪) 등에서 합격자가 많이 나온 것은 당연하다.

조선시대에 과거 응시가 양반(兩班)에게만 허용되었다는 주장은 사실에 맞지 않는다. 양반이라는 말 자체가 조선 초기에는 문무관원을 가리키는 것으로 어떤 특권층을 뜻하는 것이 아니었다.[99] 17세기 이후로 군역(軍役)을 면제받는 특권층이 나타나서 양반으로 불리게 되었지만, 이들에게만 과거 응시를 허락한 일은 없었다. 물론 가문이 좋은 문벌에서 과거 합격자가 더 많이 나온 것은 사실이다. 그러나 이는 법으로 보장된 특권은 아니다.

조선시대에 혈연과 지연을 멀리하려는 정책은 상피제도(相避制度)로도 나타났다. 친족이 과거에 응시할 경우에는 고시관(考試官)이 면제되었으며, 가까운 친족과 더불어 같은 관청에 임명되는 것이 금지되었다. 왕실의 가까운 종친도 실직(實職)을 갖지 못하게 했다. 수령

---

98 한영우, 1988, 〈조선시대 중인의 신분계급적 성격〉, 《한국문화》 9집, 서울대 한국문화연구소 참고.
99 한영우, 1978, 〈조선전기의 사회계층과 사회이동에 관한 시론〉, 《동양학》 8집, 단국대 동양학연구소 및 한영우, 1997, 《조선시대 신분사연구》, 집문당 참고.

(守令)은 자기 출신지에 임명될 수 없게 했는데, 이는 지연의 폐단을 막기 위함이었다.

⑤ 공익정신 (5): 공론(公論)과 공거(公車)

국가의 중요한 정책 결정이 임금 개인이나 소수층의 생각만으로 결정된다면 정치의 공익성을 높이기 어렵다. 조선왕조는 정책의 결정 과정이나 집행 과정에서 독단을 막고 감시하고자 관료와 백성들에게 언로(言路)를 넓게 개방하여 소통(疏通)을 원활하게 만들었으며, 공론(公論; Public opinion)을 존중하는 정치를 폈다.

간쟁(諫諍)을 담당하는 기관으로 홍문관, 사간원, 사헌부를 두어 이를 언론삼사(言論三司)로 불렀으며, 언관(言官)이 아닌 일반 신하들도 상소(上疏)를 올리거나 임금을 만나 정책을 건의할 수 있는 기회가 많았다. 임금은 원칙적으로 하루에 세 번 경연(經筵)을 하면서 신하들과 더불어 학문과 정책을 토론했으며, 그 밖에 상참(常參), 시사(視事), 윤대(輪對), 차대(次對), 야대(夜對) 등으로 불리는 국무회의가 있었다.

지방민들도 글을 쓸 줄 아는 사람은 소장(疏狀)을 만들어 수령에게 전달하면, 수령은 반드시 임금의 비서기관인 승정원에 올릴 의무가 있었고, 임금은 이에 대해 반드시 답장[批答]을 내렸다. 조선시대는 상소문을 '공거'(公車)라고도 불렀다. 이는 '공적인 수레'라는 뜻이다. 공적인 언론을 수레에 담아 임금과 소통했다는 뜻이다.

조선 후기에는 글을 알지 못하는 서민들을 위해 상언(上言)과 격쟁(擊錚)이 허용되었다. 특히 격쟁은 임금이 교외로 행차할 때 징을 두드리고 임금 앞에 나아가서 억울한 일을 직접 호소할 수 있도록 허용한 것이다.[100] 영조와 정조는 특히 격쟁을 많이 받아들인 임금이었다.

임금은 민생과 직접 관련되는 세금제도를 바꿀 때는 백성들의 여론을 청취하는 것을 특히 중요하게 여겼다. 예를 들면 세종이 새로운 전세제도인 공법(貢法)을 만들 때에는 지방 유지(有志)들을 포함하여 17만 명의 찬부(贊否)를 직접 물은 일이 있었는데, 이는 한국 최초의 국민투표라고 할 수 있다. 영조는 군역제도를 개선한 균역법(均役法)을 만들면서 서울 방민들을 궁으로 불러 직접 의견을 물은 일이 있었다.

물론 당쟁이 심하던 시절에는 언론 자유가 백성의 이익보다는 당파의 이익을 대변하는 역기능도 전혀 없었던 것은 아니다. 그러나 이러한 부작용에도 불구하고, 언론 자유가 조선왕조의 정치를 정화시키고 왕조의 수명을 연장하는 데 긍정적으로 기여한 점은 부정할 수 없는 사실이다.

⑥ 공익정신 (6): 교육·출판·기록

조선시대의 정치적 공익성(公益性)은 교육기회의 확대와 출판문화의 발달에 따라서도 뒷받침되었다. 《논어》의 첫머리에는 "학습(學習)이 즐겁다"는 구절이 보인다. 조선왕조는 학습을 강조한 유교를 국교로 정하면서 향교(鄕校)가 각 군현마다 세워져 교육기회가 크게 확대되고, 교육을 뒷받침하는 활자의 개량, 그리고 출판 인쇄 기술이 비약적으로 향상되었다. 종이 생산도 크게 증가했다. 세종 때 변

---

100 한상권, 1996, 《조선후기 사회와 소원제도》, 일조각 참고.

岳遷都之地率都評議使司及臺省刑曹各一貟親軍衛以行

○書雲觀啓曰月犯心星。宥流聚人等。○戊寅。上至毋岳

相定都之地判書雲觀事尹莘達書雲副正劉旱雨等進曰以

地理之法觀之此地不可為都。上曰汝等安相是非此地若

有不可。則考諸本文。以 聞莘達等退相與論議。上召旱雨

既不可可何地為可旱雨。對曰臣不知。上怒曰汝謂書雲觀

問之曰此地竟不可乎對曰以臣所見實為不可。上曰此地

之不知欺誰欺都地氣衰旺之說汝不聞乎旱雨對曰此圖

識所說臣但學地理未知圖識。上曰古人圖識亦因地理而

言。豈憑慮無據而言汝心所可者旱雨。對曰前朝太祖

相松山明堂作宮闕而中葉已後明堂久廢君王屢徙離宮臣

疑明堂地德不衰宜復作闕仍都松京。上曰予將決意遷都

若曰近境之內更無吉地則三國所都亦為吉地宜合議以聞

乃謂左侍中趙浚右侍中金士衡曰書雲觀在前朝之季謂松

都地德已衰數上書請遷漢陽近以雞龍為可都動眾興役勞

《태조실록》 3년 8월 11일(무인조), 태조 이성계가 서운관 관원과 궁궐 후보지의 하나인 모악(지금의 연세대 일대)에 가서 신하들과 가부를 토론하는 내용이 적혀 있다.

京韓時雄 七百八十二日 浮石所長安門 北城南城北甕城
南甕城西城東城東一舖樓東將樓 東暗門西暗門西舖樓
金次奉 五百十四日坐浮石所 門訪花隨柳亭北東敵臺南水門

浮石所北城北東敵臺北東雉西城蒼龍門華西門南水門
宋道恆 七百六十一日
金尚得 六百四十五日 達門北城南城南城西西敵臺
金重

世 二百九十六日浮石所
西南暗門甬道 南水門南城南東敵臺
金啓益 七百六日
朴尚吉 一百五十二日浮石所長安門北城南城北

金明漢 六百九十四日
高福起 六百九日
李福先 七百六日
方正太 各七百四
李春永 三百

吳喜得 六百五十九日
姜得漢 六百四十五日
姜以金 六百七日
白龍世 六百七十五日

李命得 六百三日
韓興伊 六百三日
李春 百

三百六十三日
金福龍 六百二日
尹龍福 六百九日半
金成漢 五百八十七日
崔尚福 百五

河時澄 五百七十五日
金德起 五百八十一日
趙雪東 五百四日
金世昌 五百二日十四日

金成大 五百十二日
趙廷三 三百八十五日
金起得 三百七日
朴福龍 四百五十七日
金辰 百三

郁春蕃 四百十日
朴春蕃 三百八十三日
吳荍同 三百六十一日
金長金 三百

權守大 三百七十九日
金希得 三百二日十日
金得大 三百十日
沈成玉 四百三日

수원 화성 건설공사 보고서인 《화성성역의궤》 가운데 석수(石手) 명단.
석수의 이름·공사장·노동 일수가 기록되어 있다.

韓五男 六百十日　金米老味 六百十日　全南賛 六百日　張岳東 六百日　朴

福乭 五百九十一日　崔大老味 五百八十四日　梁大春 五百七十六日　金貴咸 五百七十日　李大福 五百十日　廉守

海 五百六十五日　高已特 五百六十四日　韓小奉 各五百五日　李無應述 五百十七日　李大福 百五

五十四日　高雲起 五百五十日　林成海 五百三十七日　林成奉 五百二十一日　金光世 五百九日　李允

金加男 五百十三日　金弼軍 四百五十日　金福喜 四百八日　崔成位 四百五十日　李允

彌金大謙 各四百八十四日　鄭命福 四百十八日　申老中 四百七十三日　高儉乭 四百七十二日

金再得 四百六十九日　尹七先 四百五十日　洪奉世 四百十三日　林太根 四百三十二日　高行

雲十七日　高福尚 四百十六日　池山獨 四百十日　宋順奉 五百四十日　鄭起成 百四

盧次乭 三百九十日　金國咸 三百八十日　尹岳先 三百七十日　金古治 三百十七日

徐貴乭 三百二十一日　金貴乭 三百二十三日　丁廷秋 九日　金於仁老味 三百十二日

尹足今金 十八日　李士昌 二百四十一日　申宗謙 二百十日　金起男 二百日　金

莫男 百九十日　林五金 十九日　崔繼重 百七十六日　洪貴老味 半日　朴命

석수 명단(최큰놈, 노차돌, 김쇠고치, 김어인놈 등 이름이 재미있다)

上燔造價錢六千一百
九十八兩三錢六分

甓甎

大方甎二百八訥二百七十一張
每訥價錢五十兩　小方甎三訥一

百七十五張
每訥價錢三十六兩以上旺倫燔造　半方甎五百八十訥二百九十

二張
八十三張北城外燔造三十六兩五百四訥八十張旺倫燔造三十六兩八百
八十三張北城外燔造三十九訥三百二十九張棲鳳洞燔造　宗甓二

十五訥八百九十四張耳甓五訥十二張蓋甓四十九訥
以上每訥價錢五十兩旺倫燔造　虹蜺甓二訥九

三百三十六張
以上每訥價錢二百四十張旺倫燔造六百九十九張北
十兩旺倫燔造
百三十九張

城外燔造〇以上燔造價錢二萬六千五百七十七兩一錢五分

石灰

石灰
每訥價錢五十兩二訥

石灰八萬六千四百四十二石
六斗作一石六萬七千九百七十九石
二斗每石價錢六分八里金川貿來六
千三石每石價錢一千五百四十五石每石價錢一錢五
十三石每石價錢八分七里安山貿來一千五百四十五石每石價錢一錢七分二里平薪貿來六千四
分五里豐德貿來四千四百二十五石每石價錢一錢七分二里平薪貿來六千四百

貿取〇以上價錢八千二百十一兩九錢九分
七十九石四斗每石價錢二錢六里本府

화성 장안문 건설에 들어간 벽돌과 석회(단가와 구운 장소가 기록되어 있다)

계량(卞季良)은 〈갑인자 발문〉(甲寅字跋文)에서 "출판되지 않은 책이 없고, 독서하지 않는 사람이 없다"고까지 말했는데, 다소 과장된 표현이지만 당시 서적 출판이 얼마나 활발했던가를 말해준다.

인재등용에서 시험제도(과거)가 발달한 것도 교육을 진흥시키는 요인이 되었다. '출세하려면 공부해야 한다'는 인생철학이 뿌리내린 것이다. 이러한 교육철학이 개화기로 이어져 '아는 것이 힘이다'라는 슬로건 아래 근대 사립학교가 전국에 거쳐 설립되었으며, 오늘날 대한민국의 국민과 재외 동포들에게도 그대로 전승되어 인재강국을 만들고, 그것이 '한강의 기적'을 만든 원동력이 되었다.

기록문화의 발달도 정치의 공익성을 높이는 데 크게 기여했다. '기록'은 바로 '정치의 거울'로 인식되어 거짓 없는 정확한 기록을 생명처럼 존중했다. 이로써 정치의 투명성과 책임성을 높이고, 그럼으로써 정치에 대한 백성의 신뢰를 높일 수가 있었다. 일반 선비들도 일상생활을 꼼꼼한 기록으로 남겨, 그것이 죽은 뒤에 '문집'(文集)으로 남게 되었지만, 선비로서 '문집'을 남기지 않은 이는 거의 없었던 시대가 조선시대였다.

조선왕조의 통치 기록은 많은 종류가 있었다. 지금 국보(國寶)로 지정되어 있는 규장각 도서들, 특히 유네스코 세계기록문화유산으로 등록되어 있는 《조선왕조실록》, 《승정원일기》(承政院日記), 《의궤》(儀軌)[101]에 보이는 기록문화는 세계적으로 그 가치를 인정받기에 이른 것이다. 그 밖에 《비변사등록》(備邊司謄錄)과 국왕의 일기인 《일성록》(日省錄) 등도 현대인들을 부끄럽게 만들기에 족하다.

---

101 한영우, 2005, 《조선왕조 의궤-국가의례와 그 기록》, 일지사 참고.

조선시대의 통치규범은 모두가 '공'(公)을 지향하는 내용을 담고 있다. 조선왕조가 519년 동안 장수를 누린 것은 양반특권층이 나라를 지켜주어서 그리된 것이 아니라,[102] 양반 특권층을 누르고, 백성과 직접 소통하면서 정치를 이끌어간 공개념 정치에서 그 생명력을 찾아야 할 것이다.

---

[102] 송준호 씨와 그의 견해를 따르는 학자들은 조선왕조의 장기지속성이 양반의 강인한 세습성 때문이라고 보고 있으나, 필자는 이 의견에 동의하지 않는다. 특권층만을 비호하는 권력이 오래 지속된다는 것은 역사의 주체가 일반 국민이라는 사실을 무시한 것이다. 또 특권층 양반이 나라를 지키는 데 앞장섰다는 해석도 논거가 박약하다. 필자가 강조한 의병운동의 주체는 특권 양반이 아니라 시골의 하층 양반 즉 선비들이었다.

8

조선 선비의 《주례》(周禮) 존중

앞에서 조선 선비의 체질적 특징을 살펴보았지만, 학문으로서의 성리학도 중국 성리학과는 모습이 많이 달랐다. 특히 경전 가운데 주(周)나라의 이상적인 정치제도를 서술했다고 알려진 《주례》(周禮)에 대한 깊은 관심이 눈길을 끈다.[103]

《주례》는 성리학의 기본 경전인 사서삼경(四書三經) 또는 사서오경(四書五經)에는 들어가 있지 않다. 사서는 《논어》, 《맹자》, 《중용》, 《대학》이요, 오경은 《시경》, 《서경》, 《역경(주역)》, 《예기》, 《춘추》를 말한다.

국가의 공식적인 교과목은 물론 사서오경이었다. 학교 교육이나 과거시험의 과목도 기본적으로 사서오경이었다. 하지만 중요한 개혁운동을 벌일 때에는 으레 《주례》가 주목되었다. 예컨대, 조선왕조의 건국이념을 정립한 정도전(鄭道傳)의 통치철학은 《주례》를 바탕으로 구성되었다. 재상 중심(宰相中心)의 권력구조를 여기서 빌려 왔지만, 6전

---

103 조선시대에 《주례》를 어떻게 이해하고 있었는가는 《한국 중세의 정치사상과 주례》(연세대 국학연구원 편, 혜안, 2005)가 참고된다.

체제(六典體制)의 구조를 민본(民本)을 위한 공익 기구(公益機構)로 만들려는 모델을 《주례》에서 빌려 왔다. 사농공상(士農工商)을 비교적 평등하게 바라보려는 시각도 이와 관련이 있다. 조선왕조를 중국의 이상시대인 주(周)나라로 만드는 것이 정도전의 건국이념이기도 했다.[104]

조선왕조 문물이 정비되던 태종~성종 대에는 《주례》를 길례(吉禮), 가례(嘉禮), 흉례(凶禮), 빈례(賓禮), 군례(軍禮) 등 오례(五禮)의 규범을 만드는 모델로 참고했다. 여기서는 국왕을 정점으로 하여 정치적 위계질서를 세우려는 데 목적을 둔 것이었다. 정도전이 제시한 재상 중심의 권력구조나 민본정치를 수용하면서도 국왕의 위상을 확고하게 정립시키기 위함이었다.

16세기의 사림은 향촌 질서 정립과 《주자가례》(朱子家禮)에 더 관심이 많아 《주례》를 크게 주목하지 않았으나, 왜란과 호란을 경험하고 난 조선 후기에는 국가 재건의 지침서로서 《주례》에 대한 관심이 다시 증폭되었다. 인조(仁祖)는 《주례》를 80권 발간하여 신하들에게 나누어 주기도 했고,[105] 현종~숙종 기간에는 복상(服喪)과 관련된 예송(禮訟)에서 왕권을 강화하려는 남인들 사이에 《주례》가 많이 참고되었다.

조선왕조를 중흥으로 이끈 영조와 정조는 《주례》의 열렬한 지지자였다. 영조는 소론파 송인명(宋寅明; 좌의정)과 조현명(趙顯命; 영경연사) 등의 강력한 건의를 받아들여 경연(經筵)에서 《주례》를 주로 읽었으며,[106] 신하들에게도 《주례》를 읽으라고 지속적으로 권장했다. 노론파의 김재로(金在魯)는 《주례》가 명물(名物)과 도수(度數) 곧

104 한영우, 1999, 《조선왕조의 설계자 정도전》, 지식산업사 참고.
105 《인조실록》 권49 인조 26년 7월 26일 기축.
106 《영조실록》 권53 영조 17년 2월 19일 갑인 및 같은 책 권60 영조 20년 11월 8일 신사.

문물제도에 관한 내용이 많아 임금의 학문에 별로 도움이 되지 않는다고 반대했으나,[107] 영조는 "나는 주례가 명물과 도수에 지나지 않을 것으로 생각했으나, 반복하여 읽어보니 지극한 이치가 있다"고 하면서 뒤에는 왕이 스스로 서문(序文)을 쓰고 간행하도록 하기도 했다.[108] 여기서 '명물'과 '도수'는 이용후생(利用厚生)과 관련되는 경제실용적 학문을 가리킨다. 영조는 이러한 명물도수학도 주목했지만, 여기서 더 나아가 《주례》에 담긴 정치사상을 더 주목한 것으로 보인다. 그것은 곧 특권층을 용인하지 않고, 모든 계층의 백성을 왕권 아래에서 일률적으로 지배하는 이른바 '일군만민'(一君萬民)의 제일적(齊一的) 지배 즉 수평적 계급질서 위에서 군림하는 초월적 왕권을 의식한 것으로 보인다.

영조는 《주례》에 의거하여 왕비의 친잠(親蠶)과 장종(藏種; 곡식의 씨앗을 갈무리함)을 실시하고, 영조 자신도 이에 의거하여 친경(親耕)을 실시하여 군주와 백성의 거리를 좁히고 백성을 직접 지도하는 초월적 군주상을 보여주려고 했다. 다시 말해 영조가 추구한 탕평정치는 《주례》의 제민적(齊民的) 지배가 밑바탕을 이루고 있었던 것이다.

정조는 할아버지 영조의 영향을 받아 역시 《주례》를 존중하고 이를 정치에 반영하는 데 열의를 보였다. 정조는 《주례》에서 왕실 재산인 내탕금(內帑金)을 천관 총재(天官冢宰)에게 위탁한 사실에 의거하여 내수사(內需司) 혁파를 실시하고, 궁방전(宮房田)을 대부분 호조에 귀속시켰다. 또, 규장각에서 실시한 친시(親試)에서 사서삼경과

---

107 노론파에 속하는 영의정 김재로는 "주례가 명물과 도수가 많아 성학(聖學; 임금의 학문)에 그렇게 절실하지는 않다"고 하면서 경연에서 《주례》를 진강하는 것을 탐탁하게 여기지 않았다.
108 《영조실록》 권90 영조 33년 10월 6일 을축.

《주례》, 《의례》(儀禮), 《예기》, 《대기》(戴記), 《춘추》를 해마다 번갈아 시험과목으로 부과하도록 했다.[109]

또 정조는 《주례》의 황정(荒政)에 주목하여 흉년에 세금을 탕감하는 일에 신경을 쓰고,[110] 수레와 벽돌의 중요성을 인식하고,[111] 집집마다 나무를 심는 일도 배워 녹화사업에 신경을 썼다. 다시 말해 정조는 《주례》 고공기(考工記)에 담겨 있는 실용적 기술과 경제 질서를 주목한 것이다. 수원 화성(華城)을 건설할 때에는 이러한 지식이 그대로 반영되어 첨단적인 신도시가 되었던 것이다.

다음으로 《주례》와 당파의 관계를 살펴보면, 왕권을 높이면서 개혁지향적인 소론(少論)과 남인(南人), 그리고 일부 북학파 노론이 특히 선호하고, 《주례》를 포함시킨 육경고학(六經古學)에 기울었다. 여기서 육경은 《시경》, 《서경》, 《주역》, 《춘추》, 《예기》, 《주례》를 말하는데, 육경고학은 중국 상고시대의 원시 유학 정신을 계승하여 왕권을 강화하고, 상공업 등 실용적인 문화를 진작시키는 데 초점을 두었다. 그래서 이들을 실학(實學)으로 부른다.[112]

조선의 유학자 가운데 《주례》를 바탕으로 전반적인 개혁안을 제시한 이는 17세기의 남인 학자 반계 유형원(磻溪 柳馨遠),[113] 18세기 중엽의 소론학자 농암 유수원(聾庵 柳壽垣)[114]이 있다. 정조 때 홍양호(洪良

---

109 한영우, 2008, 《문화정치의 산실 규장각》, 지식산업사 참고.

110 《정조실록》 권14 정조 6년 8월 13일 정축.

111 《정조실록》 권16 정조 7년 7월 18일 정미.

112 한영우, 2007, 〈실학연구의 어제와 오늘―실학개념의 재정리〉, 《다시, 실학이란 무엇인가》, 푸른역사 참고.

113 천관우, 1979, 〈반계 유형원연구〉, 《근세조선사연구》, 일조각 참고.

114 한영우, 2007, 《꿈과 반역의 실학자 유수원》, 지식산업사 참고.

浩)는 《주례》고공기를 주목하여 수레와 벽돌 등을 사용할 것을 임금에게 건의하여 동의를 얻었다.[115] 그 뒤 19세기 초의 남인 학자 다산 정약용(茶山 丁若鏞)은 《주례》를 토대로 국가운영체계를 전반적으로 바꾸는 개혁안을 제시했다. 노론파 가운데에도 박제가(朴齊家), 이덕무(李德懋), 홍대용(洪大容) 등 북학파 계열의 학인들은 《주례》를 존중했다.[116]

《주례》에 의거하여 유형원은 토지제도와 문벌제도를 개혁하려 했고, 유수원은 학문과 언론 중심의 권력구조를 실무적으로 바꾸려고 했다. 특히 정약용은 왕조의 통치질서를 전반적으로 바꾸는 개혁안을 제시했는데, 그것이 유명한 《경세유표》(經世遺表)이다. 《주례》의 육전체제를 참고한 이 책은 문한직(文翰職) 위주로 짜인 육전체제를 개혁하여 6조의 기능을 고르게 강화함으로써 이용후생에 적합한 권력구조를 만들려는 데 목적을 두었다.

이상, 조선 선비들에게 《주례》는 양반 문벌의 독점을 견제하고, 국왕이 직접 백성을 끌어안으면서 '민국'(民國)으로 나아가려는 이상을 담은 경전으로 이해되고 존중된 것이며, 그 정신은 성리학이 추구하는 명분 정치보다 한층 평등성을 지향하는 것이기도 했다.

---

115 《정조실록》권16 정조 7년 7월 18일 정미.

116 원재린, 2005, 〈18세기 주례연구와 정치사상의 확대〉, 《한국 중세의 정치사상과 주례》, 혜안 참고.

9

조선 선비의 자주정신

성리학은 천자(天子)와 제후(諸侯)의 명분을 존중하는 이론으로서, 이를 따른다면 조선왕조는 자주성이 크게 제약될 수밖에 없다. 그러나 현실은 그렇지 않았다. 은(殷)나라 때는 제후를 다섯 등급으로 나누어 천자로부터 가장 먼 제후를 '황복제후'(荒服諸侯)로 불렀는데, 황복제후는 '성교(聲敎)의 자유'가 있다고 조선의 선비들은 주장했다. 이 말은 우리나라가 명나라의 간섭을 받지 않고 우리의 고유한 언어와 문화를 그대로 가질 자유가 있다는 뜻이다. 세조 때 양성지가 그 대표적인 논객이다.[117]

한편, 주나라 주공(周公)이 만들었다는 《주례》에 따르면, 천자가 직접 통치하는 왕기(王畿)로부터 거리를 계산하여 아홉 등급으로 제후를 구별했는데, 가장 먼 곳에 있는 제후를 '번복제후'(藩服諸侯)라고 불렀다. 조선의 유학자들은 우리가 바로 '번복제후'에 속하여 독립성이 강한 것으로 자처했다. 중국도 이 점을 인정하여 조선 국왕

---

117 한영우, 2008, 《조선 수성기 제갈량 양성지》, 지식산업사 참고.

의 임명 과정과 달력 사용만은 관여했지만, 그 밖의 내치에는 거의 관여하지 않았다.

조선의 선비들은 우리가 '황복제후' 또는 '번복제후'임을 받아들이면서도 역사적 맥락에서 보면 중국의 제후 국가가 아니었다고 보고, 당당한 자주독립국가임을 자부했다. 이러한 자주정신을 뒷받침하고 있는 것이 역사서술이었다.

조선 선비의 자주정신은 '조선'(朝鮮)이라는 국호에서부터 나타났다. 천손의 후예가 홍익이념을 가지고 세운 단군조선의 영광과 팔조교 및 정전제를 실시하여 조선문명을 이상적인 수준으로 끌어올린 기자조선의 전통을 계승하겠다는 마음이 국호에 담겨 있다. 단군(檀君)과 기자(箕子)는 국가적 제사를 받으면서 각별한 숭앙의 대상이 되었으며, 역사서술도 단군과 기자를 시발점으로 서술했음은 잘 알려진 사실이다. 《동국통감》(東國通鑑)은 그 대표적 사서이다. 명나라 사신이 조선으로 들어올 때에는 평양의 단군사당[崇靈殿]과 기자사당[崇仁殿]에 먼저 참배하고 서울로 들어오도록 하여 조선이 자주독립국임을 알리고자 했다.

조선 선비들은 역사적 영토에 대한 자부심도 대단했다. 우리나라는 원래 지리적으로 요동에 있는 '만리(萬里)의 나라'로서 풍토(風土)가 중국과 다르다는 인식을 매우 강하게 표방했으며, 이에 기초하여 우리는 중국 천자의 지배를 강하게 받는 심복제후(心腹諸侯)가 아니라 독립성이 강한 황복제후(荒服諸侯) 또는 번복제후(藩服諸侯)라는 인식이 나타났다.[118]

---

118 한영우, 2008, 《조선 수성기 제갈량 양성지》, 지식산업사 참고.

평양의 숭인전(기자사당)과 숭령전(단군사당)

세종시대의 모든 문화사업은 이러한 독자적 풍토관(風土觀)에 토대를 두고 만들어졌다. 훈민정음, 천문학(역법), 의학(《향약집성방》), 농법(《농사직설》), 음악(《악기》) 등이 모두 그러한 역사의식과 풍토관에 토대를 두고 창조된 것이다.[119] 이러한 생각은 고려의 〈훈요십조〉나 최승로의 〈시무 28조〉에 보이는 생각과 기본적으로 일치한다.

조선 선비의 자주정신은 우리의 국토를 유린하는 침략자에 대해서는 단호하게 응징하는 복수심으로 분출되었다. 왜란 때 전국적으로 일어난 유생(儒生)들의 의병운동도 그렇거니와 호란 이후 일어난 복수설치(復讎雪恥)의 북벌운동과 숭명반청사상(崇明反淸思想), 그리고 명나라가 망한 후 동아시아의 문화적 정통성이 조선에 있다는 '조선

---

119 한영우, 2008, 〈세종대왕의 마음〉, 《향토서울》 73집, 서울시사편찬위원회 참고.

중화사상'(朝鮮中華思想)이 또한 그러한 배경에서 나타난 것이다.[120]

조선 후기 선비들의 숭명사상이나 중화사상이 쇄국주의로 흘러 문화의 후진을 가져왔다는 해석도 있다. 그러나 이는 잘못된 해석이다. 오히려 드높은 문화적 자존심이 청나라에 뒤지지 않는 선진문화를 만드는 정신적 기둥이 되었으며, 중국의 선진 기술문명을 받아들이는 것까지 배격한 일은 없었다. 예를 들어 정조가 강희제 때 편찬한 방대한 《고금도서집성》(古今圖書集成)을 구입한 뒤, 이를 참고하여 거중기(舉重機)를 만들어 화성 건설에 투입한 것은 그 좋은 예가 될 것이다.

조선 후기의 기술문명이 청나라나 일본보다 뒤진 것은, 서양인들이 조선을 교역상대국으로 생각하고 찾아 오지 않은 것이 주된 원인이었다. 청과 일본은 스스로 쇄국 일본의 문호를 서양에 개방한 것이 아니라, 서양이 능동적으로 찾아와 문호를 열어 놓았던 것이다. 이는 지리적인 요인이 가장 크다.

조선 선비의 자주정신은 '주체'와 '개방'의 두 날개를 달고 국가를 중흥시키는 원동력이 되었지만, 다른 한편으로는 '민족의식'으로도 진화되었다. 유학자들의 민족의식은 단군후손이라는 혈연의식도 일부 있었지만, 그보다는 고유한 영토와 풍토, 독자적 역사, 그리고 높은 문화수준에 대한 자부심이 더 큰 자리를 차지했다. 다시 말해 '단일민족' 의식보다는 문화적, 지리적 정체성에 대한 자부심이 민족의식의 바탕이 되었다. 그런 점에서 단일민족 의식을 바탕으로 한 한말 일제시대의 민족주의(民族主義)에 비해서는 농도가 약했지만, 민족주의에 한 발 더 가까이 다가선 것은 사실이었다.

---

120 정옥자, 1998, 《조선후기 조선중화사상연구》, 일지사 참고.

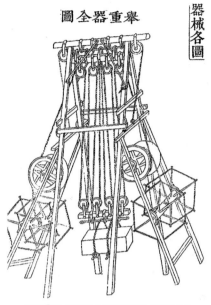

圖全器重擧

器械各圖

정약용이 설계한 거중기(《화성성역의궤》)

　'조선중화사상'으로 대표되는 문화자존의식은 개화기에도 자주정신으로 표출되었다. 그것은 농촌에서 '위정척사'(衛正斥邪)로 나타나 반일의병운동으로 드러나기도 했지만, 다른 한편 도시에서는 '동도서기'(東道西器) 또는 '구본신참'(舊本新參)으로 표출되어 자주적 근대화 운동이 추진되고, 그 연장선 위에서 대한제국의 탄생을 가져오기도 했다.[121]

---

121 대한제국의 자주적 성격에 대해서는 《명성황후, 제국을 일으키다》(한영우, 효형출판, 2001) 및 《대한제국은 근대국가인가》(한영우 외, 푸른역사, 2006) 참고. 대한제국은 삼국의 영토를 모두 통일하는 제국을 건설하겠다는 뜻에서 국호를 대한(大韓)으로 했으며, 법제(法制)는 명나라의 것을 크게 참고했으며, 고종과 명성황후의 무덤인 홍릉(洪陵)도 명나라 주원장의 무덤인 효릉(孝陵)을 모범으로 삼았다.

10

조선 선비의 천지인
합일사상과 평화사상

조선 선비의 우주론이나 심성론은 성리학에 토대를 두고 있다. 이와 관련하여 사단칠정(四端七情) 또는 이기론(理氣論)이 치열하게 전개되어 세계 철학사를 빛나게 만든 것이 또한 조선 선비들이다.

조선 선비들의 철학 논쟁은 주리설(主理說)과 주기설(主氣說)이 대립되고, 인성(人性)과 물성(物性)을 같다고 보는 '인물성동론'(人物性同論)과 인성과 물성을 다르다고 보는 '인물성이론'(人物性異論)이 대립하는 등 견해 차이가 많은 듯 보이지만,[122] 실은 모두가 성선설(性善說), 천지인 합일(天地人合一), 포용적 조화철학(包容的 調和哲學)의 범주를 벗어나지 않고 있는 것이 특징이다. 다시 말해 우주와 인간, 인간과 인간을 대립으로 보는 견해는 없었다는 말이다.

가령 이기론(理氣論)의 경우도 주리설과 주기설이 다르기는 하지만, 이(理)와 기(氣)를 '둘이면서 하나'로 보는 입장은 같다. 즉 '이기

---

122 이경구, 1998, 〈영조~순조년간 호락논쟁의 전개〉, 《한국학보》 93집, 일지사 참고. '인물성동론'과 '인물성이론'은 18세기 호락논쟁(湖洛論爭)에서 나타났는바, 전자는 낙파(서울 노론)의 이론이고, 후자는 호파(충청도 노론)의 이론이다.

이원적 일원론'(理氣二元的 一元論)에 서 있었다. 또 이기론을 말하지 않는 선비들도 대부분 '천인합일'(天人合一), 민심(民心)이 곧 천심(天心)이라는 시각, 또는 '경천애인'(敬天愛人), 또는 '물아일체'(物我一體)를 주장하고 있다.[123] 다시 말해 천지인(天地人)을 하나의 통일체로 보는 데는 이견이 없었다.

천지인 합일사상은 우주만물이 모두 생명체로서 착하다는 믿음이 깔려 있다. 즉 '우주생명체론'과 '성선설'이 바탕에 있다. 그리고 우주만물을 생명체로 보는 이유는 음양오행사상에 토대를 두고 있기 때문이다. 음양오행이 하늘에도 있고, 땅에도 있고, 인간에게도 있기 때문에 모두가 생명체라고 본다.

선비들의 '이기론'이나 '천지인 합일사상'은 예부터 내려오던 무교(巫敎)에서의 '삼신일체'(三神一體)와 다른 것이 아니다. 즉 환인(桓因), 환웅(桓雄), 단군(檀君)은 각각 천지인을 상징하는 존재로서 나누면 셋이고 합치면 하나로 보았다.

불교의 화엄철학에서 강조하는 '이사무애'(理事無碍), '사사무애'(事事無碍), '색즉시공 공즉시색'(色卽是空 空卽是色)도 사물을 대립으로 보지 않는다는 점에서 천지인 합일사상과 서로 통하는 면이 있다. 《법화경》(法華經)에서 강조하는 '일즉다 다즉일'(一卽多 多卽一)도 사물을 '대립'으로 보지 않고, '포용적 조화관계'로 보는 시각은 서로 닮았다.

조선 선비의 천지인 합일사상이나 포용적 조화사상은 생명사랑에 바탕을 두고 있기 때문에 근본적으로 평화지향적이다. 싸움은 갈등이론에서 나오고, 이는 사물을 대립으로 보는 데서 출발한다. 전쟁과

---

123 한영우, 2007, 《실학의 선구자 이수광》, 경세원에 이수광의 물아일체론에 대해서 자세히 소개되어 있다.

갈등으로 얼룩진 현대문명을 극복할 수 있는 미래지향적인 대안이 선비정신에서도 탐색될 수 있는 가능성이 여기에 있다고 할 것이다.

천지인 합일사상에 서면 자연(自然)은 결코 극복의 대상이 아니다. 자연과 인간은 똑같은 생명체로서 상생관계(相生關係)에 있기 때문이다. 자연을 무생물체로서 보는 현대과학이 자연환경을 파괴하는 결과를 가져온 점을 고려할 때 조선 선비의 우주관은 자연친화적이고 환경친화적인 우주관의 선구라 할 만하다.

11

노비제의 재해석

조선시대 국가의 공익성을 말할 때 가장 걸림돌이 되는 것은 신분제
도일 것이다. 특히 노비세습제의 존재가 그렇다. 그러나 노비는 교육
과 벼슬에 제한이 있고, 매매와 상속의 대상이 되었다 하더라도, 서양
의 노예(奴隷, Slave)와는 전혀 다른 몇 가지 특성을 지니고 있었다.

첫째, 한국의 노비는 인종(人種)이 같다. 피정복민이나 죄인이 노
비의 기원이지만 인종이 같고 문화가 같으면, 아무리 주종관계가 이
루어져도 심한 차별이나 거부감은 나타나기 어렵다. 이는 서양의 노
예가 인종이 다르고, 문화가 다른 이종족(異種族)으로 구성되어 있는
것과 대비된다.

둘째, 노비와 양인 사이에는 결혼이 원천적으로 봉쇄되어 있지 않
았으며,[124] 실제로는 양인과 노비 사이의 혼인은 흔하게 나타났다.
공식적인 혼인이 아닌 경우에도 여자종이 주인의 첩(妾)이 되는 경

---

[124] 여비(女婢)가 양반의 처(妻)나 첩(妾)이 된 사례는 헤아릴 수 없이 많으며, 남자종이 양가(良
家) 여자와 혼인한 경우도 무수히 많다. 조선왕조는 이들 사이에 태어난 후손들에 대한 신분
규정을 여러 가지 형태로 정해 놓았다.

우는 흔한 일이었다. 그래서 첩이라고 하면 대개는 노비를 가리키게 되고, 여기서 첩손(妾孫)에 대한 사회적 차별이 나타나게 된 것이다. 이렇게 노비와 양인 사이의 결혼이 빈번한 일도 서양의 노예와는 다른 점이다.

셋째, 노비는 비록 판매와 상속의 대상이었지만, 공개적인 노비 시장이나 노비 상인이 있었던 것은 아니고, 개인과 개인 사이에 매매가 이루어질 뿐이었다. 이 점도 서양의 노예와는 다른 점이다.

넷째, 노비는 비록 유외잡직(流外雜職)으로 한정되어 있지만, 벼슬길이 열려 있었으며,[125] 특별한 공(功)을 세울 경우 양인(良人)으로 해방되는 기회를 주었다.[126] 주인이 마음대로 죽이는 것을 법으로 막고, 주인과 노비 사이에는 군신(君臣) 간의 윤리가 적용되어 노비는 주인에게 충성을 바치는 대신 주인은 노비를 자애롭게 보살피고 보호하는 도덕적 책무가 주어졌다.[127]

다섯째, 노비는 자신의 성씨(姓氏)를 가지고 있었으며,[128] 조상에 대

---

125 노비가 잡직(정6품~종9품)으로 나가는 벼슬은 여러 종류가 있었다. 예를 들면 공조(工曹), 교서관, 사첨시, 사용원, 조지서, 상의원, 사복시, 군기시, 선공감, 장악원, 소격서, 장원서, 액정서, 도화서 등의 관청이 이에 속한다.

126 공신이 되거나, 전쟁에 공을 세우거나, 그 밖에 특별한 재능이 있으면 양인으로 올리고 벼슬을 주기도 했다. 세종 때 관노였던 장영실(蔣英實)은 3품 대호군에 임명되기도 했다. 중종 때 사노비였던 반석평(潘碩枰)은 부잣집에 입양되었다가 속량되어 뒤에 문과에 합격하고 벼슬이 형조판서를 거쳐 의정부 좌찬성에 올랐다. 지금 유엔 사무총장을 지내고 있는 반기문 씨는 바로 반석평의 후손이다.

127 한영우, 2008, 《조선 수성기 제갈량 양성지》, 지식산업사, 277쪽 참고.

128 노비는 원래 성씨가 없었으나 조선시대에는 대부분의 노비가 성씨를 가지고 있었다. 예를 들어 정조시대 화성 건설에 참여한 석수, 목수 등 공장(工匠) 5천여 명의 명단이 《화성성역의궤》(華城城役儀軌)에 수록되어 있는데, 성(姓)이 없는 공장은 하나도 없다. 그러나 실제로 공장 가운데에는 상당수의 노비가 포함되어 있었던 것으로 보인다. 또 조선 후기 호적(戶籍)을 보면 외거노비의 경우는 모두 성명(姓名)을 기록하고 있다. 다만 솔거노비의 경우는 성씨를 빼고 이름만 적었다.

한 장례와 제사를 받들 수 있었다.[129] 조선 후기 호적(戶籍)을 보면, 외거노비(外居奴婢)의 경우는 성씨를 기록하고 있으며, 솔거노비(率居奴婢)의 경우는 성씨를 기록하지 않고 있다. 이는 외거노비가 호주가 되므로 성씨를 기록했으나, 솔거노비는 호주가 아니므로 기록하지 않은 것이다. 서양의 노예가 성씨를 가지고 있다는 말은 듣지 못했다.

여섯째, 노비를 인간으로 대접한 사례는 관노비(官奴婢)의 출산 휴가제도에 잘 나타난다. 세종 때에는 관비(官婢)의 출산 휴가를 출산 전 한 달, 출산 후 100일로 늘려주는 조치를 취하고, 관비의 남편[婢夫]에게도 한 달간 출산휴가를 주었던 사실을 기억할 필요가 있다.[130] 이 법은 뒤에 약간 수정되어 《경국대전》(형전)에는 100일이 50일로, 한 달이 15일로 줄어들었지만,[131] 관노비의 생명과 건강을 국가가 얼마나 배려했던가를 말해준다. 요즘 우리나라의 여성 노동자들이 모두 이런 혜택을 받고 있는지 의문이다.

일곱째, 조선시대 관노비 가운데에는 뛰어난 기술자와 예능인으로 이름을 날린 사람이 적지 않았다. 음악가, 화가, 정재(呈才)의 춤꾼, 그리고 각종 장인(匠人) 가운데 노비 출신의 명인이 많았는데, 조선 후기에 제작된 《의궤》(儀軌)에는 이들의 이름이 다수 기록되어 있어 그 이름을 일일이 거론할 필요가 없을 정도이다.

여덟째, 생활이 어려운 양인(良人)이 자진해서 노비가 되는 일이 적지 않았다. 또 60세 이상이나 15세 이하, 그리고 독질(篤疾)이 있거나

---

129 이수광의 《지봉유설》 권16 어언부(語言部) 잡설(雜說)에 보인다. 한영우, 2007, 《실학의 선구자 이수광》, 경세원, 204쪽 참고.

130 한영우, 2008, 〈세종대왕의 마음〉, 《향토서울》 74집, 서울시사편찬위원회 참고.

131 《경국대전》 형전(刑典) 공천조(公賤條).

폐질(廢疾)의 관노비는 역(役)을 면해주었고, 3구(口) 이상의 가족[壯丁]이 역(役)을 맡고 있을 경우에도 면해주도록 법으로 규정했다.[132]

아홉째, 노비에 대한 칭호도 대개 '종'(從)이나 '하인'(下人)으로 부르는 것이 관행이었고, '노비'는 법적인 호칭에 지나지 않았다. 또 노비는 수공업자나 상인과 거의 동등하게 취급하여 이들을 함께 묶어 '공상천예'(工商賤隷)로 호칭하기도 했다. 우리는 이러한 성격의 노비가 존재했던 조선사회를 '노예제 사회'(Slavery Society)로 보는 견해에는 결코 동의하기 어렵다.[133]

---

132 《경국대전》 형전(刑典) 공천조(公賤條).
133 조선시대를 노예제 사회로 보는 이론은 제임스 팔레 교수가 대표적이다.

12

조선의 걸출한 선비

① 정도전: 민본사상 혁명가

조선왕조를 힘으로 세운 것은 이성계이고, 정신으로 세운 것은 삼봉 정도전(三峰 鄭道傳; 1342~1398)이다.[134] 그는 몸소 역성혁명에 뛰어들어 이성계의 혁명사업을 직접 도왔을 뿐 아니라 건국 뒤에는《조선경국전》(朝鮮經國典),《경제문감》(經濟文鑑),《불씨잡변》(佛氏雜辨),《고려국사》(高麗國史) 등을 저술하여 조선왕조의 건국이념과 통치철학을 명확하게 제시한 정치가이자 사상가인 비범한 인물이었다.

《조선경국전》과《경제문감》은 조선왕조의 권력구조를 체계적으로 정리한 일종의 헌법 초안에 해당한다. 그래서 뒷날 조선왕조 만세대계의 헌법이 된《경국대전》(經國大典)의 모체가 되었다.

정도전이 구상한 권력구조는 백성을 나라의 근본으로 생각하는 민본정치를 구현할 수 있는 구조라는 것이 가장 중요한 특징이었다.

---

134 한영우, 1999,《왕조의 설계자 정도전》, 지식산업사 참고.

첫째, 왕위세습제를 인정하되 정치적 실권은 능력을 검증받은 재상(宰相)이 장악한다. 임금은 최고의 통치자이지만, 재상에 대한 인사권을 가지고, 재상과 협의하여 국사를 처리한다. 말하자면 군신공치(君臣共治)를 지향하되, 정치의 주도권은 신하들이 갖는다. 임금은 사적(私的) 신하나 사적 재산을 소유할 수 없으며, 국무회의 때 신하들이 서 있도록 한 관례를 바꾸어 앉아서 임금과 정사를 논의해야 한다.

둘째, 정치를 비판하고 건의하는 언관(言官)의 기능과 직책을 높이고, 언관은 옳은 일을 받들고, 옳지 않은 일은 반대하는 이른바 '헌가체부'(獻可替否)의 기능을 맡아야 한다. 나아가 일반 백성들에게도 언로(言路)를 열어주어 활발한 소통의 정치를 열어야 한다.

셋째, 백성들의 이해관계에 직접 영향을 미치는 지방 수령(守令)의 자질을 높이고, 수령을 감독하는 관찰사의 기능을 높여야 한다.

넷째, 문무(文武)를 평등하게 만들어 국방을 강화해야 한다.

다섯째, 6조의 기능을 횡적으로 전문화하고, 재상은 정치의 대강(大綱; 큰 방향)을 장악하고, 하급 관리들은 중목(衆目; 작은 일들)을 장악하여, 관료정치의 전문성과 합리성을 높인다.

여섯째, 토지제도는 경자유전(耕者有田)의 원칙에 따라 농민에게 재분배되어야 민생이 안정된다.

다음으로 《불씨잡변》(佛氏雜辨)은 사상 혁명의 지침서로서, 고려시대 정치에 큰 영향을 미친 불교의 이론적 모순점을 조목조목 신랄하게 비판한 것이다. 한 마디로, 불교는 현세를 부정하는 허황된 종교로서 현실 정치에 필요한 실용적 이론을 갖추지 못하고 있으면서도 정치에 간여하고, 막대한 사원 경제를 장악하고, 국역을 지고 있지 않으므로 국가와 사회에 미치는 악영향이 크다는 것이다. 따라서

정도전 영정(권오창 화백 그림), 종묘 광장의 시비(詩碑) 앞면

불교는 허학(虛學)이며, 현실 정치에 대한 구체적 대안을 가지고 있는 성리학을 정치의 바탕으로 해야 하며, 성리학만이 실제 문제를 해결하는 '실학'(實學)의 가치를 지니고 있다는 것이다.

성리학의 입장에서 불교를 비판한 것은, 오늘날의 관점에서 본다면, 사회과학이나 자연과학의 입장에서 종교를 비판한 것에 빗댈 수 있는 것으로 다소 무리가 있을 수 있다. 그러나 승려들의 정치 간여와 부패를 막음으로써 일종의 종교개혁을 촉구했다는 점에서 긍정적 의의가 크다.

끝으로, 《고려국사》는 고려의 역사를 성리학의 시각에서 정리하고, 고려시대 정치의 장점과 단점을 비판한 책이다. 과거사를 정리하지 않고서는 미래를 열 수 없다는 투철한 역사의식이 반영되어 있다. 그러나 이 책은 재상 중심의 권력구조를 선호하는 시각에서 씌었고, 조선왕조 건국과정에 대한 서술에 지나치게 혁명파 신하들의 공로로 돌

정도전의 위패와 영정을 모신 사당 문헌사(평택시 은산리 소재)

리는 문제점이 드러나 태종과 세종의 반발을 받았다. 뒷날 그 대안으로, 지금 전하는 방대한 기전체《고려사》(高麗史)가 나오게 된 것이다. 하지만 《고려국사》는 편년체로 간략하게 고려사를 정리한 장점이 인정되어 문종 대에 《고려사절요》(高麗史節要)로 다시 태어나게 되었다. 그래서 왕권 중심의 시각을 담은 《고려사》와 신권 중심의 시각을 담은 《고려사절요》는 서로 보완 관계를 지니고 있다.

정도전은 다만 조선왕조의 통치규범을 세웠을 뿐 아니라 수도 한양(漢陽)의 도시구조를 직접 설계한 인물이기도 하다. 경복궁의 각 전당(殿堂) 이름과 한양 52개 방(坊)의 이름을 그가 지었는데, 그 이름이 지금도 서울의 동명(洞名)으로 내려오고 있는 것이다. 그는 한양의 아름다움을 노래로 만들어 〈신도가〉(新都歌)와 〈신도팔경시〉(新都八景詩)를 지었는데, 이것은 서울을 찬양한 최초의 노래이기도 하다.

그는 여진족이 드나들던 함경도 지방을 평정하여 영토로 편입시키고, 나아가 잃어버린 요동 땅을 되찾기 위해 자신이 지은 《진법》(陣法)에 따라 군사훈련을 강화하다가 명나라의 미움을 사서 외교적 마찰을 일으키기도 했다. 하지만 조선의 화근(禍根)을 제거해야 된다고 하면서 정도전의 압송을 요구한 명나라의 강압에 굴복하지 않는 배짱을 보여주기도 했다. 그는 우리 조상들이 옛날에는 중원(中原)을 호령했다고 믿고, 그 영광을 되찾으려는 마음을 잊지 않고 있었다.

하지만 이렇게 엄청나게 큰일을 한 정도전은 천수(天壽)를 다하지 못하고 태조 8년에 지금의 한국일보사 부근의 송현(松峴)에서 이방원의 습격을 받고 57세를 일기로 세상을 떠났다. 태조가 둘째 왕비 강씨(康氏)의 둘째 아들인 방석(芳碩)을 세자로 책봉한 것이 화근이 되어 그의 스승이었던 정도전이 반역죄를 뒤집어 쓴 것이다.

정도전은 부패한 나라를 구하고 토지제도를 개혁하여 민생의 활로를 열어준 참선비였으니, '홍익인간'의 선비전통을 몸으로 체득한 인물이라고 할 수 있다. 그가 주자(朱子)나 정자(程子) 등 송나라 학자들의 글을 많이 읽고, 그들의 이론을 저서에 많이 인용했다고 해서 그를 교조적 성리학자로 보는 것은 그가 본질적으로 성리학자이기 이전에 한국인의 피를 타고났다는 점을 간과하는 것이다. 정도전은 성리학을 교학(敎學)의 기둥으로 인정하면서도 《주례》의 체제를 존중하고, 나아가 한나라, 당나라, 그리고 송나라 시대의 정치제도를 절충하여 중앙집권체제를 강화하려는 독창성을 지닌 사상가였다.

반역죄인의 누명을 쓰고 왕조의 버림을 받았던 정도전을 다시 양지(陽地)로 끌어내어 재평가한 것은 18세기 중흥의 영주 정조(正祖)였다. 정조는 규장각에 명하여 정도전의 저술을 더 많이 수집하여

정도전의 《삼봉집》(규장각 소장)

《삼봉집》(三峰集)을 출간해 주었다. 그 후 경복궁을 중건한 고종(高宗)은 다시 정도전에게 '문헌'(文憲)이라는 시호를 하사하고, '유종공종'(儒宗功宗)이라고 쓴 편액을 그의 사당인 평택의 문헌사(文憲祠)에 내려주었다. '유학도 으뜸이고, 공업도 으뜸이라'는 뜻을 담은 것이니, 그의 명예가 500년만에 비로소 제대로 회복된 것이다.

② 세종: 선비 군주의 표상

우리나라 임금 가운데 세종처럼 한국인의 가슴속에 깊이 각인된 인물도 드물 것이다. 그가 창제한 '훈민정음' 하나만으로도 세종은 누구와도 견줄 수 없는 성군(聖君)이다. 600년 전에 그가 만든 문자(한글)가 바로 오늘의 문자이며, 그의 얼굴이 들어간 화폐를 매일같이 사용하고 있으니, 오늘날 하루도 세종을 떠나 살고 있는 한국인은 없다. 더욱이 훈민정음은 세계적으로 가장 배우기 쉽고 과학적인 문자라는 평을 듣고 있으니, 훈민정음의 세계화는 시간문제일 것이다.

그런데 세종을 당시 요순(堯舜)과 같은 성군(聖君)으로 부른 것은 다만 문자창제에만 있었던 것은 아니었다. 그의 모든 업적에 반영된 세종의 마음이 세인을 감동시킨 것이다. '훈민정음'을 만들기 훨씬 이전부터 세종의 정책은 감동의 연속이었다. 예를 들면, 앞서 말했듯이, 세종은 아이를 낳은 관비(官婢)의 건강을 염려하여 종전에 보름간 주었던 출산 휴가를 100일로 늘리고, 출산 전 휴가로 30일을 더해주었으며, 이것도 모자라 관비의 남편 즉 비부(婢夫)에게도 30일의 출산 휴가를 주었다. 남편이 함께 휴가를 받아야 산모의 건강을 지킬 수 있다는 것이다.[135]

양인도 아닌 천민의 출산 건강을 이토록 헤아렸다면 세종의 순수한 인간사랑이 어느 정도인가를 짐작하고도 남음이 있을 것이다. 그런데 세종의 배려가 너무 지나쳤다고 생각한 후세인들은 출산 휴가를 모두 반으로 줄여《경국대전》에 명문화했다. 그래도 세종 이전의 상황과 견주어보면 엄청나게 늘어난 것이다.

민생과 가장 밀접하게 연관된 것의 하나가 세금제도라는 것은 옛날이나 지금이나 같다. 세종은 종전의 토지세(土地稅)가 그해의 풍흉 여부와 땅의 비옥도의 차이를 고려하지 않고 일괄적으로 부과하는 것은 잘못되었다고 믿고, 이른바 연분 9등(年分九等)과 전분 6등(田分六等)이라는 새로운 세제를 만들었다. 그런데 이렇게 세제를 바꾸면서 혹

---

135 한영우, 2008, 〈세종대왕의 마음〉, 《향토서울》 73집, 서울시사편찬위원회 참고.

광화문 광장의 세종 동상

시라도 민생에 어려움을 줄지도 모른다는 걱정에서 몇 년간 상정소(詳定所)에 연구를 시키고, 여기서 만든 시안(試案)을 가지고 중앙의 관원과 지방의 유지인사 17만 명의 찬부를 묻는 국민투표를 실시했다.

세제를 바꿀 때 지주층인 관원은 반대가 많았고, 지방민들은 찬성이 많았는데 세종은 지방민의 의견을 존중하여 시안을 결정했다. 그리고 나서도 시행착오를 염려하여 일부 지방에 먼저 시범적으로 시행한 다음, 그 결과를 보면서 미비한 점을 보완하여 전국적으로 시행했다. 그 결과 국가의 세입은 늘고, 농민의 부담은 가벼워졌으며, 지주층의 부담이 전보다 높아졌다. 그러나 워낙 합리적이고, 충분한 토의와 여론수렴을 거쳐 결정되었기 때문에, 이 제도는 오랫동안 세제의 규범으로 정착된 것이다.

세종의 백성사랑과 민본정치는 그냥 감상적인 구호가 아니라 이렇듯 구체적인 정책을 통해서 구현되었는데, 정책을 집행하는 과정에 백성의 믿음과 소통을 존중하는 배려가 얼마나 주밀하고 지혜로왔던가를 보여준다. 아무리 옳은 일이라도 힘으로 밀어붙이는 스타일이 아니고 소통과 설득을 존중하는 것이 세종의 리더십이기 때문이다.

세종은 인재를 등용하는 데서는 신분의 귀천을 가리지 않았다. 바로 이 점 때문에 산분제를 옹호하는 신하들과 적지 않은 갈등을 일으켰으나, 세종은 인사제도에 관한 한 매우 고집스런 태도를 견지했다. 그 결과 중국에서 귀화한 일개 관노(官奴)였던 장영실(蔣英實)이 발탁되어 자격루(自擊漏)를 비롯한 위대한 과학기술의 업적을 냈던 것이다. 또 위구르족으로 귀화한 설순(偰循)을 집현전 학자로 등용한 것도 눈에 띈다. 의관(醫官)이나 역관(譯官), 그리고 화원(畫員)이라 하더라도, 뛰어난 인재는 당상관(堂上官)으로 올려주는 파격성을 보여주면서 기술자들을 우대했다. 이렇게 신분을 초월한 인재 발탁과 기술자에 대한 우대가 바로 세종 대를 과학기술의 황금기로 만드는 힘이 되었던 것이다.

훈민정음 창제는 물론 세종이 주도한 것이지만, 여기에는 문종이나 세조 등 왕자들의 도움도 있었고, 집현전(集賢殿) 학자들의 도움이 적지 않았다. 그리고 우리의 지혜만으로 부족할 때는 중국의 기술을 배워오는 데도 과감성을 보여주었다. 훈민정음을 만들 때 수차례 요동으로 사람을 보내 중국인 황찬(黃瓚)의 도움을 받은 것이나, 천문의기(天文儀器)를 만들 때 이순지(李純之) 등을 명나라에 보낸 것도 그러한 예 가운데 하나이다.

세종은 문화의 보편성을 인정하면서도 우리나라의 풍토에 맞는 지방성을 동시에 존중했다. 문자를 만들고 음운(音韻)을 정리할 때에도 바로 이 점을 고려했다. 그래서 풍토가 다르면 소리가 다르고, 소리가 다르면 문자가 다르다는 것을 깨달았다. 《동국정운》(東國正韻)을 보면, 세계 여러 나라 사람들의 소리가 다르다는 것을 지적하고 있다. 예를 들면, 추운 북방 사람들은 목구멍소리를 많이 내고, 서방 사람들은 이빨소리를 많이 내고, 더운 남방 사람들은 입술소리를 잘 낸다고 지적하고 있는데, 이는 매우 정확한 관찰이다.

의학(醫學)과 약학(藥學)에서도 한국인의 체질에는 한국에서 생산된 약재와 치료법이 우리 몸에 맞을 수도 있다는 점을 인식하여 향약(鄕藥)을 개발했으며, 농법(農法)에서도 우리나라의 풍토 즉 토질과 기후에 맞는 농법을 발전시키기 위해 나이 많고 경험 많은 노농(老農)들의 경험을 채록하여 《농사직설》(農事直說)을 편찬했다. 풍토를 존중하기는 음악이나 악기의 경우도 마찬가지다. 천문학의 경우도 아라비아나 중국의 역법(曆法)을 참고하면서도 우리나라의 위치에 맞는 주체적 천문학을 발전시켰기 때문에 일식과 월식 등의 시간을 전보다 정확하게 관측할 수 있었다.

훈민정음의 문자 구조에는 전통적인 음양오행사상의 원리와 원방각(圓方角) 도형(圖形)이 참고되기도 했음은 앞에서 설명한 바 있다. 그러나 그것으로 해결되지 못하는 부분은 원나라의 파스파 문자도 참고하고, 인도의 범자(梵字; 산스크리트)도 참고하고, 소리를 내는 혓바닥의 모양도 참고하는 등 동서 문명을 넓게 참고하는 안목을 보여주었다. 그러므로 세종은 가장 한국적이면서도 세계적인 마음을 가진 지도자의 면모를 보여주었다.

세종이 만든 각종 시계는 서민 생활에 도움을 줄 수 있도록 대중화

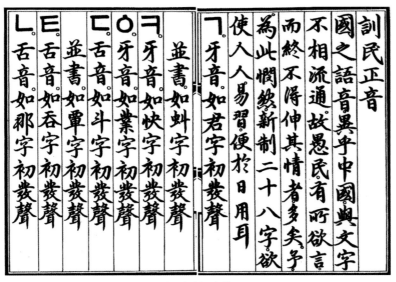

《훈민정음 해례》

하려고 노력한 점도 주목되는 현상이다. 해시계, 물시계 등을 소형 휴대용으로도 제작하고, 이를 군중들이 모이는 서울 혜정교(惠政橋) 등에 설치하고, 또 북방에서 여진족을 토벌하던 군사들에게도 보급했다. 이 때문에 군사 작전이 한층 정밀해지고, 서민들의 생활도 편리해졌다.

　세종과 같은 군주가 이 시기에 나온 것은 세종 자신의 자질에도 이유가 있다. 하지만 그보다는 고려 말기 당시, 세계 제국을 건설한 원나라의 간섭을 100년간 받으면서 서방 문화가 대거 들어와 문화의 세계화가 이루어지고, 동시에 원나라의 간섭에서 벗어나려는 주체 의식의 성장이 나타나면서 주체성과 세계성이 결합되어 나타난 문화적 대약진에도 원인이 있다. 세종은 이 같은 시대의 흐름을 읽어

내면서 혼자의 힘으로 나라를 이끌려고 하지 않고, 집현전(集賢殿)이라는 학술기관을 궁중에 설치하여 학자를 우대하고 우수한 인재를 길러내어 그들의 지혜를 활용함으로써 대업을 이루어냈다는 점에서 귀감이 되고 있다.

일제시대 호암 문일평(湖岩 文一平)은 세종을 가리켜 진정한 '조선심'(朝鮮心)의 대표자로 칭송하고, 나아가 삼국시대에 발원한 샘물이 세종 대에 이르러 거대한 호수를 이루게 되었다고 지적한 것도 새겨볼 만한 말이다.

문일평이 지적한 '조선심'은 달리 말하면 '진정한 한국인'이라는 뜻으로도 풀이되며, 이는 '진정한 선비정신의 소유자'라고 해석해도 좋을 것이다. 세종이 권제(權踶)를 시켜 편찬한 《동국세년가》(東國世年歌)의 첫머리에는 요동(遼東)의 별천지(別天地) 만리(萬里)의 땅에 단군이 나라를 세운 것을 자랑스럽게 노래하고 있으며, 삼신(三神)이 모셔진 황해도 구월산 삼성사(三聖祠)에 관리를 보내 처음으로 제사를 지내도록 한 것 등은 세종이 한국인으로서의 정체성을 찾는 데 얼마나 열성적이었는가를 보여준다.

③ 양성지: 애국적 역사가, 지리학자

세종이 집현전을 통해 길러낸 인재는 한두 명이 아니었다. 이들은 세종을 보필했을 뿐 아니라, 세종이 세상을 떠난 뒤에도 세조(世祖)와 성종(成宗)을 보필하여 마침내 조선왕조의 틀을 다지는 데 결정적인 두뇌 역할을 맡았다. 인재를 키우는 일이 얼마나 중요한가를 보

양성지 영정(경기도 김포시 양촌면 대포리 수안사에 봉안)과 수안사

여주는 사례인 동시에 이 또한 세종이 국가의 백년대계를 내다보는 뛰어난 학자이자 교육자임을 보여준다.

집현전 출신 학자-관료 가운데 국가에 크게 공헌한 인물로는 훈민정음 창제에 도움을 주고, 《고려사》 편찬을 주도한 정인지(鄭麟趾)를 비롯하여, 역시 훈민정음 창제를 도와주고 음운학과 외교적 수완이 뛰어났던 신숙주(申叔舟), 문장가와 역사가로서 《동문선》을 편찬하고, 《동국통감》 편찬을 주도한 서거정(徐居正), 《경국대전》 편찬을 마무리한 최항(崔恒), 《동국여지승람》 편찬을 주도한 노사신(盧思慎) 등을 들 수 있다.

그런데 집현전 학자 출신 가운데 역사와 지리에 가장 해박한 지식을 가지고 세조와 성종을 보필하여 국방강화와 국가의 자주성 선양을 위해 헌신한 인물은 눌재 양성지(訥齋 梁誠之; 1415~1482)이다.[136]

---

136 양성지에 대한 종합적 연구는 《조선 수성기 제갈량 양성지》(한영우, 지식산업사, 2008) 참고.

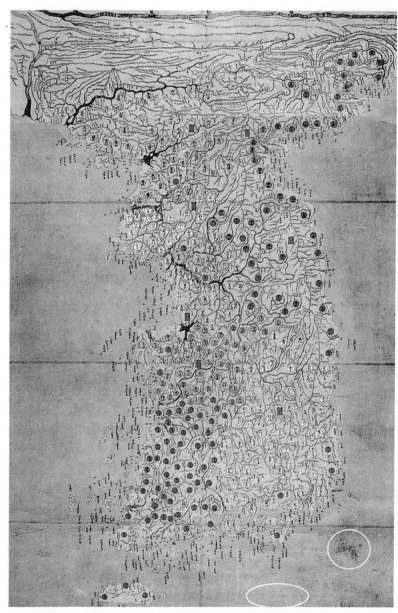

양성지가 제작한 〈동국지도〉를 다시 모사한 지도(국사편찬위원회 소장). 만주와 한반도가 함께 그려져 있다.

세조가 그의 뛰어난 역사 지식과 애국심에 감탄하여 '나의 제갈량'이라고 칭찬하기도 했는데, 양성지는 나라의 위상을 중국과 동등한 수준으로 끌어올리기 위한 여러 방책을 쉴 새 없이 건의했다.

양성지가 인식하는 한국사는 중국과 대등한 국력과 자주성을 이어 온 자랑스런 역사였다. 우선 단군(檀君)의 건국이 중국의 요(堯) 임금과 동시대이고, 삼국시대는 만주와 한반도를 모두 장악한 만리(萬里)의 영토를 가진 대국(大國)으로서 수나라와 당나라를 물리친 강국이었으며, 고려시대는 거란을 물리치고, 수십만의 대군을 거느렸으며, 금(金)나라는 고려를 '부모의 나라'로 높였다. 양성지가 그린 것으로 알려진 〈동국지도〉(東國地圖)를 보면 한반도와 만주를 함께 그려 놓았는데, 이는 우리나라가 원래 만리의 나라였음을 보여주고자 한 것이다.

양성지에 따르면, 고려의 임금은 중국의 천자(天子)와 동등한 친경(親耕)이나 제천(祭天) 그리고 대사례(大射禮)를 행한 나라였다. 임금의 생일도 절일(節日)로 부르고, 중국에 대해 제후(諸侯)의 명분을 지킨 일도 없었다. 비록 고려가 일시적으로 원나라의 간섭을 받았으나, 천하를 점령한 원나라도 고려에 대해서는 직속령을 만들지 못하고 사위의 나라로 대접했으며, '의종구속'(儀從舊俗)이라 하여 고려가 자신들의 풍속을 그대로 지키는 것을 허용했다. 원나라 말기에는 20만의 홍건적이 쳐들어 왔지만 역시 격퇴당하고 말았다.

명나라 태조 고황제(高皇帝)도 조선에 대해서는 이른바 '성교자유'(聲教自由)를 인정하여 조선의 독자적 언어와 문화를 자유롭게 가질 것을 허용했다는 것이다.

양성지는 우리나라가 역사적으로 중국의 번국(藩國)으로서 사대(事大)의 예를 행해온 것을 부인하지 않았다. 그러나 앞서 말했듯이 번국에는 여러 종류가 있는데, 우리나라는 중국의 통치권이 미치는 기내(畿內)의 제후나 복리(腹裏; 뱃속)의 제후가 아니라, 통치권이 미치지 못하는 황복(荒服)의 제후이므로 실질적으로는 자주독립된 나라였다는 것이다.

우리나라는 예부터 문화 수준이 중국과 동등하여 중국인들이 '군자의 나라', '동방예의지국'(東方禮義之國), '소중화'(小中華)로 부른 것을 그는 자랑스럽게 생각했다. 여기서 '소중화'는 국가 개념이 아니라 문화 개념으로서, 나라의 크기는 비록 중국보다 작지만 중국과 동등한 수준의 문화를 가진 나라라는 뜻으로 본 것이다.

그런데 우리나라는 중국과 다른 고유의 언어(言語)와 의관(衣冠), 그리고 고유의 풍속, 예컨대 연등회(燃燈會), 척석희(擲石戲) 등을 가지고 있어서 이를 지키는 것이 필요하다고 보면서, 금(金)나라나 몽고(蒙古), 그리고 서하(西夏)도 고유 풍속을 잃지 않아 나라를 오래 유지했으므로 이를 배워야 한다고 말했다. 양성지는 고려 태조가 〈훈요십조〉(訓要十條)를 만들어 우리의 의관과 풍속을 지킬 것을 당부한 사실도 언급하면서, 만약 우리가 중국의 풍속까지 따른다면 한국인의 정체성이 무너져 중국의 제(齊)나라나 노(魯)나라처럼 되어버리고 민심이 흔들리게 된다고 경계했다.

양성지는 중국을 지나치게 숭상하고 우리나라를 얕잡아보는 일부 유생들의 생각은 매우 잘못된 것으로 보고, 이런 편견을 시정하여 역사에 대한 자부심을 키우기 위한 여러 방책을 건의했다. 그는 과거시험에 국사(國史)를 넣어야 하고, 고려시대처럼 환구단(圜丘壇)을 세워 제천(祭天)을 시행하고, 임금이 봄에 농사의 시범을 보이는 친경(親耕)을 행하고, 봄과 가을에 신하들과 더불어 활쏘기를 하는 대사례(大射

禮)를 시행하고, 무성묘(武成廟)를 세워 역사적으로 외적을 물리친 애국 명장들을 제사하고, 국토의 오악(五嶽)과 4독(四瀆; 네 바다), 그리고 명산대천(名山大川)에 제사하고, 역대 임금에 대한 제사를 행하고, 목화씨를 가져온 문익점(文益漸)과 화약 무기를 개발한 최무선(崔茂宣)에 대해서도 사당을 세워 제사를 베풀 필요가 있다고 역설했다.

이 밖에도 양성지는 임금의 권위를 높이기 위한 대책도 건의했다. 그 가운데 하나는 임금이 쓴 글씨와 글을 보관할 수 있는 집을 따로 지어 규장각(奎章閣)으로 부르고 이를 관리하는 관직을 두자는 것이었다. 이 주장에 따라 세조는 인지당(麟趾堂) 옆에 집을 지어 어제(御製; 임금의 글)와 어필(御筆; 임금의 글씨)을 보관하기 시작했는데, 다만 이를 관리하는 관직은 설치하지 않았다.

이러한 양성지의 주장을 200년 뒤에 받아들여 규장각을 다시 설치한 것이 바로 정조였다.[137] 정조는 양성지의 주장에 따라 규장각을 관리하는 학사(學士)를 설치했으며, 여기에 세종의 집현전(集賢殿) 제도를 합쳐서 학문 연구기관의 기능까지 겸하도록 했다.[138] 또한 규장각에 대해서뿐 아니라 양성지의 학문과 사상이 너무나 실용적인 것에 감동하여 규장각에 명하여 그의 문집을 간행하라고 명했다. 그래서 지금 전하는 《눌재집》(訥齋集)은 바로 정조가 서문을 직접 써서 나오게 된 것이다.

임금의 권위를 높이는 방책의 또 다른 하나로서 그는 임금을 '황극'(皇極)에 비유했다. 이는 《서경》(書經)에서 빌려온 것으로, 임금

---

137 한영우, 2008, 《문화정치의 산실 규장각》, 지식산업사 참고.
138 정조와 양성지의 관계에 대해서는 위의 책 참고.

은 북극성처럼 초월적인 위치에서 천하만민을 평등하게 지배한다는 뜻이다. 임금이 어느 계급이나 당파에 기울지 않고 모든 백성을 평등하게 끌어안는다는 사상이 바로 '탕평'(蕩平)이다. 탕평정책은 영조와 정조가 강력하게 추진했고, 이에 따라 두 임금은 '군사'(君師) 또는 '성인군주'(聖人君主)를 자칭하게 되었으며, 강력한 왕권을 행사했음은 잘 알려진 사실이다. 그런데 이런 '탕평군주'의 위상을 처음으로 주장하고 나선 것은 바로 양성지였다. 정조가 양성지를 좋아하게 된 결정적 이유가 실은 여기에 있었던 것이다.

한편, 양성지는 세종 말년에 북방 몽골족의 유민인 달단족(達旦族)이 다시 세력을 일으켜 명나라를 압박하고 마침내 토목(土木)의 싸움에서 승리하여 영종황제(英宗皇帝)를 포로로 잡아간 사건을 전해 듣고, 달단족이 조선을 침략할 가능성이 있음을 우려했다. 그래서 세종 말년부터 성종 대에 이르기까지 국방에 대한 대책을 줄기차게 건의했다. 특히 그의 건의를 적극적으로 받아들인 것은 세조였다. 그래서 양성지는 세조의 사랑을 가장 많이 받고 마침내 '나의 제갈량'이라는 애칭까지 받은 것이다. 세조 대에 시행된 보법(保法)으로 군사력이 크게 증강하고, 진관제도(鎭管制度)에 따라 지역 방위체제가 이루어진 것은 바로 양성지의 건의를 따른 것이었다.

그가 건의한 국방 강화대책은 매우 방대하고 치밀했는데, 그 요지를 설명하면 다음과 같다.

첫째, 군역제도는 3정 1보(三丁一保)의 원칙을 따라, 장정 3명을 단위로 하여 1인은 정병(正兵)이 되고, 1인은 보인(保人)이 되어 정병을 뒷바라지하고, 나머지 1인은 농사를 짓게 한다는 것이다. 이렇게 하면 약 15만 명의 정병을 확보할 수 있다. 그런데 세조는 이 건의를 수용하면서 오히려 2정 1보(二丁一保)로 바꾸어 군액을 늘린 결과 정병은 훨씬 더 많아지게 되었으며, 이것이 큰 반발을 사서 마침내 성종 대에는 군액을 감축하는 사태가 벌어지게 되었다.

둘째로, 양성지는 서울 방어를 강화하기 위해 동서남북에 4보(四輔)의 설치를 건의했는데, 양주(楊州)를 북보, 수원(水原)을 남보, 광주(廣州)를 동보, 원평(圓平; 지금의 파주)을 서보로 하자는 것이다. 이 건의는 실천에 옮겨지지 않았으나, 조선 후기에 이르러 네 개의 유수부(留守府)가 설치됨으로써 뒤늦게 실현되었다. 다만, 네 유수부는 개성, 광주, 강화도, 그리고 수원이 되어 양성지의 4보와는 다소 위치가 달라졌지만, 특히 정조 때 광주와 수원에 유수부를 설치한 것은 양성지의 생각과 같은 것이다.

셋째, 양성지는 서울을 포함하여 오경(五京)을 둘 것을 요청했다. 즉 개성(開城)을 중경, 평양(平壤)을 서경, 경주(慶州)를 동경, 함흥(咸興)을 북경, 그리고 전주(全州)를 남경으로 하자는 것이다. 이 주장 역시 수용되지 않았지만, 고대에 있었던 5경제도를 부활시키려했던 것은 조선왕조의 대외적 위상을 높이고자 하는 데 뜻이 있었다.

넷째, 전쟁에 대비하여 귀중한 국가의 서적들을 전주(全州), 성주(星州), 충주(忠州)의 세 사고(史庫)에 배치하고 있는데, 사고를 도시에 두는 것은 매우 위험한 일로 보았다. 그래서 사고를 깊은 산속으로 옮길 것을 건의했는데, 전주 사고는 지리산으로, 성주 사고는 금오산으로, 충주 사고는 월악산으로 옮길 것을 주장했다.

그런데 위 건의도 당시에는 우활하다고 여겨져 받아들여지지 않았으나, 왜란을 거치면서 도시에 있던 사고에 보관되었던 실록(實錄)이 전주 실록을 제외하고 모두 불타버리자, 태백산, 오대산, 적상산, 그

전주 사고(경기전 안에 있음)

리고 강화도 정족산으로 사고를 옮기게 되었다. 비록 양성지가 제안한 산으로는 사고가 옮겨지지 않았지만 깊은 산속으로 옮긴 것은 결과적으로 그의 주장이 얼마나 선견지명이 있었던가를 말해준다.

다섯째, 양성지는 무사들의 무예기술(武藝技術)를 정예화하려면 훈련관(訓鍊觀)이라는 훈련기관을 설치하고, 여기에 40세 이하의 갑사(甲士)들을 입속시켜 《무경》(武經)을 비롯한 전문적인 군사기술을 배우도록 해야 한다고 주장했다. 이 건의는 그대로 수용되어 훈련관이 설치되었으며, 조선 후기에는 이것이 훈련원(訓鍊院)으로 이름을 바꾸게 되었다. 정조는 바로 이 건의에 따라 훈련원을 설치한 것이다.

여섯째, 양성지는 우리나라의 화약 무기인 총통무기(銃筒武器)를 설명한 《총통등록》(銃筒謄錄)을 한자로 편찬한 것은 모두 없애고 한

오대산 사고(강원도 평창)

글로 언해한 것만 남겨놓자고 주장했다. 왜냐하면 한문본은 외국으로 흘러나갈 경우 국가기밀이 유출될 우려가 있기 때문으로 보았다.

그 밖에도 양성지의 군정개혁안은 무기 개량에 관한 것, 군인의 후생복지에 관한 것 등 헤아릴 수 없이 많았으나, 여기서는 생략하기로 한다.

④ 조광조: 조급한 이상주의자

중종 때 높은 이상주의를 가지고 개혁정치를 주도하다가 중종 14년 (1519)에 기묘사화(己卯士禍)로 그의 동료들과 함께 떼죽음을 당한 인물이 정암 조광조(靜庵 趙光祖; 1482~1519)이다. 당시 나이 겨우 38세였으니 후세 사람들이 그의 죽음을 애통해하는 것도 이유가 있었다.[139]

조광조의 죽음은 후세 선비들에게 여러 가지 교훈을 주었다. 그의 이상주의는 아름다웠으나, 그의 정치인으로서 행적은 미숙하다는 것이 공통된 평가였다.

조광조는 조선왕조 개국공신 조온(趙溫)의 후손으로서 한양조씨(漢陽趙氏) 집안에서 태어났지만, 그의 마음과 행적은 백성에 대한 사랑에 있었다. 그는 어려서부터 어른의 잘못이라도 거침없이 꾸짖는 성품을 타고났으며, 17세에는 연산군 때 무오사화(戊午士禍)로 쫓겨나 평안도 희천(熙川)에 유배 중이던 김굉필(金宏弼) 문하에 들어가 학문을 배우고, 이어 천마산, 성거산, 용문사 등지에서 학문을 계속했는데, 새벽닭이 울 때 일어나 세수하고 머리 빗고 숙연한 자세로 글을 읽어 사람들이 '미치광이'[狂者]로 부르기도 하고, '화를 불러올 사람'[禍胎]이라고도 수군댔다. 그만큼 그의 성품과 행동은 남다른 점이 많았다.

폭군 연산군이 반정으로 쫓겨나고 중종(中宗)이 추대되자, 조광조는 알성시에 합격하여 벼슬길에 올랐는데, 현량과(賢良科) 실시를 건의하여 28명의 젊고 깨끗한 선비들을 개혁 동지로 묶어세우는 데 성공했다. 후세 사람들은 이들을 '기묘명현'(己卯名賢)으로 부른다. 그가 지목한 정적(政敵)은 바로 폭군 연산군을 몰아내고 중종을 옹립한 이른바 정국공신(靖國功臣)으로 불리는 반정 세력이었다. 이들은 공을 믿고 부패와 탐욕에 빠져 백성들의 원망을 사는 신악(新惡)으로 등장했기 때문이다.

---

139 한영우, 1997, 《미래를 위한 역사의식》, 지식산업사, 227쪽 참고.

연산군의 폭정을 경험한 조광조는 우선 임금의 마음이 깨끗해야 정치개혁이 성공할 수 있다고 보고, 새로 옹립된 중종을 성인군주(聖人君主)로 만드는 일에 진력하고, 다른 한편으로는 정국공신의 비리를 척결하는 일에 온 힘을 쏟았다. 그의 목표는 요순삼대(堯舜三代)의 이상사회를 구현하는 것으로, 국가의 물질적 힘을 기르는 것보다 도덕성을 높이는 일에 치중했는데, 이를 '왕도주의'(王道主義) 또는 '지치주의'(至治主義)로 부른다.

그러면, 그가 추구한 개혁정치는 무엇이며, 그가 실패한 이유는 무엇인가.

조광조는 중종에게 경연(經筵)에 성실하게 참여할 것을 강조했으며, 신하들이 임금 앞에서 엎드리지 않고 앉아서 회의하도록 바꾸었다. 경연이란 임금과 신하가 유교 《경전》(經典)을 함께 읽으면서 선현(先賢)의 가르침을 배우고, 나아가 이를 바탕으로 현실 정치를 함께 토론하는 교육 과정이었다. 바꿔 말하면 경연은 신하가 임금을 교육시키는 수업이라고 할 수 있다.

경연은 하루에 세 번, 즉 조강(朝講), 주강(晝講), 석강(夕講)을 하도록 제도화되어 있으나, 실제로 이를 꼬박 지키는 것은 매우 힘든 일이었다. 그래서 게으른 임금은 경연에 나오지 않는 경우가 적지 않았다. 그런데 조광조는 임금의 마음을 정화시키는 데에는 경연밖에 없다고 믿어 이를 철저하게 따를 것을 강조했다.

중종은 처음에는 경연에 성실하게 임했으나, 저녁에 시작한 석강이 새벽이 되어야 끝나는 일이 반복되자 마침내 싫증을 내기 시작했다. 그래서 처음에는 조광조의 학식과 덕망을 존경하던 중종도 시간이 흐를수록 조광조를 멀리하게 되었다. 조광조는 너무 조급하게 임

조광조 글씨와 심곡서원(경기도 용인시 상현동)

금을 성인(聖人)으로 만들고자 하는 모습을 보였던 것이다.

조광조는 반정공신(反正功臣), 곧 정국공신(靖國功臣) 117명 가운데 76명은 아무런 공훈도 없으면서 공신으로 책록되었으므로 이를 삭제할 것을 주장하고 나섰다. 중종은 조광조의 건의를 받아들였는데, 이 사건으로 공신들의 원망을 사게 되었을 뿐 아니라 그들의 추대를 받아 임금이 된 중종의 입지도 흔들리게 되었다. 정국공신에 대한 조광조의 처사는 원칙적으로 옳은 일이었지만, 공신의 3분의 2를 삭제한 것은 방법상으로 지나친 것이었다.

조광조의 조급성은 주자(朱子)가 만든 향촌공동체 규약인 향약(鄕約)을 그대로 시행하려고 한 데서도 나타났다. 도덕규범을 앞세운 중국 향약은, 앞에서도 설명한 바 있지만, 먹고 사는 것이 시급한 농민들에게 시행하는 것은 무리가 있었고, 향약을 올바르게 이끌 덕망 있는 유지들이 지방에 있지 않으면 부작용을 일으킬 수 있는 위험성도 있었다. 그뿐 아니라, 민생을 괴롭히던 방납(防納)의 폐단을 시정하고, 토지소유의 상한선을 정하는 한전법(限田法)을 시행하려고 한 것도 공신들을 포함한 구세력의 반발을 샀다.

사방에 적을 만들고 임금마저 등을 돌리게 되자, 조광조와 그를 따르던 현량과(賢良科) 출신의 젊은 이상주의자들의 몰락은 시간문제였다. 훈신 세력은 그를 제거하기 위해 궁녀를 시켜 나뭇잎에 꿀을 발라 '주초위왕'(走肖爲王)이라고 써서 벌레가 갉아 먹게 한 다음 이를 임금에게 알리는 등 온갖 모략을 했다. 조광조가 임금이 되려고 획책한다는 것이다.

결국 중종은 재위 14년(1519)에 조광조와 그를 따르던 젊은 선비들을 반역죄로 몰아 유배를 보내고 사약을 내렸다. 이를 기묘사화(己卯士禍)로 부른다. 조광조는 전라도 능주(綾州; 지금의 화순)로 유배되었다가 곧 사약을 받고 38세에 세상을 떠났다. 그의 마지막 벼슬은 사헌부 대사헌(大司憲)이었다. 이로써 젊은 선비들의 이상주의 개혁은 5년 만에 물거품이 되었다.

조광조보다 54년 뒤에 태어난 율곡 이이(李珥)는 누구보다도 조광조를 존경했다. 이이는 조광조의 깨끗한 마음과 이상사회에 대한 꿈은 높이 평가했으나, 그의 개혁 방법에는 아쉬움을 나타냈다. 이상사회를 하루아침에 달성하려고 서둔 것은 잘못으로서, '작사무점 직전태예'(作事無漸 直前太銳)라고 비판했다. '일을 추진하면서 점진성이 없고, 너무 날카롭게 앞으로만 나가려고 했다'는 것이다. 이이는 이상사회를 건설하는 일은 한꺼번에 되는 것이 아니므로 하루에 한

가지씩 쉬지 않고 점진적으로 해야 성공을 거둘 수 있다고 믿었는데, 이것이 그의 변법경장론(變法更張論)이다. 주자향약을 조선의 현실에 맞게 계(契)와 연결시켜 시행한 것도 조광조의 실패 경험에서 교훈을 얻은 것이다.

그런데 젊은 이상주의자의 조급한 개혁이 실패로 돌아간 것을 아쉬워하는 일이 400년 뒤에 또 일어났다. 대한제국이 망한 뒤 중국으로 망명하여 독립운동을 펼쳤던 박은식(朴殷植)은 대한제국의 멸망사를 쓴 《한국통사》(韓國痛史, 1915)와 한국인의 피나는 독립운동사를 정리한 《한국독립운동지혈사》(韓國獨立運動之血史, 1920)에서 김옥균(金玉均) 등 젊은 개화파의 개혁운동을 소개하면서 《열자》(列子)에 나오는 유명한 '우공이산'(愚公移山)의 고사(故事)를 인용하며 아쉬움을 토로했다. 세상 사람들이 어리석다고 비웃었음에도 아랑곳하지 아니하고 자손들과 힘을 합쳐 하루에 한 삽씩 흙을 파서 마침내 북산(北山)을 옮겨 길을 뚫었다는 90세 노인 우공(愚公)의 지혜가 필요하다는 주장이다.

박은식은 아무리 옳은 개혁이라도 점진적 방법으로 추진해야 부작용이 없는데, 갑신정변(甲申政變)이나 독립협회(獨立協會) 운동을 주도한 젊은이들은 당대에 가장 똑똑한 인재들이었지만, 하루아침에 벼락치듯이 개혁을 추진하다가 결국 일본에 이용당하고 말았다는 것이다.

박은식에 따르면, 혁명이란 미리 언론이나 교육을 통해서 국민들을 상당 기간 계몽시킨 다음에 때가 무르익었을 때 벼락치듯이 해야 성공한다는 것이다. 박은식 자신도 개화파의 한 사람으로 참여했지만, 나라가 망한 뒤에 비로소 개화운동의 잘못을 후회하고 있는 것이다.

우리는 16세기 사림과 19세기 급진 개화파에서 우리나라 선비의 높은 이상을 발견함과 동시에 그들의 조급성이 일을 그르친 것을 함께 배우게 된다.

⑤ 이황: 성리학 전도사

16세기 중엽을 대표하는 학자로서 퇴계 이황(退溪 李滉; 1501~1570)을 떠올리는 데 반대할 사람은 없을 것이다. 그는 중종 29년(1534)에 문과에 급제하여 벼슬길에 올라 선조 원년(1568)에 의정부 우찬성과 홍문관 및 예문관의 대제학(大提學)에까지 올랐다. 아버지와 할아버지가 모두 진사(進士)에 머물고 벼슬길에 오르지 못했으므로 진성이씨(眞城李氏) 집안에서는 처음으로 큰 벼슬아치가 나온 셈이다.

그러나 명종 즉위년(1545)에 일어난 을사사화(乙巳士禍)를 보고 정치보다는 교육이 더 중요하다는 것을 깨달았다. 그래서 스스로 벼슬을 버리고 고향인 경상도 예안(禮安)으로 내려가 학문과 후학을 가르치는 데 전력을 쏟았다.

학자로서 이황의 업적은 호남 학자 기대승(高峰 奇大升; 1527~1572)과 벌인 사단칠정(四端七情)에 대한 논쟁이라고 할 수 있을 것이다. 이황보다 26년이나 연하인 기대승이 먼저 질문을 던져 시작된 이 논쟁은 8년간 편지를 주고 받는 형식으로 이어졌는데, 누구의 학설이 옳고 그른가를 떠나 조선 선비들이 어떤 자세로 학술논쟁을 벌였는지 잘 보여준다. 아마 요즘 같으면, 논쟁에 감정이 이입되어 서로 원수지간이 되었을지도 모르지만, 두 사람은 서로의 의견을 존중하고 받아들이면서 의견을 좁혀가는 미덕을 보여주었다.

이황의 초상(왼쪽), 《성학십도》(오른쪽), 도산서원(경북 안동시 도산면 토계리, 아래)

　　논쟁의 요점을 소개하면 이렇다. 사단(四端)이란, 인의예지(仁義禮智)를 말하고, 칠정(七情)이란 희노애구애오욕(喜怒哀懼愛惡欲)을 말하는데, 사단과 칠정이 이(理)에서 나오는 것인가, 기(氣)에서 나오는 것인가를 놓고 토론한 것이다. 이 논쟁의 발단은 정지운(鄭之雲)이 지은 《천명도설》(天命圖說)을 이황이 수정한 데서 시작되었다. 정지운은 "사단은 이(理)에서 생겨나고, 칠정은 기(氣)에서 생겨난다"고 썼는데, 이황은 이를 수정하여 "사단은 이(理)의 발(發)이고, 칠정은 기(氣)의 발(發)"이라 고쳤다. 그런데 이를 본 기대승이 이황의 견해에 대해 의문을 던지면서 논쟁이 시작되었다.

기대승은 이황이 사단과 칠정을 대립적으로 본 것에 대해 이의를 제기하고, 사단은 칠정의 범위를 벗어나 따로 있는 것이 아니라고 주장했다. 이에 대해 이황은 자신의 견해를 약간 수정하여 "사단은 이(理)가 발(發)할 때 기(氣)가 따르는 것이고, 칠정은 기(氣)가 발(發)할 때 이(理)가 올라타는 것"[四端 理發而氣隨之 七情 氣發而理乘之]이라고 답했다.

이 논쟁은 철학에서 인식론에 해당하는 문제이기 때문에 어느 것이 옳고, 어느 것이 그르다고 쉽게 결론이 내려질 성격이 아니었다. 그렇기 때문에 이 사단칠정 논쟁은 그 뒤에도 성혼(成渾), 이이(李珥) 등이 가세하여 끝없이 이어졌는데, 결과적으로 보면, 조선 선비들의 철학적 사유가 얼마나 깊었는가를 보여주는 사건이었다. 중국의 성리학자들도 이렇게 인식론을 둘러싼 심오한 논쟁을 벌이지는 않았기 때문이다.

한때 우리는 조선 선비들이 벌인 사단칠정 논쟁[四七論爭]을 부질없는 공리공담(空理空談)으로 매도한 일이 있었다. 그러나 이는 잘못된 생각이다. 철학 논쟁을 공리공담으로 본다면 철학무용론에 빠질 위험이 있다. 오히려 '사칠논쟁'은 세계철학사에 빛나는 한 페이지를 장식한다고 보는 미국 하버드 대학의 동양학자 투 웨이밍(杜維明)

교수의 말에 귀를 기울일 필요가 있을 것이다.

이황의 더 큰 업적은 앞에서 말한 것처럼 교육자로서의 공로이다. 그는 68세 되던 선조 원년(1568)에 《성학십도》(聖學十圖)를 지어 새로 임금이 된 17세 선조(宣祖)에게 바쳤다. 이 책은 성리학(性理學)을 배워 성인(聖人)이 되는 길을 가르치기 위한 교재였다. 그 내용은 음양오행(陰陽五行)과 천지인 합일(天地人合一)의 우주자연 질서에서 시작하여 《소학》(小學)과 《대학》(大學)의 가르침, 송나라 주희가 백록동서원에서 실천한 윤리규범, 사단(四端)과 오성(五性), 그리고 칠정(七情)을 다스리는 법, 인(仁)의 실천, 마음을 다스리는 법, 경(敬)을 실천하는 법, 그리고 일상적인 공부 방법에 이르는 내용 등을 열 개의 도표로 만들어 간략하게 설명한 것이다. 이를 좀더 설명하면 다음과 같다.

① 태극도(太極圖): 태극(太極)에서 음양(陰陽)이 생기고, 음양이 다시 오행(五行)을 생성하며, 음양오행에서 만물이 생성하고 변화한다.

② 서명도(西銘圖): 천지인(天地人)은 하나로서, 홀아비, 과부, 고아, 독자, 노인, 병자 등 소외된 사람들을 보호해야 한다.

③ 소학도(小學圖): 주자가 만든 《소학》(小學)의 가르침을 따라 오륜(五倫)을 배우고 사람의 도리를 터득해야 한다.

④ 대학도(大學圖): 진덕수(眞德秀)가 만든 《대학연의》(大學衍義)의 가르침을 따라 경(敬)에서 출발하여 수신(修身), 제가(齊家), 치국(治國), 평천하(平天下)의 길로 나아가야 한다.

⑤ 백록동규도(白鹿洞規圖): 주자가 백록동서원에서 실천한 오륜의 윤리를 배울 것.

⑥ 심통성정도(心通性情圖): 마음이 이(理)와 기(氣)를 가지고 성정(性情)
　　　　　　　　을 통괄하므로 사단(四端; 仁義禮智), 오성(五
　　　　　　　　性; 喜怒慾懼憂), 칠정(七情; 喜怒哀懼愛惡欲)
　　　　　　　　을 잘 다스려 중정(中正)의 길을 가야 한다.

⑦ 인설도(仁說圖): 인(仁)이란 원형이정(元亨利貞)을 가지고 만물을 태
　　　　　　　　어나게 하는 마음의 씨이다. 따라서 인을 체득하여
　　　　　　　　사욕(私慾)을 버리고 예절(禮節)로 돌아가야 도덕이
　　　　　　　　피어난다.

⑧ 심학도(心學圖): 마음을 다스리는 방법은 경(敬)에 있는데, 경이란
　　　　　　　　마음이 흔들리지 않고 평정한 상태에 이름을 말한
　　　　　　　　다. 경을 거쳐야 모든 탐욕이 극복되고, 도(道)가 밝
　　　　　　　　아지고, 덕(德)이 세워진다.

⑨ 경재잠도(敬齋箴圖): 주자가 서재의 왼쪽 방을 경재(敬齋)로 부르고,
　　　　　　　　오른쪽 방을 의재(義齋)라고 불러 경(敬)과 의
　　　　　　　　(義)를 두 개의 축으로 삼았던 것을 설명했다.

⑩ 숙흥야매도(夙興夜寐圖): 새벽닭이 울 때부터 늦은 밤까지 일상적인
　　　　　　　　공부 방법을 설명했다.

　원래 그림을 사용한 아동용 성리학 교재는 고려 말기 정도전(鄭道
傳)이 편찬한 《학자지남도》(學者指南圖)가 처음이었다. 그 뒤 조선
초기에 권근(權近)이 이를 참고하여 《입학도설》(入學圖說)을 편찬한
바 있었다. 16세기 중엽에는 이황과 거의 동시대 사람인 정지운(鄭
之雲; 1509~1561)이 《천명도설》(天命圖說)를 지었는데, 이황은 여러
선현들의 저서를 모두 참고하고 이를 더욱 발전시켜 《성학십도》를

만들게 된 것이다.

《성학십도》는 선조에게도 큰 감명을 주었고, 고향에서 제자를 가르치는 데에도 유용하게 활용되었다. 그 결과 이황의 문하에서 많은 성리학자들이 배출되어 그는 뒷날 영남학파의 종장(宗匠)이 되었으며, 나아가 남인(南人)학파의 종장으로도 추앙되었다. 이는 율곡 이이(李珥)가 뒷날 서인(西人)학파의 종장이 된 것과 대비된다. 이이도 성리학의 가르침을 간략하게 정리하여 《성학집요》(聖學輯要)를 편찬하여 성리학 교재로 만들었으며, 이를 선조에게 바쳤다. 우리나라 성리학자들은 교육용 교재 편찬에 특별한 관심을 가졌는데, 그 결과 성리학은 학자들의 전유물로 끝나지 않고 민간에 널리 확산되는 효과를 가져오게 되었다. 이것이 학자 사회에 머문 중국의 성리학과 조선 성리학의 차이이기도 하다.

⑥ 조식: 칼을 찬 선비

이황과 같은 해 태어난 경상우도의 남명 조식(南冥 曺植; 1501~1572)도 16세기 참선비의 한 사람으로 후대에 큰 영향을 주었다. 경상좌도(경상북도)에 이황이 있다면, 경상우도(경상남도)에 조식이 있어서 영남학파의 양대 산맥을 형성했다. 그런데 두 사람의 학풍과 인품은 서로 대조되는 특성이 있었다.

조식은 처음에 서울에 올라와 성균관에서 공부하고 벼슬에 뜻을 두었으나, 뒤에는 혼탁한 정치를 보고 벼슬을 포기하고 김해(金海)의 산해정(山海亭)과 지리산의 산천재(山天齋), 그리고 삼가(三嘉) 등

조식 영정과 덕천서원(경남 산청군 시천면)

지에서 초야의 선비로 살면서 많은 후학을 길러냈다. 이황이 정주학을 충실히 따른 것과 달리, 조식은 정주학만이 아니라, 6경(六經) 중심의 원시유학(原始儒學)과 장재(張載; 횡거)의 철학, 노장사상(老莊思想), 그리고 양명학(陽明學)까지를 융합한 독특한 경지를 구축했으며, 무엇보다도 실천을 강조했다. 조식이 자신의 호를 남명(南冥)이라 한 것은 대붕(大鵬)이 나는 큰 바다를 가리키는 것으로 매우 큰 웅지가 담긴 말이다. 또 자신을 방장노인(方丈老人), 또는 방장산인(方丈山人)으로 부른 것도 지리산의 신선(神仙)을 자처한 것이다.

조식은 평소에 칼을 차고 다녔는데, 이는 정의의 실천을 강조하는 뜻이 담긴 것이다. 그의 제자들이 왜란 때 의병운동에 가장 적극적으로 투신한 이유를 여기서 찾을 수 있다. 그가 학문의 실천을 강조한 것은 명종 때 문정왕후(文定王后)의 훈척세력의 부패와 그들이 일으킨 을사사화(乙巳士禍)를 경험하면서 선비들이 입으로만 떠들고 조정에 나아가서는 탐욕에 빠진 모습을 보고 얻은 결론이었다.

명종이 한때 그에게 단성현감(丹城縣監)을 제수하자 그는 이를 거절하면서 목숨을 건 직언을 올려 사람들을 놀라게 했다. 명종이 나라를 잘못 다스려 나라의 근본이 무너지고 민심(民心)과 천심(天心)이 이미 임금을 떠났으며, 문정왕후는 궁중의 한 과부에 지나지 않고, 임금은 선왕의 고아(孤兒)라는 요지의 글이었다.

그는 후학들에게도 "배운 것을 실천하지 않으면 이는 배우지 않은 것만 못하다. 오히려 죄악을 범하고 있는 것이다"라고 가르쳤다. 그가 경(敬)과 의(義)를 특히 강조한 이유도 여기에 있었다. 의(義)는 바로 정의감으로서, 정의감을 가질 때 실천력이 생기는 것은 당연하다. 그런데 의(義)의 출발점은 경(敬)이다. 경은 마음을 다스리는 방법으로서 주자나 이황도 이미 강조한 것이지만, 조식은 특히 경의 훈련을 강조했다. 그는 물이 가득 담긴 그릇을 두 손바닥 위에 올려놓고 밤새도록 들고 있는 수련을 쌓기도 했는데, 이는 강인한 인내심을 길러 경(敬)에 도달하기 위함이었다. 조식은 단순명료한 무인처럼 보이기도 하면서 매우 종교적인 학자라고 할 수 있다.

조식이 추구하는 의(義)는 백성을 사랑하는 마음 곧 인(仁)을 말한다. 이미 송나라의 학자 장재(張載; 1020~1200)도 《서명》(西銘)에서 천지인(天地人)의 '합일(合一)을 강조하여, 우주만물이 모두 나의 몸이요 나의 동포라고 말하고, 천지의 마음인 생명사랑을 체득하여 인(仁)을 실천할 것을 강조한 바 있는데, 조식도 이와 비슷한 생각을 가지고 있었다. 그래서 그는 "배를 띄우는 것은 물이지만, 때로는 물이 배를 뒤집어엎을 수도 있다"는 것을 강조하여 백성을 버린 임금은 뒤집어엎어질 수 있음을 시사했다.

조식은 선조가 즉위하여 자신에게 벼슬을 주려 하자 유명한 '서리

망국론'(胥吏亡國論)을 펴고 돌아왔다. 서리(胥吏)에게 봉록을 주지 않으니, 이들이 백성을 뜯어먹고 살게 된다는 것이다.

조식의 가르침이 이와 같았으므로, 그의 영향을 받은 제자들은 과격하고 실천성이 매우 강한 인재가 많았다. 내암 정인홍(來菴 鄭仁弘; 1535~1623)이 그 예로서 왜란 때에는 의병운동을 이끌었고, 왜란 뒤에는 대북파(大北派)의 거두가 되어 광해군을 도와 정치를 혁신하려고 했다. 정인홍은 문묘(文廟)에 배향된 이황을 빼고 그 대신 조식을 넣자고 주장하여 파란을 일으키기도 했다. 광해군과 대북파 정치가 실패한 이유는 정치 방향이 잘못된 것이 아니라 지나치게 급진적인 것이 실패의 원인이었다고 볼 수 있다.

다만 정인홍뿐만 아니라, 왜란 때 의병장으로 이름을 떨친 곽재우(郭再祐)와 김면(金沔) 등도 그의 문인이고, 또 정여립(鄭汝立) 모반사건(기축옥사, 1589)에 관여했던 최영경(崔永慶)도 역시 조식의 문인이라는 것은 시사하는 바 크다. 의병이든 모반이든 그 바탕에는 정의(正義)에 대한 강한 실천의지가 담겨 있다고 보인다. 정여립도 대동사회(大同社會)를 꿈꾸는 이상주의자였지만, 지나친 급진주의가 실패를 가져왔다.

조식의 문인은 처음에는 기득권 세력인 서인(西人)과 경쟁하기 위해 서경덕(徐敬德)이나 이황의 문인과 연합하여 동인(東人)을 이루었음은 잘 알려진 사실이다. 그러나 동인 가운데 온건파인 이황의 문인이 이탈하여 남인(南人)이 되고, 급진파인 조식과 서경덕의 문인이 독립하여 북인(北人)을 형성하게 되었는데, 인조반정(仁祖反正)으로 북인이 몰락하면서 남인만 남게 되었다. 그래서 몰락한 북인은 홀로 서지 못하고 뒤에 남인으로 흡수되었는데, 영남남인과 구별되는 근기남인(近畿南人)으로 그 맥이 이어졌다. 그리고 이들이 바로 실학(實學)을 퍼뜨린 선구자가 된 것은 잘 알려진 사실이다. 광해군과 인조 대에 활약한 유몽인(柳夢寅), 허균(許筠), 이수광(李睟光), 한백겸(韓百謙) 등이 그러하고, 그 뒤를 이은 반계 유형원(磻溪 柳馨遠)이나 성호 이익(星湖 李瀷)이 또한 그 맥을 이었다.

⑦ 이이:중쇠기의 경륜가

이황과 조식의 35년 뒤에 뛰어난 선비가 또 나타났다. 강릉의 외가집에서 태어난 율곡 이이(栗谷 李珥; 1536~1584)가 바로 그다. 일생 가운데 아홉 번이나 시험에 장원급제하여 명성을 떨쳤던 이이는 아깝게도 49세에 요절했는데, 그가 세상을 떠난 지 8년 뒤에 임진왜란이 일어났다.

이이의 고향은 경기도 파주(坡州)의 율곡 마을이었다. 그에게 정신적으로 영향을 준 인물은 어머니 사임당 신씨(師任堂 申氏), 기묘명현의 한 사람인 외할아버지 신명화(申命和), 사헌부 감찰을 지낸 아버지 이원수(李元秀)를 들 수 있지만, 그보다는 파주에서 가까운 개성에서 살고 있던 화담 서경덕(花潭 徐敬德; 1489~1546)이 더 큰 영향을 끼쳤다고 할 수 있다.

29세부터 벼슬길에 들어선 이이는 오랫동안 관직에 있으면서 명종과 선조 시대 정치의 일각을 맡았다. 문한직과 언관직, 그리고 판서직을 두루 역임하면서 실무정치를 익힌 그는 한때 서울 한강가에 있는 동호(東湖) 독서당(讀書堂)에 들어가 공부하기도 했는데, 그의

이이와 자운서원(파주시 법원읍 동문리)

관심은 중쇠기(中衰期)에 들어선 왕조를 어떻게 하면 중흥시킬 것인가에 있었다. 그래서 수많은 개혁안을 진언하고, 변법경장(變法更張)을 부르짖었다.[140]

그의 판단을 따르면, 당시 조선왕조는 창업(創業)과 수성(守成)을 거쳐 중쇠기로 접어들어, 집에 비유하면 서까래가 부서지고, 담이 무너진 상태와 같다는 것이다. 그래서 이를 바로잡지 않으면 국가의 장래가 매우 위험하다고 보았다. 그런데 불행하게도 예언한 대로 그가 세상을 떠난 지 8년 뒤에 임진왜란이 터졌으니, 이이의 현실 진단이 매우 정확했음을 알 수 있다.

이이의 주된 관심은 민생 문제를 먼저 해결하고, 다음에 도덕을 일으켜야 한다는 이른바 '선부후교'(先富後敎)에 있었다. 이것이 도덕 교육을 무엇보다 중요하게 여긴 선배 이황(李滉)이나 정의의 실천성

---

[140] 한영우, 1980, 《율곡어록》, 삼성문화문고의 해제 참고.

을 길러준 조식(曺植)과 다른 점이었다. 하지만 이이도 성학(聖學) 즉 성리학(性理學) 교육의 중요성을 결코 간과하지 않았다. 이는 명종과 선조 대 정치의 난맥상을 보면서 임금과 선비들의 마음가짐이 중요하다는 것을 깨달았기 때문이다. 그가 《성학집요》(聖學輯要, 1575(선조 8))를 비롯하여 《사서소주》(四書小註), 《격몽요결》(擊蒙要訣, 1577), 《소학집주》(小學集註) 등을 편찬한 이유가 여기에 있었다.

하지만 이이의 더 큰 관심은 정치 개혁으로서, 독서당에 있을 때 지은 〈동호문답〉(東湖問答, 1569(선조 2))과 경연에서 건의한 언설을 정리한 《경연일기》(經筵日記, 1581(선조 14))는 그 대표적 저서이다. 이 밖에도 기자(箕子)의 업적을 정리한 《기자실기》(箕子實記, 1580)라든가 그가 시행한 각종 향약(鄕約) 등 많은 저술이 지금 《율곡전서》(栗谷全書)에 수록되어 있다.

먼저, 이이의 철학사상을 살펴보자. 그는 서경덕의 주기설(主氣說)과 이황의 주리설(主理說)을 절충하는 입장을 취했다. 그래서 이이는 기본적으로 주리설에 서면서도, 이(理)는 기(氣)가 발하는 데 따라 선(善)하기도 하고 악(惡)하기도 한다고 주장했다. 이것은 이(理)를 순수지선(純粹至善)하다고 보는 주자나 이황의 주장과 다르다. 또 이황은 이(理)가 무위(無爲)의 본체일 뿐 아니라 유위(有爲)의 작용(作用)도 한다고 보아 이기호발설(理氣互發說)을 주장했으나, 이이는 이(理)의 유위작용(有爲作用)을 부인하고, 기(氣)의 유위작용만을 인정하여 기(氣)가 발하면 이(理)가 올라탄다는 기발이승론(氣發理乘論)을 주장했다.

사단(四端)과 칠정(七情)에 대한 해석도 이황과 달랐다. 이황은 사단은 이(理)가 발하는 것이고, 칠정은 기(氣)가 발하는 것이라고 주

栗谷先生全書卷之二十七

擊蒙要訣

序

人生斯世非學問無以爲人所謂學問者亦非異常
別件物事也只是爲父當慈爲子當孝爲臣當忠爲
夫婦當別爲兄弟當友爲少者當敬長爲朋友當有
信皆於日用動靜之間隨事各得其當而已非馳心
玄妙希覬奇效者也但不學之人心地茅塞識見茫
眛故必須讀書窮理以明當行之路然後造詣得正
而踐履得中矣今人不知學問在於日用而妄意高
遠難行故推與別人自安暴棄豈不可哀也哉余定

栗谷全書　卷二十七　擊蒙要訣　三

居海山之陽有一二學徒相從問學余慙無以爲師
而且恐初學不知向方且無堅固之志而泛泛請益
則彼此無補反貽人譏故略書一冊子粗敍立心飭
躬奉親接物之方名曰擊蒙要訣欲使學徒觀此洗
心立脚當日下功而余亦久患因循欲以自警省焉
丁丑季冬德水李珥書

《격몽요결》, 어린이 교육지침서

장했으나, 이이는 사단이 칠정에 포함되며, 사단도 기(氣)가 발해서
이(理)가 올라타는 것이라고 주장했다. 이이가 이렇게 이(理)의 우위
성을 인정하면서도 기(氣)의 역할을 중요시한 것은 이성(理性)과 동
시에 감성(感性)을, 관념과 동시에 경험을, 도덕과 동시에 물질(공리)
의 중요성을 강조한 것으로 해석된다. 그래서 그는 도덕 개혁과 아
울러 물질적 생활 향상을 병행시키는 정책을 추구했던 것이다.

　다음으로 이이의 대표적 저서의 하나인 《성학집요》는 어떤 책인
가? 앞서 이황이 아동용 성리학 교과서로서 《성학십도》를 편찬하여

선조 임금에게 바쳤음을 소개했는데, 이보다 7년 뒤에 나온 《성학집요》도 아동용 성리학 교과서로 편찬된 것이다. 이 책은 선조에게 바쳤는데, 조선 후기에 임금의 경연(經筵) 교재로 사용되기도 하고, 《격몽요결》과 함께 민간에서도 아동용 교재로 널리 이용되기도 하였다.

《성학집요》의 내용은 《대학》(大學)에서 제시한 수신(修身), 제가(齊家), 치국(治國), 평천하(平天下)의 순서에 따라 정치와 도덕의 원리를 설명하되, 사서오경(四書五經)과 선현들의 명언(名言)에서 글을 모으고, 자신의 의견을 첨부하는 형식으로 편찬한 것이다. 성리학 관련 서적은 분량이 너무 방대하여 초학자들이 읽는 것은 거의 불가능한 일이었다. 조선시대 성리학이 중국에 견주어 국민 사이에 널리 보급된 이유는 이러한 아동용 성리학 교재가 개발된 까닭이었다.

그러면 이이가 변법경장(變法更張)하고자 하는 내용은 무엇인가? 이를 요약하면 다음과 같다.

① 관료 임용에서 문벌을 중시하는 것과 권간(權奸)이 관여하는 것을 막고, 현능한 사람을 써야 하며, 서얼에 대한 차별 대우도 시정되어야 한다.

② 인재를 양성하기 위해서는 사족(士族)과 서족(庶族; 평민)을 구별하지 말고 유능한 자를 학교에 입학시켜 관비(官費)로 가르치고, 학적(學籍)이 있는 자만이 과거에 응시하도록 한다.

③ 중앙정치에서 언로(言路)를 넓히고, 외척이 권력을 잡는 것을 막고, 재상권을 강화할 것이다. 지방 정치에서는 수령의 자질을 높이고, 조식(曺植)이 말한 대로 이서(吏胥)들에게도 녹봉을 주어 민폐를 막아야 한다.

④ 사림(士林)의 공론(公論)을 국시(國是)로 존중하고, 사림의 사기를 높여주어야 한다. 다만, 사림이 동서로 나뉘어 붕당을 형성하고 '동당벌이'(同黨伐異)를 일삼는 것은 바람직하지 않다. '동당벌이' 란 '당이 같으면 함께 하고, 당이 다르면 싸우려고 하는 것'을 말한다.

⑤ 민생을 괴롭히는 방납(防納)을 시정해야 한다.

⑥ 왕실 사유재산을 억제하고, 왕실의 경비를 줄여야 한다.

⑦ 군포(軍布)에 대한 족징(族徵)과 인징(隣徵)을 금지해야 한다.

⑧ 공노비의 선상(選上)을 개선하여 부담을 줄여야 한다.

⑨ 사창제(社倉制)를 실시하여 빈민을 구제해야 한다.

특히 이이는 민생이 안정되지 않으면 향약(鄕約)을 실시해도 도덕이 꽃피기 어렵다고 생각하고 향약과 계(契)를 결합한 조선적 향약을 만들었음은 앞에서 이미 설명한 바 있다. 또 기묘사화로 희생된 조광조의 개혁정신을 높이 평가하면서도 그의 급진성을 비판한 것도 앞에서 살펴보았다.

이이는 또한 우리나라 학자들이 중국에는 공맹정주(孔孟程朱) 같은 성인(聖人)이 있으나 우리나라에는 성인이 없는 것처럼 생각하는 것을 안타깝게 여기고, 왕도정치(王道政治)를 처음으로 시행한 것은 기자(箕子)라고 보아 그를 한국의 성인으로 추앙하고 《기자실기》(箕子實記)를 편찬했다. 이런 일은 17세기에 홍만종(洪萬宗)이 도교(道敎)의 뿌리를 단군(檀君)에서 찾고, 서산대사(西山大師)가 한국 불교의 정통을 고려시대 조계종을 창시한 지눌(智訥)에서 찾은 것과 아울러 유교의 정통을 한국에서 찾으려는 주체성을 보여준다.

⑧ 이순신: 문무를 겸비한 성웅

한국인이 가장 존경하는 역사 인물 가운데 가장 윗자리를 차지하는 분은 아마 세종대왕과 이순신 장군일 것이다. 세종은 훈민정음을 창제한 성군(聖君)이고, 이순신(李舜臣; 1545~1598)은 왜란을 승리로 이끈 성웅(聖雄)이기 때문이다.

하지만 이순신의 지도력을 애국심 하나로만 설명하는 것은 오히려 그를 제대로 평가하는 일이 아닐 것이다. 그의 뛰어난 지도력은 좀더 넓은 시야에서 조명할 필요가 있다.

이순신은 우선 무식한 군인이 아니었다. 처음에는 문반(文班)으로 나가려고 유학공부를 시작했는데, 이것이 그를 문무겸비한 장군으로 만드는 원동력이 되었고, 《이충무공전서》(李忠武公全書)라는 문집을 남기게 된 것이다. 이 책 안에는 왜란 당시의 일을 날짜별로 기록한 귀중한 《난중일기》(亂中日記)가 들어 있다.

그러면 그는 왜 무반으로 방향을 바꾸었는가? 명백한 이유는 알 수 없지만, 집안사정과 관련이 있는 듯하다. 이순신의 조상 가운데 증조 이거(李琚, 본관 德水)는 문과에 급제하여 성종 때 사헌부 장령(掌令)으로 있으면서 임금에게 직언을 많이 하여 명성을 떨쳤으며, 뒤에 병조참의(兵曹參議)에 올랐다. 조부 이백록(李百祿)은 진사를 거쳐 중종 때 평시서(平市署) 봉사(奉事)의 낮은 벼슬에 그쳤는데,[141] 성종대왕의 장례를 치르던 날, 아들 이정을 혼사시킨 죄로 파직되었는데 뒤에 그의 파직이 잘못되었다는 것이 드러났다.[142] 일설에는 그

---

[141] 《중종실록》 권93 중종 35년 6월 27일 정해조.

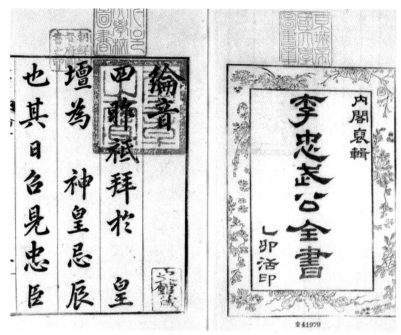

정조가 규장각에 명하여 편찬한 《이충무공전서》

가 기묘명현과 가까워 기묘사화 때 파직되었다는 설도 있다.

조부 이백록의 일로 그의 아들, 그러니까 이순신의 아버지 이정 (李貞)은 아예 벼슬길을 포기하고 처가인 아산(牙山) 백암리로 낙향 하여 살았으므로 생활이 넉넉치 못했다. 이순신은 지금 서울의 충무 로에 해당하는 건천동(乾川洞)에서 셋째 아들로 태어났지만 뒤에는 아버지를 따라 외가인 아산에서 자랐다.

이순신은 위로 두 명의 형이 있었으나, 모두 벼슬하지 못했고, 조

---

142 《명종실록》 권3 명종 원년 4월 6일 임진조.

카들은 대부분 무과를 거쳐 무반으로 나갔다. 이를 보면 이순신은 본래 문신 집안에서 태어났으나, 가세가 기울면서 무반으로 방향을 바꾼 것으로 보인다. 그는 22세 때부터 무술을 익히기 시작했으나, 무과에 합격한 것은 10년 뒤인 32세 되던 선조 9년(1576)이었으니 요샛말로 수없이 재수한 지각생이었다고 할 수 있다. 아마 이런 역경이 그를 더욱 강하게 만든 듯하다.

이순신을 제대로 알아보고, 그를 키워준 것은 서애 유성룡(西厓 柳成龍; 1542~1607)이었다. 이순신의 어릴적 친구로서 일찍 출세하여 정승에 올라 있던 3세 연상의 유성룡은, 선조 24년(1591)에 정읍현감(井邑縣監)의 낮은 자리에 있던 47세의 이순신을 전라좌수사(全羅左水使)로 천거했다. 종6품에서 정3품으로 올라갔으니 파격적인 인사가 아닐 수 없었다. 이순신이 낮은 자리에 있었던 것은 능력이 부족해서가 아니라 강직한 성품과 가문의 배경이 약한 때문이라는 것을 유성룡은 잘 알고 있었기에 주위의 의심을 무릅쓰고 이순신을 발탁한 것이다. 유성룡은 이순신을 발탁한 것 하나만으로도 '하늘이 내린 재상'이라는 평을 받을 만하다.

이순신의 진가가 나타나기 시작한 것은 이때부터였다. 임진왜란이 터지기 1년 전에 전라좌도의 수군 책임자로 부임한 이순신은 마치 왜란을 예견이라도 한 듯 거북선 등 함선을 제조하고, 병장기를 점검하고, 군사 훈련을 다그친 것은 잘 알려진 사실이다.

여기서 거북선은 조선 초기 태종 때 구선(龜船)을 만들었다는 기록이 있는 것으로 보아 이미 있던 것을 개량한 것으로 보인다. 참고로, 이순신이 만든 거북선은 왜란이 끝난 뒤에도 조선 수군의 기본 전함(戰艦)이 되어 남해안의 주요 수영(水營)에 몇 척씩 배치되었다. 대원군 집권기인 1872년 무렵에 제작된 남해안 지역 군현지도를 보면 거북선이 그려진 곳이 적지 않다.

이순신은 23차에 걸친 전투에서 모두 연전연승했다. 이는 세계 해전의 역사에 유례가 없는 일이다. 첫 전투는 거제도 옥포(玉浦)에서 승리했다. 지금 이곳에는 거대한 대우 조선소가 건설되어 세계 최대 조선국(造船國)의 위용을 뽐내고 있다.

두 번째는 경상도 사천(泗川)에서 처음으로 거북선을 사용한 전투에서 승리했다. 다음에는 당포(唐浦), 당항포(唐項浦), 충무 앞 바다의 한산도(閑山島), 안골포(安骨浦), 부산(釜山), 웅천(熊川)에서 승리를 거두었다. 그 결과 서해안으로 진출하려던 왜군의 작전이 완전히 수포로 돌아가고, 그 덕에 전주 사고(全州史庫)에 보관 중이던 《조선왕조실록》을 태인에 살던 두 선비들이 안전하게 구해낼 수 있게 된 것이다. 충주(忠州)와 성주(星州)의 실록이 모두 불타고, 서울의 춘추관에 있던 실록마저 불타고 없어졌으니, 전주 실록을 구해내지 못했다면 조선 전기 200년의 역사는 완전히 암흑에 묻힐 뻔했던 것이다.

이순신이 이렇게 전승을 거둔 데에는 현지 사정에 밝은 현지 주민으로 구성된 특공대의 활약도 한몫을 했다. 말하자면 의병이 육지에서만 일어난 것이 아니고 바다에서도 나타난 것이다. 그러니까 수군의병(水軍義兵)이라 할 수 있다. 이순신은 이들의 지혜와 힘을 많이 빌렸으며, 부하들을 언제나 따뜻하게 대하여 덕장(德將)과 지장(智將)의 모습을 겸비했으므로 부하들이 믿고 따랐다. 이것이 그의 뛰어난 지도력이다.

한편, 또 하나의 승전 요인은 전함(戰艦)의 성능과 화포(火砲)의 기능이 일본을 압도한 데 있었다. 우리나라 수군의 기본 함선은 판옥선(板屋船)으로서 일본의 주력 함선인 안택선(安宅船)을 능가했다. 판옥선은 배가 크고 높아서 적이 접근하기가 어렵고, 배에다 화포를 싣고 발사해도 끄떡없었다. 이에 견주어 일본 배들은 갑판이 좁고 높이가 낮아서 수송에는 편리했으나 회전 동작이 느리고 접근전에 불리했다. 또 일본은 큰 화포를 개발하지 못하고 조총(鳥銃)에만 의존하여 화공전(火攻戰)에서 뒤졌다. 조총은 배를 파손시키는 위력을 지니지 못했던 것이다.

여기에 일본은 처음부터 해전(海戰)을 예상하지 못하고 육전(陸戰)에만 주력하여 군사를 수송하는 데 배를 이용한 것이 전략적 약점으로 나타났다. 여기에 돌격선으로 투입된 거북선의 위력이 적을 심리적으로 위압했다. 거북선은 지붕을 널빤지로 씌우고, 송곳을 총총히 박아 적의 승선을 불가능하게 만들었다.

게다가 조선의 뛰어난 외교술로 명나라 지원군이 들어온 것도 승리의 한 요인이었다. 전쟁이 소강상태에 들어갔을 때 왜군은 경상도 해안 20여 곳에 왜성(倭城)을 쌓고 장기전에 대비하고 있었으나, 전라도 해안에는 순천(順天) 한 곳에만 왜성을 쌓는 데 그쳤다. 그 사이 이순신은 군비를 확충하고, 군사 훈련을 계속하면서 피난민을 돌보는 일에 힘을 쏟고 있었으나, 왕명을 어긴 것이 문제가 되어 1597년에 서울로 압송되어 사형을 받을 위기에 몰렸다. 전공을 다투는 장수들의 경쟁심과 이순신을 제거하려는 왜군의 술책, 그리고 서인과 동인으로 갈린 조정 관리의 당파적 이해관계가 뒤얽혀 일어난 사건이었다. 이순신은 동인(남인) 유성룡의 지지를 받고 있었으므로 서인들은 그를 곱게 보지 않았다.

그러나 다행히 우의정 정탁(鄭琢; 1526~1605)이 이순신을 적극 옹호하여 사형을 면하고, 권율(權慄) 장군의 막하에 들어가 백의종군했다. 1597년에 정유재란(丁酉再亂)이 일어나 원균(元均)이 참패하자 다시 삼도수군통제사(三道水軍統制使)에 오른 이순신은 12척의 적은 병선을 거느리고 남해(南海) 바닷가 명량(鳴梁; 울돌목)에서 적선 31척을 부수는 전과를 올리고, 이어 도요토미의 죽음을 계기로 후퇴하는 왜군 500여 척이 노량(露梁)에 집결하자 명나라 제독 진린(陳璘) 부대와 합세하여 적군을 기습 공격했다.

당시 노량해전을 그린 명나라 종군 화가의 그림이 몇 년 전에 홍콩에서 발견되어 컬럼비아 대학의 게리 레드야드(Gari Redyard) 교수가 필름을 입수했는데, 이순신 장군이 거처하던 본부 건물에는 태극기(太極旗)가 걸려 있어, 그때에도 태극기는 조선을 상징하는 깃발이었음을 알 수 있다.

노량해전은 애석하게도 이순신의 생애를 마감하는 전투가 되었다. 적의 유탄을 맞은 그는 55세의 파란 많은, 그러나 위대한 생애를 마감했다. 그런데 안타깝게도 아들을 전란 중에 먼저 잃어 이순신의 가슴을 더욱 아프게 만들었다.

만약 이순신이 전쟁 중에 죽지 않았다면 전란 후에 정치적으로 큰 어려움에 처했을 것이다. 그래서 그는 죽음을 자초했는지도 모른다. 국민의 존경심을 너무 크게 받고 있던 그였기에 상대적으로 인기가 떨어진 선조의 처지로는 이순신에게 왕권을 넘겨주거나 죽음을 내릴 수밖에 없었을 것이다. 예부터 공이 너무 큰 신하는 죽음을 면치 못했다. 한(漢)나라를 세우는 데 절대적으로 공이 컸던 장량(張良)이 지금 장가계(張家界)로 불리는 호남성의 깊은 산속으로 피신하여 신선으로 살다가 세상을 떠난 이유가 여기에 있었다.

전란이 끝나고 나서 선조는 이미 죽은 이순신에게 선무공신(宣武功臣) 1등을 수여하고 좌의정(左議政)을 추증했다. 권율(權慄)과 원균(元均)도 함께 1등 공신에 봉했으니, 세 사람의 공이 가장 컸다고 평가한 것이다.

그 뒤 광해군은 그에게 영의정(領議政)을 추증하고, 숙종은 이순신의 생장지인 아산에 현충사(顯忠祠)를 건립하여 그의 공을 기렸으며, 정조는 규장각에 명하여 그의 문집을 발간해 주었으니, 이것이 지금 전하는 《이충무공전서》(李忠武公全書)이다. 정조는 의병을 일으킨 양대박(梁大樸)의 공로도 재평가하여 《양대사마실기》(梁大司馬實記)를 편찬하기도 했다. 한말 민족주의 역사학자 신채호(申采浩)는 《이순신전》을 써서 그를 민족의 영웅으로 부각시켰으며, 박정희 대통령은 이순신의 위패를 모신 아산의 현충사(顯忠祠)를 성역으로 만들어 오늘에 이르고 있다.

이순신의 인생관을 한 마디로 보여주는 좌우명이 있다. 전란 중에 부하들에게 당부한 말로 "반드시 살기를 바라면 죽는다. 반드시 죽기를 각오하면 산다"[必生卽死 必死卽生]는 것이다. 이는 저 옛날 화랑의 임전무퇴(臨戰無退)를 연상시킨다. 또 1932년에 중국 상해의 홍구 공원에서 시라카와 대장(白川大將)을 저격한 윤봉길(尹奉吉) 의사가 집을 나갈 때 남긴 "장부는 집을 나가면 살아서 돌아오지 않는다"[丈夫出家 生不還]는 말과 함께 한국 선비정신의 사생관이 어떠한가를 상징적으로 보여준다.

이순신과 왜란에 대한 평가는 이미 왜란을 함께 경험한 이수광(李睟光)에서부터 시작되었다. 그는 《지봉유설》(1614)에서 왜란 때 수군이 승리한 요인을 화포의 위력, 거북선의 위력, 그리고 이순신의

이순신 영정(왼쪽), 《난중일기》(오른쪽), 현충사(충남 아산시 염치면 백암리, 아래)

공적에서 찾았다.[143] 일본 배의 약점을 지적하고, 일본이 화공법(火攻法)을 모른다고 말한 것도 바로 이수광이다. 왜란에서 승리한 더 큰 요인으로 의병(義兵) 활동을 들면서 200년간 선비를 길러낸 결과가 극난을 극복한 원동력이 되었다고 평가한 것도 그였다.

왜란 당시 관군(官軍)은 불과 5~6만 명에 지나지 않았는데, 이는 20만 왜군을 감당하기에 턱없이 부족한 병력이었다. 고려시대의 병력이 20~30만 명에 이르렀고, 조선 초기에도 정병(正兵)이 18만, 보인(保人)까지 합치면 50만 명의 병력을 가지고 있었던 점을 고려하면, 왜란 당시의 병력은 너무나 초라한 것이었다. 그래서 '10만양병설'을 주장한 이도 있었지만, 실천에 옮기지 못했다. 부국강병을 거부하고 왕도주의를 추구한 사림 정치가 몰고 온 결과였다. 하지만 그 선비들의 정신적 힘이 나중에 의병으로 드러나 국난을 이겨냈으니, 선비정신을 일방적으로 탓할 수만도 없다. 역사적으로 한국은 관(官)보다는 민(民)의 힘이 더 강한 나라인 것이다.

⑨ 이수광: 중국 중심 세계관을 거부한 실학의 선구자

임진왜란은 이미 16세기 중엽부터 서양문명을 받아들인 일본이 서양화된 기술문명을 가지고 들어온 침략 전쟁이었다. 조총(鳥銃)이 바로 포르투갈이 전해준 불랑기포(佛浪機砲)를 개조한 것이다. 왜란 때 규슈 상인들이 따라 들어온 것은 서양과 동남아 시장을 무대로

---

143 한영우, 2007, 《실학의 선구자 이수광》, 경세원, 164~166쪽 참고.

노예 장사를 하기 위해서였다. 또한 왜란 때 쳐들어 온 장군의 하나인 고니시 유키나가(小西行長)는 천주교 신자였다.

15세기 말에 세계사의 큰 변화가 일어나기 시작했다. 1492년에 스페인의 콜롬버스(Columbus)가 아메리카 대륙을 발견하고, 1498년에 포르투갈의 바스코 다 가마(Vasco da Gama)가 인도 항로를 발견했는데, 스페인은 문물이 앞선 아시아까지 넘보고 싶어하여 두 나라 사이에 갈등이 생겼다. 교황청은 대서양 한가운데 남북으로 선을 긋고 동쪽은 포르투갈, 서쪽은 스페인이 경영하도록 중재했다. 그래서 브라질은 포르투갈이 경영하고 나머지 아메리카 대륙은 스페인이 경영했으며, 포르투갈은 인도와 중국(마카오), 그리고 일본의 규슈(나가사키)까지 진출하여 동서 교역에 나섰다. 16세기 말에는 스페인과 포르투갈을 제치고 해상권을 잡은 네덜란드와 영국이 뒤를 이어 아시아에 진출하고, 일본에도 진출했다.

그러나 서양 여러 나라들은 동방 항로의 북쪽에 멀리 떨어져 있는 조선을 찾아오지 않았다. 조선은 오직 규슈의 나가사키에 가다가 표류해 온 네덜란드 사람 벨테브레(한국명 朴淵)를 인조 때 맞아들이고, 효종 때 동인도 회사 선원 하멜(Hamel) 일행이 표류한 것을 데려온 것이 전부였다. 따라서 지리적 고립이 서양과 조선이 만나지 못한 결정적 원인이었으며, 이것이 산업혁명을 지연시키고, 결국 일본에 나라를 빼앗기게 된 큰 원인이 되었다.

하지만 임진왜란을 전후하여 조선에서도 능동적으로 세계를 넓게 보려는 선비가 있었다. 지봉 이수광(芝峰 李睟光; 1563~1628)이 바로 그런 인물이다.[144] 이수광은 임진왜란 직전에 북경에 다녀오고, 왜란 중에 두 번째로 다녀왔으며, 광해군 3년(1611)에 세 번째로 다녀왔다. 이렇게 중국을 다녀오는 과정에서 그는 베트남, 유구, 태국(섬라) 사신들과 만나 직접 친교를 맺고, 세계 여러 나라의 사정을 두루 알게 되었다.

특히 유교 문화권에 속하는 베트남 사신 풍극관(馮克寬)과는 옥하관(玉河館)에 함께 머물면서 절친한 사이가 되어 많은 필담(筆談)을 나누고 시를 써주었는데, 풍극관은 베트남에 돌아가서 이수광의 시를 고관들에게 알려주고 베트남의 성균관 학생들에게도 나누어 주어 이수광은 그곳에서 유명인사가 되었다. 그런데 왜란 때 진주에서 일본 규슈 상인들에게 붙들려간 조완벽(趙完璧)이라는 청년은 한문 실력이 뛰어나 노예로 팔리는 대신 사쓰마 상인들의 배를 타고 베트남에 세 번이나 다녀오게 되었다. 필담을 도와주기 위해서였다.

베트남의 고관들과 성균관 유생들은 조선에서 청년이 왔다는 소식을 듣고 번갈아 집에 초대하여 성찬을 베풀고 이수광의 시를 보여 주었다. 조완벽은 이수광 덕분에 좋은 대접을 받고 돌아왔는데, 나중에 본국으로 쇄환되어 경험담을 주위 사람들에게 말했다. 그 소문이 마침내 이수광의 귀에 들어가 그는 〈조완벽전〉(趙完璧傳)이라는 글을 써서 세상에 알렸다. 이 글이 지금 《지봉집》에 실려 있다.

이수광은 이렇게 동남아 여러 나라에 국위를 떨치는 일도 했지만, 자신이 견문하고 서적을 통해 알게 된 세계 여러 나라의 풍속, 기후, 물산, 역사 등을 《지봉유설》(芝峰類說) 외국조(外國條)에 비교적 자세히 실었다. 여기에 등장한 나라들은 크게 동남아시아의 불교 문화권, 중앙아시아의 이슬람 문화권, 천주교를 믿는 서양 문화권, 그리

---

144 한영우, 2007, 《실학의 선구자 이수광》, 경세원 참고.

고 북방 문화권의 여러 나라 등 50여 개국에 달한다.

불교를 믿는 나라로는 태국(섬라), 캄보디아(진랍국), 투르판(토로번), 캘리컷(고리대국), 코탄(우란대국), 코조(화주), 호르무스(홀로모사), 이스파한(역사파한), 아속 등을 들고 있으며, 이슬람을 믿는 나라로는 말래카(만라가), 방글라데시(방갈라), 사마르칸트(살마아한), 메카(천방), 아라비아(대식국), 바그다드(대진국) 등을 소개했다. 한편 기독교를 믿는 나라로는 포르투갈(불랑기국), 네덜란드(남번국), 영국(영길리국), 이탈리아(대서국) 등을 소개했다.

이수광은 이렇게 유교문화와는 다른 종교와 문화를 가진 나라들도 풍속이 아름다워 천당(天堂)과 같고, 백성들이 잘 살고 있다는 것을 소개하였고 중국만이 세계의 중심이며, 그 주변 나라들은 오랑캐라는 중국 중심의 고정관념에서 벗어났다. 특히 서양의 영국이나 네덜란드는 군함이나 대포의 성능이 뛰어나고, 이탈리아는 천주교를 퍼뜨린 나라로 이해했다. 이수광은 마테오 리치(Matteo Ricci)의 《천주실의》(天主實義)를 최초로 소개한 인물로도 유명한데, 천주교의 교리를 비판 없이 담담하게 소개했다. 그래서 이수광의 후손들 가운데는 천주교 신도들이 많이 나왔다.

세계를 넓게 이해하여 중국 중심의 세계관에서 벗어난 이수광은 세계의 모든 나라가 예부터 중국에 조공을 바쳤다든가, 중국 땅이 세계의 대부분을 차지한다든가 하는 것은 모두 거짓말이라고 말하고, 나아가 우리나라도 자주독립한 나라로서 중국과 동등한 역사와 문화를 가졌다고 자부했다. 우리나라 사람들은 예부터 중국에 진출하여 요동에 고려촌(高麗村), 고려포(高麗鋪), 고려정(高麗井) 등을 건설했으며, 흑치상지(黑齒常之), 왕사례(王思禮), 왕모중(王毛仲), 고

선지(高仙芝), 최치원(崔致遠) 등은 중국 당나라에서 명성을 떨쳤고, 이색(李穡) 부자는 원나라에서 명성을 떨쳤다고 썼다. 이 밖에도 명나라 장수 이여송(李如松)은 조선 강계 지방 사람의 후손이고, 여진족의 조상인 김완안(金完顔)도 고려 사람이고, 건주위 여진도 고려 왕씨 후예라고 주장했다.

또한 우리나라 사람은 일본에도 진출하여 고려군(高麗郡), 백제군(百濟郡) 등을 건설하고, 백제 망명인들이 세습적으로 안예주(安藝州)를 지배했으며, 신라의 연오(延烏)와 세오(細烏)는 일본으로 건너가 애탕산의 수신(守神)이 되었다고도 했다.

한편 우리나라는 예부터 풍속이 아름다워 중국인들이 '군자국'(君子國)으로 부르고, 공자(孔子)가 이민가고 싶어했던 나라로 보면서 우리나라 고대사의 중심지는 만주였다고 주장했다. 그래서 《동국여지승람》에 한사군, 졸본(卒本), 환도성(丸都城), 안시성(安市城), 고죽국(孤竹國) 등이 한반도에 있었던 것처럼 쓴 것은 잘못이라고 보았다.

한국에는 중국에 없는 좋은 풍속이 있다고 하며, 부녀자의 수절(守節), 노비의 장례와 제사, 맹인(盲人)의 점치는 기술, 무사의 활솜씨 등을 예로 들었다. 그 밖에 중국인의 사랑을 받는 우리나라 토산품으로 종이, 황모필(黃毛筆; 족제비 털로 만든 붓), 그리고 화문석(花紋席), 양각삼(羊角蔘)을 들고, 금속활자의 발명과 훈민정음의 우수성에도 찬탄을 보냈다. 특히 훈민정음은 세계 만방의 말과 소리가 통하지 않는 것이 없다고 하면서 훈민정음을 창제한 것은 "성인(聖人)이 아니고는 할 수 없는 일"이며, 따라서 세종이야말로 "동방의 요순"이라고 격찬했다.

이수광은 중국에 사신(使臣)으로 간 경험을 바탕으로 하여 역사적으로 우리나라 사신은 중국에서 다른 나라 사신보다 특별히 우대받

이수광이 살았던 비우당(종로구 창신3동 소재)

은 것을 자랑스럽게 여겼다. 우리나라의 문명이 높기 때문에 중국이 우리를 우대했다는 것이다.

그는 철학과 시문학에서도 일가를 이루었는데, 특히 우주만물과 내가 한 몸이라는 '물아일체론'(物我一體論)은 정주(程朱)의 가르침이기도 하지만 동시에 바로 전통적인 천지인 합일(天地人合一) 사상을 계승한 것이기도 하다. 이수광은 여기서 출발하여 선비와 정치는 사(私)를 버리고 공(公)을 추구할 것을 강력하게 주장하고, 또 이단으로 다루었던 양명학이나 불교, 그리고 천주교도 학문적으로는 가치가 적으나 정신수양에는 도움이 되는 것으로 평가했다. 또한 지나치게 정주학(程朱學)에만 매달릴 것이 아니라, 정주학 이전의 육경고학(六經古學)으로 돌아갈 것을 주장하여 조선 후기 남인 고학(古學)의 선구가 되었다.

비우당 옛터비(글은 필자가 짓고, 글씨는 조순 시장이 썼다)

광해군 때 처사 유희경(劉希慶)은 창덕궁 서쪽에 침류대(枕流臺)를 만들고 장안의 문인들을 모아들여 시를 주고받는 결사체를 이루었는데, 이들을 당시 '침류대학사'(枕流臺學士) 또는 '성시산림'(城市山林)으로 불렸다. 이수광은 바로 그 그룹에 속하여 허균, 한백겸, 유몽인 등과 어울렸는데, 이들이 모두 뒷날 실학의 선구자로 불리게 된 것이다.

이수광의 집은 동대문 밖, 지금의 창신동에 있었는데, 그의 외가 5대조로서 태종~세종 때 청백리로 이름을 날린 유관(柳寬) 정승이 비오는 날 우산을 받치고 청빈하게 살던 곳이었다. 이 집이 왜란 때 불타버리자 이수광은 다시 지어 당호를 '비우당'(庇雨堂)으로 불렀다. 비나 겨우 막고 사는 집이라는 뜻이다.

이수광은 스스로 청빈하게 살면서 동시에 순천부사(順天府使)로 있을 때에는 고려 말기 청백리로 이름을 떨친 최석(崔碩)의 공로를 기리는 비석을 세워주기도 했다. 최석은 순천부사를 그만두고 개성으로 돌아올 때 부민(府民)들이 그의 선정(善政)을 기려 말 7필을 주었는데, 최석은 새로 낳은 망아지까지 합쳐 8필을 돌려주어 화제가 되었다. 그래서 최석의 기념비를 '팔마비'(八馬碑)라고도 부른다. 이 비가 지금도 순천시청 부근에 남아 있다.

이수광은 나라를 사랑하고, 백성을 사랑하고, 그리고 세계를 내다본 17세기 초 참선비의 하나였으며, 실학의 선구자였다.

⑩ 홍만종: 삼교를 회통한 사상가

조선시대 선비들은 모두 주자학만을 숭상하여 독창성이 부족하다거나, 다른 사상을 용납하지 않는 경직성을 지녔다고 보는 이들이 적지 않다. 17세기 사상계의 경직성을 말하는 사례로 윤휴(尹鑴)와 박세당(朴世堂)이 주자학을 비판하다가 '사문난적'(斯文亂賊)으로 몰린 것을 든다. 그러나 이는 사문(斯文) 즉 주자학에 대한 도전이 얼마나 심했기에 이런 조치가 내려졌는지를 역설적으로 증명해준다.

17세기 후반에서 18세기 초에 활동한 홍만종(洪萬宗; 1643~1725)은 주자학과 불교, 도교를 모두 아우르는 회통사상가의 한 사람이었다.[145] 그러니까 주자학자의 시각에서 보면 이단적 사상가로 여길 수 있지만, 오히려 이런 부류가 17세기 사상계의 큰 흐름이었다고 볼 수 있다.

---

[145] 한영우, 1991, 〈17세기 후반~18세기 초 홍만종의 회통사상과 역사의식〉, 《한국문화》 12집, 서울대 한국문화연구소 참고.

유불도(儒佛道)를 회통했다고 해서 삼교(三敎)를 동등하게 포용하는 것은 불가능하다. 인륜과 정치의 가르침 즉 치인(治人)의 학은 성리학(性理學)에서 배우고, 마음을 수양하는 수기(修己)는 불교나 도교 또는 양명학에서도 찾을 수 있다는 것이 삼교회통의 방향이었다. 이런 모습은 홍만종보다 앞선 17세기 초의 이수광(李睟光)에서도 보인다. 이런 변화는 특히 왜란을 거치고 나서 현저하게 나타났는데, 인조 때 호란을 겪으면서 반청 감정이 격화되자 오랑캐와 중화를 구별하려는 주자학의 화이명분론(華夷名分論)이 득세를 하게 되면서 두 흐름 사이에 갈등이 일어나게 되었다.

홍만종은 서인계에 속하는 풍산홍씨 집안에서 태어났다. 증조 홍난상(洪鸞祥), 조부 홍보(洪霶), 부친 홍주세(洪柱世)는 모두 높은 벼슬아치였다. 또 그의 방계에서는 홍양호(洪良浩), 홍만선(洪萬選), 홍봉한(洪鳳漢), 홍국영(洪國榮), 혜경궁(惠慶宮; 사도세자의 부인이자 정조의 생모) 등이 배출되었으므로 풍산홍씨는 18세기 명문대가의 하나이기도 했다. 그러나 이렇듯 좋은 가문의 배경을 가졌으면서도 홍만종은 서울의 서호(西湖)에서 은둔생활로 일생을 마쳤다. 아버지 홍주세가 인조반정 공신 김자점(金自點) 일파의 공서계(功西系)와 가까운 것이 빌미가 되어 송시열(宋時烈)을 비롯한 청서계(淸西系)의 공격을 받아 몰락한 것이 벼슬을 단념한 이유였던 것 같다. 홍만종은 그 충격으로 19세부터 현기증을 앓기 시작하여 과거를 포기하고 건강관리에 신경을 쓰면서 저술에 몰두하게 되었다. 33세에 진사시에 합격하여 잠시 낮은 벼슬을 받았으나 숙종 6년(1680)에 허견(許堅; 남인 허적의 서출) 역모 사건에 연루되어 유배당함으로써 끝났다. 그는 83세까지 장수했다.

홍만종의 저술은 매우 많다. 24세에 쓴 《해동이적》(海東異蹟, 1666)을 시작으로 《소화시평》(小華詩評, 1673), 《순오지》(旬五志, 1678), 《명엽지해》(蓂葉志諧), 《시평보유》(詩評補遺, 1691), 《동국역대총목》(東國歷代總目, 1705), 그리고 《시화총림》(詩話叢林, 1712) 등이 있다. 《고금소총》(古今笑叢)도 그가 썼다는 설이 있으나 확실하지 않다. 이 책들은 대부분 시간을 보내기 위한 소일거리로 썼다고 하는데, 내용이 재미있고, 의미도 크다. 다음에서 차례로 살펴보기로 한다.

《해동이적》

《해동이적》은 단군(檀君)에서 시작하여 곽재우(郭再祐)에 이르는 우리나라 도가(道家) 40명의 전기를 모은 것이다.[146] 홍만종은 이 책을 쓰게 된 동기를 심심풀이였다고 하면서도 우리나라의 산수(山水)가 천하의 으뜸으로, 삼신산(三神山)이 있기 때문에 산수에 숨어 살면서 영이(靈異)한 행적을 남긴 인물이 많다고 했다. 그에 따르면, 우리나라는 자연과 인물이 모두 뛰어나 '지영(地靈)과 인걸(人傑)의 나라'라고 했다. 바꿔 말하면, '땅이 영험스럽고, 인재가 걸출한 나라'라는 뜻이다.

여기서 홍만종이 소개한 도가는 순수한 도교 신자들을 말하는

---

146 《해동이적》에 수록된 인물은 다음과 같다.
　고조선-檀君
　삼국시대-朴赫居世, 東明王, 4선(述郎, 南郎, 永郎, 安詳), 玉寶高, 金謙孝, 蘇嘏, 大世, 九
　　柒, 畐始, 金可紀, 崔致遠
　고려-姜邯贊
　조선-權眞人, 金時習, 洪裕孫, 鄭鵬, 鄭壽昆, 鄭希良, 南趎, 智異仙人, 徐敬德, 鄭礦, 鄭磏,
　　鄭礒, 田禹治, 尹君平, 漢挐仙人, 南師古, 朴枝華, 李之菡, 寒溪老僧, 柳亨進, 韓無畏,
　　張漢雄, 南海仙人, 蔣生, 郭再祐

《해동이적》

것이 아니라, 수련도교(修練道敎)를 통해서 신선(神仙)이 된 인물을 말하는 것이다. 그는 중국과 우리나라의 도교는 성격이 달라, 중국은 단약(丹藥)을 주로 사용하여 장수를 추구하는 것과 달리, 우리나라는 산수(山水)가 육합(六合) 가운데 제일 좋아서 단군과 기자 이래로 내단수련(內丹修鍊)이 발달했다고 한다. 그러니까 산수의 기(氣)를 마시는 호흡법이 장수의 비결이라는 뜻이다.

그런데 여기서 단군을 최초의 신선으로 본 것이 주목되고, 하늘로 돌아간 것으로 알려진 박혁거세와 동명왕이 등장하고, 신라의 사선(四仙)과 최치원(崔致遠), 그리고 강감찬(姜邯贊)을 신선으로 본 것도 특이하다. 최치원은 신선이 되었다는 전설이 있기도 하지만, 신라의 화랑정신을 민족 고유의 풍월도(風月道)로 소개한 인물임은 앞에서 설명한 바 있다. 강감찬을 신선으로 부른 것은 강감찬이 국선(國仙)을 계승한 인물임을 암시한다. 그러니까 홍만종이 소개한 '신선' 또는 '도가'의 인물들은 단군 이래 유불무(儒佛巫)가 합쳐진 선비정신을 계승한 이들을 말하는 것이다.

조선시대의 신선으로는 김시습(金時習)을 비롯하여 서경덕(徐敬德)과 그 제자인 박지화(朴枝華), 이지함(李之菡), 정붕(鄭鵬), 정수곤(鄭壽琨), 정희량(鄭希良), 정렴(鄭磏), 정작(鄭碏), 정초(鄭礎) 등 정씨(鄭氏)들이 많이 등장하고 있다. 여기서 서경덕을 신선으로 간주한 것은 그의 사상이 민족 고유신앙과 밀접해 있음을 말해준다. 정씨들이 신선전에 많이 들어간 것은 그들이 단학(丹學)에 조예가 깊을 뿐 아니라, 또한 그 뿌리가 단군(檀君)에 있음을 암시한다.

조선시대 한무외(韓無畏)의 등장도 의미가 크다. 그는 인조 대 《해동전도록》(海東傳道錄)의 저자로 알려져 있는데, 이는 역시 우리나라 도가(道家)의 계보를 정리한 책이다. 다음에는 조식(曺植)의 문인으로 의병장이었던 홍의장군 곽재우(郭再祐)도 신선에 들어가고 있는데, 그 역시 민족 고유의 단학가임을 말해준다.

《해동이적》은 정두경(鄭斗卿; 1597~1673)의 서문과 송시열(宋時烈)의 서문을 싣고 있는데, 정두경은 16세기 내단수련가인 정렴(鄭磏)의 후예로서 우리나라 단학(丹學)의 대가이며 《참동계주해》(參同契註解)를 편찬한 청하자 권극중(靑霞子 權克中; 1585~1659)과도 친교를 맺고 있는 인물이었다. 주자학의 대가로 알려진 송시열이 서문을 쓴 것은 약간 의외로 느껴지지만, 송시열은 이런 책이 "없는 것이 낫지만, 있어도 싫어할 것은 없다"는 완곡한 표현으로 평가했다.

《순오지》

홍만종이 36세에 지은 《순오지》(旬五志)도 매우 특이한 저서다. 이 책은 보름 만에 썼다고 하여 붙여진 이름인데, 그 내용은 인물 중심의 한국문화사이다.

먼저, 유불도 삼교(三敎)의 연원과 그 전승 과정을 소개하고 있다. 우리나라의 유학은 기자(箕子)에서 시작하여 설총(薛聰)과 최치원(崔致遠), 고려의 최충(崔沖)과 안향(安珦)을 거쳐 조선으로 이어져 온 것으로 이해하고 있는데, 중국의 공맹(孔孟)을 빼고 기자에서 뿌리를 찾은 것은 율곡의 생각과 같다. 다음에 한국 도교(道敎)의 시원을 단군에서 찾아 40여 명의 도인(道人; 신선)을 소개하고 있는데, 이는 《해동이적》의 내용과 같다. 그 다음 불교는 고구려의 순도(順道)에서 시작하여 조선조의 수초(守初)에 이르는 40명의 명승(名僧)을 소개하고 있다. 유학자가 승려를 소개한 점도 특이하다.

홍만종의 견해를 따르면, '삼교'는 각기 특장이 있다. 유교는 인륜(人倫)을 밝히고, 도교는 청정(淸淨)을 주로 하고, 불교는 번뇌(煩惱)를 털어버리는 가르침이라는 것이다. 이 밖에 양명학도 호의적으로 본다. 그런데 정주학(程朱學)을 정학(正學)이라 한다면, 다른 학문은 잡학(雜學)이라 할 수 있는데, 이는 마치 오곡(五穀)도 필요하지만, 잡곡[稊稗]도 필요하듯이 정학과 잡학이 병존할 필요

《순오지》

가 있다고 했다. 바로 이런 자세가 홍만종다운 열린 마음이다.

《순오지》에는 우리나라 역사에 대해서도 많은 언급이 있어서 사서(史書)의 성격도 지니고 있다. 그는 "눈썹이 눈앞에 있건만 길어도 보이지 않네"라는 당나라 두목(杜牧)의 말을 인용하면서, 우리나라 사람들이 우리 역사를 모르고 있는 것을 개탄했다.

우선, 단군(檀君) 이전에 우리나라에는 구이(九夷)가 살았는데, 굴속에서 살고, 풀로 옷을 해 입고, 나무열매를 먹고 살았다고 한다. 그러니까 요샛말로 원시시대를 설정하고 있다. 단군은 우리나라 최초의 신선(神仙)인 동시에 제왕(帝王)으로서 하백의 딸을 아내로 맞이하여 부루(扶婁)를 낳았다는 것과 하우(夏禹) 시절에 도산(塗山)의 제후 모임에 부루를 보냈다는 것, 그리고 단군의 무덤이 평안도 강동현에 있다는 것을 기록했다.

우리나라 풍수지리 사상의 시조인 도선(道詵)에 대해서도 새로운 해석을 내렸다. 도선이 중국에 가서 일행(一行)에게 배우고 왔다는 통설을 그는 부인했다. 일행과 도선은 시대가 200년이나 차이가 난다는 것이다. 그러니까 도선을 독창적인 민족지리학자로 본 것이다.

고려시대에 이씨(李氏)가 한양의 주인이 된다는 도참설 때문에 이를 예방하기 위해 한양에 오얏나무를 심고 무성해지면 잘라버렸다는 이야기도 소개하고, 우리 민족이 거란이나 여진 그리고 왜구와 싸워 이긴 사실을 소개한 다음, 지금 청나라에 조공을 바치고 개나 말처럼 섬기고 있는 현실을 개탄했다.

홍만종은 우리나라 역대 왕조의 국호에 대해서도 자랑스럽게 생각했다. '조선'(朝鮮)은 '해가 먼저 떠오르는 땅'의 뜻이고, '고려'(高麗)는 '산이 높고 물이 깨끗하다'[山高水麗]는 뜻인데, 이는 모두 우리나라의 산수가 천하의 으뜸인 데서 유래했다고 한다. 그래서 중국인들도 "고려국에 태어나 금강산을 한번 보고 싶다"[願生高麗國 一見金剛山]고 말했다는 것이다. '신라'(新羅)는 '덕업을 날로 새롭게 하여 사방을 망라한다'[德業日新 網羅四方]는 말의 준말이고, '고구려'(高句麗)는 주몽이 구려산 밑에서 출생하여 붙여진 이름이고, '백제'(百濟)는 '백성들이 즐겁게 따라왔다'는 뜻으로 보았다. 이러한 해석이 과연 옳은 것인가는 제쳐두고, 중요한 것은 홍만종이 역사와 전통을 아름답게 보려고 한 마음 그 자체이다.

홍만종은 안시성 전투에서 대승을 거둔 양만춘(楊萬春)의 이름과 당태종이 화살에 맞아 눈이 먼 사실을 우리나라 정사(正史)에 기록하지 않았지만, 여러 야사에 보이고 있음을 설명하고, 장량열전(張良列傳)에 나오는 창해용사(滄海勇士)가 우리나라 사람이라고 주장했다.

중국과 우리나라의 역사가 서로 비슷하게 전개되고, 국토의 남북 길이가 중국과 비슷하며, 인물의 배출도 중국과 비슷하여, 중국에 위인이 나타나면 우리나라에도 위인이 나타나는 실례를 들었다. 우리나라가 예부터 '소중화'(小中華)로 불리게 된 이유가 여기에 있다는 것이다.

《동국역대총목》

홍만종은 63세에 이르러 자신의 역사의식을 더욱 심화시켜 《동국역대총목》(東國歷代總目, 1705)을 편찬했다. 이 책은 소론파 영의정 신완(申琓; 1646~1707)의 부탁을 받아 쓴 것인데, 홍만종은 "우리나라 사람들은 중국에 대해서는 자세히 알고 있으면서도 우리나라에 관해서는 망연하여 그 줄거리도 잘 모르고 있는 것이 걱정스러워서"라고 동기를 밝혔다.

중국 명나라 학자가 편찬한 《역대총목》의 체재를 참고한 이 책은 '가까운 시대는 자세히 쓰고, 먼 시대는 간략하게 쓴다'[詳近而略遠]는 원칙 아래 펴냈는데, 정통론(正統論)을 도입한 것이 《역대총목》과 다른 점이다. 즉 단군조선을 최초의 정통국가로 인정하고, 그 다음에 기자-마한-삼국(무통)-통일신라-고려-조선으로 이어지는 흐름을 정통으로 간주한 것이 특징이다. 여기서 단군조선을 정통의 시발로 삼은 것은 이 책이 처음이고, 삼국시대를 정통이 없는 무통(無統)의 시대로 처리한 것도 처음이다. 이러한 정통론은 뒤에 임상덕(林象德)의 《동사회강》(東史會綱, 1711)과 안정복(安鼎福)의 《동사강목》(東史綱目)으로 계승되었다.

여기서 '단군정통론'을 내세운 것은 우리나라의 신선사상 즉 도가(道家)의 뿌리가 단군에 있다는 인식에 근거하고 있다. 그 다음 '기자정통론'을 내세운 것은 우리나라 유학(儒學)의 뿌리가 기자에서 비롯되었다는 인식에서다. 그리고 기자는 결코 주 무왕(周武王)에게 신복(臣僕)한 사실이 없기 때문이다. 따라서 이 책은 매우 주체적이고 민족적인 역사의식을 드러내고 있다.

또 《동국역대총목》은 중국에 대한 사대조공(事大朝貢) 외교를 간략하게 다루고, 신하보다는 군주의 업적을 부각시킴으로써 군권(君權)을 높이려는 의도를 보이고 있다. 이 점은 대신들의 활동을 부각시키려는 노론 측의 정치의식과 다르다. 왕권강화론은 바로 남인과 소론측의 정책이기도 하다. 하지만 이 책은 재야에서 은둔 생활을 보낸 처사(處士)나 도사(道士), 또는 단학인(丹學人)들을 비교적 자세히 소개하여 《해동이적》과 《순오지》에서 보여준 역사의식을 담은 것이다. 예를 들어 신라의 최치원, 고려의 이자현(李資玄), 길재(吉再), 원천석(元天錫), 조선의 김시습(金時習), 정희량(鄭希良), 서경덕(徐敬德), 조식(曺植), 성운(成運) 등을 수록한 것이 그것이다.

결론적으로, 《동국역대총목》은 홍만종의 역사의식을 반영했지만, 결과적으로 노론과 대립되는 소론의 역사의식을 대변하는 역사책의 기능을 겸하게 되었다는 점에서 사학사(史學史)의 의의가 크다. 이 책이 소론과 남인의 역사학에 큰 영향을 미친 이유도 여기에 있다.

《소화시평》 등

홍만종은 시(詩)에 대해 일가견을 가지고 우리나라 시학사(詩學史)를 처음으로 정리했다. 230여 명의 시를 소개한 《소화시평》(小華詩評)을 비롯하여 《시평보유》(詩評補遺), 《시화총림》(詩話叢林)의 세 저서가 그것이다. 여기서 그가 강조하는 것은 우리나라 한시(漢詩)가 중국에 뒤지지 않는 높은 수준을 지니고 있다는 자부심이다. 또 시의 작자는 신분을 초월하여 사대부(170명)가 가장 많지만, 이 밖에도 임금(12명), 종척(宗戚, 7명), 승려(8명), 장인(匠人), 천문관, 역관(譯官), 관노(官奴, 5명), 규수(閨秀, 4명), 기녀(妓女, 5명), 우객(羽客; 단학인), 귀신, 요사자(夭死者, 12명) 등 다양하다고 하면서 재주는 귀천이 없다고 주장한다.

홍만종이 시를 평가하는 기준은 ① 입의(立意)가 깊은가, ② 조어(造語)가 잘 되었는가, ③ 격률(格律)이 맑은가를 따지는 것인데, 이는 바꿔 말하면 사상성, 표현성, 품격성이라고 할 수 있다. 이 가운데 사상성이 가장 중요하다고 보아 도문일치(道文一致)를 강조하고 있다. 그래서 시인은 우선 성정(性情)이 아름다워야 좋은 시가 나온다는 것이다. 그렇다고 이학(理學)이나 도학자(道學者)가 좋은 시를 쓴다고는 보지 않았고, 타고난 재주가 있어야 한다고 했다. 또 시의 격률도 중요한데, 이 점에서는 낭만적인 성당시(盛唐詩)가 으뜸이라고 본다.

⑪ 유수원: 당쟁과 문벌에 저항한 북학의 선구자

영조와 정조의 치세였던 18세기는 조선왕조 중흥기로 알려지고 있다. 왕조 중흥은 임금의 노력으로만 이루어진 것이 아니라 이 시대를 함께 했던 선비−지식인층의 도움이 컸던 것을 지나쳐버릴 수 없다. 우리는 이 시대의 선구적 선비−지식인을 실학자(實學者)로 부르고 있는데, 실학의 각종 개혁안이 실제 정치에 반영되어 중흥이 일어난 것이다.

영조시대 실학자 가운데 뛰어난 개혁안을 제시하여 영조의 관제개혁과 균역법(均役法) 제정에 영향을 준 선비로서 농암 유수원(聾庵 柳壽垣; 1694~1755)이 있었다.[147] 골수 소론파에 속했던 그는 영조 31년(1755)에 일어난 소론파 역모 사건에 연루되어 사형을 당하는 비운을 맞이했는데, 생전에 《우서》(迂書, 1729~1737 사이)라는 명저를 내어 소론파 대신들을 감동시켰고, 영조도 그의 말을 듣고 개혁안의 일부를 받아들였다. 이조(吏曹)에서 인사권을 가진 낭관(郎官)이 후임자를 추천하는 낭천권(郎薦權)과 예문관에서 한림(翰林)을 추천하는 회천권(會薦權)을 혁파한 것, 균역법을 제정한 등은 유수원의 개혁안이 큰 자극을 주었다.

명문 양반가문인 문화유씨(文化柳氏) 집안에서 태어난 유수원은 한때는 벼슬살이를 했다. 숙종 44년(1718)에 문과에 합격한 뒤 언관직을 맡았는데, 종숙부인 유봉휘(柳鳳輝)가 경종 때 연잉군(延礽君, 뒤의 영조)을 왕세제(王世弟)로 책봉한 것을 반대한 것이 화근이 되어 영조가

---

147 한영우, 2008, 《꿈과 반역의 실학자 유수원》, 지식산업사 참고.

《우서》

즉위하자 노론은 유봉휘를 처단했고, 소론이 몰락하기 시작했다.

그러나 영조의 탕평책으로 유수원은 벼슬을 이어갔으나 낮은 관직에만 머물렀는데, 그는 그 원인이 당쟁(黨爭)과 문벌(門閥)의 폐단에 있다고 느꼈다. 유수원은 자신의 처지뿐 아니라 그 시대의 총체적인 문제가 당쟁이나 문벌과 연계되어 있다고 생각하여, 정치·경제·신분·교육·국방 등 국정의 모든 분야에 걸쳐 신랄한 비판을 가하고, 그 대안을 제시하는 저서를 냈는데, 그것이 바로 《우서》이다.

유수원은 당시 사회의 근본적인 잘못은 우선 문벌 숭상에서 비롯되었다고 진단했다. 원래 조선 전기에는 문벌이라는 것이 없어서 초야(草野)의 백성들 가운데에도 능력 있는 사람들이 벼슬길에 나갈 수 있었으나, 조선 후기에 이르러 문벌이 생기면서 소수의 문벌이 권력을 독점하고, 문벌을 유지하기 위해 언관(言官)을 조종하여 반대파를 탄핵하고, 후임자 추천권을 통해 청요직(淸要職)을 차지하고, 군역(軍役)을 피하고, 농업·상업·수공업 등 생업을 피하고 놀고먹는 바람에 산업이 피폐하게 되었다는 것이다.

따라서 모든 개혁의 출발점은 문벌을 없애는 데서 시작하여, 이들이 생업으로 돌아가 사농공상(士農工商)이 평등한 사회를 만들어야 하며, 그래야 농·상·공업이 발전하여 나라가 부강해지고 민생이 향상될 수 있다고 주장했다.

그런데 그는 농·상·공업이 발전하려면 직업의 전문화가 선행될 필요가 있다고 생각했다. 농업도 전문화를 도모하고, 기술을 혁신하여 생산성을 높이고, 상업도 자본 합작 또는 자본과 노동력을 합작하여 사업 규모를 키우고 유통망을 확대할 것을 제안했다. 수공업도 마찬가지로 자본가와 힘을 합쳐 생산 규모를 키울 것을 주장했다. 이렇게 경제 규모를 키우면 국가의 수입도 늘고 민생도 향상된다고 본 것이다.

다음으로 관료정치를 정상화하려면 우선 능력주의 교육과 과거제도가 시행되어야 한다고 했다. 농공상의 자제(子弟)도 능력이 있으면, 선비-학생이 될 수 있게 하고, 과거시험은 신분을 가리지 않고 학생 가운데서 선발하되 시험 과목은 경학(經學)과 사학(史學) 지식을 위주로 하고, 자신이 원하는 《경서》(經書)를 선택하는 것이 좋다고 믿었다. 《경서》를 선택 과목으로 하자는 주장은 매우 파격적인 것으로서, 학문의 전문화를 촉구한 것이다.

관료제도에서는 행정의 전문화가 가장 중요하므로, 행정의 전문성이 부족한 예문관(藝文館), 춘추관(春秋館), 승문원(承文院), 교서관(校書館) 등 문한직(文翰職)을 폐지하고, 6조의 실무 관료에게 실권을 주어야 한다고 주장했다. 가령 죄인의 심판은 형조에게 맡겨야지 전문적 법률 지식이 없는 언관(言官)이 함부로 심판하는 것은 잘못이다. 그래서 사헌부(司憲府)는 재판, 재정, 부역, 군역에 관계되는 감찰기능만 맡고, 사간원(司諫院)은 6조의 행정을 전문적으로 감시하는 기능을 맡도록 하자는 것이다.

이 밖에 비변사(備邊司)를 비롯하여 의금부, 충훈부, 돈녕부, 장례원, 선혜청, 전의감, 제조(提調) 등의 관직을 모두 혁파하고, 백성들에 대한 수탈을 일삼는 서리와 향리에게도 녹봉을 주어야 한다고 했으며, 관료의 승진도 이조와 병조에 맡기지 말고 해당 관청에서 정기적으로 직접 평가하도록 하고, 임기제도를 두어 자리를 자주 바꾸는 것은 막아야 한다고 했다.

유수원은 군역(軍役)도 군포(軍布)를 폐지하는 대신 국가가 경비를 전담하는 양병제(養兵制)로 가야 한다고 주장했다. 군포 폐지는 파격적인 주장으로서 그대로 시행되지는 않았으나, 이 주장이 자극을 주어 영조 27년(1751)에 종전에 2필을 받던 군포를 1필로 감하는 균역법(均役法)이 시행된 것이다.

유수원의 개혁안을 실행하려면 무엇보다도 국가의 재정 부담이 엄청나게 커진다. 그러면 그 부담을 국가는 어떻게 조달하는가? 여기서는 세금 제도의 일대 혁신을 제안한다. 즉 세금의 대상을 토지[田稅], 가옥[戶稅], 장정 수[丁稅], 동산[産稅]에까지 확대하여 세원(稅源)을 늘릴 필요가 있다. 이 밖에 상세(商稅), 공세(貢稅) 등 각 직업에 따른 세금을 부과한다.

이를 다시 설명하면, 호세(戶稅)는 새로운 세금으로서 소유 토지를 감안하여 1결당 5두를 받자는 것인데, 신분의 높고 낮음을 가려서는 안 된다는 것이다. 정세(丁稅)도 새로운 세금으로, 모든 장정에게 신분의 고하를 가리지 않고 소액을 받자는 것이다. 노비도 물론 포함된다. 다음에 전세(田稅)는 공납 대신 받던 대동미(大同米)를 말하는데, 이는 새로운 것이 아니다. 특히 새로운 세원으로 주목되는 것은 산세(産稅)이다. 이는 집의 크기, 가축, 배, 수레 등을 남에게 빌려주어 소득을 올리거나 매매할 때 내는 소득세를 말한다.

이상과 같은 새로운 세제는 기본적으로 부자에게는 불리하고 가난한 자에게는 유리한 것이다. 유수원은 이런 세제를 시행하기 위해서는 호적법(戶籍法)이 바뀌어야 한다고 믿어 전정사산(田丁事産)을 모두 기록하는 새로운 호적법을 제안했다. 즉 개인이 보유하고 있는 땅[田], 장정 수[丁], 직업[事], 동산[産]을 모두 기록하는 방식을 말한다.

끝으로, 유수원은 제도의 개혁과 병행하여 새로운 학문의 필요성을 역설했다. 그것은 한 마디로 이용후생(利用厚生)을 위한 실용 학문을 키워야 한다는 것으로, 기본적으로 성리학을 바탕으로 하면서도 《주례》(周禮)의 정신을 강조하고 있으며, 특히 호란 이후 지나치게 명분을 강조하는 송시열 일파의 학문은 실용을 무시하는 허명(虛名)의 학문이라고 비판했다.

그러면, 중국에 대한 평가는 어떠했는가? 유수원은 개혁의 모델을 당대의 중국에서 찾았는데, 이는 이용후생의 측면에서 중국이 앞선 것을 배우자는 것이다. 특히 사농공상의 차별이 없는 것을 그는 좋게 보았다. 그러나 학문적으로 중국을 모방할 필요는 없다는 것이 그의 주장이기도 했다. 특히 우리나라는 고유의 풍속이 있는데도 이를 버리고 중국의 풍속을 따라서는 안 된다는 것을 강조했다. 예를 들면, 음식, 의복, 언어, 혼례, 상제(喪制) 등은 우리 것이 중국보다 낫다고 생각했다.

한편, 우리나라는 토지가 비옥하고, 산수가 조화를 이루고 있으며, 기후가 적당하여 의식주에 필요한 물산이 매우 풍부하다고 보았다. 그리고 지방마다 특산물이 많다. 예를 들면, 평안도에는 명주와 무명, 함경도에는 삼베, 황해도에는 무쇠, 삼남 지방에는 대나무, 닥나무, 바다 근방에는 각종 어류와 소금, 김, 미역 등이 나온다. 이 밖에 산골에서는 콩, 조, 재목 등이 나온다. 다른 나라에도 진귀한 물건이 많이 나오지만 생활에 필요한 것은 아니라고 했다. 따라서 이런 자연환경을 잘 활용하면 우리나라는 얼마든지 농업 경제를 키워 잘 살 수 있는 나라라고 보았다.

유수원의 개혁사상은 관료제도에서 거의 현대적인 모습을 그리고 있으며, 경제도 요즘의 자본주의 경제를 연상시키고 있다. 그러나 그의 개혁사상은 당시의 집권층인 노론에게는 매우 치명적인 것이었다. 자신들이 누리고 있는 특권을 모두 부정하고 있기 때문이다. 그래서 그의 개혁안은 결국 일부만 수용되고 나머지는 외면 받고 말았다. 유수원이 반역죄로 목숨을 잃은 이유도 여기에 있었다. 하지만 그가 주장한 개혁안의 상당 부분은 이미 현실적으로 진행되고 있었다. 특히 농업과 상공업에 대한 개혁안은 이미 나타난 현상을 강조한 것으로 볼 수 있다. 따라서 그의 개혁안에서 가장 주목할 것은 사회경제적 변화에 알맞은 행정개혁과 정치개혁을 제시했다는 점에서 찾아야 할 것이다.

일제시대에 이르러 유수원의 개혁사상은 한국인 국학자들과 일본인 연구자들에게 주목받아 새로이 각광을 받기에 이르렀다. 소론의 후예인 위당 정인보(爲堂 鄭寅普)는 《우서》를 세상에 알리기 시작했으며, 일본인 시카타 히로시(四方博)는 조선 후기 신분제도사 연구의 자료로 이 책을 활용했다. 그만큼 《우서》는 18세기 사회사 연구에도 귀중한 자료적 가치를 지니고 있었다.

⑫ 이익: 남인 실학의 종장

조선 후기 남인 실학의 종장(宗匠)은 성호 이익(星湖 李瀷; 1681~1764)이다. 숙종 6년(1680), 남인이었던 아버지 이하진(李夏鎭; 본관 여주)이 경신환국(庚申換局)으로 서인에 의해 유배당하여 죽고, 형마저 모역죄로 곤장을 맞고 세상을 떠나자 벼슬에 뜻을 버리고 고향인 안산(安山) 첨성촌(瞻星村)으로 은거하여 처사로 살면서 평생을 학문에 바쳤다.[148] 증조 이상의(李尙毅)는 대북파였으나 인조반정 뒤 대북이 몰락하자 후손들은 남인으로 자정(自定)했다.

이익은 앞에서 설명한 유수원과 동시대에 살았으나, 유수원이 상공업의 중심지인 도시적 분위기에서 세상을 바라보았다면, 이익은 농촌 정서를 바탕으로 세상을 보았다. 그러나 당쟁과 문벌의 폐단을 뼈저리게 체험한 것은 두 사람이 모두 같았다.

이익은 당쟁의 원인을 자리(먹이) 다툼으로 보았다. 굶주린 자가 밥그릇 하나를 놓고 싸우거나, 모이를 놓고 닭들이 싸우는 모습과 다르지 않다고 본 것이다. 이런 해석은 당쟁을 지나치게 단순화한 것으로 정확한 평가는 아니다. 당쟁은 이념의 차이에 따른 것도 있

---

148 한영우, 1989, 〈18세기 전반 남인 이익의 사론과 한국사이해〉, 《조선후기사학사연구》, 일지사 참고.

이익 영정(왼쪽), 이익 무덤(오른쪽), 성호기념관(경기도 안산시 이동, 아래)

고, 당쟁이 정치를 활성화한 긍정적인 측면도 있지만, 워낙 자신이 받은 피해가 컸으므로 부정적으로만 바라본 것이다.

당쟁의 원인이 먹이 다툼에 있다고 본 이익은, 그 먹이를 넉넉하게 만들어야 당쟁이 완화될 것으로 생각했다. 그 방법은 농민들이 영업전(永業田)을 갖게 하여 생활을 안정시키고, 독서를 하도록 하여 선비를 만들고, 이들을 과거로만 뽑지 말고 천거제를 병행하여 농민 가운데에도 도덕성이 높고[孝悌], 농사를 잘 하는 사람[力田]을 등용할 필요가 있다고 보았다. 또 무위도식하는 양반들이 농민으로 돌아가야 생리(生利)가 커진다고 보았으며, 양반의 소굴로서 당쟁 세력을 키우는 서원(書院)도 철폐할 것을 주장했다. 그는 농민을 침탈하는 수단으로 악용되고 있는 화폐경제도 못마땅하게 생각했다.

한편, 중앙의 권력구조도 왕권중심으로 바꿔야 당쟁이 완화될 것으로 보았다. 그러기 위해서는 문벌이 장악하고 있던 비변사(備邊司)를 없애고, 대신 의정부(議政府)의 기능을 강화하여 군신공치(君臣共治)로 가야하며, 당파가 장악하고 있던 병권(兵權)도 병조로 환원시키고, 임금은 친병(親兵)을 거느릴 필요가 있다고 보았다.

학문도 정주학(程朱學)에서 벗어나 육경고학(六經古學)으로 돌아가야 한다고 믿었다. 주자가 붙인 경전해석에서 벗어나 육경(六經)의 원래 정신을 알면 요순삼대(堯舜三代) 이상사회의 모습이 보인다는 것이다.

이익은 역사를 해석하는 데 있어서도 요순삼대 이후에는 대체로 약육강식의 시대가 되어 도덕이 무너지고, 악(惡)이 승리하는 시대가 되었다고 믿었다. 그래서 흥망성쇠는 시세(時勢)가 결정하는 것인데, 시세를 타고 못 타는 것은 행운(幸運)에 달려 있다고 보았다. 지혜나 도덕은 승패와는 관계가 없다는 것이다.

그런데 역사는 승리자가 기록하기 때문에 그것을 그대로 믿어서는 안 된다. 이를 뒤집어 말하면 패배자가 비록 승리자에 의해 나쁘게 기록되었다 하더라도, 도덕적으로는 옳은 사람들이 얼마든지 있다는 것이다. 그래서 이익은 "옳다고 하는 것 가운데에도 그른 것이 있고, 그르다고 하는 것 가운데에도 옳은 것이 있다"[是中有非 非中有是]는 상대주의를 주장했다. 아마 이런 생각은 당쟁에서 패배하여 악인으로 낙인찍힌 패배자의 시각에서 세상을 바라본 탓일 것이다. 이익은 그래서 역사를 서술할 때 가장 두려운 것은 필화(筆禍)가 아니라 무엇이 진실인지를 판단하는 것이라고 말했다.

이익은 역사에 관심이 많았지만 한국사에 대한 체계적인 저술을 내지는 않았다. 다만 제자인 안정복(安鼎福)이《동사강목》(東史綱目)을 쓰면서 여러 가지 질문을 해오자, 이에 대한 답변 형식으로 쓴 글이 적지 않다. 이를 통해 그의 역사인식을 정리해보면 다음과 같다.

첫째, 그는 중국인들이 내세우고 있는 화이관(華夷觀)을 부정했다. 중국이 문화적으로 앞서고 주변 나라들이 오랑캐라는 시각은 잘못되었다는 것이다. 중국은 큰 세계의 일부에 지나지 않는 땅이고, 문화도 북방족이나 우리나라가 뒤진 것도 아니다. 그래서 그는 화이(華夷)를 구별하여 정통론(正統論)을 가지고 서술한 주자의 강목법(綱目法)도 문제가 있다고 보았다.

또 이익은 당 시대 노론들이 내세운 '숭명반청'(崇明反淸)의 논리에도 승복하지 않았다. 국제관계는 힘의 논리로 결정되므로 청에 대한 사대(事大)는 불가피한 것이고, 다만 우리의 힘을 키우는 것이 중요하다는 시각이다.

하지만 우리나라 역사를 체계적으로 이해하기 위해서는 승리자가 아니라, 도덕성을 기준으로 정통을 세울 필요가 있다고 보았다. 그래서 단군조선(檀君朝鮮)을 정통의 시작으로 보았는데, 이는 단군조선의 성립연대가 요(堯) 임금과 같을 뿐 아니라, 문화적으로도 오랑캐 단계를 훨씬 벗어났다고 보았기 때문이다. 단군조선의 이름은 원래 '박달'

[檀]로서, 단군(檀君)도 '박달임금'이라는 보통명사로 보았다. '박달나라'의 위치도 처음에는 요심(遼瀋) 지방일 것으로 보았다. 그러니까 요동과 요서 지방을 말한다. 환웅(桓雄)이 하늘에서 내려온 태백산(太白山)도 당연히 이 지역일 것으로 보았다. 그런데 이곳은 요순 임금이 있던 산동 지역과 매우 가까워 피차 문화교류가 있었을 것이므로, 박달나라의 문화가 뒤질 수 없다는 것이다. 단군시대의 문화가 발달했다는 것은 단군이 '편발개수'(編髮蓋首)를 백성들에게 가르친 데서도 증명된다. '편발개수'란 머리를 땋고, 모자를 썼다는 뜻이다.

다음에 단군조선의 정통은 기자조선(箕子朝鮮)으로 이어졌다. '기자'(箕子)는 '기국(箕國)의 자작(子爵)'을 줄인 말로서, 그 중심지는 역시 요심 지방으로 보았다. 기자가 조선에 와서 '팔조교'와 '정전제'를 시행하고, 시서예악(詩書禮樂)을 가르쳤으므로 박달나라는 문명국가로 올라섰으며, 그래서 공자가 조선을 '군자국'으로 부르고, 뗏목을 타고 오고 싶다고 말했다는 것이다. 그렇기 때문에 이익은 단군과 기자[檀箕] 시대를 한국사의 '이상시대'로 보았다.

단군조선과 기자조선의 위치를 요동과 요서 지역으로 바라본 것은, 오늘날 이 지역에서 발견된 홍산문화(紅山文化)의 성격으로 볼 때 거의 사실에 가까운 것으로 보인다.

기자조선의 정통은 삼한(마한)을 거쳐 통일신라로 이어지고, 삼국은 무통(無統)의 시대로 간주된다. 이러한 정통론은 이익이 선배 남인의 역사의식을 그대로 계승한 것으로, 안정복의 《동사강목》으로 이어졌다. 그런데 이익은 삼한(三韓)이 중국의 전국칠웅(戰國七雄) 가운데 하나인 한(韓)의 유민이 이주해온 것으로 해석했다. 삼국 가운데서는 신라를 가장 좋게 보고, 그 전통이 현재 영남 풍속으로 이어져서 학문을 기준으로 골품을 나누는 전통이 있다고 보았다. 서울은 이(利)를 숭상하는 상업 문화가 발달했다고 보아 좋게 평가하지 않았다.

이익은 서울 근교의 남인 실학의 종장이 되었을 뿐 아니라 그의 왕권강화론은 영조의 탕평정책에도 적지 않은 영향을 주었다. 정조가 친병(親兵)인 장용영(壯勇營)을 창설한 것도 그의 주장과 무관하지 않다.

⑬ 이종휘: 민족주의 역사학의 선구자

18세기 영정시대의 대표적 역사가의 하나로 수산 이종휘(修山 李種徽; 1731~1797)의 존재는 매우 특이하다. 그는 실증사학을 발전시켜 《동사강목》(東史綱目; 1759, 1778)이라는 명저를 낸 안정복(安鼎福; 1712~1791)과 거의 같은 시대를 살았으나, 역사를 보는 관점은 매우 달랐다. 안정복이 신라 중심의 역사체계를 세웠다면, 이종휘는 단군과 고구려 중심의 역사체계를 세웠다. 또 안정복이 도덕적 가치를 존중하는 남인을 대표하는 역사가라면, 이종휘는 민족 고유문화를 존중하는 소론을 대표하는 역사가였다.[149]

이종휘는 세종의 형님인 양녕대군(讓寧大君)의 후손으로서, 아버지는 사도세자와 가까운 소론계 관료였는데, 사도세자 사건 이후 소론이 몰락했다. 이종휘는 윤증(尹拯)의 문인인 백부의 양자로 들어갔는데, 선영(先塋)은 충청도 공주(公州)였다. 그는 진사시에만 합격하고, 대과인 문과에는 실패하여 벼슬이 현감과 공주판관(公州判官)에

---

149 한영우, 1989, 〈18세기 중엽 소론 이종휘의 역사의식〉, 《조선후기사학사연구》, 일지사 참고.

머물렀다. 그러나 그의 아들 이동직(李東稷)은 정조 때 초계문신(抄啓文臣)으로 발탁된 엘리트 관료였다.

이동직은 아버지의 문집인 《수산집》(修山集)을 뒤늦게 1803년에 간행했는데, 홍양호(洪良浩)의 서문을 실었다. 홍양호는 "이 책이 100년 뒤에 많은 사람들을 감동시킬 것"으로 예언했는데, 과연 그의 예언대로 일제시대 대종교계(大倧敎系) 인사들과 신채호(申采浩) 등에게 큰 영향을 끼쳤다. 즉 이종휘는 일제시대 민족주의 역사학의 뿌리가 되었다는 점에서 사학사의 의의가 매우 크다.

이종휘는 벼슬을 거의 하지 않았기 때문에 주로 독서와 여행으로 생활하면서 자신의 역사의식을 가다듬었다. 그는 정주학을 존중하면서도 의리와 충절이 강한 왕양명(王陽明)을 좋아했고, 제자백가나 불교, 도교, 패관잡기 등 소설류도 널리 섭렵하면서, 이런 사상들을 잡곡에 비유하기도 했다. 정주학이 오곡(五穀)이라면, 기타 사상들은 잡곡(雜穀)으로서, 이런 것들도 먹을 필요가 있다고 생각했다. 이런 생각은 앞서 소개한 홍만종(洪萬宗)의 생각과 똑같다.

이종휘는 우리나라가 청나라에 굴복한 사실을 매우 안타까워하면서 국방을 강화할 것을 역설하고, 그러기 위해서는 잃어버린 만주 땅을 수복해야 한다고 믿었다. 또 안으로는 사·농·병(士農兵)을 일치시켜 무위도식하는 사람을 없애고, 재야인사들을 넓게 선발하여 관료로 등용할 것을 주장했다. 그러나 노비제도나 반상제도 등에 대해서는 보수적인 시각을 지니고, 삼강오륜(三綱五倫)의 고수를 지지했다.

이종휘가 역사를 바라보는 시각은 영토가 광대하고 고유 문화가 꽃피었던 고대사의 영광을 되찾는 데 있었다. 그는 이런 시각에서 《동사》(東史)라는 역사책을 썼는데, 한국 고대사를 본기(本紀), 세가

(世家), 열전(列傳), 연표(年表), 표(表), 지(志)로 구성했다. 기전체 형식을 도입하여 고대사를 서술한 것은 김부식의 《삼국사기》 이후 처음이다. 그러나 《삼국사기》에 없는 세가(世家)가 들어 있는 것이 특이한데, 이는 사마천의 《사기》를 그대로 따른 것이다. 이런 형식은 한국사를 천자(天子)의 역사로 보려는 의도가 반영된 것이다. 그리고 당시 유행하던 주자(朱子)의 강목법(綱目法)을 따르지 않았다는 것도 특이하다. 본기(本紀)에는 단군, 기자, 삼한, 후조선을 넣고, 세가에는 기자, 부여, 발해, 가야를 넣었으며, 열전에는 예맥, 옥저, 비류, 낙랑, 고구려 가인(家人), 고구려 종실, 탐라, 을지문덕, 설총, 최치원 등을 넣었다. '열전'에 작은 나라들을 수록한 것은 이들 나라가 단군조선이나 삼국의 제후(諸侯)와 같은 위치에 있다고 본 것이다.

특히 지(志)에는 예악(禮樂), 식화(食貨), 신사(神事), 고구려 예문지(藝文志), 고구려 율력지(律曆志), 고구려 천문지(天文志), 고구려 지리지(地理志), 고구려 형법지(刑法志), 고구려 오행지(五行志)를 넣은 다음, 고려의 천문지(天文志), 역지(曆志), 오행지(五行志), 선거지(選擧志), 여복지(輿服志), 백관지(百官志), 예지(禮志)를 다루었다. 그리고 책의 말미에는 〈동국여지잡기〉(東國輿地雜記)라 하여 역사지리에 대한 자신의 견해를 피력했다. 여기서 특히 주목되는 것은 고구려 문화에 대한 서술이 큰 비중을 차지하고 있다는 점이다. 이는 이종휘가 고구려 문화에 대해 얼마나 많은 관심을 가지고 있었는지를 말해준다.

이 밖에 이종휘는 14편의 사론(史論)을 따로 써서 《수산집》에 수록했는데, 신라에 관한 내용이 가장 많다.

이상 이종휘의 역사서술에서 주목되는 특징은 다음 몇 가지로 정리할 수 있다.

첫째, 고대와 현재를 시공(時空)을 초월하여 통시대적 시각에서 바라보았다. 그의 말을 들어보자.

고인(古人)은 비록 나를 보지 못하고, 나 또한 고인의 마음속에 있지 못하나, 나는 고인을 봄으로써 고인의 입덕(立德), 입공(立功), 입언(立言) 이 어떤지를 알 수 있다. …… 고인의 언어(言語), 기미(氣味), 성정(性情) 이 나와 같고, 그들이 본 산천(山川)이 나와 같으며, 그들이 입은 옷과 먹은 음식이 나와 같다. 그들이 덕(德), 공(功), 언(言)을 후세에 전해주려는 마음이 또한 나와 같다. 그러니 어찌 내가 고인이 아니며, 고인이 어찌 내가 아닌 것인가?

위의 말은 역사를 시간적 단절로 바라보지 않고, 옛날부터 내려오는 전통을 강하게 긍정하려는 시각이 담겨 있다고 볼 수 있다. 특히 '언어', '기미', '성정'의 연속성을 찾으려는 시각으로 보아야 한다. 요샛말로 하자면, 시공을 초월한 한국인의 문화적 유전인자를 확인함으로써 민족적 정체성을 확인하려는 마음이 담겨 있는 것이다.

둘째, 이종휘는 신화나 전설 같은 신비스런 이야기들도 무조건 배제하지 않고, '의심스러운 것은 의심스러운 대로 후세에 전한다' [以疑傳疑]는 태도를 지니고 있었다. 이 역시 신화를 비판하는 데 관심을 쏟았던 일반 성리학자들과는 다르다. 그가 신화를 많이 담은 상고사(上古史)를 긍정적으로 보게 된 것은 이런 태도와 관련이 있었다.

셋째, 그는 중국과 비중국을 가르는 기준은 땅에 있는 것이 아니라 사람과 문화에 있다고 보았다. 다시 말해 문화가 발달하면 어느 나라이든 중국이고, 문화가 뒤떨어지면 어느 나라이든 중국이 아니라는 말이다. 이런 시각에서 볼 때 문화가 앞선 지금의 '조선'이 유일한 '중국'이고, 문화가 뒤졌던 요(遼), 금(金), 원(元), 청(淸)은 '중국'이 아니라고 보았다. 또 그는 세계에는 구라파와 아메리카 등이 있다는 것도 알고 있었다.

넷째, 그는 아세아 문화권에서는 예부터 우리나라가 가장 높은 문명을 전해왔다고 믿었다. 특히 고조선, 고구려의 문화를 가장 높은 것으로 보고, 신라와 고려는 좀 낮추어 보았으며, 조선조에 와서 문명이 다시 높아졌다고 이해했다.

이제 이종휘가 이해하고 있던 각 시대의 성격을 소개하면 다음과 같다.

고조선

고조선 문명은 단군(檀君) 때부터 높은 수준에 있다고 보았다. 단군은 최초의 성인(聖人)으로서, 중국의 복희(伏羲)나 신농씨(神農氏)와 같다. 단군의 성씨는 환(桓)이고, 이름은 왕검이다. 단군의 치적으로는 백성들에게 편발(編髮; 머리땋기)과 개수(盖首; 모자쓰기)를 가르쳤으며, 군신(君臣)과 남녀(男女)의 구분을 만들고, 음식과 거처의 법도를 가르쳤다. 이 밖에 팽오(彭吳)에 명하여 산천(山川)을 다스리고, 우수(牛首)에서 백성들이 살 곳을 정해주었다. 한편, 단군의 아들 부루(扶婁)는 도산(塗山)에서 하우씨(夏禹氏)를 만났다고 했다.

단군의 후예들은 뒤에 부여, 예맥, 비류, 옥저, 고구려, 백제, 발해 등의 나라를 세워 그 맥이 끊어지지 않았으며, 한사군(漢四郡)

이 역사의 맥을 끊은 것도 아니라고 보았다. 그래서 한사군을 본기(本紀)는 물론 세가(世家)에서도 빼버렸다.

그러면, 단군의 영토는 어디인가? 이 점에 대해서는 다만 수도가 평양이라고만 했으나, 단군 후예가 세운 여러 나라들의 영토는 임진강 이북에서 한반도 북부와 만주를 아우르는 광대한 땅이었으며, 이들 나라는 모두 고조선의 신하로 종속했다고 한다.

다음에 단군의 뒤를 이은 기자조선(箕子朝鮮)을 가장 이상적인 시대로 보았다. 그래서 이때부터 '군자의 나라'[君子國], '예의의 나라'[禮義之邦], '어질고 슬기로운 나라'[仁賢之國] 등의 칭호를 얻게 되었다. 기자가 가르친 '팔조교(八條敎)의 내용은 상살(相殺), 상상(相傷), 상도(相盜)에 오륜(五倫)이 합쳐진 것으로 해석하고, 기자가 시행한 것으로 전해지는 정전제(井田制)는 한백겸(韓百謙)의 해석을 따라 주(周)나라의 정전제가 아니라 은(殷)나라의 정전제였다고 보았다.

한편, 기자조선은 처음에 요하 왼쪽에 있다가 단군이 평양에서 백악(白岳)으로 이사하자 평양으로 들어오게 되었다고 해석했다. 또 기자 후손에 대해서는 《기씨보》(奇氏譜)를 참고하여 42대 929년 동안의 왕계표(王系表)를 소개하고 있다. 한씨(韓氏), 기씨(奇氏), 선우씨(鮮于氏)는 모두 기자의 후손으로서, 이들 족보에 모두 기자를 시조로 떠받들고 있다는 것이다.

그러면, 위만조선은 어떻게 처리했는가? 이종휘는 위만이 정권을 찬탈한 까닭에 정통국가로 보지 않았다.

다음에 한사군은 어디에 있었는가? 이종휘는 낙랑군을 제외하고는 모두 요동에 있었다고 보았다. 그리고 낙랑군은 황해도의

자비령을 경계로 삼았으므로 그 이남은 한사군과 관계가 없다고
보았다.

삼한

이종휘는 자비령 이남에 있던 한(韓)은 78개국을 거느리는 큰 나
라였는데, 단군~기자 시대에 토착민이 세운 나라로 보았다. 그
러니까 고조선이 망한 뒤에 한이 생겨난 것이 아니라 고조선과
같은 시대에 있었다는 것이다. 그러나 뒤에 진(秦)나라 유망민이
내려와 진한(辰韓)에 합류하고, 기자의 42대손 기준(箕準)이 내
려와 마한(馬韓)을 세웠으며, 이때 비로소 삼한(三韓)이 성립되었
다. 이종휘의 삼한에 대한 인식은 한백겸의 주장을 발전시킨 것
이다.

삼한의 위치는 임상덕(林象德)의 설을 따라 마한(馬韓)은 황해,
경기, 충청도 지방, 진한(辰韓)은 경상도 지방, 변한(弁韓)은 전
라도 지방으로 보았다.

고구려의 신교(神敎)와 발해

이종휘는 '고조선'과 '마한'의 정통을 계승한 나라는 '고구려'라
고 보았다. 그 이유는 고구려가 고조선 땅에서 일어나 고조선의
강역을 대부분 차지했고, 중국과 가까운 까닭이었다. 따라서 이
는 신라를 정통으로 간주해온 지금까지의 역사의식과는 매우 다
르다. 그래서 《동사》의 지(志)에서 고구려 문화를 집중적으로 소
개했는데, 특히 신사지(神事志)를 넣은 것은 그동안 전혀 없던 새
로운 시도이다.

신사지는 고구려의 귀신숭배와 신선사상을 정리한 것으로, 말하자면 민족종교사(民族宗教史)라고 할 수 있다. 이종휘는 귀신숭배의 기원을 환웅(桓雄)의 '이신설교'(以神設教)에서 찾고 있다. 즉 신(神)의 가르침을 교(教)로 삼았다는 뜻이다. 그 교는 곧 '홍익인간'(弘益人間)으로서, 단군(檀君)도 이를 계승하여 마니산 참성단(塹城壇)에서 제천(祭天)하고, 단군의 세 아들이 강화도에 성을 쌓았는데, 이것이 삼랑성(三郎城)이라고 했다. 단군이 죽은 뒤에는 단군과 삼신(三神)을 제사하는 사당이 여러 곳에 세워졌는데, 태백산의 단군사(檀君祠), 아사달(황해도 구월산)의 삼성사(三聖祠)가 그것이다.

부여와 고구려는 고조선의 종교를 계승했는데, 부여의 곤연사(鯤淵祠), 고구려의 태후묘(太后廟), 동맹(東盟; 10월 제천), 동명묘(東明廟), 수신사(隧神祠), 부여신(夫餘神), 고등신(高登神) 등을 들 수 있다고 했다. 또 고구려에는 사람이 죽지 않고 신선이 된다는 신선사상(神仙思想)이 있었는데, 단군도 1,048년 동안 죽지 않았고, 동명왕도 기린을 타고 하늘로 올라갔으며[朝天], 태조왕, 장수왕, 신대왕 등도 100세 이상 또는 근 100세를 살았다. 고구려 관직 가운데 '선인'(仙人)이 있는 것도 신선사상을 반영한 것이다. 이 사상은 신라에도 있어서 박혁거세도 승천(昇天)했고, 경주의 서악(西岳)은 선도산(仙桃山)으로 불리며, 사선랑(四仙郎)이 있었다고 했다.

이종휘는 발해에 대해서도 깊은 관심을 가지고 있었다. 발해는 고구려 유민이 세운 나라인데, 발해가 망한 뒤 그 땅의 5분의 3을 여진족이 차지하게 되었고, 그 후예인 청나라의 수모를 당한 것을 분하게 여기고 있었다.

고려의 강역

이종휘의 고려에 대한 관심은 주로 자주적인 문화정책과 그 강역에 있었다. 고려는 왕을 짐(朕)이나 폐하(陛下)로 부르고, 환구단(圜丘壇)에서 제천했는데, 이는 중국 천자와 동등한 모습을 보여준 것이다.

고려는 고구려 옛 땅을 수복하려는 북진정책을 썼다. 윤관(尹瓘)이 여진족을 밀어내고 쌓은 9성 가운데 최북단에 세운 선춘령비(先春嶺碑)는 두만강 북쪽 700리에 있었다. 하지만 고려가 결과적으로 고조선 강역의 10분의 4 정도밖에 수복하지 못한 것을 이종휘는 안타깝게 생각했다.

이상과 같은 이종휘의 역사의식은 영토와 고유문화, 그리고 단군의 혈통에 대한 깊은 관심을 보여주었다는 점에서 민족주의적인 성격이 강한 것이었다. 그래서 한말~일제시대의 민족주의자인 대종교도(大倧敎徒)와 신채호(申采浩) 등이 특히 그의 역사의식을 주목하게 된 것이다. 신채호는 《조선상고사》 총론에서 이종휘를 다음과 같이 평가했다.

> 이종휘의 《수산집》(修山集)은 단군 이래 조선의 고유한 독립적 문화를 노래하여, 김부식 이후 사가(史家)의 노예사상을 갈파하여, 특유한 발명과 채집(採輯)은 없어도, 다만 이 한 가지로도 또한 불후에 놓을 수 있다.

⑭ 정조: '민국'을 꿈꾼 개혁 군주

조선 제22대 왕 정조(正祖; 1752~1800, 재위 1776~1800)는 세종과 더불어 뛰어난 학자 군주로서 왕조의 중흥을 이끈 성군(聖君)이었다.[150]

정조는 11세에 아버지 사도세자의 비참한 죽음을 목격하고, 할아버지 영조의 가르침을 따라 성군이 되기 위한 학문에 매진하다가 25세에 왕위에 올라 24년간 통치하다가 49세에 생애를 마쳤다. 52년간 통치한 영조에 견주어 보면, 정조의 통치 기간은 너무나 짧았다. 그러나 그가 주도하여 편찬한 서적이 무려 151종이나 된다. 이는 동서고금을 통틀어 그 유례를 찾기 어렵다.

정조의 정치 목표는 단기적으로는 아버지를 죽음으로 몰고 간 수구세력인 노론 벽파(僻派)를 견제하는 것이지만, 장기적으로는 양반의 문벌정치를 지양하여 능력 있는 인재들과 백성을 포용하는 새로운 '민국'(民國)을 건설하는 데 있었다.

수구세력인 노론 벽파를 견제하고자 정조는 영조의 정책을 계승하여 탕평책을 추구했다. 영조의 탕평책은 4색당파를 포용한다고 표방했지만, 실제로는 노론 문벌을 억제하지 못했다. 그 자신이 노론의 지지를 얻어 집권했기 때문이다. 하지만 정조는 특정 당파의 지지를 얻어 임금이 된 것이 아니었으므로 한층 자유스런 처지에서 탕평정치를 펼 수가 있었다. 그래서 채제공(蔡濟恭)을 비롯한 남인과 서명선(徐命善) 등의 소론을 적극적으로 포용하여 노론 벽파와 노론 시파(사도세자 추종세력)가 세력 균형을 이루게 하고, 규장각(奎章閣, 1776)을 설치하

---

150 정조의 업적과 규장각에 대해서는 《문화정치의 산실 규장각》(한영우, 지식산업사, 2008) 참고.

여 젊고 새로운 인재를 직접 양성하여 친위세력으로 묶어세웠다. 그리고 친위군사로서 장용영(壯勇營)을 설치하여 군사력도 장악했다.

규장각은 세종의 집현전(集賢殿)을 계승하면서 여기에 몇 가지 기능을 더 얹었다. 임금의 글과 글씨인 어제(御製)와 어필(御筆)을 보관하는 기능을 보태고, 젊은 학자들을 재교육하고 시험하여 승진시키는 초계문신(抄啓文臣) 제도를 첨가했으며, 나아가 승정원과 홍문관의 기능까지 합쳐 비서 기능(秘書機能)과 문한 기능(文翰機能)을 아우르는 기구로 만들었다. 따라서 규장각은 왕권을 뒷받침하는 강력한 정치 기능도 갖게 된 것이다.

이렇게 강화된 힘을 바탕으로 정조는 '치통'(治統; 정치적 정통성)을 확립하고, 자신의 뛰어난 학문 능력을 바탕으로 '도통'(道統; 도덕적 정통성)까지 겸비하여 성인(聖人)과 스승을 합친 '군사'(君師)를 자처했다. 이제 정조는 신하들에게 교육받는 임금이 아니라 신하들을 가르치는 군주가 된 것이다. 이미 영조도 자신이 지은 저서를 가지고 경연(經筵) 교재로 사용할 만큼 학자 군주상을 띠고 있었지만, 정조만큼 학문이 뛰어난 임금은 아니었다. 151종의 저서를 편찬한 임금이 학자 군주 곧 군사(君師)를 자처하는 것은 자연스런 일이었다.

정조가 목표로 하는 국가는 문벌 양반이 이끌어가는 나라가 아니라, 소외된 계층인 중인(中人)이나 서얼(庶孼)도 요직에 오를 수 있고, 소외된 지역 이를 테면, 평안도, 함경도, 강원도, 영남, 탐라 등면 지방의 인재들도 참여시키고, 일반 백성의 복지를 강화하는 그런 나라였다. 지방 인재를 등용한 과정을 지방별로 기록한 것이 바로 《빈흥록》(賓興錄)이다. 정조는 틈만 있으면 '민국'(民國)을 위한 정치를 강조했는데, 그 결과 민란(民亂)이 가장 적은 시대가 되었다.

수원 화령전에 모셔진 정조의 영정(왼쪽)과 정조의 홍재 인장(오른쪽)

정조는 사도세자와 자신을 위험에 빠뜨린 핵심적인 정치세력에 대해서는 무력응징으로 대처했지만, 그 다음에는 학문을 바탕으로 한 교화(敎化)와 설득(說得)을 통해서 리더십을 행사했다. 심환지(沈煥之)를 비롯한 노론 벽파를 끝까지 끌어안고 설득시키려고 노력했으며, 젊은 신하들은 직접 자신이 교육하여 우수한 인재들로 키워냈다.

특히 규장각에서 직접 시험을 치러 길러낸 수백 명의 초계문신(抄啓文臣)은 최고의 엘리트 집단이었으며, 이들이 19세기 순조 때에도 나라를 이끄는 중추세력이 되었다. 실학의 집대성자로 알려진 정약용(丁若鏞)도 그 가운데 한 사람이고, 북학파로 알려진 박제가(朴齊家), 이덕무(李德懋), 유득공(柳得恭), 성해응(成海應) 등도 정조가 규장각에서 검서관(檢書官)으로 길러낸 서얼 출신 학자들이었다.

정조는 규장각 학사를 임명할 때 두 사람의 제학(提學)과 직제학

소외된 지역의 인재를 선발한 《빈흥록》

(直提學)은 반드시 노론과 남인, 그리고 소론 측 인사를 임명하여 서로 균형을 이루어 견제하도록 배려했고, 지위가 낮은 학사들은 당파와 문벌을 가리지 않고 능력에 따라 등용했다. 규장각에는 약 3만 권의 장서를 수장했는데, 당시 청나라에서 발간한 《고금도서집성》(古今圖書集成)은 4천 권이 넘는 방대한 분량임에도 불구하고 즉각 구입하는 순발력을 보였다. 그 속에 들어 있는 《기기도설》(奇器圖說)은 서양의 과학기술을 소개한 책인데, 정조는 이 책을 참고하여 정약용(丁若鏞)으로 하여금 거중기(擧重機) 등을 만들게 하고, 이를 화성(華

〈동궐도〉에 그려진 창덕궁 이문원 일대(1820년대). 규장각 각신들이 집무하던 곳이다.

城) 건설에 투입하기도 했다. 한강을 건널 때 처음으로 배다리[舟橋]를 만들어 사용한 것도 당시 기술 수준의 진보를 보여준다.

정조는 정주학(程朱學)을 기본 학문으로 장려하면서도, 이를 학자뿐 아니라 아동교육용으로 만드는 일에 비상한 관심을 쏟아 수많은 교육용 경서(經書)와 역사책을 출간했다. 편찬 방향은 자신이 정하고, 실무는 규장각 학사들이 공동으로 뒷받침했다. 그리고 대중용 책은 반드시 언해본(諺解本)을 따로 만들어 누구나 읽을 수 있도록 배려했다. 군사기술을 집대성한 《무예도보통지》(武藝圖譜通志)와 자신을 괴롭혔던 역적을 처단한 사실을 기록한 《명의록》(明義錄)을 한문본과 한글본으로 출간한 것은 그 한 예이다.

정조의 업적 가운데 1794년에 착공하여 1796년에 준공한 화성(華

城) 신도시 건설은 그의 꿈을 담은 공간이라는 점에서 의미가 크다. 아들 순조가 15세 되는 1804년에 왕위를 물려주고 어머니 혜경궁 홍씨를 모시고 살 은퇴 도시로 설계된 화성은, 정조의 실학정신을 고스란히 담아 모범적인 성곽 도시, 농업 도시, 그리고 상공업 도시의 모습을 갖추었다. 성곽은 벽돌 문화를 도입하여 현대적인 총포 전쟁에 알맞게 설계되었으며, 농업의 현대화를 위해 사방에 저수지를 만들어 흉년을 모르는 농업 도시를 만들었다. 상공업 발전을 위해 면세(免稅)의 인센티브를 주고 전국에서 상공인을 유치했다. 그리고 성곽 안에는 장차 거주할 행궁(行宮)을 건설했다.

정조는 화성 건설을 마친 뒤에 1400쪽에 달하는 건설 보고서를 남겼는데, 그것이 《화성성역의궤》(華城城役儀軌)이다.[151] 이 책에는 5천 명에 달하는 노동자의 이름과 근무한 날짜 수, 그리고 거주지와 품삯 등을 기록하여 보는 이를 놀라게 한다. 토목실명제를 가장 철저하게 한 나라가 바로 조선왕조임을 보여준다(이 책 285~287쪽 참고).

정조는 1795년에 거의 준공 단계에 이른 화성에 혜경궁을 모시고 다녀왔다. 돌아가신 아버지와 동갑인 어머니의 회갑을 기념하여, 아버지 무덤(현륭원)에 참배하고, 현지 백성들을 격려하고, 회갑 잔치를 열었으며, 나아가 화성 방어를 위한 군사훈련 등을 하기 위함이었다. 8일 동안에 걸쳐 거행된 화성 행차가 끝난 뒤에 그 보고서를 만든 것이 《원행을묘정리의궤》(園幸乙卯整理儀軌)이다. 이 책에는 행차의 장엄한 모습 등이 그려져 있으며, 8일 동안 모든 행차 참가자들이 먹은 음식 메뉴까지 상세히 기록되어 있는데, 음식의 높이

---

151 한영우, 1998, 《정조의 화성행차 그 8일》, 효형출판 참고.

《화성성역의궤》에 들어 있는 화성전도

를 최고 5촌(반 자) 이하로 제한한 것이 눈길을 끈다. 당시 기록 문화
의 수준과 아울러 정조가 과연 백성을 사랑하는 성인군주임을 유감
없이 보여준다(이 책 270~271쪽 참고).[152]

---

152 위의 책 참고.

정조는 민족의 시조인 단군(檀君)에 대해서도 비상한 관심을 가졌다. 그래서 황해도 문화현 구월산에 있는 환인, 환웅, 단군을 모신 삼성사(三聖祠)를 수리하고, 국가에서 제사를 지내도록 했으며, 평안도 강동(江東)에 있는 단군묘(檀君墓)에 대해서도 그 진위는 확실치 않으므로 제사를 지낼 수는 없으나, 잘 보살펴 보존하도록 명하기도 했다. 또 단군과 기자가 문명을 일으킨 관서 지방의 인재들을 찾아내어 등용할 것을 명하기도 했다. 이 밖에도 단군이 하늘에 제사[祭天]한 것을 계승하여, 비록 환구단(圜丘壇) 제천은 하지 않았으나, 남단(南壇)에서 환구단의 격식에 맞게 제천하기도 했다.

이상, 정조의 여러 정책에는 백성에 대한 사랑, 나라에 대한 사랑, 역사에 대한 사랑이 각별하여 참된 선비상을 유감없이 이어가고 있음을 엿볼 수 있다.

정조의 개혁정치는 아들 순조와 순조의 아들 효명세자(孝明世子, 翼宗, 文祖 翼皇帝)에게까지 이어졌으나, 헌종과 철종 대를 거치는 동안 안동김씨의 세도정치로 기강이 무너지면서 좌절되었다. 그러나 고종이 즉위하면서 다시 정조의 꿈이 부활하기 시작했다. 고종의 주체적 개화정책은 정조의 영향을 받은 것이다. 정조가 세상을 떠난 뒤로 규장각은 인재 양성과 학문 연구소의 기능을 상실하고 문벌 양반들의 명예직으로 전락했는데, 고종은 다시 친위적인 정치기구로 부활시켜 개화파들을 이곳에 결집시키고자 했다. 그러나 아쉽게도 1894년의 갑오경장으로 정치적 기능이 사라지고, 궁중 도서관으로 전락했다.

일제시대에 모두 헐린 창덕궁의 규장각(이문원)이 최근 중건되고, 화성의 행궁과 성곽이 중건되어 유네스코 세계문화유산으로 등록된 것은 불행 중 다행이다.

⑮ 김인후: 해동의 주돈이, 호남의 공자

조선시대 선비를 말할 때 빼놓을 수 없는 인물은 성균관 문묘(文廟)에 배향된 선비들이다. 문묘에 배향할 인물을 선정할 때에는 8도 선비들의 지속적인 요구를 임금이 가납하는 형식으로 결정되기 때문에, 흠이 있으면 결격되기 마련이었다. 당시 검증의 기준은 본인의 저술이 많다거나 정치적 지위가 높은 것이 아니라, 오직 성리학을 얼마나 충실하게 체득하고, 깨끗하고 지조있는 삶이 얼마나 선비사회의 사표가 되었는가를 중점적으로 평가했다. 위에 말한 기준에 따라 성균관 문묘에 배향된 선비는 모두 18명이다. 이를 보통 '동국18명현'(東國十八名賢)으로 부른다. 이들 가운데 2명은 신라시대 인물로서 설총과 최치원이고, 고려시대 인물은 안향과 정몽주이며, 조선시대 인물이 14명으로 김굉필, 정여창, 조광조, 이언적, 이황, 김인후, 성혼, 이이, 조헌, 김장생, 김집, 송시열, 송준길, 박세채 등이다.

위 18명현이 문묘에 종사된 시기를 살펴보면, 광해군 2년(1610)에 김굉필, 정여창, 조광조, 이언적, 이황이 이른바 '오현'(五賢)으로 불리면서 맨 먼저 종사되고, 숙종 7년(1681)에 성혼과 이이, 숙종 43년(1717)에 김장생, 영조 32년(1756)에 송시열과 송준길, 영조 40년(1764)에 박세채가 종사되었다. 이어 정조 20년(1796)에 김인후가, 마지막으로 김집은 고종 20년(1883)에 종사되었다.

18명현이 문묘에 종사되는 과정을 살펴보면 결코 순탄한 일이 아니었음을 알 수 있다. 예를 들면, 광해군 2년에 오현이 종사될 때에는 바로 뒤에 대북파의 영수인 정인홍(鄭仁弘)의 비판을 받아 이황이 출척되고 조식이 종사되었다가 다시 취소되는 소동이 벌어졌으며, 숙종 7년에 성혼이 종사될 때에도 일부 반대운동이 일어났고, 영조 32년에 송시열이 종사될 때나 영조 40년에 박세채가 종사될 때에도 역시 일부 반대운동이 있었다.

그런데, 하서(河西) 김인후(金麟厚; 1510~1560)의 경우를 보면, 그의 문묘종사에 반대론이 전혀 없었고, 조선왕조를 중흥시킨 정조가 그의 문묘배향을 실질적으로 주도했다는 점이 주목된다.

김인후의 문묘종사는 왜 반대론이 없었던가? 그것은 세 가지 이유가 있었다. 하나는 김인후 자신의 학문과 행적에 트집잡을 만한 흠이 거의 없다는 점이고, 다른 하나는 김인후를 평가한 정조 자신의 권위 때문이었다. 정조는 군도(君道)와 사도(師道)를 겸비한 이른바 군사(君師)의 초월적 군주상을 가진 임금이라는 점에서 선대의 어느 임금도 갖지 못한 권위를 지니고 있었다. 마지막으로 호남 출신 인사가 아직 한 사람도 문묘에 배향된 일이 없었다는 것도 지역균형상 고려의 대상이 되었을 것으로 보인다.

김인후가 벼슬길에 오른 것은 31세인 중종 35년(1540)에 문과에 급제하면서부터다. 기묘사화가 일어난 지 21년이 되는 해이기도 하다. 외교문서를 관장하던 승문원의 부정자(종9품)에서 시작한 그의 벼슬은 홍문관 정자(정9품)와 저작(정8품)을 거쳐 중종 38년(1543)에는 홍문관 박사(정7품)로서 세자시강원 설서(說書)를 겸하여 뒷날 임금이 된 인종(仁宗)의 스승이 되었다. 그는 이 무렵 경연(經筵)에 검토관으로 나가 중종 14년(1519)에 일어난 기묘사화(중종 14년)의 가해자였던 심정(沈貞), 이항(李沆) 등을 소인(小人)으로 지목하고, 조광조 등 기묘명현(己卯名賢)이 시행했던 향약(鄕約)과 소학(小學) 보급이 중단된 것을 비판하는 발언을 하여, 기묘명현의 정신을 이어가고 있음을 분명하게 표명하기도 했다. 기묘사림을 이렇게 적극적으로 재평가하고 신원(伸寃)운동에 나선 것은 김인후가 처음이다.

뒷날 인종이 된 세자는, 중종의 둘째 왕비인 장경왕후 윤씨[세칭 대윤]의 아들로서, 김인후의 가르침을 받으면서 스승을 몹시 존경하여 자신이 직접 그린 〈묵죽도〉(墨竹圖)를 스승에게 주고 시를 쓰도록 하기도 하여, 두 사람의 관계는 매우 돈독했다. 그러나 홍문관 부수찬(종6품)에 오른 김인후는 동궁(東宮)의 화재사건을 보고 벼슬에 대한 뜻을 접기 시작했다. 중종의 셋째 왕비인 문정왕후(文定王后)의 아들(뒷날 명종)을 임금으로 세우려는 소윤파(윤원형 일파)의 음모가 심상치 않은 것을 보고, 장차 기묘사화와 같은 큰 불상사가 또 일어날 것을 예감했던 것이다. 여기에 그의 연로한 부모님을 봉양해야 한다는 효심(孝心)까지 겹쳐 고향 장성(長城)에 가까운 옥과현감(종6품)으로 자청해서 나가게 되었는데, 이것이 그의 벼슬살이의 끝이었다.

옥과현감 시절 중종이 승하하고, 인종이 즉위하자 임금은 김인후를 국장(國葬)의 제술관으로 불렀으나, 인종이 원인 모를 병으로 8개월 만에 세상을 떠나자, 김인후는 벼슬을 단념하고 신병을 이유로 다시 고향으로 돌아갔다. 명종이 즉위하면서 예상한대로 인종을 따르던 정치세력이 소윤파에 의해 큰 화를 당하는 을사사화의 태풍이 몰아쳤는데, 이때 만약 김인후가 낙향하지 않았다면 큰 화를 입었을 것이다.

36세의 약관에 고향 장성의 사제로 돌아온 김인후는, 51세로 세상을 떠날 때까지 15년간 오로지 학문과 후학교육, 그리고 시주(詩酒)를 즐기면서 살았다. 인종이 세상을 떠났다는 소식을 들은 그는, 산속에 들어가 혼자 통곡을 하기도 했다. 명종은 학식과 덕망이 뛰어난 그에게 성균관 전적(정6품), 전라도 도사(종5품), 공조정랑, 홍문관 교리(정5품), 성균관 직강(정5품) 등의 벼슬을 잇달아 내렸으나 김인후는 건강을 이유로 나가지 않았고, 인종에 대한 추모의 정(情)을 한시도 잊지 않았다.

장성시절의 김인후의 생활은 매우 곤궁하여 비와 바람을 가릴 수 없었고, 처자들이 의탁할 곳이 없었으며, 서울을 왕래할 때 부릴 종(從)이 없었다고 한다.[153] 부귀와 영달을 스스로 물리친 참 선비의 삶을 그대로 이어간 것이다. 문정왕후와 소윤파의 척족정치의 비리를 보면서, 그들과 타협하여 벼슬할 생각을 추호도 갖지 않았던 것이다. 당시 실권을 장악하고 있던 윤원형(尹元衡)은 김인후를 연좌시켜 사화를 일으키려는 음모를 꾸미기도 했다고 한다.[154] 명종 15년(1560) 1월 16일에 그가 세상을 떠나자 《명종실록》의 찬자는 그의 졸기(卒記)를 다음과 같이 썼다.

…… 김인후는 타고난 자품이 청수(清粹)했다. 5~6세에 문자를 이해하여 말을 하면 사람을 놀라게 했고, 자라서는 시문(詩文)을 지음에 청화하고 고묘하여 당시에 비길만한 사람이 드물었다. 사람들은 그의 용모만 바라보고도 이미 속세의 사람이 아닌 것을 알았다. 술과 시를 좋아했고, 마음이 너그러워 남들과 다투지 않았으며, 그가 뜻한 바는 예의와 법도를 실천하려는 것으로 감히 태만하지 않았다. 그를 모르는 사람은 세상

---

153 《명종실록》 권17 명종 9년 9월 3일 신축. 참찬관 정유길(鄭惟吉)의 상소.
154 《명종실록》 권20 명종 11년 5월 11일 무진.

물정에 어두운 것이 아닌가 의심했다. …… 부모를 봉양하기 위해 외직을 청하여 옥과현감으로 제수되었다. 얼마 되지 않아 중종과 인종의 국상(國喪)을 만나 몸을 가누지 못할 정도로 훼척하여 을사년 겨울에 마침내 병으로 사직하고 사제(私第)로 돌아가 조정의 잇따른 벼슬제수에 모두 나아가지 않았다.

사제에 거처하면서부터는 성현(聖賢)의 학문에 전념하여 쉬지 않고 사색하고 강구하며 차례로 실천했다. …… 주자의 《가례》(家禮)에 유념하되 상례(喪禮)와 제례(祭禮)를 더욱 삼갔으며, …… 남과 대화를 나눌 때는 자기 의사를 표준으로 삼지 않았으나, 한번 스스로 정립한 것은 매우 확고하고 탁월해서 따를 수가 없었다. 해서와 초서를 잘 썼고, 필적은 기이하고 우뚝했다.[155]

《실록》에는 원래 정승이나 판서가 아니면 졸기를 넣지 않는 것이 관례임에도 현감이라는 높지 않은 벼슬아치의 졸기를 이렇게 좋게 써준 것은 매우 드문 일이다. 그만큼 김인후는 선비사회의 높은 추앙을 받았던 것이다.

김인후에 대한 국가적 추앙사업은 서인이 집권한 효종 때부터 시작되었다. 효종 10년(1659)에 그를 제향하는 서원에 필암(筆巖)이라는 액호를 내렸는데,[156] 실제 사액은 현종 3년(1662)에 이루어졌다.[157] 그후 현종 9년(1668)에는 을사사화 이후 출처가 분명한 사람은 김인후만 한 사람이 없다는 점을 평가하여 이조판서의 벼슬을 추

155 《명종실록》 권26 명종 15년 1월 16일 임오.
156 《효종실록》 권21 효종 10년 윤3월 28일 무자.
157 《영조실록》 권87 영조 32년 4월 14일(신해)의 옥과현감 송명흠(宋明欽)의 상소문.

김인후(위), 필암서원(전남 장성군 황룡면, 아래)

증했으며,[158] 이어 현종 10년(1669)에는 문정(文靖)이라는 시호를 내렸다.[159] 그후 송시열, 김수항, 박세채, 양자징 등 명유들이 각기 김인후의 〈신도비명〉(神道碑銘; 현종 13년), 〈묘표〉(墓表; 숙종 원년), 〈행장〉(行狀), 〈가장〉(家狀)을 지어 추모했는데, 특히 송시열의 〈신도비명〉은 뒷날 정조가 김인후를 평가하는 기준이 되었다.

　송시열은 도학(道學), 절의(節義), 문장(文章)이라는 세 가지 기준을 놓고 김인후를 평가했는데, 이 세 가지 조건을 두루 갖춘 인물이 바로 김인후라고 보았다. 먼저, 도학에는 《소학》과 《대학》의 가르

---

158 《현종개수실록》 권19 현종 9년 4월 13일 신사.
159 《현종실록》 권17 현종 10년 8월 24일 갑신.

침을 가장 존중하고, 당시 이황, 기대승(奇大升), 이항(李恒) 사이에 벌어진 사단칠정(四端七情), 인심도심(人心道心), 도기(道器) 등을 둘러싼 논쟁에서 기대승은 김인후의 가르침을 받았다는 것을 지적했다. 다음에 절의와 문장으로 말하면, 일심(一心)에 천지인의 삼재(三才)를 조화시키는 묘(妙)를 품고 있으며, 일신(一身)에 만세강상(萬世綱常)의 무게를 맡고 있다고 했다. 특히 시(詩)는 《시경》(詩經)에 뿌리를 두고 당시(唐詩)를 참작하여 맑으면서도 격(激)하지 않고, 간절하면서도 박(迫)하지 않으며, 즐거우면서도 음(淫)하지 않고, 근심하면서도 상(傷)하지 않다고 평했다. 그리고 김인후가 지었다고 알려진 〈주역관상편〉(周易觀象篇)과 〈서명사천도〉(西銘事天圖)가 후세에 전하지 않는 것을 안타까워했다.

다음에 경종 때에는 중국에서 사신이 오자 우리나라의 대표적인 시문(詩文)을 보여주는 가운데, 김인후의 〈칠석부〉(七夕賦)가 뽑히기도 했다.[160]

영조 때에는 호남양전사(湖南量田使)로 내려간 원경하(元景夏)가 호남사정을 임금에게 보고하는 가운데 호남 출신 유명인사들의 행적을 소개하면서 김인후는 깊은 학문과 고상한 식견을 가졌다고 칭송하고, 이들의 후손을 권장해야 한다고 주장했다.[161] 이어 옥과현감 송명흠(宋明欽)은 옥과현에 세운 영귀서원(詠歸書院)에 사액하여 김인후를 추앙할 것을 요청했다.[162] 이렇게 김인후에 대한 숭모사업은 200여 년을 두고 이어져 오다가 드디어 정조라는 희대의 영주(英

---

160 《경종실록》 권11 경종 3년 1월 24일 갑진.
161 《영조실록》 권66 영조 23년10월 2일 기미.
162 《영조실록》 권87 영조 32년 4월 14일 신해.

土)를 만나면서 활짝 꽃을 피우게 된 것이다.

김인후의 문묘종사가 결정된 것은 정조 20년(1796)이었지만, 김인후에 대한 정조의 관심과 숭모의 마음은 훨씬 이전부터 지니고 있었다. 이미 정조 10년(1786) 2월에 왕은 인종의 효릉(孝陵)을 참배하고 나서 인종이 김인후를 만난 것은 이 세상에 드문 일이라고 말한 다음 그 후손을 효릉의 참봉으로 등용할 것을 명했고,[163] 다음날 전라도 진사 이경집(李敬緝)의 상언(上言)을 따라 김인후의 사위이자 문인인 양자징(梁子澂)을 필암서원에 배향할 것을 명했다.[164]

그후 정조 10년(1786) 8월부터는 팔도 유생들이 잇달아 상소를 올려 김인후의 문묘배향을 요청하고 나섰는데, 상소 요청은 10년간 계속되었다. 첫 번째 상소는 팔도 유생을 대표한 박영원(朴盈源) 등이 올린 상소였는데, 정조는 "문정공의 학문조예에 대해서는 내 일찍이 존경하고 사모했으나, 문묘에 배향하는 것은 큰 전례(典禮)이므로 몇백 년 동안 하지 못한 일을 지금 가볍게 논할 수 없다"고 답했다.[165] 그 뒤로 팔도 유생의 상소는 네 차례나 더 이어졌다.

김인후에 대한 정조의 간절한 마음을 극명하게 보여주는 사건이 정조 20년(1796)에 일어났다. 이해 6월 22일에 성균관의 팔도 유생 이명채(李明采) 등이 조헌(趙憲)과 김집(金集)의 문묘배향을 요청하는 상소를 올리자 정조는 오히려 섭섭한 마음을 다음과 같이 피력했다.

전에 선정(先正) 문정공(文靖公) 김인후는 의리(義理)의 큰 근원을 통찰

---

163 《정조실록》 권21 정조 10년 2월 25일 기해.
164 《정조실록》 권21 정조 10년 2월 26일 경자.
165 《정조실록》 권22 정조 10년 8월 29일 기사.

하고, 홀로 그 종지(宗指)를 체득하였다. 그러나 그 고고한 충절(忠節)이 왕왕 풍소(風騷)로 표현되었던 것은 별로 대단한 일이 아니다. 옛 사람들이 국조의 인물을 논할 때 도학(道學), 절의(節義), 문장(文章)에 따라 품평의 차이를 두었는데, 그 세 가지를 겸비하고, 어느 한 쪽으로 치우치지 않은 이는 오직 선정(先正; 김인후)이 가장 가깝다고 했는데, 나도 또한 그렇다고 생각했다. 지금 너희 선비들의 상소가 세 번이나 올라왔는 데도 문정공을 맨 앞에 내세우지 않았으니 이는 유자(有子)가 성인(聖人) 공자(孔子)와 근사하면서도 열 명의 철인(哲人)과 함께 종향(從享)되지 못한 것과 무엇이 다르겠느냐? 너희들은 물러가서 학문과 덕망이 높은 조야의 선비와 더불어 의논해서 밝히라.[166]

위 글에서 옛 사람들이 도학, 절의, 문장으로 인물을 평할 때 김인후만이 이 세 가지를 겸비했다고 말한 이가 있다는 지적은 바로 김인후에 대한 송시열의 평가를 가리킨다. 정조는 송시열의 평가에 전적으로 공감하면서, 그를 제쳐두고 조헌과 김집의 문묘배향을 요청한 이명채 등의 상소에 실망감을 보여주었던 것이다.

정조가 김인후의 배향이 가장 중요하다는 뜻을 밝히자 팔도 유생들은 더욱 힘을 얻어 많은 상소가 답지했는데, 정조 20년 6월 25일에 올라온 김무순(金懋淳) 등의 상소, 이 해 7월 1일에 올라온 경기, 충청, 전라도 유생 이종호(李種祜) 등의 상소, 이 해 7월 12일에 올라온 팔도 유생 채홍신(蔡弘臣) 등의 상소, 이 해 8월 2일에 올라온 서울과 지방의 유생 정대현(鄭大鉉) 등의 상소, 이 해 8월 8일에 올라온

---

166 《정조실록》 권44 정조 20년 6월 22일 병신.

서울과 지방의 유생 이규남(李奎南) 등의 상소 등이 그것이다. 그런데 이규남 등의 상소는 조헌과 김집을 함께 배향하자는 것이었다.

정조는 조헌과 김집을 문묘배향하는 일에는 찬성하지 않았다. 그래서 이규남 등의 상소가 올라오자 정조는 김인후만을 배향하는 방향으로 의견을 모으라고 유도하면서, 그 이유로서 김인후는 도학, 절의, 문장 가운데 도학(道學)이 동방의 으뜸이라고 말했다.[167] 정조는 나아가 그동안 배향된 오현(五賢) 가운데 김굉필, 정여창, 이언적 등 삼현(三賢)에 대해서는 평가가 어긋나기도 한다고 이이(李珥)가 말한 사실을 소개하면서, 정조 자신은 군사(君師)의 위치에서 '사문(斯文)의 대일통(大一統)'을 세울 책임이 있다고 말했다. 그러면서 정조는 김장생이 이미 문묘에 배향되고 있는데 그 아들인 김집까지 문묘에 배향하는 것은 법도에 어긋나는 일이라고 했다. 부자(父子)를 함께 문묘에 배향한 일은 안자(顔子)와 증자(曾子) 이외에는 그 선례가 없다는 것이다.

정조의 신념에 가득찬 비답을 들은 성균관 유생들은 마침내 정조의 뜻을 더 이상 거스를 수 없다고 판단하고, 먼저 심내영(沈來永)이 임금의 뜻을 따르기로 했다는 상소를 올리고,[168] 이어 이광헌(李光憲) 등[169]과 성균관 유생 홍준원(洪準源) 등이 다시 김인후의 문묘종사를 요청하는 상소를 올렸다.[170] 이렇게 성균관 유생들이 상소가 세 차례 올라오자 정조는 드디어 9월 17일 상소를 윤허하는 비답을 내

---

167 《정조실록》 권45 정조 20년 8월 8일 경진.

168 《정조실록》 권45 정조 20년 9월 6일 무신.

169 《정조실록》 권45 정조 20년 9월 10일 임자.

170 《정조실록》 권45 정조 20년 9월 17일 기미.

렸다.

정조는 김인후의 문묘종사를 윤허하면서 그의 위상에 대해 새로운 의미를 하나 더 보탰다. 그것은 김인후가 '동방의 주자(周子)'라는 것이다. 주자(周子)는 바로 북송의 주돈이(周敦頤; 1017~1073; 濂溪)를 가리키는 것으로, 성리학의 기초를 놓은 인물이다. 주돈이 뒤로 장재(張載; 1020~1077; 橫渠), 정호(程顥; 1032~1085), 정이(程頤; 1033~1107) 형제가 나오고, 그 뒤를 이어 주자(朱子; 1130~1200)가 나와 성리학을 집대성한 것이다. 그런데 주자(周子)를 빼놓고 이정(二程), 장재(張載), 주자(朱子)를 공자사당에 모신다면, 이정, 장재, 주자의 마음이 편하겠느냐고 정조는 반문하면서, 문정공 김인후를 문묘에 모시는 것은 바로 조광조, 이황, 이이, 송시열의 마음일 것이라고 말했다.

정조가 김인후의 도학을 주자(周子)에 비유한 것은, 김인후가 주돈이의 학설만을 따랐다는 뜻은 아니다. 물론 주돈이의 태극도설(太極圖說)의 영향을 받은 것은 사실이지만, 그밖에 장재(張載)의 《서명》(西銘)에도 깊은 감동을 받았고, 또 주희가 정리한 《대학》(大學)의 가르침도 후학들에게 강조했다는 것이다. 정조는 나아가 김인후를 우리나라 '유학의 종장(宗匠)'이라고까지 극찬하고, 현종 때 이조판서로 추증되었던 벼슬을 영의정으로 올려주고,[171] 이 해 10월 16일에는 '문정'(文靖)이라는 시호를 '문정'(文正)으로 바꾸도록 지시했다.[172]

---

171 《정조실록》 권45 정조 20년 9월 17일 기미.
172 《정조실록》 권46 정조 20년 10월 16일 무자.

정조 20년(1796) 11월 8일을 기하여 임금은 성균관 문묘에 가서 정식으로 김인후를 문묘에 종사하는 의식을 치르고 교서를 선포하였으며, 다음날에는 창덕궁 인정전에 나아가 다시 교서를 반포하여 이 일을 일단락지었다.

김인후를 문묘에 배향하는 의식을 치르면서 선포한 교서와 그 다음날 창덕궁 인정전에서 백관들에게 이를 반포하면서 내린 교서는, 김인후에 대한 정조의 총체적 평가를 담고 있을 뿐 아니라 정조 자신의 정치철학을 담고 있다는 점에서 의미가 크다. 예문관 제학 구상(具庠)이 지은 두 교서는 내용이 서로 비슷한데, 먼저 문묘배향의 취지를 앞에서 서술하고, 이어 김인후의 업적을 학문, 절의, 문장 순으로 그 특징을 서술한 것인데, 그 요지는 다음과 같다.

먼저 김인후의 학문은 '해동의 염계(濂溪 周敦頤)요, 호남의 수사(洙泗; 孔子)'이다. 성명(性命)과 음양(陰陽)의 깊은 뜻은 《태극도》(太極圖)의 수준에 이르고, 격물치지(格物致知)와 성의정심(誠意正心)의 요체는 《소학》과 《대학》을 아울러 본원적인 공부로 삼았다. 천지간에는 오직 공자(孔子)와 주자(朱子) 두 사람만 있다는 시(詩)를 써서 추앙했으며, 일찍이 《역상편》(易象篇)을 지었는데, 대의(大意)를 독창적으로 밝혔다. 도(道)와 기(器)가 하나로 섞여 있다는 견해를 잘못된 것으로 내치고, 이기(理氣)와 사단칠정(四端七情)에 관한 변론은 동지들의 의심을 후련하게 풀어주었다.

다음에 김인후의 절의는 엄동설한의 송백(松柏)과 같고, 밖으로 드러난 자태는 맑은 물 위의 연꽃과 같아 거의 성인(聖人)의 경지에 이르렀고, 삼대(三代)의 인물과 같다. 인종(仁宗)과의 만남은 마치 은나라 고종(高宗)이 부열(傳說)을 얻은 것과 같고, 성탕(成湯)이 이윤

(伊尹)을 만난 것과 같았으나 애석하게도 뜻을 이루지 못해 깊은 산속에서 피눈물을 뿌렸다. 벼슬에 나아가고 물러남에는 오직 의리만을 보았다.

김인후의 문장은 비록 여사(餘事)였지만, 윤리를 지탱하여 풍속을 바로잡는 것으로, 격렬하고 절실하면서도 이치에 부합하고, 이치를 밝혀 뒷 사람을 가르치는 것은 밝게 융합되어 틈이 없었다.

정조는 문묘배향을 마친 지 10일 뒤에 후손 김직휴(金直休)를 불러 《유집》(遺集) 간행을 명했다. 원래 《하서문집》은 선조 원년(1568)에 초간되었다가 숙종 12년(1686)에 중간되었는데, 정조는 누락된 유고를 더 수집하여 중간하도록 명했던 것이다. 이 작업은 순조 2년(1802)에 마무리되었다.

김인후는 문묘에 배향된 조선조 14명의 선정(先正) 가운데 정조에 의해 선택된 유일한 명현이라는 점에서 특별한 명예를 지니고 있다. 이는 성리학을 정학(正學)으로 수립하여 문풍(文風)과 풍속을 바로잡으려 했던 정조의 문치정책의 소산이기도 하지만, 당파와 지역을 초월하는 탕평정치의 실효를 거두기 위한 원대한 배려도 작용했다고 본다.

결과적으로 김인후와 정조의 만남은 서로의 위상을 높여주는 효과를 가져올 수 있었다. 김인후는 정조를 만나 '동방의 주자(周子)'와 '호남의 공자'라는 명예를 얻었고, 정조는 김인후를 만나 성인군주(聖人君主)와 탕평군주의 위상을 높일 수 있었기 때문이다.

⑯ 정약용: 실학의 집대성자

17~18세기 전반기 서울과 가까운 지역에 살고 있던 남인(南人)이 주도한 고학적 실학(古學的 實學)은 18세기 후반 이후로 서울 노론이 주도하는 북학(北學)으로 선회했다. 고학이 주로 중국 삼대(三代)의 이상사회를 존중하면서 토지분배 해결에 역점을 두고, 왕권강화를 통한 특권세력 억제를 추구했다면, 이와 달리 북학은 상공업 진흥과 기술혁신을 통한 생산력 증대에 목표를 두었으며, 상고시대보다도 당시 청나라의 발전된 기술을 배울 것을 역설했다.

남인 고학은 이수광(李睟光)을 시작으로 허목(許穆), 유형원(柳馨遠)을 거쳐 이익(李瀷)에 의해 큰 학파를 형성하여, 그 문하에서 안정복(安鼎福), 이가환(李家煥), 이중환(李重煥) 등이 배출되고, 마침내 다산 정약용(茶山 丁若鏞; 1762~1836)에까지 이어졌다.

그 반면, 북학은 이미 16세기의 토정 이지함(土亭 李之菡), 17세기 초의 어우 유몽인(於于 柳夢寅) 등이 상업문화의 중요성을 일깨운 일이 있고, 17세기 말~18세기 초의 농암 유수원(聾庵 柳壽垣)을 거치면서 단계적으로 성숙하여, 18세기 후반에 이르러 초정 박제가(楚亭 朴齊家), 혜풍 유득공(惠風 柳得恭), 담헌 홍대용(湛軒 洪大容), 연암 박지원(燕巖 朴趾源) 등이 나와 그 전성기를 맞이하게 되었다. 18세기 후반에 북학이 성행한 것은 청나라의 상공업 발전과 기술문명이 진보한 것에 자극을 받기도 했지만, 서양에서 산업혁명이 이루어지고, 그 여파가 천주교를 통해 중국에까지 전달되는 시대적 변화가 반영된 것이었다.

그런데 18세기 후반에서 19세기 전반기를 살았던 정약용은 고향이 남인의 본거지인 양주(楊州)였던 까닭에 비록 학문적 계보는 남인 고학에 두었지만, 고학과 북학을 모두 절충한 정조(正祖)의 지도를 받게 되고, 또 서울 노론의 북학을 접하게 되면서 고학과 북학을 절충하는 사상가로 변하게 되었다.[173] 그래서 정치개혁은 고학(古學)을 따라 왕권강화를 지지하고, 경제적으로는 북학(北學)을 따라 기술진보를 바탕으로 한 이용후생(利用厚生)의 시대를 열고자 했다. 역설적이지만, 순조 초의 18년 동안에 걸친 장기(長鬐)와 강진(康津)에서 보낸 유배 생활과 양주 고향에서의 오랜 독서 생활이 그로 하여금 큰 학자가 되는 기회를 만들어 주었다.

정약용은 《경세유표》(經世遺表, 1817)에서 새로운 권력구조의 큰 그림을 그렸다. 《경국대전》 체제는 도덕정치와 학문정치에 알맞은 권력구조로서 이용후생이 중요한 시대에는 맞지 않은 체제로 보았다. 특히 예조(禮曹)의 기능이 비대한 것은 시대에 맞지 않는다고 보아 《주례》를 모델로 하여 6조(六曹)가 고르게 권력을 나누어 갖는 정치구조를 제안했다. 특히 이용후생을 집행하는 기관으로서 공조(工曹)의 기능과, 법을 집행하는 형조(刑曹)의 기능도 커져야 한다고 했다. 이 밖에 이용후생을 전담하는 기구로 이용감(利用監)을 새로 설치할 것을 제안하기도 했다. 이용감은 오늘날의 시각에서 보면 과학기술처나 경제기획원과 비슷한 기구였다. 정약용의 행정개편안은 앞서 소개한 유수원(柳壽垣)의 개혁안과 비슷한 점이 많다.

정약용은 왕위세습제를 그대로 인정하고 왕권의 안정을 추구했지만, 임금은 백성의 추대에 의해서 그 권위가 인정되는 것이므로 백성이 임금을 버리면 왕권은 무너지는 것으로 보았다. 그래서 민심

---

173 한영우, 1989, 〈19세기초 정약용의 역사관과 대외관〉, 《조선후기사학사연구》, 일지사 참고.

(民心)을 얻느냐의 여부가 왕권의 존폐를 결정하는 요인임을 갈파하여 주권재민(主權在民)에 가까운 인식을 가지고 있었다.

정약용은 기예(技藝; 기술)의 발전이 인류의 역사를 바꾸는 큰 원동력임을 깨닫고, 사람이 짐승과 다른 점은 기예를 이용할 줄 아는 데 있다고 보았다. 말하자면 기예가 농업, 직조, 무기, 의약, 건축, 그릇, 성곽, 배, 수레 등을 발전시켜 이용후생(利用厚生)과 부국강병(富國强兵)의 가장 중요한 수단이라는 것을 정확하게 인식한 것이다. 그리고 기예를 발전시키려면 많은 사람들의 지혜를 모을수록 좋은 것이므로 큰 도시에서 지혜가 커질 수 있다고 보았으며, 지혜는 시대가 내려갈수록 진보한다는 점도 인정했다.

그는 기예가 발달한 나라로서 중국이 있지만, 그 밖에 일본과 유구가 중국의 선진기술을 받아들여 일취월장하고 있으며, 그 결과 일본은 이웃 나라가 침략할 수 없을 만큼 국력이 커졌다고 생각했다. 일본이 서양과 직접 교류하여 기술이 발전한 것은 자세히 모르고 있었다. 민생과 직결된 농업도 처음에는 여전법(閭田法)과 같은 토지분배를 주장했으나, 뒤에는 기술의 진보를 통한 생산 증대의 중요성을 인식하고, 자급자족을 벗어나 해외 수출의 길도 터야 한다고 주장하여 농업의 상업화를 강조했다.

또 인재등용도 유학을 공부한 인재만을 선발할 것이 아니라, 향촌 사회의 부자들 중에 지역사회를 위해 다리를 놓거나, 출판 사업을 하거나, 국방을 위해 공헌하는 사람이 있으면, 이를 업적으로 평가하여 하급관리로 등용할 필요가 있다고 주장했다. 이는 당시 향촌에서 이른바 요호부민(饒戶富民)으로 불리는 부자층이 성장하고 있는 사실을 염두에 둔 것이다. 그리고 이런 생각은 정조가 추구한 민국

(民國) 이념과도 서로 통한다.

민생을 향상하기 위한 또 하나의 대안으로서 정약용은 지방 수령의 자질이 높아져야 한다고 믿었다. 그래서 《목민심서》(牧民心書)를 저술하여 수령의 수신 교과서를 만들었다. 19세기 초기의 전라도 향촌에서 그가 목격한 것은 수령이나 감사가 모두 백성을 토색질하는 '큰 도둑'이라는 것이었다. 그래서 수령을 비롯한 관료의 청렴(淸廉)이 높아지지 않으면 민생의 향상은 기대하기 어렵다고 본 것이다. 그가 관료의 청렴을 여자의 정절(貞節)에 비유한 이유가 여기에 있다.

또 형벌을 공정하게 집행하지 않으면 백성들의 인권이 크게 침해된다는 것을 알고, 공정한 법 집행을 위한 지침서로서 《흠흠신서》(欽欽新書, 1822)를 편찬하기도 했다. 또 백성들이 돌림병인 천연두(天然痘)로 죽는 일이 많은 것을 보고 종두(種痘)를 직접 실험하고 《마과회통》(麻科會通, 1798)이라는 의술서를 저술하기도 했다.

정약용은 주자학의 이기철학(理氣哲學)을 부정한 인물로도 유명하다. 그는 자연의 이치와 인간의 이치가 같다는 것을 부정하고, 인간은 영명한 지혜에 의해서 세상을 주체적으로 바꿀 수 있다는 것을 인정했다. 그는 오행사상도 정확한 과학이 아니라고 보고, 잡과(雜科) 가운데 음양과(陰陽科)는 없어져야 한다고 말했다.

정약용이 하늘의 질서와 인간 질서를 분리해서 생각한 것은 일본의 실학자(實學者) 오규 소라이(荻生徂徠; 1666~1728)의 생각과 비슷한 점이 많아 그의 영향을 받은 것으로 보인다.

정약용은 한국의 역사와 지리에 대해서도 해박한 지식을 가지고 있었다. 《강역고》(疆域考)가 그것이다. 이 책은 역사지명을 새롭게 고증했을 뿐 아니라, 지리나 자연환경이 역사에 미치는 영향을 중요시했다. 예를 들면, 땅이 비옥하고 기후가 좋아 농업조건이 앞선 마한(馬韓)이 삼한(三韓) 가운데 가장 강성하고, 마한 땅을 차지한 백제(百濟)가 삼국 가운데 가장 경제와 문화가 앞선 '최강최문(最强最文)의 나라'였다고 보았다.

백제의 첫 도읍지인 위례성(慰禮城)이 지금의 서울이라는 것을 처음으로 밝혀내고, 서울의 지정학적 조건이 워낙 좋아 이곳에 도읍했던 500년 기간은 백제가 가장 강성했던 시대로 보았다. 그래서 백제의 멸망은 서울을 버리고 국방이 어려운 공주와 부여로 천도한 데서 찾았다. 그러면서 김부식이 《삼국사기》에서 백제는 풍속이 교사(驕詐)하고 이웃 나라와 화목하지 않아 망했다고 평한 것은 잘못된 견해라고 비판했다. 고구려가 망한 원인도 정약용은 호전성 때문이 아니라 방어가 어려운 평양으로 천도한 데서 찾았다.

역사지명에 대한 새로운 고증으로는 단군조선과 기자조선의 첫 도읍지를 지금의 평양으로 보고, 한사군의 위치도 한반도로 보았으며, 고려 때 윤관(尹瓘)이 건설한 9성 가운데 하나인 공험진(公嶮鎭)은 두만강 북쪽 700리가 아니라 함경도 길주(吉州) 지역으로 보았다. 또 대마도는 원래 우리나라 땅으로서, '쓰시마'라는 이름은 두 섬에서 나왔다고 해석했다. 정약용의 역사지명 고증은 같은 시대에 살았던 한치윤(韓致奫)의 역저 《해동역사》(海東繹史)의 지리고증과 매우 비슷한데, 종전에 고대사의 중심 무

정약용 초상

대를 만주에 비정했던 경향에서 벗어나 한반도에서 정한 것이 특징이었다.

다산은 전통적인 화이관(華夷觀)도 부정했다. 중화(中華)와 이적(夷狄)을 땅이나 종족을 기준으로 가르는 것은 의미가 없고, 문화를 기준으로 나누는 것이 마땅하다고 보면서 이적도 여러 차례 중화의 주인이 되었다고 했다. 그리고 우리나라는 예부터 '군자국'이었으므로, "중국에 태어나지 않을 바에는 동이(東夷)밖에 없다"고 하면서 자부심을 보였다. 다산의 세계관에서 또 주목할 것은 일본에 대한 시각이다. 그는 18세기 말에는 일본에 대해 침략의 위험이 없는 나라라는 낙관론을 폈다. 그 이유는 17세기의 이토 진사이(伊藤仁齋), 17세기 후반~18세기 초의 오규 소라이(荻生徂來)와 다자이 슌타이(太宰純, 太宰春台) 등의 고학(古學) 서적을 읽어보건대 일본이 이제는 유학을 공부하여 인의(仁義)를 알게 되었으므로 침략을 하지 않을 것이고, 왜란에 실패한 경험이 있고, 중국과 직접 교역하고 있으며, 조선에서 교역으로 가져가는 식량도 많고, 청이 우리나라를 지켜줄 것이므로 재침략의 위험이 없을 것으로 낙관했다.

그러나 정약용의 일본에 대한 낙관론은 1812년대에 들어와 위기론으로 바뀌었다. 그 이유는 규슈 지방의 사쓰마 족(薩摩族)이 원래 사납기로 이름이 높은데, 지금 조총보다도 성능이 뛰어난 무기를 가지고 있으며, 장차 5~6년 안에 조선을 침략할 것이라는 소문이 나돈다는 것이다. 여기서 다산은 18세기 중엽부터 일어나기 시작한 정한론(征韓論)의 분위기를 미리 감지하고 있었던 것이다.

다산이 세상을 떠난 뒤로 그의 학문이 학계의 관심을 다시 끌게 된 것은 일제시대였다. 이미 1910년 한일합방 직전에 통감부는 그에게

남양주시 실학박물관(정약용 생가 부근)

규장각 제학(提學)의 명예직을 수여했다. 통감부는 조선 지식인들을
회유하기 위해 살아 있는 사람뿐 아니라 이미 세상을 떠난 유명인사
들에게도 무더기로 규장각 제학의 명예직을 수여했다. 이런 과정을
거쳐 일본의 법학자 아사미 린타로(淺見倫太郎)는 1922년에 쓴 《조
선법제사고》(朝鮮法制史稿)에서 정약용을 가리켜 '반도의 행복' 이
라고 격찬하기도 했다. 그 뒤 1934년에 다산 서거 99주년을 기념하
여 안재홍(安在鴻), 정인보(鄭寅普) 등 국학자들이 정약용의 학문과
사상을 적극적으로 조명하면서 절정을 맞이했으며, 광복 후 홍이섭
(洪以燮)은 이들의 영향을 받아 다산 연구에 다시 불을 붙여 놓았다.

최근 다산의 고향인 남양주시 마재(馬峴)에 있는 생가 옆에 다산
기념관이 세워지고, 또 그 부근에 실학 박물관까지 세워져서 실학의
메카처럼 되었다.

제**8**장

근대의
선비문화

1

개화기의 '동도서기론'

전통문화와 외래문화를 융합하려는 선비들의 뜻은 서구문화가 유입되고 있던 개화기에도 여전히 발휘되었다. 이때 동서문화를 융합하는 방식은 정치와 도덕적 가치는 우리 것을 지키고, 기술문화는 서양 것을 받아들인다는 형식을 취했다. 이를 '동도서기론'(東道西器論)으로 부른다.

흔히 개화기에 우리 것을 지키고 서양문화를 거부한 지식인들을 가리켜 위정척사파(衛正斥邪派)로 부르고 있지만, 그들도 서양문화를 전적으로 거부한 것은 아니었다. 그들이 거부한 것은 서양이나 일본이 군함과 대포를 이용하여 강압적으로 우리를 굴복시키려는 침략성이었다. 그 침략성이 바로 '사악한 것', 또는 '오랑캐'로 보였고, 그것을 띠지 않고 평화와 도덕을 사랑하는 우리 문화가 '바른 것'으로 인식되었다. 그러니까 위정척사의 본질은 침략에 대한 반대이지 문화에 대한 반대는 아니었다. 특히 침략성을 띠지 않았던 시기의 서양의 과학기술문화에 대한 수용은 이미 조선 후기 이래로 꾸준히 이어져 오고 있었으므로 그렇게 낯선 것도 아니었다.

또 하나 개화기에 서양문화를 거부한 부류로 동학(東學)을 들기도
한다. 그러나 이 경우도 그들이 거부한 것은 서양의 천주교(天主敎)
즉 서학(西學)이었다. 그리고 서양이 서학의 전달자인 신부(神父)를
매개로 하여 중국과 조선에 군함을 끌고 온 것에 대한 불신 때문이
었다. 동학이 서양문화를 전면적으로 거부했던 것은 아니었다. 이런
태도는 쇄국주의자로 잘못 알려진 대원군(大院君)의 경우도 마찬가
지였다.

따라서 개화기의 지식인들은 무력 침략에 대한 불신을 접어둔다
면, 누구나 '동도서기론자'들이라고 할 수 있다. 서양과 평화적으
로 통상(通商)하면서 서양문화를 절충하려는 노력은 이미 18세기 후
반의 북학파(北學派)로부터 시작되었다. 이용후생(利用厚生)에 도움
이 되는 것은 외국에서도 배우자는 것이 박지원(朴趾源), 박제가(朴齊
家), 홍대용(洪大容) 등 북학파의 한결같은 주장이었다. 그 뒤 19세기
에 들어와서 북학사상은 유신환(俞莘煥), 이규경(李圭景), 최한기(崔漢
綺), 박규수(朴珪壽), 오경석(吳慶錫), 유대치(劉大致), 이유원(李裕元)
등에게 계승되었고, 이들의 노력으로 청나라 위원(魏源:1794~1856)
이 지은 세계지리서인《해국도지》(海國圖誌,1852), 역시 청나라 서계
여(徐繼畲)가 1850년에 간행한 세계지리책인《영환지략》(瀛環志略)
등의 서적이 중국에서 들어와 읽히면서 각종 서양문화가 소개된 것
은 잘 알려진 사실이다.

고종이 대원군의 그늘에서 벗어나 친정(親政)을 시작한 이후인
1876년에 일본과 통상조약을 맺고 적극적인 개화정책을 추진한 것
은 바로 이들의 주장을 받아들인 것이었다. 따라서 '동도서기론'은
개화기를 이끌어간 주류적 사조(思潮)라고 할 수 있다.

황제복을 입은 고종

그런데 '동도서기론자'들이 끝까지 지키려고 한 전통문화는 정치체제 즉 왕정(王政)이었고, 반상(班常) 신분제도를 지키려고 한 것은 아니었다. 그래서 고종이 1886년에 '노비세습제도'를 스스로 폐지한 것이다. 왕정에 대한 애착은 오랜 역사적 전통 속에서 이미 합의된 정치체제였으므로 임금은 물론이요, 일반 백성들도 큰 불편을 느끼지 않았다. 왕정체제를 지키면서도 근대화는 가능하다고 믿었다.

그런데 일본의 천황제(天皇制)나 서양의 입헌군주제(立憲君主制) 또는 대통령제는 각기 그 나라의 역사적 조건 속에서 형성된 것으로 나라마다 다른 것이다. 가령, 일본의 천황제는 이미 1천 년 동안 이어진 막부정치(幕府政治)를 거치면서 실권은 천황이 아닌 막부의 장군(將軍)이 쥐고 있었다. 비록 1868년의 메이지 유신(明治維新) 이후로 막부가 사라졌지만, 실권은 천황이 아닌 내각수상(內閣首相)이 쥐고 있었으므로 실제로 천황은 상징성이 큰 존재였을 뿐이었다. 유럽의 입헌군주제도 마찬가지로 실권은 수상이 쥐고 있었으며, 미국의 대통령제는 임기를 가진 시한부 권력자였던 것이다.

따라서 조선의 현실에서 외국의 어느 한 나라를 모델로 하여 정치체제를 바꾼다는 것은 매우 조심스러울 수밖에 없었다. 그것은 국가의 근본을 흔드는 엄청난 모험이 아닐 수 없었다. 그런데 일부 개화파는 일본의 메이지 유신을 모델로 하여 권력구조를 바꾸려는 부류가 있었다. 1884년의 갑신정변(甲申政變)을 주도한 김옥균(金玉均) 일파가 여기에 해당한다. 이들은 권력구조를 입헌군주제 즉 내각제로 바꾸려는 시도를 했다가 결국 실패로 끝나고 말았다. 이는 당시 고종의 입장이나 국민정서상 용납하기 어려운 일이었다. 또한 이 부류의 지식인은 실제 소수에 지나지 않았다. 그래서 급진적 개혁운동이 국민의 지지를 얻지 못한 것이다.

2

대한제국기의 '구본신참'

1894년에 청일전쟁을 일으킨 일본군이 경복궁을 점령한 가운데 이루어진 일련의 개혁을 '갑오경장'(甲午更張)이라 부른다. 일부 논자들은 이것을 매우 근대적인 개혁으로 칭송하고 있지만, 왜 그것이 실패했는가에 대해서는 외면하고 있다.

물론 '갑오경장'에서 수행된 개혁 가운데에는 '동학'에서 요구한 사항이 받아들여진 것도 있고, 일반 국민들이 환영할 만한 내용도 적지 않았다. 신분제 철폐를 비롯한 사회개혁이 그렇다. 하지만 갑오경장이 실패한 결정적 원인은 권력구조의 개혁이었다. 즉 왕권을 약화시키고 총리대신과 내각의 실권을 높여준 것과 국방에 대한 대책이 미흡한 것이었다. 여기에 태양력(太陽曆)의 사용과 단발령(斷髮令)의 실시도 엄청난 반발을 가져왔다.

얼핏 생각하면 태양력의 사용이 세계적 흐름에 맞는 것으로 보이지만, 이는 음력에 기초하여 운영되어오던 왕실의 전통적 제사(祭祀) 질서와 각종 가례의식(嘉禮儀式)을 뒤흔들어 놓음으로써 왕실은 물론 일반 국민의 문화적 정체성을 무너뜨리는 중대한 결과를 가져왔다. 단발령도 전통적 효(孝) 관념을 무너뜨릴 뿐 아니라, 복장을 서양화함으로써 서양 상품의 침투를 촉진시켰다는 점에서 저항을 받는 요인이 되었다. 상투를 깎는다고 근대화가 이루어지는 것은 아니었다.

갑오경장 당시의 국제정세로 볼 때, 왕권을 축소시키고 내각제로 가는 것은 국왕을 중심으로 국력을 응집시켜 거국적으로 주권을 지켜야 할 시대상황에 걸맞지 않는 것이었다. 당시 국민들이 충성을 바칠 대상은 오직 국왕뿐이었다. 이름도 잘 모르고, 언제 물러날지도 모르는 내각총리가 국민통합을 이끌 수 있는 정치적 지도력을 발휘한다는 것은 상상할 수 없는 일이었다. 일본은 바로 이 점을 노렸던 것이다.

1895년의 을미사변(乙未事變)을 계기로 고종에 대한 백성의 충성심은 절정에 올랐고, 각계각층의 열화와 같은 여망에 따라 1897년에 대한제국(大韓帝國)이 수립된 것이다. 대한제국은 당연히 백성의 여망에 따라 갑오경장을 다시 조정하는 일에 착수했다. 그것이 이른바 '구본신참'(舊本新參)으로 표방된 '광무개혁'(光武改革)이다. 여기서 '구본'(舊本)은 바로 권력구조이다. 즉 총리중심제를 다시 황제중심체제로 바꾸어 놓은 것이다. 그리고 양력과 음력을 병행하여 대외적으로는 양력을 사용하여 국제질서에 순응하고, 대내적으로는 음력을 통해서 전통적인 국가의례(國家儀禮)를 지켜감으로써 왕실과 국가의 정통성을 강화했던 것이다. '구본신참'과 '광무개혁'은 말하자면 근대적 선비정신이 가져온 역사적 결실이었던 것이다.

대한제국은 이렇게 국민통합의 구심점을 확고하게 짜놓고, 위로부터의 근대화 정책을 강력하게 밀고 나갔다. 지금의 국제법(國際法)에 해당하는 《만국공법》(萬國公法)에 입각하여 주권국가임을 확고하게 천명하고, 외교관계를 맺고 있던 서양 각국 및 일본의 축하를 받았다. 대한제국이 근대국가로 출범하고, 주권국가로서 외국의 승인을 받았기 때문에 일제시대 '대한광복'을 내건 독립운동이 국제적으로 호소력을 지닐 수 있었던 것이고, 임시정부의 국호가 그대로 '대한국'(大韓國)으로 회복되었던 것이다.

'대한'(大韓)이라는 국호에는 삼한(三韓) 즉 삼국(三國)의 영토를 모두 아울러 광대한 제국을 건설한다는 '민족주의'의 꿈이 담겨 있었다. 1900년에 독도(獨島)를 확고하게 울릉군의 속도(屬島)로 편제하고, 만주로 진출하고자 간도관리(間島管理)를 설치했다. 철도와 전신도 대륙 방향에 우선을 두고 설치하려 했다.

태극기(太極旗)가 어기(御旗)로 결정되고, 태극훈장(太極勳章)도 수여되었다. 만국적십자사, 만국우편연합, 만국박람회 등에도 참여하여 국제 활동을 강화했다. 이 밖에 교육, 의료, 도시 건설, 시민공원, 극장 등이 서양식으로 개조되었다. 군사제도도 서양식으로 바꾸었다.

대한제국은 식산흥업(殖産興業)을 통한 근대적 산업구조를 급속하게 구축해갔다. 토지조사사업을 통해 근대적 토지소유권도 확립했다.

이렇게 권력구조와 국가의례를 제외한 나머지 사회적·문화적 인프라는 서구식으로 개조하여 동서문명이 융합된 근대국가를 이룩한 것이 바로 대한제국이었으며, 동서문명을 융합시킨 원칙이 바로 '구본신참'이었다. 따라서 '구본신참'은 실학자들이 내건 '법고창신'(法古創新)과 개화기의 '동도서기'를 계승한 것으로, '주체적인 근대화'를 의미하는 것이다.

서양문화의 수용이 주체적으로 이루어질 때 건전한 근대화가 가능하다는 것을 인정한다면, 대한제국의 정책 노선을 비판할 이유가 없다. '주권재민'(主權在民)에 바탕을 둔 대의정치가 표방되지 않았다 하여 이를 수구정권으로 이해하는 경향이 있으나, 이는 '국가주권'의 수호가 가장 긴급했던 당시의 역사적 상황에서 볼 때 '대의정치'나 '공화정'은 실현가능한 일이 아니었고, 국민들의 절실한 요망사항도 아니었다. 국가주권이 풍전등화와 같던 시기에 대의제(代議制)를 시행할 겨를이 있었는가를 생각해 보아야 한다. 국가재정을 황제가 직접 관리한 것도 일본이 재정권을 장악하려고 광분했던 당시의 상황에서는 불가피한 선택으로 볼 수 있다.

대한제국의 일부 관료가 부패한 사실을 가지고 마치 대한제국 자체를 '봉건국가'로 보거나 당연히 타도되어야 할 '수구반동정권'인 것처럼 이해하는 것은 일제의 침략을 정당화하려는 의도가 아니라면 수긍할 수 없는 해석이다.

더욱이 오늘날 대한민국은 바로 대한제국의 역사적 정통성을 이어가고 있다는 점을 고려해야 한다. 1919년에 세워진 '대한민국 임시정부'는 불법으로 강탈당한 '대한국'의 복권을 위해서 세워진 정부이다. 그래서 국호를 '대한'으로 불렀고, '태극기'를 국기로 사용했던 것이다. 그리고 그것은 이미 고종의 죽음(독살)에 항의하는 거국적인 3·1 운동에서 표출된 2천만 동포의 열화와 같은 의지를 그대로 반영한 것이다. 3·1 운동 당시 2천만 동포는 '태극기'를 손에 들고 '대한독립만세'를 외치지 않았던가?

대한민국 임시정부는 결코 새로운 '국가'를 세운 것이 아니라 새로운 '정부'를 세운 것이다. 곧 '제정'(帝政)을 '민주공화정'으로 바꾸었다는 점에서 새 정부라고 할 수 있다. 그리고 1948년에 탄생한 대한민국도 마찬가지로 국가를 새로 세운 것이 아니라 정부를 다시

세운 것에 지나지 않는다. 그래서 국호를 여전히 '대한'이라 부르게
된 것이고, 국기도 태극기를 사용하게 된 것이다. 다만, 임시정부는
국제적 승인을 받지 못한 반면, 1948년에 탄생한 대한민국은 비록
분단국이지만 국제적 승인을 받은 점이 임시정부와 다르다.

3

일제시대의 선비문화 (1) :
민족주의

    일제시대는 '대한국'(大韓國)의 국권(國權)이 일시적으로 박탈당한 시대였지만, 한국인의 마음속에는 '대한국'이라는 국가는 살아 있었고, 전통문화와 서양문화를 융합하여 국가를 광복하려는 마음도 잊지 않았다. 우리는 그 마음을 민족주의(民族主義)로 부른다.

    민족주의는 갑자기 서양에서 들어온 이념이 아니다. 겨레에 대한 사랑은 수천 년의 역사를 통해서 이어져 온 선비정신의 한 갈래일 뿐이었다. 수천 년의 역사를 거치는 동안에 형성된 역사공동체, 문화공동체, 혈연공동체, 지역공동체로서의 '민족'이 엄연히 있었으므로 이를 지키려는 마음이 있는 것은 당연하다. 더욱이 외세가 들어올 때 무섭게 저항한 의병정신까지 이어져 왔으니, 민족운동이 치열한 것은 당연한 일이었다.

    다만, 한말~일제시대의 민족주의는 전통적인 민족의식과는 다른 점이 있었다. 첫째, 서양에서 들어온 약육강식의 사회진화론(社會進化論)과 접목되어 힘에 대한 숭상이 높아지고, 따라서 한층 투쟁적이고 반일적인 마음으로 진화되었다. 여기에 전통적인 의병정신이 한 단계 진화하여 투쟁의 열기가 더욱 높아진 것이다.

둘째, 전통적인 민족의식은 혈연공동체 의식이 그다지 강하지 아니하고, 주로 지역공동체와 문화공동체에 대한 자부심이 바탕을 이루고 있었으나, 일제시대 민족주의는 혈연공동체와 지역공동체에 대한 관심이 과도하게 표출되었다. 그 이유는 독립운동의 기지를 한반도가 아닌 만주(滿洲)에 설정한 데서 비롯된 것이다. 이미 1천 년 전에 발해가 망하면서 잃어버린 만주 땅을 우리 땅으로 수복하고자 하는 식민 사업에 목표를 두게 되면서 만주에 살았던 여진족, 거란족, 몽고족 등 모든 종족과 그들의 역사를 모두 '민족'이라는 틀 안에 끌어들이려고 했다. 그래서 원나라, 금나라, 청나라, 요나라 등이 모두 우리 민족으로 포섭되고, 그들의 역사가 '민족사'로 둔갑했다. 이는 오늘날의 시각에서 보면, 수긍하기 어려운 것이다.

셋째, 일제 초기 민족주의를 주도한 것은 특히 환인, 환웅, 단군 등 삼신(三神)을 숭상하는 대종교(大倧敎)였다. 대종교는 삼신을 혈연공동체의 상징이자 문화공동체의 상징으로 과도하게 숭상했고, 삼신에 얽힌 전설과 민속들을 역사적 진실처럼 과장했다. 대종교도들이 편찬한 과장된 역사책들, 예를 들면 2세 교주 김교헌(金敎獻; 1868~1923)이 편찬한 《삼일신고》(三一神誥), 《회삼경》(會三經), 《신단실기》(神檀實記), 《단조고사》(檀祖故事) 등을 비롯하여 고려 말 이암(李嵒)이 편찬했다는 《단군세기》(檀君世紀), 조선 숙종 대 북애자(北涯子)가 썼다는 《규원사화》(揆園史話), 발해 시조 대조영(大祚榮)의 아우 대야발(大野勃)이 썼다는 《단기고사》(檀奇古史) 등의 위서(僞書)가 널리 유행했다.[174] 이들 위서들은 사상사적 가치는 있을지 모

174 한영우, 1994, 《한국민족주의 역사학》, 일조각 및 한영우 외, 2002, 《행촌 이암의 생애와 학문》, 일지사 참고.

르나 고대사 연구자료로서는 가치가 떨어진다.

일제 초기의 과도한 민족주의는 위에 설명한 것처럼 만주 중심의 역사를 강조한 결과, 만주를 잃어버린 이후 한반도에서 전개된 1천 년의 한국사를 왜소하게 멸망해가는 역사로 곡해하는 잘못을 저질렀다. 신채호(申采浩)가 〈조선역사상 1천년래 제일대사건〉이라는 글에서 묘청(妙淸) 세력이 김부식 일파에게 진압되고, 이를 정당화하는 《삼국사기》가 편찬되면서 주체적인 낭가사상(郎家思想)이 몰락하고 사대주의(事大主義)가 승리했다고 해석한 것이 그 대표적 사례이다. 이런 시각에서 보면, 유교가 발달하면서 한국사는 망해가는 역사로 후퇴한 것이니, 특히 유교가 지배했던 조선왕조의 역사는 가장 보잘 것없는 것이 될 수밖에 없었다. 이 때문에 조선시대에 이룩된 엄청난 문화적, 사회적 진보가 무시된 것이다.

여기서 우리는 일제시대의 한국사를 비참한 역사로 폄하하고 왜곡한 일본 식민사관(植民史觀)과 민족주의자들의 '민족사관'(民族史觀)이 고대사 해석에서는 첨예하게 대립했지만, 조선시대 역사에 관한 해석에서는 서로 보조를 같이했다는 점을 발견할 수 있다. 여기에 1920년대 이후로 유물사관이 들어와 조선시대가 '봉건사회'(封建社會)로 해석되면서, 조선시대 역사는 2중−3중으로 왜곡됨을 면치 못했다. 바로 이 점 때문에 오늘날 조선시대 연구자는 식민사관은 물론이요, 민족사관, 그리고 유물사관과도 싸워야 하는 3면초가에 빠지게 된 것이다.

일제 초기의 독립운동은 이러한 민족주의를 바탕에 두고 전개되어 만주에서의 독립운동을 성과적으로 이루어낸 것은 사실이다. 그러나 시간이 흐르면서 민족주의는 자기모순에 빠져들기 시작했다.

사회진화론은 힘을 키워야 한다는 각오를 북돋우기도 했지만, 반대로 약자인 한국이 강자인 일본의 지배를 받는 것을 불가피한 현실로 받아들이게 할 수도 있었다. 그래서 일부 민족주의자는 항일(抗日)로 나가고, 일부 민족주의자는 친일(親日)로 돌아섰다. 힘을 숭상하는 자는 더 큰 힘 앞에서 무릎을 꿇을 가능성도 있는 것이다.

4

일제시대의 선비문화 (2) :
대동사상과 무정부주의

　민족주의가 자기모순에 빠져들면서 이를 극복하기 위한 새로운
논리가 개발되었다. 그것이 사회주의, 아나키즘(무정부주의), 그리고
좌우통합운동이다.

　먼저, 1920년대 이후에 들어온 사회주의는 전통적 향촌공동체가
지닌 평등주의와 융합되었다는 점에서 선비 전통의 한 변형으로 볼
수도 있다. 그리고 사회주의가 대중들의 잠재된 평등주의와 애국주
의를 자극하여 항일전선의 한 축을 형성한 것도 사실이다.

　그러나 사회주의는 정치적으로 '코민테른'의 지시에 따라 움직이
는 비주체성을 보임으로써 항일전선에 혼란을 초래했으며, 학문적
으로는 우리 역사를 도식적인 유물사관(唯物史觀)으로 해석하여 마치
한국사를 서양사의 아류인 것처럼 만들어놓은 것은 중대한 과오였
다. 여기에 계급투쟁으로 이상사회를 건설하려는 전략은 통합과 조
화를 존중하는 전통적 선비문화와는 매우 이질적인 성격을 띠게 되
었다. 사회주의가 높은 이상주의를 내포하고 있음에도 한국인의 표
준적 정서와 궁극적으로 융합하지 못하고 있는 이유가 여기에 있다.

일제시대에 교조적 사회주의자는 실제로 많지 않았다. 그 반면, 사회주의의 평등사상을 어느 정도 수용하면서 계급적 통합을 지향하려는 사상가들이 새로이 등장했다. 그 가운데 하나가 무정부주의(無政府主義) 곧 '아나키즘'(Anarchism)이고, 다른 하나가 '신민족주의'(新民族主義)이다.

무정부주의는 정치적으로는 자유주의(自由主義)를 따르고, 경제적으로는 사회주의(社會主義)를 받아들였다. 철저한 자유주의이기 때문에 계급혁명을 배격하고, 조직된 집단도 거부하며, 어디까지나 자각된 개인의 자발적 자기혁신을 통해서 민중혁명(民衆革命)을 달성하고, 개인과 개인, 계급과 계급, 또는 민족과 민족이 서로 돕는 이른바 '상호부조'(相互扶助, Mutual aid)를 통해서 이상사회를 건설한다는 전략이었다.

그런데 무정부주의는 유교의 대동사상(大同思想)과 비슷한 점이 많았다. 다음의 《예기》(禮記) 예운편(禮運篇)에 들어 있는 대동사상을 소개하면 다음과 같다.

> 큰 도(道)가 행해지면 천하가 공(公)이 된다. 어진 사람과 능력 있는 사람을 선발하고, 서로 믿고 화목을 다진다. 그래서 사람들은 자기 부모만을 부모로 여기지 않고, 자기 자식만을 자식으로 여기지 않는다. 노인은 편안하게 죽을 수 있고, 장정은 할 일을 갖게 되고, 어린이는 잘 양육된다. 홀아비, 과부, 고아, 독자 그리고 병든 사람들은 모두 보살핌을 받아 부양된다. 남자는 자기의 직업이 있고, 여자는 돌아갈 곳이 있다. 재화(財貨)는 길에다 버리지는 않지만, 개인이 소유할 필요는 없다. 노동은 누구나 하지 않으면 안 되지만, 자기를 위해서 할 필요는 없다. 이렇게 되

면 모반(謀叛)이 일어나지 않고, 도적이나 난적(亂賊)이 생기지 않는다. 그래서 바깥 대문을 잠글 필요가 없어진다. 이것이 대동(大同)이다.

大道之行也 天下爲公 選賢與能 講信修睦 故人不獨親其親 不獨子其子
使老有所終 壯有所用 幼有所長 鰥寡孤獨廢疾者 皆有所養 男有分 女有歸
貨惡其棄於地也 不必藏於己 力惡其不出於身也 不必爲己 是故謀閉而不
興 盜竊亂賊而不作 故外戶而不閉 是爲大同

위 문장을 다시 풀이하면 다음과 같다. 큰 도(道)가 행해지면 천하가 공적(公的)인 사회가 되어, 사람들이 서로 믿고 화목하게 사는 세상이 된다. 자기 부모나 자식만을 챙기는 가족제도가 없어지고, 노인, 어린이, 홀아비, 과부, 고아, 독자, 그리고 병든 사람들, 다시 말해 자립이 어려운 사람들도 모두 공적으로 보살핌을 받아 잘살게 된다. 장정이나 남자는 모두 직업을 갖게 되고, 여자도 제 할 일이 있다. 그러니까 완전고용이 이루어진다는 것이다.

또, 사유재산제도가 없어져 모두 평등하게 사는 세상이 되고, 국민이 모두 공적으로 노동하는 사회가 된다. 이렇게 되면 도적이나 반란이 생기지 않기 때문에 대문을 잠그고 살 필요가 없다는 것이다.

이상과 같은 대동사회의 꿈은 사유재산을 부인한다는 점에서 사회주의의 목표와 비슷한 점이 많다. 하지만 폭력적 계급혁명을 인정하지 않고, 무산계급의 독재도 인정하지 않는다는 점에서 사회주의와는 다르다. 대동사상과 그와 유사한 무정부주의는 어디까지나 교육과 교화(敎化)를 거쳐 점진적 개혁으로 이상사회를 건설하는 것이 목표였다.

대동사상이 교육을 존중하고, 교육받은 지식인층의 공상적 이상
주의라고 한다면, 무정부주의도 지식인층에게 특히 호소력이 있었
다. 실제로 무정부주의자 가운데 유학자 출신이 많은 이유도 여기에
있었다. 신채호(申采浩), 이회영(李會榮), 정화암(鄭華巖), 류인식(柳
寅植) 등이 그렇다.

대동사상은 실제로 조선시대부터 그 명맥이 이어져 왔다. 이미 선
조 때 정여립(鄭汝立)은 대동사상과 밀접한 대동계(大同契)를 조직하
여 이상사회 건설(반란)을 꾀했으며, 율곡 이이의 사상 가운데에도
대동에 관한 언급이 보인다.

또 왜란 후 시행된 새로운 공납제를 대동법(大同法)이라 부른 것도
예사롭지 않다. 한말~일제시대에 이르러는 박은식(朴殷植)이 유교
혁신을 강조하면서 대동사상을 민족주의와 접목시키려고 했고,[175]
신채호도 대동사상에 대한 관심이 많았다.[176] 물론, 한말~일제시대
의 대동사상은 중국 청말의 변법사상가인 강유위(康有爲)의 영향을
받기도 했지만, 그의 영향이 아니더라도 조선시대의 이상주의 가운
데서 흐름이 이어져 왔음을 살필 필요가 있다.

여기서 우리가 주목할 것은 이 같은 대동사상이나 무정부주의의
흐름이 일제시대 좌우의 갈등을 극복하여 중도 통합으로 나가는 바
탕이 되었다는 점이다. 이에 대해서는 뒤에 다시 설명할 것이다.

---

175 한영우, 1994, 〈1910년대 박은식의 민족주의 사학〉, 《한국민족주의 역사학》, 일조각 참고.
176 한영우, 1994, 〈한말 신채호의 민족주의 사론〉, 《한국민족주의 역사학》, 일조각 참고.

5

일제시대의 선비문화 (3) : 좌우통합운동과 삼균주의

대동사상과 무정부주의는 사회주의에 견주어서는 '홍익인간'을 존중하는 전통적 선비정신과 만나는 점이 많았다. 하지만 조직에 대한 거부로 말미암아 실제의 정치적 영향력은 사회주의만큼 크지 않았다. 비록 추종자가 소수라 하더라도 조직된 힘은 조직화되지 않은 다수보다는 큰 것이 현실이었다. 더욱이 사회주의자는 코민테른의 지원을 받으면서 국제적 네트워크를 가지고 활동했기 때문에 그 영향력이 더욱 클 수밖에 없었다.

우파 민족주의자들은 사회주의 운동의 도전에 직면하여 이를 돌파하는 방법으로 좌우협동운동을 전개하기도 하다가 마침내 8·15 광복을 전후해서는 이념적으로 통합시키는 단계에까지 나아갔다. 그것이 이른바 1920년대 안재홍(安在鴻; 1891~1965)의 '민족유일당' 건설, 1930년대 조소앙(趙素昂; 1887~1958)의 '삼균주의'(三均主義), 그리고 1940년대 안재홍, 손진태(孫晋泰; 1900~1950?) 등이 제창한 '신민족주의'(新民族主義)라고 볼 수 있다.

먼저, 좌우협동운동은 잘 알려진 바와 같이 1927년 신간회(新幹會)

민세 안재홍(1891~1965)

운동으로 나타났다. 그러나 이 운동은 코민테른의 지시를 받은 사회주의자들의 탈퇴로 아쉽게도 3년 만에 실패로 끝나고 말았다. 이때 신간회운동의 이념을 만들고자 노력한 이는 안재홍으로서, 그는 '민족유일당' 건설을 내걸고 나왔다. 이는 소시민(小市民)과 지식인층을 전위세력(前衛勢力)으로 하여 유산계급과 무산계급을 포용하려는 중도적 정당으로서, 좌우대립을 뛰어넘으려는 새로운 정치적 시도였다.[177]

안재홍은 자신의 정치이념을 '민족적 국제주의' 또는 '국제적 민족주의'로 부르면서 민족주의의 계급적, 민족적 폐쇄성을 극복하는 동시에, 사회주의가 표방하는 국제주의의 몰주체성을 동시에 극복하고자 했다. 그는 사회주의자들이 추구하는 국제주의는 우리 현실에 맞지 않아 외국 이론의 노예가 될 것으로 보았다. 안재홍은 우리 현실에 맞는 정치이념을 새롭게 창조해야 우리 문제를 해결할 수 있다고 판단한 것이다.

그러나 사회주의자들은 안재홍의 '민족유일당' 건설을 '기회주의'로 몰아붙여 설 자리를 잃게 만들었다. 결국 신간회의 귀중한 시험은 사회주의자들의 분파주의와 교조주의로 말미암아 물거품이 되고만 것이다.

하지만 신간회가 실패로 돌아간 뒤에도 좌우를 통합하려는 사상

---

177 한영우, 1994, 〈1930~1940년대 안재홍의 신민족주의와 사학〉, 《한국민족주의 역사학》, 일조각 참고.

운동은 1930년대에 다시 살아났으니, 조소앙의 삼균주의(三均主義)가 바로 그것이다. 일찍이 상해임시정부의 이승만 대통령 비서를 지낸 경력을 가진 조소앙은 1930년대의 좌우대립으로 항일전선에 균열이 생기는 것을 염려하여 임시정부의 여당인 '한국독립당'(韓國獨立黨)과 그 후신인 '한국국민당'(韓國國民黨)의 정강(政綱)으로서 '삼균주의'를 내세우게 된 것이다.

조소앙(1887~1958)

삼균주의는 '사람과 사람'[人與人], '나라와 나라'[國與國], '민족과 민족'[族與族]이 평등해야 함을 강조하고, 나아가 사람과 사람의 평등을 가져오기 위해 '정치의 균등권'(均政權), '경제의 균등권'(均利權), '교육의 균등권'(均敎權)을 내걸었다. 그러면 정치·경제·교육의 균등을 가져오기 위한 구체적 방법은 무엇인가? 그것은 정치에서 보통선거제, 경제에서 주요 산업의 국유화, 교육에서 의무교육이다. 여기서 주요 산업의 국유화는 사회주의적 요소를 받아들인 것이고, 보통선거제는 자유민주주의를 받아들인 것이다.

한국독립당의 삼균주의 노선은 곧 대한민국 임시정부의 노선이기도 했으며, 그 결과 좌익의 김원봉(金元鳳)이 이끄는 '조선혁명당'과 그 산하 부대인 '의열단'(義烈團)이 임시정부와 광복군(光復軍)에 합류하는 계기를 만들었다. 임시정부의 위상이 1930년대 이후로 강화된 이유가 여기에 있었다.

조소앙의 삼균주의는 1941년에 임시정부의 건국강령(建國綱領)으로 채택되기도 했다. 그 요지는 ① 홍익인간(弘益人間)을 최고의 공리(公理)로 하고, ② 정치·경제·교육의 균등 실현, ③ 토지와 대생산기관의 국유화와 중소기업의 사영(私營), ④ 빈농(貧農) 우선의 토지 분급, ⑤ 노동자·농민·지식인·상인의 단결, ⑥ 적산(敵産)의 국유화 등이었다. 그리고 소작농·자작농·소자산가·소지주를 기본 대오로 하고, 대지주·대생산기관·불타협분자·관리·경찰에서 반정(反正) 소질을 가진 자를 충실한 옹호자로 설정했다. 실제로 '한국독립당'의 건국강령은 1948년에 탄생한 대한민국의 헌법에 큰 영향을 준 것이 사실이었다.

6

1940년대의 선비문화:
신민족주의

한편, 1920년대 신간회를 주도했던 민세 안재홍(民世 安在鴻)은 8·15 광복 직후 자신의 '민족유일당' 사상을 더욱 이론적으로 심화시켜 '신민족주의'(新民族主義)를 만들어 자신이 창당한 '국민당'(國民黨)의 정강으로 내놓았다.

안재홍은 자신의 '신민족주의'를 '신민주주의'(新民主主義)에 바탕을 둔 '민족주의'로 불렀다. '신민주주의'는 지식인과 중소자본가를 전위계급으로 하여 자본가와 무산자가 다 함께 공생하는 이른바 '만민공생'(萬民共生)을 지향하는 데 특징이 있으며, 밖으로는 세계 각국과 협동하는 개방적이고 국제적인 민족주의를 지향하는 것이었다.

그런데 당시 중국에서는 모택동(毛澤東)이 제창한 '신민주주의'가 있었다. 하지만 안재홍의 '신민주주의'는 모택동의 그것과 용어는 같아도 내용은 전혀 다른 것이었다. 모택동은 당시 중국이 직면한 과제, 공산당과 양심적 자본가가 민족해방이 이루어질 때까지 일시적으로 손을 잡는다는 전략적 이론을 폈다. 이에 비해 안재홍의 '신민주주의'는 좌우가 전략적으로 손을 잡자는 주장이 아니라, 중간계급과 초계급적 지식인을 전위세력으로 하여 좌우를 통합하자는 '중도적 민주주의'인 것이었다.

안재홍은 자신의 '신민족주의'를 '다 함께 사는 철학'이라는 뜻에서 '다사리철학'이라고도 불렀는데, '다사리철학'의 근거와 정당성을 전통철학에서 찾았다. 그가 이해하는 한국 전통철학의 특징은 사물을 대립으로 보지 않고, 통합과 조화로 보는 것으로, 이런 전통이 무속에도 있고, 불교에도 있고, 유교에도 있다고 보았다. 그는 이런 전통철학을 '불함철학' 또는 '조선철학'으로도 불렀다.[178]

근대국가 건설을 위한 정치사상을 한국인의 전통철학과 연결시켜 한국 현실에 맞게 창조적으로 재구성하려고 했던 안재홍의 노력은, 바꿔 말하면 전통적 선비정신과 서양의 정치사상을 융합시킴으로써 서구적 사회주의와 자본주의의 첨예한 대립을 중도적으로 통합하여 사회통합을 일구어내려는 원대한 뜻을 지닌 것이었다. 이런 자세는 전통적으로 이어져 온 조선 후기의 '법고창신'(法古創新)과 개화기의 '동도서기'(東道西器), 그리고 대한제국기의 '구본신참'(舊本新參)의 정신을 일제시대와 광복 직후의 시대적 조건 속에서 다시 이어간 것으로 볼 수 있다.

그러나 6·25 전쟁으로 그 자신이 북으로 끌려가는 신세가 되고, 전쟁 후의 깊어진 냉전체제 속에서 그 빛을 잃고 말았다.

한편, 신민족주의는 학계에서도 나타났다. 그것이 남창 손진태(南窓 孫晋泰; 1900~1950?), 이인영(李仁榮; 1911~1950?), 도남 조윤제(陶南 趙潤濟; 1904~1976) 등이 주동이 되어 만든 '신민족주의 사관'

---

178 한영우, 1994, 〈1930~40년대 안재홍의 신민족주의와 사학〉, 《한국민족주의 역사학》, 일조각 참고.

이었다.[179] 이 사관을 주도한 손진태의 주장에 따르면, 태평양 전쟁기 보성전문학교(현재의 고려대학교 전신) 교수 시절에 위에 언급한 동료 교수들과 함께 신민족주의 사관을 창안했다고 한다.

손진태

'신민족주의'는 안으로 계급평등을 지향하는 '신민주주의'를 바탕으로 하여, 계급주의에 빠진 서구식 공산주의와 자본주의를 다 함께 지양하고, 밖으로는 개방적으로 국제적인 민족주의를 열어간다는 것이었다.

손진태의 '신민족주의'와 안재홍의 '신민족주의'는 서로 비슷한 점이 있으나 다른 점도 있었다. 서양에서 들어온 '프롤레타리아 민주주의'와 '부르주아 민주주의'를 다 함께 배격한다는 점에서 양자는 서로 같다. 하지만 다른 점이 있다. 안재홍은 한국인의 전통적 통합철학을 정신적으로 계승하고, 계급적으로 중간층을 중심세력으로 묶어 세우는 데 특징이 있다면, 손진태는 계급평등을 전제로 하여 사회통합을 이루어야 한다는 데 역점을 두었다. 계급평등이 이루어지지 않으면 계급 간의 단결 즉 사회통합은 불가능하다는 것이 손진태의 주장이었다. '단결하면 흥하고, 분열하면 망한다. 평등하면 단결하고 불평등하면 분열한다'는 그의 유명한 구호는 그래서 만들어진 것이다.

'신민주주의'에 대한 안재홍과 손진태의 차이점을 다시 한 번 정리한다면, 안재홍은 중간층을 중심에 두고 모든 계층을 통합시킨다

---

179 한영우, 1994, 〈1940년대 손진태의 신민족주의 사학〉, 《한국민족주의 역사학》, 일조각 참고.

는 이론이고, 정신적으로는 전통시대의 통합적 철학을 계승하자는 입장이다. 그러므로 중도우파에 해당한다고 볼 수 있다. 한편, 손진태는 계급평등을 민주주의의 전제조건으로 내세웠다는 점에서 중도좌파에 속한다고 볼 수 있을 것 같다.

두 사람의 입장이 다른 탓으로, 역사를 바라보는 시각도 두 사람은 다른 점이 있었다. 안재홍은 위에서 잠시 소개한 것처럼 역사의 전통 가운데 '포용적 조화철학'의 전통을 계승하자는 시각을 지니고 있는 반면, 손진태는 계급평등이 이루어진 시대에는 민족의 단결이 강해져서 대외항쟁에서 승리를 거두었으나, 계급 사이의 불평등이 커질 때에는 민족이 분열하여 대외항쟁에서도 힘을 발휘하지 못했다는 것을 찾는 데 힘을 쏟았다.

손진태는, 청동기시대의 무덤인 고인돌에 대해서도 계급 이론을 가지고 해석했다. 그토록 거대한 돌을 옮겨 고인돌을 구축할 수 있었던 것은 당시 씨족원들이 계급적으로 평등하여 단결한 결과로 보았다. 고려시대 거란과의 항쟁에서 승리한 것도 당시 계급평등이 높았던 조건과 관련이 있다고 보았다. 한편, 임진왜란 때 우리가 참당하게 실패한 것은 당시 계급 간 불평등이 높았던 결과로 보았으며, 대한제국의 멸망도 같은 시각에서 해석했다.

손진태의 '신민족주의 사관'은 좌우갈등이 격심했던 해방 전후 시기의 어려운 현실에서 가능한 한 평등사회를 이룩하여 민족적 단결을 가져오려는 고충에서 비롯된 것으로 계몽적 의의는 매우 큰 바가 있었다. 특히 민족을 부인하고, 계급투쟁을 강조하는 유물사관(唯物史觀)의 도식에서 벗어나는 돌파구를 열었다는 점에서 그의 학문적 공헌을 평가할 수 있다. 당시 우파의 역사학은 아무런 이념을 내세우지 않는 문헌실증주의(文獻實證主義)를 따르고 있어서 역사학의 전문성을 높이는 데는 기여했으나, 명분상으로는 좌파와 우파에 모두 밀리는 형세에 있었다. 그런 점에서 손진태의 이론은 우파 역사학의 명분상 입지를 높이는 데 기여했다고 볼 수 있다. 하지만 그의 역사학은 지나치게 계급평등이론에 치우쳐 역사의 시대적 진화과정을 체계적으로 이해하는 데에는 한계를 드러냈다.

7

광복 후의 선비문화:
굴절된 '주체'의 등장

광복 전후 시기에 민족분열을 막아보려고 노력하다가 타의로 북으로 올라간 안재홍의 경우와 마찬가지로, 손진태와 그를 따르던 이인영 등 역사학자들도 역시 6·25 전란 가운데 타의로 북으로 올라가고, 그 뒤를 이어 미국과 소련 사이의 차가운 냉전체제가 지속되면서 '신민족주의'와 '신민주주의'는 남에서도, 북에서도 그 입지를 굳힐 수가 없었다. 북한은 서구에서 들어온 마르크스―레닌주의가 뿌리를 내리고, 한국은 미국에서 들어온 자유민주주의와 이를 뒷받침하는 학문이 주류를 이루게 되었다.

유구한 역사의 진행 속에서 전통문화와 외래문화를 창조적으로 융합하여 '우리 사상', '우리 문화', 그리고 '우리 사회'를 만들면서 생존을 지켜왔던 '선비전통'은 광복 후 한동안 '전통'이 무너진 '서구화'의 길을 걸으면서 역사의 뒤안길로 숨게 되었다.

그런데 1960년대에 들어와 남북한에서 동시에 '주체'가 강조되기 시작한 것은 양쪽 모두 외래문화의 한계를 자각한 데서 나타난 현상으로 볼 수 있다. 북한의 '주체사관'과 남한의 '주체적 민족사관'이 바로 그러한 자각에서 제기되었다. 남과 북의 새로운 시도는 어떤 면에서는 '법고창신'의 정신을 되살렸다고 볼 수도 있으며, 그 결과 남과 북에서 전통문화가 어느 정도 부활하고, 그것이 한동안 국가발전의 정신적 기둥으로 활용된 것도 사실이다.

그러나 남과 북이 강조한 '주체'는 주로 정치적 권력 강화를 정당화하는 데 활용되었다. 그래서 전통문화는 마치 독재를 옹호하는 수단인 것처럼 비친 것이다. 학문과 문화 전반에서 전통과 외래문화가 융합하여 새로운 현대문화를 창조하는 데에는 미치지 못했다. 진정한 '법고창신'은 이루어지지 못했다는 뜻이다. 그래서 전통문화와 서구문화가 물과 기름처럼 겉도는 어색한 공존이 계속된 것이다. 이런 현상이 사회갈등과 사회혼란으로 나타나 경제적으로는 상당한 성취를 가져왔으면서도 정치·사회·문화가 후진성을 면치 못하는 원인으로 작용했다고 본다.

나가면서

나는 이 책에서 한국인이 역사의 소용돌이와 치열한 국제경쟁에서 살아남은 법칙이 '법고창신'(法古創新)의 지혜에 있었다는 것을 밝혔다. 옛 사람들이 말하는 '온고지신'(溫故知新)이나, '지피지기하면 백전불태'(知彼知己 百戰不殆)도 같은 말이다. 개화기의 '동도서기'(東道西器)나 대한제국의 '구본신참'(舊本新參)도 같은 말을 응용한 것이다.

그런데 요즘 우리는 이 소박하고도 진실이 담긴 지혜를 별로 주목하지 않는 듯하다. 요즘의 세계화는 너무나도 빠르게 진행되어 무엇을 받아들이고 무엇을 버려야 하는 것인지를 생각하고 음미할 시간적 여유를 주지 않는다. 극성스런 상업주의가 이를 더욱 부추기고 있다. 천박한 포퓰리즘도 한 몫을 거드는 것 같다. 돈이 들어오고, 표만 얻는다면 국가 백년대계에 어긋나는 일이라도 서슴없이 받아들이고 퍼뜨리는 일이 종종 있다.

전통문화를 파괴하거나 계승하는 것도 그 잣대는 돈이나 권력에 있는 듯하다. 그것이 지닌 고유한 가치는 그다지 중요하게 여기지 않는다. 그래서 전통문화재를 복원하는 것도 그 가치는 파괴하면서 복원하고, 가치가 있는 것도 돈이나 권력에 도움이 되지 않으면 마구 파괴한다. 그래서 한국은 전통문화 브랜드가 후진국 수준에도 미치지 못하는 나라가 되어 버렸다.

한국은 예부터 정신문화의 선진국이었다. 이는 주변 국가 사람들이 이구동성으로 인정한 엄연한 진실이다. 그래서 '군자국'(君子國), '동방예의지국'(東方禮義之國), '독서의 왕국', '교육대국'으로 비쳤음은 앞에서 밝힌 바와 같다. 그런데 지금 한국은 그런 모습으로 외국인의 눈에 비치고 있을까?

군자·예의·독서·교육으로 표현되는 한국인의 브랜드는 분명히 자랑스러운 전통이다. 그러나 이는 하드웨어에 불과하다. 중요한 것은 그 안에 담긴 정신문화이다. 그것이 천지인(天地人)이 하나라는 생명공동체에서 출발하여, 모든 인간을 이롭게 한다는 '홍익인간'(弘益人間)의 인간공동체로 진화하고, 여기서 백성을 사랑하는 민본정치(民本政治)가 뿌리를 내리고, 민본정치를 위한 공익정신(公益精神)이 꽃피었다. 문화의 발생순서로 본다면 무교(巫敎)에서 출발하여 불교문화와 유교문화가 접목되면서 진화되었지만, 그 내면에는 공통된 가치체계가 지속적으로 이어졌다.

오늘날 한국인은 전통적인 큰 공동체정신이 이기주의와 연결되어 작은 이익공동체로 퇴화하고 있다. 그래서 수많은 작은 공동체들이 서로 치열하게 이익을 다투면서, 이를 인권(人權)이니, 평등(平等)이니, 자유(自由)니 하는 아름다운 이름으로 포장하고 있다. 서양인이 강조하는 자유, 평등, 인권 등은 봉건사회의 질곡에서 개인의 생존권을 찾는 수단으로 그 나름의 소중한 역사적 가치를 지니고 있다.

그러나 그것이 이기주의로 흐르게 되면 사회공동체가 해제될 위험이 있기 때문에 기독교 박애주의로 이기주의를 억제하고, 복지정책으로 약자를 보호하는 견제장치를 마련했던 것이다.

그러나 자본주의가 투기와 이기로 흐르면서 그러한 제동장치도 힘을 잃어가고 있다. 상업주의와 대중주의와 패권주의가 자유, 인권, 평등을 악용하는 사례도 무수히 많다. 이것이 오늘날 서구사회를 비롯한 세계가 직면한 위기의 신호가 아닌가? 가정이 무너지고, 노인이 고독하고, 마약이 범람하고, 가공할 폭력적 범죄가 난무하고, 자연환경이 파괴되면서 고독한 자유, 고독한 평등, 고독한 인권의 사회로 치닫고 있다. 자유, 평등, 인권이 인간의 행복을 전제로 하는 것이라면, 행복하지 않은 자유, 평등, 인권은 무슨 의미가 있는가?

지금의 세계화는 자본과 경제의 세계화이지 인류의 높은 가치의 세계화는 아닌 듯하다. 그 말폐적 폐단은 동서양의 차이를 논할 필요가 없다. 여기서 한국의 전통문화를 새롭게 눈여겨 보는 것은 우리의 문제를 해결하는 대안을 찾자는 것만이 아니다. 인류 공통의 고민을 함께 풀어보자는 뜻도 담겨 있다.

이제는 생명의 시대로 가는 것이 인류의 과제가 아닌가? 발전과 진보와 패권 속에 담긴 반생명의 실체를 어떻게 극복하여 지속 가능한 평화와 행복으로 가느냐가 우리 모두의 고민이 되어야 할 것이다.

찾아보기